"十二五" 职业教育国家规划教材

经全国职业教育教材审定委员会审定

农村经济核算

NONGCUN
JINGJI HESUAN

第二版

张春霞 主编

化学工业出版社

·北京·

《农村经济核算》是面向三农、服务三农，针对农村经济核算人员短缺的现状而开发的特色教材。本书以培养农村经济核算人才为目标，以培养学生岗位职业能力为核心，按照农村经济核算的主要工作任务与工作岗位性质构建内容体系。根据实际工作业务设置能力目标与知识目标，并将工作任务与学习内容相融合。本书共分农业企业经济核算、村集体经济组织经济核算、农民专业合作社经济核算三个项目，十五个子项目，子项目下又按照教学组织过程设计每一部分学习内容。每个项目后配有操作性强的技能训练，便于学生复习与提高技能。本书配有电子课件，可从 www.cipedu.com.cn 下载使用。

　　本书可作为高职高专和成人高校农业经济管理专业学生的教材，也可作为农村工作人员的培训用书。

图书在版编目（CIP）数据

农村经济核算/张春霞主编 . —2 版 . —北京：化学
工业出版社，2017.9（2024.7重印）
"十二五"职业教育国家规划教材
ISBN 978-7-122-30095-9

Ⅰ.①农… Ⅱ.①张… Ⅲ.①农村经济-经济核算-
职业教育-教材 Ⅳ.①F302.6

中国版本图书馆 CIP 数据核字（2017）第 158097 号

责任编辑：李植峰　迟　蕾　　　　　　装帧设计：史利平
责任校对：王素芹

出版发行：化学工业出版社（北京市东城区青年湖南街 13 号　邮政编码 100011）
印　　装：北京科印技术咨询服务有限公司数码印刷分部
787mm×1092mm　1/16　印张 17¼　字数 450 千字　2024 年 7 月北京第 2 版第 5 次印刷

购书咨询：010-64518888　　　　　　售后服务：010-64518899
网　　址：http://www.cip.com.cn
凡购买本书，如有缺损质量问题，本社销售中心负责调换。

定　　价：49.80 元

《农村经济核算》（第二版）编写人员

主　　编　张春霞

副 主 编　赵玉玲　张　淼

编写人员　（按姓氏汉语拼音排列）

肖文博　徐迎磊　于永梅

张春霞　张　淼　张晓慧

赵玉玲

第二版前言

随着我国对"三农"问题的关注，我国农业企业、农村集体经济组织日渐发展壮大，新农村的建设也促进了中小农业企业、农民专业合作社、农村专业协会的发展壮大。这些农业企业及各类农民专业合作组织的发展壮大必然对农业会计及农村财务管理专门人才产生巨大的需求。当前农业会计与财务管理人才正是中小农业企业、农村集体经济组织、农民专业合作社最缺乏的专门人才之一，而各类涉农高校人才培养现状还不能满足这些专门人才的需求，作为农业高职院校加强涉农会计课程的开发与建设具有重要的现实意义。

黑龙江农业经济职业学院针对农业经济管理专业构建了核心课程之一——农村经济核算。在课程标准中充分考虑了农村经济管理人才短缺的现状，有针对性地设置了农业企业经济核算、村集体经济组织经济核算和农民专业合作社经济核算三个学习项目。每个学习项目都包括资产的核算、负债的核算、所有者权益的核算、成本与损益的核算、财务分析五个学习子项目。本教材具有如下特点。

（1）内容新颖全面，针对性强　教材编写过程中，在行业专家的指导下，调研了多个农场、农村和农民专业合作社，本着为"三农"提供经济核算与管理人员的宗旨，依托农业企业、农村集体经济组织及农民专业合作社设置三个学习项目，是目前其他教材中所不具备的。三个学习项目均是按照新的《企业会计准则》《村集体经济组织会计核算制度》及《农民专业合作社财务制度》的规定编写的。

（2）工学结合，以各项会计工作任务为主线组织教学　尤其在项目1的每个学习子项目中，以完成会计工作任务为目标，按照学习过程组织教材内容。在每个工作任务中设有任务目标、知识引导、任务实施、任务实施评价、总结与反思、任务考核与训练六个学习步骤，体现了以学生为主体、工学结合的教学理念。

（3）"教、学、做"一体，注重对学生的训练　在项目1中每个会计工作任务的后面，项目2和项目3中每个子项目的后面，均配备了任务考核与训练，一是为了检验学生的学习效果，二是为了提高学生的工作能力。

（4）突出对学生职业能力的培养　为方便教师教学和学生学习，在每一个学习项目的开始，都设有知识目标与能力目标，同时，在每个学习子项目的开始，都设有任务目标，让学生带着学习目标，结合任务目标中的具体任务，来完成每一个工作任务的学习。这样的安排，是为了使学生的学习有的放矢，有利于锻炼学生综合分析问题与解决问题的能力。

（5）教材质量有所提升　在这次修订中，本着打造精品教材的宗旨，在行业专家的指导下和编写人员的共同努力下，修正了原有错误，调整了不当之处；在案例的薄弱之处加入案例，对原有案例进行了提升；更新了教学方案、技能训练题库、课件、实训指导书等课程资源。在此对付出努力的宁安农场主管会计张杰及其他工作人员表示感谢！

本教材由张春霞老师任主编，赵玉玲老师和张淼老师任副主编。教材编写的具体分工：项目1中的子项目1-1、子项目1-2、子项目1-3、子项目1-5由张春霞编写，项目1中的子项目1-4由张淼编写；项目2由赵玉玲编写；项目3中的子项目3-1由张晓慧编写，项目3中的子项目3-2、3-3由于永梅编写，项目3中的子项目3-4由徐迎磊编写，项目3中的子项目3-5由肖文博编写；最后由张春霞统稿。

在本教材编写过程中，得到了各位编写人员及所在院校领导的大力支持。同时也参考了有关教材和图书以及网络，在此一并表示衷心的感谢。

由于时间仓促和我们水平所限，书中难免有疏漏和不当之处，敬请广大读者和同行提出宝贵意见，以便今后修改。

编者

2017 年 3 月

目　录

项目1　农业企业经济核算 ………………………………………………… 1
　子项目1-1　资产的核算 ……………………………………………… 1
　　工作任务 1-1-1　货币资金核算 ………………………………… 1
　　工作任务 1-1-2　应收款项核算 ………………………………… 12
　　工作任务 1-1-3　存货核算 ……………………………………… 21
　　工作任务 1-1-4　生物资产核算 ………………………………… 39
　　工作任务 1-1-5　固定资产核算 ………………………………… 46
　子项目1-2　负债的核算 ……………………………………………… 58
　　工作任务 1-2-1　流动负债 ……………………………………… 58
　　工作任务 1-2-2　长期负债 ……………………………………… 66
　子项目1-3　所有者权益的核算 ……………………………………… 74
　子项目1-4　成本与损益的核算 ……………………………………… 83
　　工作任务 1-4-1　成本的核算 …………………………………… 83
　　工作任务 1-4-2　损益的核算 …………………………………… 93
　子项目1-5　财务分析 ……………………………………………… 111
　　工作任务 1-5-1　财务报表编制与分析 ……………………… 111
　　工作任务 1-5-2　总量指标分析 ……………………………… 132
　　工作任务 1-5-3　相对指标分析 ……………………………… 141
　　工作任务 1-5-4　平均指标分析 ……………………………… 147
项目2　村集体经济组织经济核算 …………………………………… 160
　子项目2-1　资产核算 ……………………………………………… 160
　子项目2-2　负债核算 ……………………………………………… 189
　子项目2-3　所有者权益核算 ……………………………………… 195
　子项目2-4　成本与损益核算 ……………………………………… 198
　子项目2-5　财务分析 ……………………………………………… 208
项目3　农民专业合作社经济核算 …………………………………… 225
　子项目3-1　资产核算 ……………………………………………… 225
　子项目3-2　负债核算 ……………………………………………… 239
　子项目3-3　所有者权益核算 ……………………………………… 245
　子项目3-4　成本与损益核算 ……………………………………… 249
　子项目3-5　财务分析 ……………………………………………… 254
参考文献 ………………………………………………………………… 268

项目1 农业企业经济核算

知识目标

- 认知农业企业的基本概况和业务流程；
- 识别农业企业各项要素的内容；
- 掌握农业企业会计核算方法与财务分析方法。

能力目标

- 能够对各项要素进行会计核算；
- 能够进行农业企业成本计算；
- 能够根据农业企业的会计资料，设置会计账簿、填制会计凭证、编制财务报表；
- 能够利用财务与统计数据进行各项指标分析。

子项目1-1 资产的核算

农业企业资产是企业经营管理的物质基础，保持资产的安全与完整，正确核算资产的价值是企业经济核算的关键。

工作任务 1-1-1　货币资金核算

★ **任务目标**

能够识别农业企业的货币资金；

能够根据模拟企业货币资金业务设置会计账簿，过入期初余额；

能够根据货币资金业务填制与审核原始凭证；

能够根据原始凭证填制与审核记账凭证；

能够根据记账凭证登记现金日记账与银行存款日记账。

★ **知识引导**

一、库存现金核算

（一）现金的管理规定

现金是流动性最强的资产，可以随时用于各项支付和转化成其他资产。因此，为了加强对现金的管理，中国人民银行总行制定并实施了《现金管理暂行条例》及其实施细则，其基本内容包括以下几个方面。

1. 现金的使用范围

职工工资、津贴；个人劳务报酬；根据国家规定颁发给个人的科学技术、文化艺术、体育等各种奖金；各种劳保、福利费用以及国家规定的对个人的其他支出；向个人收购农副产品和其他物资的价款；出差人员必须随身携带的差旅费；零星支出；中国人民银行确定需要支付现金的其他支出。

属于上述现金结算的支出，农业企业可以根据需要向银行提取现金支付，不属于上述现金结算范围的款项支付一律通过银行进行转账结算。

2. 库存现金的限额

为了保证农业企业日常零星支出的需要，开户银行应根据农业企业日常现金的需求量、农业企业距离银行的远近以及交通便利与否等因素，核定农业企业库存现金的最高限额。核定依据一般为3～5天的零星支出，边远地区且交通不便地区不超过15天的零星支出。企业每日结存的现金不能超过核定限额，超过部分应按规定送存银行，不足部分可以向银行提取现金补足。

3. 现金收支的内部控制

农业企业应建立健全现金收支的内部控制制度，该制度应具备下列基本内容。

（1）建立现金交易和事项的日常处理程序；

（2）指定专人负责现金的收入、支出和保管；

（3）填制收付款原始凭证的人员与收付款人员的职责分开，由两个经手人分别办理；

（4）现金收支后，必须将账面记录与现金实有数额相互核对，核对人员应与收取人员及记录人员分开；

（5）实行钱账分管制度；

（6）超过现金支出范围的收支应使用支票，通过银行办理转账结算。

4. 不得坐支现金

农业企业应于收到现金的当日将现金送存银行，并在送款簿上注明款项的来源。在支取现金时，应在支票上注明款项的用途。因特殊情况需要坐支现金的，须向开户银行提出申请，在开户银行审批后坐支现金，但不得超过银行批准的坐支现金范围。

5. 其他规定

农业企业不得用不符合财务制度的凭证顶替库存现金，即不得"白条顶库"；不准谎报用途套取现金；不准用银行账户代其他单位和个人存入或支取现金；不准用单位收入的现金以个人名义存入储蓄，不准保留账外公款，即不得"公款私存"，不得设置"小金库"等。

（二）库存现金的核算

现金的核算通过设置现金日记账和现金总账来实现。"库存现金"账户属于资产类账户，借方登记现金的收入，反映现金的增加；贷方登记现金的支出，反映现金的减少；余额在借方，反映留存现金数额。

现金的核算主要包括现金的收入、支出和清查三个方面。

1. 现金收入的核算

农业企业收入现金时，根据审核无误的原始凭证，借记"库存现金"科目，贷记有关科目。

【例1】红星农场为饮食服务业企业，收取服务费100元，现金已收。

借：库存现金	100
贷：主营业务收入	100

【例2】职工张某出差归来，报销差旅费680元，交回现金320元。

借：库存现金	320
管理费用	680
贷：其他应收款——张某	1 000

【例3】出纳员从开户银行取回收购款5 600元。

借：库存现金 5 600

贷：银行存款 5 600

2. 现金支出的核算

农业企业在允许的范围内支付现金时，应根据审核无误的原始凭证，借记有关科目，贷记"库存现金"科目。

【例4】红星农场财务室以现金支付办公费1 500元，现金已付。

借：管理费用——办公费 1 500

贷：库存现金 1 500

【例5】红星农场支付职工工资3 350元。

借：应付职工薪酬 3 350

贷：库存现金 3 350

【例6】红星农场职工王某借支差旅费5 600元。

借：其他应收款——王某 5 600

贷：库存现金 5 600

3. 现金清查的核算

为了对现金清查进行会计核算，农业企业应设置"待处理财产损溢"科目进行核算。

当企业发现现金溢余时，应借记"库存现金"科目，贷记"待处理财产损溢——待处理流动资产损溢"科目，查明原因后，属于应支付给有关单位或个人的，应转入"其他应付款"科目，属于无法查明原因的，应转入"营业外收入"科目。

企业发现现金短缺时，应借记"待处理财产损溢——待处理流动资产损溢"科目，贷记"库存现金"科目，查明原因后，属于应由责任人或保险公司赔偿的部分，应转入"其他应收款"科目，属于无法查明原因的部分，应转入"管理费用"科目。

（1）现金溢余

批准前

借：库存现金

　　贷：待处理财产损溢——待处理流动资产损溢

批准后

借：待处理财产损溢——待处理流动资产损溢

　　贷：营业外收入

　　　　其他应付款

【例7】在现金清查中，发现库存现金实际比账面余额多出300元

借：库存现金 300

　　贷：待处理财产损溢——待处理流动资产损溢 300

【例8】经核查，上述现金长款原因：属于应支付给东方公司的款项200元，属于无法查明原因的现金溢余100元。

借：待处理财产损溢——待处理流动资产损溢 300

　　贷：营业外收入 100

　　　　其他应付款——东方公司 200

（2）现金短缺

批准前

借：待处理财产损溢——待处理流动资产损溢

　　贷：库存现金

批准后

借：其他应收款

管理费用

贷：待处理财产损溢——待处理流动资产损溢

【例9】在现金清查中，发现库存现金短缺 300 元。经查出纳员责任 200 元，属于无法查明原因的为 100 元。

批准前

借：待处理财产损溢——待处理流动资产损溢　　　　　　　　　　 300

贷：库存现金　　　　　　　　　　　　　　　　　　　　　　　　　　 300

批准后

借：其他应收款　　　　　　　　　　　　　　　　　　　　　　 200

管理费用　　　　　　　　　　　　　　　　　　　　　　　100

贷：待处理财产损溢——待处理流动资产损溢　　　　　　　　　 300

二、银行存款核算

农业企业日常生产经营活动发生的涉及货币资金的收付业务，除《现金管理暂行条例》规定的用现金支付的项目外，都必须采用转账结算。按照《银行结算办法》的规定，农业企业可以采用的结算方式主要有支票、汇兑、委托收款、托收承付、银行汇票、银行本票、商业汇票、信用证、信用卡等。

为了保证银行存款实际金额与银行存款的账面记录相一致，农业企业应按期对银行存款进行清查，至少每月核对一次。清查方法是将企业的银行存款日记账与银行开出的银行存款对账单进行逐笔核对。但银行存款日记账的记录同银行对账单的记录经常不一致，不一致的原因有两种：一种是属于记账差错，另一种是由于未达账项引起的。未达账项有四种表现形式：

(1) 银行已记企业存款增加，而企业尚未接到收款通知，因而尚未记账的款项；

(2) 银行已记企业存款减少，而企业尚未收到付款通知，因而尚未记账的款项；

(3) 企业已记银行存款增加，而银行尚未办妥入账手续；

(4) 企业已记银行存款减少，而银行尚未支付入账的款项。

对于未达账项，企业应编制"银行存款余额调节表"进行调节。调节后，双方余额如果不相等，表明记账有差错，需要进一步查对，找出原因，更正错误的记录；双方余额如果相等，一般说明双方记账没有错误。其格式见表 1-1-1。

表 1-1-1　银行存款余额调节表

年　月　日　　　　　　　　　　　　　　　　　　　　　　　　　　单位：元

项　目	金　额	项　目	金　额
企业银行存款日记账余额		银行对账单余额	
加：银行已收企业未收款项		加：企业已收银行未收款项	
减：银行已付企业未付款项		减：企业已付银行未付款项	
调节后的存款余额		调节后的存款余额	

三、其他货币资金核算

其他货币资金是指库存现金和银行存款以外的货币资金，包括外埠存款、银行汇票存款、银行本票存款、信用卡存款、信用证保证金存款、存出投资款等。

为了核算其他货币资金，企业应当设置"其他货币资金"账户。

（一）外埠存款

农业企业为了到外地进行临时或零星采购，委托企业所在地开户银行汇往采购地银行开立采购专户的款项称为外埠存款。

农业企业将款项委托当地银行汇往采购地开立专户时，根据汇出款项凭证编制付款凭证，进行账务处理，借记"其他货币资金——外埠存款"科目，贷记"银行存款"科目。

外出采购人员报销用外埠存款支付材料的采购货款等款项时，农业企业应根据供应单位发票账单等报销凭证，编制付款凭证，借记"材料采购"或"原材料""库存商品""应交税费——应交增值税（进项税额）"等科目，贷记"其他货币资金——外埠存款"科目。

采购员完成采购任务，将多余的外埠存款转回当地银行时，应根据银行的收款通知编制收款凭证，借记"银行存款"科目，贷记"其他货币资金——外埠存款"科目。

【例10】红星农场将 23 400 元存款汇往采购地银行开设采购专户。

借：其他货币资金——外埠存款　　　　　　　　　　　　　　　　23 400
　　贷：银行存款　　　　　　　　　　　　　　　　　　　　　　　　　23 400

【例11】红星农场收到采购地交来的供货单位开具的增值税专用发票，材料价款 20 000 元，增值税 3 400 元。

借：材料采购　　　　　　　　　　　　　　　　　　　　　　　　20 000
　　应交税费——应交增值税（进项税额）　　　　　　　　　　　　　3 400
　　贷：其他货币资金——外埠存款　　　　　　　　　　　　　　　　23 400

（二）银行汇票存款

农业企业向银行填送"银行汇票委托书"并将款项交存开户银行，取得汇票后，根据银行盖章退回的申请书存根联编制付款凭证，借记"其他货币资金——银行汇票"科目，贷记"银行存款"科目。农业企业使用银行汇票支付款项后，应根据发票账单等有关凭证，借记"材料采购"或"原材料""库存商品""应交税费——应交增值税（进项税额）"等科目，贷记"其他货币资金——银行汇票"科目。银行汇票使用完毕，应转销"其他货币资金——银行汇票"账户。如实际采购支付后银行汇票有多余款或因汇票超过付款期等原因而退回款项时，应根据开户行转来的银行汇票第四联（多余款收账通知），借记"银行存款"科目，贷记"其他货币资金——银行汇票"科目。

【例12】红星农场向银行填送"银行汇票委托书"并将款项交存开户银行，办理银行汇票一张，金额 234 000 元。

借：其他货币资金——银行汇票　　　　　　　　　　　　　　　234 000
　　贷：银行存款　　　　　　　　　　　　　　　　　　　　　　　234 000

【例13】红星农场使用银行汇票支付货款，取得增值税发票一张，注明价款 200 000 元，增值税额 34 000 元。

借：原材料　　　　　　　　　　　　　　　　　　　　　　　　200 000
　　应交税费——应交增值税（进项税额）　　　　　　　　　　　　34 000
　　贷：其他货币资金——银行汇票　　　　　　　　　　　　　　　234 000

（三）银行本票存款

农业企业向银行提交"银行本票申请书"并将款项交存银行，取得银行本票后，应根据银行盖章退回的申请书存根联编制付款凭证，借记"其他货币资金——银行本票"科目，贷记"银行存款"科目。企业使用银行本票支付购货款等款项后，应根据发票账单等有关凭证，借记"材料采购"或"原材料""库存商品""应交税费——应交增值税（进项税额）"等科目，贷记"其他货币资金——银行本票"科目。如企业因本票超过付款期等原因而要求银行退款时，应填制进账单一式两联，连同本票一并送交银行，根据银行收回本票时盖章退回的进账单第一联，借记"银行存款"科目，贷记"其他货币资金——银行本票"科目。

（四）信用卡存款

农业企业应按规定填制申请表，连同支票和有关资料一并送交发卡银行，根据银行盖章退回的进账单第一联，借记"其他货币资金——信用卡"科目，贷记"银行存款"科目。农业企业用信用卡购物或支付有关费用，借记有关科目，贷记"其他货币资金——信用卡"科目。企业在信用卡使用过程中，需要向其账户续存资金的，按实际续存的金额，借记"其他货币资金——信用卡"科目，贷记"银行存款"科目。

（五）信用证保证金存款

农业企业向银行申请开立信用证，应按规定向银行提交开证申请书、信用证申请人承诺书和购销合同。农业企业向银行交纳保证金，根据银行退回的进账单第一联，借记"其他货币资金——信用证保证金"科目，贷记"银行存款"科目。根据开证行交来的信用证来单通知书及有关单据列明的金额，借记"材料采购"或"原材料""库存商品""应交税费——应交增值税（进项税额）"等科目，贷记"其他货币资金——信用证保证金"和"银行存款"科目。

（六）存出投资款

存出投资款，是指农业企业已存入证券公司但尚未进行短期投资的现金。企业向证券公司划出资金时，应按实际划出的金额，借记"其他货币资金——存出投资款"科目，贷记"银行存款"科目；购买股票、债券时，按实际发生的金额，借记"交易性金融资产"科目，贷记"其他货币资金——存出投资款"科目。

★ 任务实施

根据农业企业业务案例，结合任务目标与知识引导，完成会计账簿设置、会计凭证的填制与审核、会计账簿的登记。

（会计凭证、会计账簿自备，格式参照下面，后面的内容涉及会计凭证与会计账簿与此相同，不再重复列出）

① 收款凭证

收 款 凭 证

分字第　　号

借方科目：　　　　　　　　　　　　　年 月 日　　　　　　　　　　　　　总字第　　号

对方单位（或交款人）	摘　要	贷方科目		金　额										记账符号	
		总账科目	明细科目	百	十	万	千	百	十	元	角	分		
														附
														原
														始
														凭
														证
														张
结算方式、票号：		合　计　金　额												

② 付款凭证

付 款 凭 证

贷方科目：　　　　　　　　　　　年　月　日　　　　　　　　　　　分字第　　号
　　　　　　　　　　　　　　　　　　　　　　　　　　　　　　　　总字第　　号

对方单位（或领款人）	摘　要	借方科目		金　额									记账符号
		总账科目	明细科目	百	十	万	千	百	十	元	角	分	
结算方式、票号：		合　计　金　额											

附原始凭证　张

会计主管：　　　　　记账：　　　　　复核：　　　　　出纳：　　　　　制证：

③ 转账凭证

转 账 凭 证

年　月　日　　　　　　　　　　　　　　　　　转字第＿＿号

摘　要	总账科目	明细科目	借方金额								√	贷方金额								√
			十	万	千	百	十	元	角	分		十	万	千	百	十	元	角	分	
合计																				

附原始凭证　张

会计主管：　　　　　记账：　　　　　复核：　　　　　制单：

④ 记账凭证

记 账 凭 证

年　月　日　　　　　　　　　　　　　　　　　分第＿＿号
　　　　　　　　　　　　　　　　　　　　　　总第＿＿号

摘　要	总账科目	明细科目	借方金额								√	贷方金额								√
			十	万	千	百	十	元	角	分		十	万	千	百	十	元	角	分	
合计																				

附原始凭证　张

会计主管　　　　　记账　　　　　复核　　　　　制单

⑤ 总分类账账页

总 分 类 账

会计科目：   第　页

年		凭证		摘要	对方科目	借　方									贷　方									借或贷	余　额								
月	日	种类	编号			千	百	十	万	千	百	十	元	角	分	千	百	十	万	千	百	十	元	角	分		千	百	十	万	千	百	十	元	角	分

⑥ 现金日记账账页

现 金 日 记 账

币种：＿＿＿＿＿＿   第　页

年		凭证		摘要	对方科目	借　方									贷　方									借或贷	余　额								
月	日	种类	编号			百	十	万	千	百	十	元	角	分	百	十	万	千	百	十	元	角	分		百	十	万	千	百	十	元	角	分

⑦ 银行存款日记账账页

银行存款日记账

开户：＿＿＿＿＿＿   第　页

年		凭证		摘要	结算方式		对方科目	借　方								贷　方								借或贷	结　余							
月	日	种类	编号		种类	号数		十	万	千	百	十	元	角	分	十	万	千	百	十	元	角	分		十	万	千	百	十	元	角	分

⑧ 三栏式明细账账页

会计科目：   第　页

年		凭证		摘　要	对方科目	借　方									贷　方									借或贷	余　额								
月	日	种类	编号			千	百	十	万	千	百	十	元	角	分	千	百	十	万	千	百	十	元	角	分		千	百	十	万	千	百	十	元	角	分

⑨ **数量金额式明细账账页**

明细分类账   第　页

名称：_____   计量单位_____   计划单价_____

年		凭证		摘要	收　入									发　出									结　存								
月	日	种类	编号		数量	单价	金　额							数量	单价	金　额							数量	单价	金　额						
							百	十	万	千	百	十	元	角	分			百	十	万	千	百	十	元	角	分			百	十	万	千	百	十	元	角	分

⑩ **多栏式明细账账页**（有借方分设多栏、贷方分设多栏和借贷方都分设多栏三种格式。以本年利润为例）

本年利润明细账

年		凭证		摘要	借　方					贷　方					借或贷	余　额
月	日	种类	编号		主营业务收入	其他业务收入	…	合　计		主营业务成本	其他业务成本	…	合　计			万千百十元角分
					千百十元角分	千百十元角分		千百十元角分		千百十元角分	千百十元角分		千百十元角分			

★ **任务实施评价**

1. 能正确设置会计账簿，包括账簿的种类、账页格式的选用及外表形式都正确；

2. 能够正确核算货币资金业务，主要是会计分录正确；

3. 能根据原始凭证正确编制记账凭证，包括收、付、转专用记账凭证和通用记账凭证的使用，会计科目、借贷方向、金额要正确，项目填写要齐全；

4．涉及现金日记账和银行存款日记账的业务能正确登记；

5．能正确登记相关总账和明细账。

★ **总结与反思**

任务实施后，结合实施任务的体会，总结学到的知识与技能，学习的经验与不足，寻求改进方法，与大家共享。

★ **任务考核与训练**

一、单项选择题

1．下列各项中，根据《现金管理暂行条例》规定，不能用现金结算的是（　　　　）。

  A．职工工资和津贴   B．按规定发给个人的奖金

  C．向个人收购农副产品的价款 D．向农业企业收购农副产品的价款

2．下列情形中，不违背确保办理货币资金业务的不相容岗位相互分离、制约和监督原则的是（　　　　）。

  A．由出纳人员兼任会计档案保管工作

  B．由出纳人员保管签发支票所需全部印章

  C．由出纳人员兼任收入总账和明细账的登记工作

  D．由出纳人员兼任固定资产明细账及总账的登记工作

3．确定无法查明原因的定额内的现金短款，经批准后应记入（　　　　）。

  A．其他应付款 B．管理费用 C．营业外支出 D．待处理财产损溢

4．下列各项，会导致银行存款日记账余额低于对应日期银行对账单余额的是（　　　　）。

  A．农业企业已收款入账，银行尚未收款入账

  B．农业企业已付款入账，银行尚未付款入账

  C．银行已付款入账，农业企业尚未付款入账

  D．农业企业误将存款 3 580 元记录为 3 850 元，但银行未错

5．对于银行已经收款而农业企业尚未入账的未达账项，农业企业应作的处理为（　　　　）。

  A．待有关结算凭证到达后入账

  B．根据"银行存款余额调节表"和"银行对账单"自制原始凭证入账

  C．在编制"银行存款余额调节表"的同时入账

  D．以"银行对账单"为原始记录将该业务入账

6．经过"银行存款余额调节表"调整后的银行存款余额为（　　　　）。

  A．农业企业账上的银行存款余额

  B．银行账上的农业企业存款余额

  C．农业企业可动用的银行存款数额

  D．农业企业应当在会计报表中反映的银行存款余额

7．下列各项中，可采用托收承付结算方式办理结算的是（　　　　）。

  A．赊销商品的款项   B．寄销商品的款项

  C．代销商品的款项   D．商品交易的款项

8．对逾期未获支付的商业承兑汇票，农业企业应作的账务处理是（　　　　）。

  A．借：应收账款 B．借：坏账准备 C．借：其他应收 D．都不对

     贷：应收票据   贷：应收票据   贷：应收票据

9．农业企业存放在银行的银行汇票存款，应通过（　　　　）账户核算。

A. 银行存款　　　　B. 其他货币资金　　C. 在途货币资金　　D. 库存现金

10. 按照我国会计准则规定，下列票据中应作为应收票据核算的是（　　　）。

A. 支票　　　　　　B. 银行本票　　　　C. 商业汇票　　　　D. 银行汇票

11. 不属于其他货币资金核算范围的是（　　　）。

A. 银行汇票存款　　　　　　　　　　B. 信用证保证金存款

C. 商业汇票　　　　　　　　　　　　D. 银行本票存款

12. 农业企业对已存入证券企业但尚未进行投资的现金进行会计处理，应借记的会计科目是（　　　）。

A. 银行存款　　　　　　　　　　　　B. 交易性金融资产

C. 其他应收款　　　　　　　　　　　D. 其他货币资金

二、多项选择题

1. 下列各项中，符合《现金管理暂行条例》规定可以用现金结算的有（　　　）。

A. 出差人员必须随身携带的差旅费　　　B. 个人劳务报酬

C. 各种劳保、福利费用　　　　　　　　D. 向农民收购农产品的价款

2. 现金收支的内部控制制度包括（　　　）。

A. 建立现金交易和事项的日常处理程序

B. 指定专人负责现金的收入、支出和保管

C. 填制收付款原始凭证的人员与收付款人员的职责分开

D. 实行钱账分管制度

3. 下列支票中，可以提取现金的支票有（　　　）。

A. 现金支票　　　B. 转账支票　　　C. 划线支票　　　D. 普通支票

4. 银行存款的结算方式主要有（　　　）。

A. 汇兑　　　　　B. 托收承付　　　C. 委托收款　　　D. 信用证结算

5. 下列结算方式中既适用于同城又适应于异地的有（　　　）。

A. 银行汇票结算　　B. 商业汇票结算　　C. 委托收款结算　　D. 托收承付结算

6. 在下列各项中，使得农业企业银行存款日记账余额小于银行对账单余额的有（　　　）。

A. 农业企业开出支票，对方未到银行兑现

B. 银行误将其他企业的存款记入本农业企业银行存款账户

C. 银行代扣水电费，农业企业尚未接到通知

D. 银行收到委托收款结算方式下结算款项，农业企业尚未收到通知

7. 农业企业下列存款中，应通过"其他货币资金"账户核算的有（　　　）。

A. 银行本票存款　　B. 转账支票存款　　C. 信用证保证金存款　　D. 信用卡存款

三、判断题

（　　）1. 银行汇票是单位将款项交存开户银行，由银行签发给其持往同城或异地采购商品时办理结算或支取现金的票据。

（　　）2. 根据现行银行结算办法的有关规定，异地托收承付结算方式可适用于各种农业企业办理商品交易，以及因商品交易而产生的劳务供应的款项。

（　　）3. 农业企业用银行汇票支付购货款时，应通过"应付票据"账户核算。

（　　）4. 商业承兑汇票到期日付款人账户不足支付时，其开户银行应代为付款。

（　　）5. 银行存款余额调节表是调整农业企业银行存款账面余额的原始凭证。

（　　）6. 未达账款是指农业企业与银行之间由于凭证传递上的时间差，一方已登记入

账而另一方尚未入账的账项。

（　　）7. 银行本票可以用于转账，填明"现金"字样的银行本票还可以用于支取现金。

（　　）8. 其他货币资金是指除现金、银行存款以外的处于货币形态的资金，包括银行汇票和备用金等。

四、技能训练题

1. 2015 年 10 月 31 日，红星农场银行存款余额为 850 000 元，11 月份发生如下经济业务。

（1）委托银行开出银行汇票 20 000 元，有关手续已办妥，采购员刘红持汇票到 B 市采购材料。

（2）采购员李明到 A 市采购材料，委托银行汇款 100 000 元到 A 市开立采购专户。

（3）刘红在 B 市采购结束，增值税专用发票上列明的甲材料价款为 20 000 元，增值税 3 400 元，货款共 23 400 元。农业企业已用银行汇票支付 20 000 元，差额 3 400 元即采用汇兑结算方式补付，材料已验收入库。

（4）李明在 A 市的采购结束，增值税专用发票上列明的乙材料价款为 60 000 元，增值税 10 200 元，款项共 70 200 元，材料已验收入库。同时接到银行多余款收账通知，退回余款 29 800 元。

（5）农业企业委托银行开出银行本票 30 000 元，有关手续已办妥。

（6）农业企业购买办公用品 3 600 元，用信用卡付款。收到银行转来的信用卡存款的付款凭证及所附账单，经审核无误。

要求：根据以上经济业务，设置会计账簿、填制会计凭证、登记银行存款日记账。

2. A 企业 2015 年 10 月 31 日银行存款日记账余额为 695 000 元，银行对账单余额为 736 000 元。经核查，发现有下列未达账项。

（1）30 日，自来水企业委托银行收取的水费 4 000 元，银行已划出，农业企业尚未入账。

（2）31 日，农业企业签发转账支票 11 000 元支付运费，运输企业尚未送存银行。

（3）31 日，农业企业委托银行收取的货款 34 000 元，银行已收妥入账，农业企业尚未收到收账通知。

要求：根据资料编制银行存款余额调节表。

工作任务 1-1-2　应收款项核算

★ 任务目标

能对应收家庭农场款和待转家庭农场上交款、应收款项进行会计核算；

能对应收账款进行会计核算；

能对预付款项及其他应收款进行会计核算；

能对应收款项减值进行核算；

能够设置相应的会计账簿、填制会计凭证、登记有关总账与明细账。

★ 知识引导

一、应收家庭农场款的核算

（一）账户设置

应收家庭农场款的核算应设置"应收家庭农场款"和"待转家庭农场上交款"账户。

"应收家庭农场款"账户，核算农业企业应收及暂付家庭农场的各种款项，如：企业应向家庭农场收取的劳动保险费、福利费、管理费、利润及代购的农用生产资料款，期末余额在借方。

"待转家庭农场上交款"账户，核算的是该企业待结转的应收家庭农场款，如：家庭农场应上交的劳动保险费、福利费、管理费、利润等。按待转家庭农场上交款的性质设置明细分类账，进行明细分类核算。期末余额在贷方，表示企业尚未结转的应收家庭农场款。

（二）账务处理

1. 应收家庭农场款

（1）企业与家庭签订土地承包协议（合同）生效时，按应收款的余额入账。

借：应收家庭农场款

　　贷：待转家庭农场上交款

（2）农场为家庭农场垫付资金。

借：应收家庭农场款

　　贷：银行存款（等）

（3）企业将生产性生物资产转让给家庭农场。

借：应收家庭农场款

　　生产性生物资产累计折旧

　　生产性生物资产减值准备——成熟生产性生物资产减值准备

　　　　　　　　　　　　　　——未成熟生产性生物资产减值准备

　　贷：生产性生物资产——成熟生产性生物资产

　　　　　　　　　　　　——未成熟生产性生物资产（该生物资产不计提折旧）

　　　　营业外收入——处置非流动资产所得（损失为借方"营业外支出"）

（4）农场将消耗性生物资产作价转让给家庭农场，价款未收回。

借：应收家庭农场款

　　贷：主营业务收入（或"其他业务收入"）

同时

借：主营业务成本（或"其他业务成本"）

　　存货跌价准备——幼畜及育肥畜跌价准备

　　贷：消耗性生物资产

（5）收到家庭农场上交的款项或者以农产品抵顶上交款。

借：银行存款（农产品——大豆）

　　贷：应收家庭农场款

2. 待转家庭农场上交款

（1）企业与家庭签订土地承包协议（合同）生效时，按应收款的余额入账。

借：应收家庭农场款

　　贷：待转家庭农场上交款

（2）收回款项时作如下分录。

借：银行存款

　　贷：应收家庭农场款

（3）转销时作如下分录。

借：待转家庭农场上交款

　　贷：应付职工薪酬——社会保险金（职工福利费）

　　　　管理费用

　　　　本年利润

二、应收票据

应收票据，是指农业企业因销售商品、提供劳务等而收到的商业汇票。在银行开立存款账户的法人与其他组织之间必须具有真实的交易关系或债权债务关系，才能使用商业汇票。商业汇票的付款期限交易双方商定，但最长不得超过6个月。商业汇票可以背书转让。符合条件的商业承兑汇票的持票人可持未到期的商业承兑汇票连同贴现凭证，向银行申请贴现。

（一）商业汇票的分类

商业汇票按承兑人不同分为商业承兑汇票和银行承兑汇票两种。

商业承兑汇票是由销货企业或购货企业签发，由购货企业承兑的汇票。汇票到期时，购货企业的开户银行凭票将票款划给销货企业或贴现银行。销货企业应在提示付款期限内通过开户银行委托收款或直接向付款人提示付款。汇票到期时，如果购货企业的存款不足支付票款，开户银行应将汇票退还销货企业，银行不负责付款，由购销双方自行处理。

银行承兑汇票由在承兑银行开立存款账户的存款人签发，并由承兑申请人向银行申请，经银行审查同意承兑的汇票。承兑银行按票面金额向出票人收取万分之五的手续费。购货企业应于汇票到期前将票款足额交存其开户银行，以备承兑银行在汇票到期日或到期日后的见票当日支付票款。销货企业应在汇票到期时将汇票连同进账单送交开户银行以便转账收款。承兑银行凭汇票将承兑款项无条件转给销货企业，如果购货企业于汇票到期日未能足额交存票款时，承兑银行除凭票向持票人无条件付款外，对出票人尚未支付的汇票金额按照每天万分之五计收罚息。

商业汇票按是否带息可分为带息商业汇票和不带息商业汇票两种。无论是带息票据还是不带息票据，应收票据的入账价值均按取得时的票面价值或票面金额确定。

（二）应收票据的核算

农业企业对应收票据进行核算，应当设置"应收票据"科目。应收票据的核算包括应收票据的取得、计息、到期及应收票据转让等四项内容。

1. 应收票据的取得

应收票据取得时，均按面值入账。农业企业销售商品、产品或提供劳务收到开出、承兑的商业汇票时，按应收票据的面值，借记"应收票据"科目，按实现的营业收入，贷记"主营业务收入"科目，按专用发票上注明的增值税额，贷记"应交税费——应交增值税（销项税额）"科目。具体账务处理如下。

借：应收票据

　　贷：主营业务收入

　　　　应交税费——应交增值税（销项税额）

【例1】红星农场销售货物一批，收到开出、承兑的商业汇票时，按应收票据的面值23 400元入账。

借：应收票据　　　　　　　　　　　　　　　　　　　　23 400

　　贷：主营业务收入　　　　　　　　　　　　　　　　　20 000

　　　　应交税费——应交增值税（销项税额）　　　　　　 3 400

2. 应收票据到期收回

应收票据到期收回款项时，应按收到的金额，借记"银行存款"科目，按票面金额，贷记"应收票据"科目；如果款项未收回，应借记"应收账款"科目，贷记"应收票据"科目。

3. 应收票据转让

农业企业可以将自己持有的商业汇票背书转让。农业企业将持有的应收票据背书转让，以取得所需物资时，按应计入取得物资成本的价值，借记"材料采购"或"原材料""库存商品"等科目，按专用发票上注明的增值税额，借记"应交税费——应交增值税（进项税额）"科目，按应收票据的账面余额，贷记"应收票据"科目，如有差额，借记或贷记"银行存款"等科目。

三、应收账款

（一）应收账款的计价

应收账款是指农业企业因销售商品、提供劳务等经营活动，应向购货单位或接受劳务单位收取的款项，主要包括企业销售商品或提供劳务等应向有关债务人收取的价款及代购货单位垫付的包装费、运杂费等。

应收账款的入账价值包括因销售商品或提供劳务从购货方或接受劳务方应收的合同或协议价款（应收的合同或协议价款不公允的除外）、增值税销项税额，以及代购货单位垫付的包装费、运杂费等。但因销售商品、提供劳务等，采用递延方式收取合同或协议价款、实质上具有融资性质的，应在"长期应收款"科目核算。

商业折扣是指农业企业为了扩大商品的销售量而在商品价目表上规定的价格中扣除的一定数额。在存在商业折扣的情况下，企业应收账款入账金额应按扣除商业折扣以后的实际售价确认。

现金折扣是指农业企业赊销产品后，为了督促购货方及时付款，而给予的一种折扣。现金折扣一般用符号"折扣/付款期限"表示。在存在现金折扣的情况下，应收账款应以未减去现金折扣的金额作为入账价值。实际发生的现金折扣，作为一种财务费用，计入发生当期的损益。

（二）应收账款的核算

农业企业为了对应收账款进行核算，应当设置"应收账款"科目。

1. 应收账款发生的核算

农业企业销售商品或提供劳务发生应收账款时，借记"应收账款"科目，按实现的营业收入，贷记"主营业务收入"等科目，按专用发票上注明的增值税额，贷记"应交税费——应交增值税（销项税额）"等科目。农业企业代购货单位垫付的包装费、运杂费，借记"应收账款"科目，贷记"银行存款"等科目；收回代垫费用时，借记"银行存款"科目，贷记"应收账款"科目。具体账务处理如下。

借：应收账款

　　贷：主营业务收入

　　　　应交税费——应交增值税（销项税额）

　　　　银行存款

【例2】红星农场销售商品一批，价款30 000元，增值税5 100元，款项尚未收到。

借：应收账款　　　　　　　　　　　　　　　　　　　　　　35 100

　　贷：主营业务收入　　　　　　　　　　　　　　　　　　　30 000

　　　　应交税费——应交增值税（销项税额）　　　　　　　　 5 100

2. 应收账款收回的核算

收回应收账款时，按实收金额，借记"银行存款"等科目，贷记"应收账款"科目。如果应收账款改用商业汇票结算，在收到承兑的商业汇票时，按照票面金额，借记"应收票据"科目，贷记"应收账款"科目。

【例3】红星农场收回前欠货款35 100元。

借：银行存款 35 100

　　贷：应收账款 35 100

四、预付账款

预付账款，是指农业企业按照购货合同规定，预先支付给供货方的款项。为了反映预付账款的发生及结算情况，企业应当设置"预付账款"科目进行核算，预付账款不多的企业，也可以将预付的货款记入"应付账款"科目的借方。

农业企业按购货合同的规定预付货款时，按预付金额借记"预付账款"科目，贷记"银行存款"科目。农业企业收到预定的物资时，应根据发票账单等列明的应计入购入物资成本的金额，借记"材料采购""原材料"等科目，按专用发票上注明的增值税，借记"应交税费——应交增值税（进项税额）"科目，按应付的金额，贷记"预付账款"科目；补付货款时，借记"预付账款"科目，贷记"银行存款"科目。退回多付的款项，借记"银行存款"科目，贷记"预付账款"科目。

【例4】红星农场根据购销合同规定，2013年7月预付货款60 000元订购甲材料，7月收到供应单位提供的材料和发票，发票注明材料价款60 000元，增值税10 200元，材料已入库。8月该企业将余款支付给供应单位。

（1）预付货款时

借：预付账款 60 000

　　贷：银行存款 60 000

（2）根据发票账单等列明的金额入账

借：材料采购 60 000

　　应交税费——应交增值税（进项税额） 10 200

　　贷：预付账款 70 200

（3）补付货款时

借：预付账款 10 200

　　贷：银行存款 10 200

五、其他应收款

其他应收款是指除应收票据、应收账款、预付账款等以外的其他各种应收及暂付款项。主要包括：（1）应收的各种赔款、罚款，如因农业企业财产等遭受意外损失而应向有关保险公司收取的赔款等；（2）应收的出租包装物租金；（3）应向职工收取的各种垫付款项，如为职工垫付的水电费、应由职工负担的医药费、房租费等；（4）存出保证金，如租入包装物支付的押金；（5）其他各种应收、暂付款项。

农业企业发生其他应收款时，按应收金额借记"其他应收款"科目，贷记有关科目。收回各种款项时，借记有关科目，贷记"其他应收款"科目。

【例5】红星农场租入包装物一批，以银行存款支付押金1 500元，账务处理如下。

借：其他应收款——存出保证金 1 500

　　贷：银行存款 1 500

农业企业核算备用金时，将由企业财务部门单独拨给企业内部各单位周转使用的备用金，借记"其他应收款"科目，贷记"库存现金"或"银行存款"科目。自备用金中支付零星支出，应根据有关的支出凭单，定期编制备用金报销清单，财务部门根据内部各单位提供的备用金报销清单，定期补足备用金，借记"管理费用"等科目，贷记"库存现金"或"银行存款"科目。除了增加或减少拨入的备用金外，使用或报销有关备用金支出时不再通过"其他应收款"科目核算。

【例6】红星农场由企业财务部门单独拨给企业内部各单位周转使用的备用金3 000元。

借：其他应收款——备用金　　　　　　　　　　　　　　3 000

　　贷：库存现金　　　　　　　　　　　　　　　　　　　　　　　　3 000

报销办公费500元时

借：管理费用——办公费　　　　　　　　　　　　　　　　500

　　贷：库存现金　　　　　　　　　　　　　　　　　　　　　　　　500

六、应收款项减值及其核算

农业企业应当在资产负债表日对应收款项的账面价值进行检查，有客观证据表明该应收款项发生减值的，应当将该应收款项的账面价值减记至预计未来现金流量现值，减记的金额确认减值损失，计提坏账准备。

应收款项减值损失提取的范围包括：应收家庭农场款、应收账款、其他应收款、预付账款、应收票据、长期应收款。

农业企业核算坏账，应当设置"坏账准备"科目，核算应收款项的坏账准备计提、转销等情况。该科目贷方登记当期计提的坏账准备数额，借方登记实际发生的坏账损失数额和冲减的坏账准备数额，期末余额一般在贷方，反映企业已提取但尚未转销的坏账准备数额。企业当期计提的坏账准备计入资产减值损失。

农业企业提取坏账准备时，借记"资产减值损失——计提的坏账准备"科目，贷记"坏账准备"科目。本期应提取的坏账准备大于其账面余额的，应按其差额提取；应提数小于账面余额的差额，借记"坏账准备"科目，贷记"资产减值损失——计提的坏账准备"科目。

实际发生坏账时，借记"坏账准备"科目，贷记"应收账款""其他应收款"等科目。如果已确认并转销的坏账以后又收回，则应按收回的金额，借记"应收账款""其他应收款"等科目，贷记"坏账准备"科目；同时，借记"银行存款"科目，贷记"应收账款""其他应收款"等科目。

【例7】红星农场2014年年末应收账款余额为1 000 000元，估计坏账率为千分之五，2015年3月发现有15 000元应收东方公司货款无法收回，按规定确认为坏账损失，当年年末应收账款余额为1 800 000元，2016年11月上年确认坏账的东方公司的应收账款又收回了9 000元，当年年末应收账款余额为900 000元，请计算红星农场各年应计提的坏账准备及编制相关的会计分录。

（1）2014年末应提取的坏账准备

借：资产减值损失——计提的坏账准备　　　　　　　　5 000

　　贷：坏账准备　　　　　　　　　　　　　　　　　　　　　　　5 000

（2）2015年3月发生坏账

借：坏账准备　　　　　　　　　　　　　　　　　　　　15 000

　　贷：应收账款　　　　　　　　　　　　　　　　　　　　　　　15 000

2015年年末提坏账准备余额＝5 000－15 000＝－10 000（元）（借方）

2015年年末应提坏账准备＝10 000＋1 800 000×5‰＝19 000（元）

借：资产减值损失——计提的坏账准备　　　　　　　　19 000

　　贷：坏账准备　　　　　　　　　　　　　　　　　　　　　　　19 000

（3）2016年11月上年确认坏账的东方公司的应收账款又收回

借：应收账款　　　　　　　　　　　　　　　　　　　　　　9 000

　　贷：坏账准备　　　　　　　　　　　　　　　　　　　　　　　9 000

借：银行存款　　　　　　　　　　　　　　　　　　　　　　9 000

　　贷：应收账款　　　　　　　　　　　　　　　　　　　　　　　9 000

2016 年年末计提坏账准备前，坏账准备的余额＝9 000＋9 000＝18 000(元)，2016 年年末应冲减坏账准备为 900 000×5‰－18 000＝－13 500(元)(借方)

借：坏账准备　　　　　　　　　　　　　　　　　　　　　　13 500

　　贷：资产减值损失——计提的坏账准备　　　　　　　　　　　13 500

★ 任务实施

根据农业企业应收款项案例，结合任务目标与知识引导，完成应收家庭农场款的核算、待转家庭农场上交款的核算、应收账款的核算、预付款项核算、其他应收款的核算和应收款项减值的核算；并能填制与审核会计凭证、登记相关的总账、日记账和明细账。

★ 任务实施评价

1. 对应收款项业务能正确运用会计科目；
2. 对应收款项业务能正确编写会计分录；
3. 会计凭证中会计科目、借贷方向、金额正确，项目填写齐全；
4. 会计账簿中的日期、凭证号数、摘要、方向、金额登记正确。

★ 总结与反思

任务实施后，结合实施任务的体会，总结学到的知识与技能，学习的经验与不足，寻求改进方法，与大家共享。

★ 任务考核与训练

一、单项选择题

1. 应通过"应收票据"科目核算的票据有（　　　　）。

　　A. 银行本票　　　　B. 银行汇票　　　　C. 支票　　　　D. 商业承兑汇票

2. 商业汇票按不同承兑人分为（　　　　）。

　　A. 商业承兑汇票与银行承兑汇票　　　　B. 商业汇票与银行汇票

　　C. 商业汇票与银行本票　　　　D. 银行本票与银行汇票

3. 农业企业发生的现金折扣应当作为（　　　）处理。

　　A. 营业收入　　　B. 销售费用增加　　　C. 财务费用增加　　D. 管理费用增加

4. 为了鼓励购买者多买而在价格上给予的一定折扣称为（　　　　）。

　　A. 商业折扣　　　　B. 现金折扣　　　　C. 销售折让　　　　D. 削价处理

5. 某农业企业销售商品一批，计价 10 000 元，付款条件为 2/10，1/15，n/30，如果客户在第 14 天付款，客户应付款（　　　）元。

　　A. 10 000　　　　B. 9 800　　　　C. 9 850　　　　D. 9 900

6. 丙农业企业赊销商品一批，商品标价 10 000 元，商业折扣 10%，增值税率为 17%，现金折扣条件为 2/10，n/20。农业企业销售商品时代垫运费 300 元（不考虑运费增值税），则应收账款的入账金额为（　　　）元。

　　A. 10 830　　　　B. 12 000　　　　C. 11 700　　　　D. 10 630

7. 农业企业为了采购原材料而事先支付的款项称为（　　　）。

　　A. 应收账款　　　　B. 预付账款　　　　C. 应付票据　　　　D. 其他应收款

8. 设置"预付账款"科目的农业企业，在收到货物后需补付货款时，应编制（　　　　）

会计分录。

    A. 借：预付账款   B. 借：原材料

       原材料   贷：预付账款

       贷：银行存款

    C. 借：原材料   D. 借：预付账款

       贷：预付账款   贷：银行存款

       银行存款

9. 某农业企业对职能部门所需备用金采用定额备用金制度，当职能部门报销日常管理支出而补足其备用金定额时，应借记的会计科目是（   ）。

    A. 其他应收款   B. 其他应付款   C. 管理费用   D. 生产成本

10. 农业企业按规定提取的坏账准备，应计入（   ）账户。

    A. 财务费用   B. 营业外支出   C. 资产减值损失   D. 制造费用

11. 某农业企业年末应收账款余额为 500 000 元，坏账准备账户贷方余额为 2 000 元，按 3‰提取坏账准备，则应冲减的坏账准备为（   ）。

    A. 1 500 元   B. 2 000 元   C. 500 元   D. 3 500 元

12. 在按应收账款余额计提坏账准备的情况下，已核销的坏账又重新收回时，应借记（   ）。

    A. 资产减值损失   B. 应收账款   C. 坏账准备   D. 管理费用

13. 农业企业在连续提取坏账准备的情况下，"坏账准备"科目在期末结账前如为贷方余额，其反映的内容是（   ）。

    A. 本年提取的坏账准备

    B. 上年末坏账准备的余额小于本年确认的坏账损失部分

    C. 农业企业已提取但尚未转销的坏账准备数额

    D. 已经发生的坏账损失

14. A 农业企业通过对应收款项的风险进行分析，决定按应收账款余额的一定比例计提坏账。"坏账准备"科目的年初余额为 2 000 元，"应收账款"和"其他应收款"科目的年初余额分别为 30 000 元和 10 000 元。当年，不能收回的应收账款 2 000 元确认为坏账损失。"应收账款"和"其他应收款"科目的年末余额分别为 70 000 元和 10 000 元，假定该农业企业年末确定的坏账提取比例为 5%。该农业企业年末应提取的坏账准备为（   ）元。

    A. 1 000   B. 2 000   C. 4 000   D. 3 500

15. 农业企业以应收账款为质押取得借款时，应贷记的会计科目是（   ）。

    A. 银行存款   B. 应收账款   C. 短期借款   D. 财务费用

16. 商业汇票的付款期限由交易双方商定，但最长不得超过（   ）个月。

    A. 3   B. 6   C. 9   D. 12

二、多项选择题

1. 应收款项包括以下（   ）。

    A. 应收账款   B. 预付账款   C. 应收票据   D. 其他应收款

2. 农业企业因销售商品发生的应收账款，其入账价值应当包括（   ）。

    A. 销售商品的价款   B. 增值税销项税额

    C. 代购货方垫付的包装费   D. 代购货方垫付的运杂费

3. 应收款项减值损失提取的范围包括（   ）。

    A. 应收账款   B. 应收票据   C. 其他应收款   D. 预付账款

4. 应收账款的核算范围包括（　　　　）。

　　A. 应收销售商品的货款　　　　　　　B. 应收提供劳务的账款

　　C. 应收保险企业赔款　　　　　　　　D. 应收包装物押金

5. 我国目前使用作为应收票据核算的有（　　　　）。

　　A. 支票　　　　　B. 商业承兑汇票　　　C. 银行承兑汇票　　　D. 银行本票

6. 下列各种情况，进行会计处理时，应计入"坏账准备"科目借方的是（　　　　）。

　　A. 首次按"应收账款"账户期末余额计算坏账准备

　　B. 收回过去已确认并转销的坏账

　　C. 期末"坏账准备"账户余额为贷方，且大于应计提数额

　　D. 发生坏账

　　E. 期末"坏账准备"余额在贷方，且小于应计提数

7. 其他应收款的范围包括（　　　　）。

　　A. 存出保证金　　　　　　　　　　　B. 应收的各种罚款

　　C. 应收出租包装物的租金　　　　　　D. 应向职工收取的各种垫付款项

8. 下列各项中，会引起应收账款账面价值发生变化的有（　　　　）。

　　A. 结转到期不能收回的应收票据　　　B. 计提应收账款坏账准备

　　C. 收回应收账款　　　　　　　　　　D. 收回已转销的坏账

9. 可以作为商业汇票规定的付款期限的是（　　　　）。

　　A. 5个月　　　　　B. 6个月　　　　　C. 8个月　　　　　D. 一年

三、判断题

（　　）1. 某农业企业销售一笔金额为 100 000 元的货物，规定销货的现金折扣条件为 2/20，n/30，购货单位于第 15 天付款，该农业企业实际收到的款项金额为 98 000 元。

（　　）2. 预付账款可以在应付账款账户核算，因此，预付账款应作为农业企业的一项负债。

（　　）3. 农业企业收到承兑的商业汇票，无论是否带息，均按票据的票面价值入账。

（　　）4. 只有银行承兑汇票才能向银行申请办理应收票据贴现。

（　　）5. 已确认为坏账的应收账款，并不意味着农业企业放弃了其追索权，一旦重新收回，应及时入账。

（　　）6. 农业企业支付的包装物押金应通过其他应收款科目核算，收到的包装物押金，应作其他应付款处理。

（　　）7. 票据贴现实际上是农业企业融通资金的一种形式。

（　　）8. 农业企业应当定期或者至少于每个年度终了，对其他应收款进行检查，预计其可能发生的坏账损失，并计提坏账准备。

（　　）9. 现金折扣应在实际发生时计入当期财务费用。

四、技能训练题

1. 某农业企业按照应收账款余额的 5‰ 提取坏账准备。该农业企业第一年年末的应收账款余额为 1 000 000 元；第二年发生坏账 9 000 元，其中甲农业企业 4 000 元、乙农业企业 5 000 元，年末应收账款余额为 1 200 000 元；第三年，上年已冲销的甲农业企业应收账款 3 000 元又收回，期末应收账款余额为 800 000 元。

要求：根据上述资料计算农业企业每年提取的坏账准备，并作出相关账务处理。

2. 农业 A 企业 2012 年 5 月 1 日向 B 企业销售商品一批，货款 50 000 元，增值税额为

8 500元。A企业为了尽快收回货款而在合同中规定符合现金折扣的条件为：2/10、1/20、$n/30$，假设 B 企业于 5 月 9 日付清货款（在计算折扣时不考虑增值税因素）。

要求：根据上述资料，编制甲企业上述业务的会计分录。（"应交税费"科目要求写出明细科目）

工作任务 1-1-3　存 货 核 算

★ 任务目标

掌握存货的相关概念以及确认的条件；

掌握取得存货的会计核算；

掌握发出存货的会计核算；

掌握存货的期末计价方法及存货清查；

能够设置相应的会计账簿、填制会计凭证、登记有关总账与明细账。

★ 知识引导

一、存货的基本理论

（一）存货的概念

《企业会计准则第 1 号——存货》规定，存货是指企业在日常活动中持有的以备出售的产成品或商品，处在生产过程中的在产品，在生产过程或提供劳务的过程中耗用的材料和物料等。

农业企业的存货具体是指在生产经营过程中，为耗用或销售而储存的各种流动资产，包括各类材料、农产品、包装物和低值易耗品等。

（二）存货的分类

存货品种繁多，不同的行业，存货的范围和内容也有所不同。农业企业的存货，按其经济用途可分为以下几类。

（1）材料　指农业企业购入的用于生产经营的各种材料，包括主要材料和辅助材料。如：种子、农药、化肥等材料。

（2）农产品　指农业企业可以作为商品对外销售的产品，包括种植业产品、畜牧养殖业产品、水产品和林产品。

（3）包装物和低值易耗品　指农业企业购入的单价低、易损耗，未达到固定资产价值标准的各种用具物品等劳动资料，如生产和管理用的各种工具。

（三）存货的范围

存货主要包括下列三类有形资产：在日常活动中持有以备出售的存货；为了最终出售目前尚处于生产过程中的存货；为了生产供销售的商品或提供劳务以备消耗的存货。

（四）存货的确认与计量

存货的确认除了要符合存货的定义外，还要满足两个重要条件，即与该存货有关的经济利益很可能流入企业；该存货的成本能够可靠地计量。

二、存货的成本

《企业会计准则第 1 号——存货》规定："存货应当按成本进行初始计量。"这表明企业在持续经营的前提下，存货入账价值的基础是历史成本或实际成本。存货成本包括采购成本、加工成本和其他成本。

不同存货的成本构成内容不同。原材料、低值易耗品等通过购买而取得的存货的成本由采购成本构成；农产品等通过进一步加工而取得的存货的成本由采购成本、加工成本以及使存货达到目前场所和状态所发生的其他成本构成。

（一）存货采购成本的构成

（1）购买价款　是指企业购入材料或商品的发票账单上列明的价款，但不包括按规定可以抵扣的增值税额。

（2）相关税费　主要指进口关税和其他税金。其他税金是指企业购买、自制或委托加工存货发生的消费税、资源税和不能从销项税额中抵扣的增值税进项税额等；商品流通企业存货的采购成本由采购价格、进口关税和其他税金等构成，不包括运输费、装卸费等其他费用。运输费、装卸费等其他费用应计入营业费用。

（3）其他可直接归属于存货采购的费用　是指采购成本中除上述各项以外的可直接归属于存货采购的费用，如在存货采购过程中发生的仓储费、包装费、运输途中的合理损耗、入库前的挑选整理费用等。

（二）存货的加工成本

存货的加工成本是指在存货的加工过程中发生的追加费用，包括：直接人工（直接人工是指企业在生产产品过程中，直接从事产品生产和劳务提供人员的职工薪酬）；按照合理方法分配的制造费用（制造费用是指企业为生产产品和提供劳务而发生的各项间接费用）。

（三）存货的其他成本

存货的其他成本是指除采购成本、加工成本以外的，使存货达到目前场所和状态所发生的其他支出。企业设计产品发生的设计费用通常应计入当期损益，但是为特定客户设计产品所发生的、可直接确定的设计费用应计入存货的成本。

在农业企业会计实务中具体按以下原则确定。

（1）购入的存货　其成本包括：买价、运杂费、运输途中的合理损耗、入库前的挑选整理费用以及按规定应计入成本的税费和其他费用。

（2）自制的存货　包括自制原材料、自制包装物、自制低值易耗品、自制半成品及库存商品等，其成本包括直接材料、直接人工和制造费用等的各项实际支出。

（3）委托外单位加工完成的存货　其成本包括实际耗用的原材料或者半成品、加工费、装卸费、保险费、委托加工的往返运输费等费用以及按规定应计入成本的税费。

但是，下列费用应当在发生时确认为当期损益，不计入存货成本。

（1）非正常消耗的直接材料、直接人工和制造费用　应在发生时计入当期损益，不应计入存货成本。

（2）仓储费用　指企业在存货采购入库后发生的储存费用，应在发生时计入当期损益。但是，在生产过程中为达到下一个生产阶段所必需的仓储费用应计入存货成本。

（3）不能归属于使存货达到目前场所和状态的其他支出　应在发生时计入当期损益，不得计入存货成本。

三、存货的计价

《企业会计准则第 1 号——存货》规定的可以采用的发出存货的计价方法包括：个别计价法、先进先出法、加权平均法和移动加权平均法。

（一）个别计价法

个别计价法是假设存货的成本流转与实物流转相一致，在这种方法下，应当为每一货品设置记录，包括成本和售价等，当该项存货售出时，其售价与成本的差额即为毛利。

采用这种方法计算发出存货的成本比较合理，但实务操作的工作量繁重，困难较大，并容易被管理人员利用，作为修饰利润的一种手段。

个别计价法适用于一般不能替代使用的存货，以及容易辨别、存货品种数量不多、单位成本较高的存货计价，如房地产、船舶、飞机、珠宝及名画等。

（二）先进先出法

先进先出法是以先购入的存货先发出这样一种存货实物流转假设为前提，对发出存货进行计价的一种方法。在物价持续上涨的情况下，采用这种方法，使存货发生成本降至最低，从而使账面利润虚增，对企业的长期经营不利。

经营活动受存货形态影响较大或存货容易腐烂变质的企业，一般采用先进先出法。

（三）加权平均法

加权平均法是指以期初存货数量和本月购进存货数量作为权数，于月末一次计算存货平均单位成本，再确定存货的发出成本和期末库存成本的方法。这种方法只需在月末计算一次，比较方便，适用于存货收发业务不多的企业，而且在市场价格上涨或下跌时所计算出来的存货单价平均化，对存货成本的分摊较为折中；但这种方法平时无法从账上提供发出和结存存货的单价及金额，不利于农业企业加强对存货的管理。计算公式如下。

$$存货单位成本 = \frac{期初存货成本 + 本期购进存货成本}{期初存货数量 + 本期购进存货数量}$$

$$本期发出存货成本 = 本期发出存货数量 \times 存货单位成本$$

$$月末库存存货成本 = 月末库存存货数量 \times 存货单位成本$$

（四）移动加权平均法

移动加权平均法是指以本批购进数量加账面结存数量为权数，滚动计算加权平均单价，并据以确定存货发出成本与期末存货成本。这种方法的优点在于能使管理人员及时了解存货的结存情况，并且每次购入存货的单位成本和购入前库存存货的单位成本对发出存货成本的影响，分别与购入数量加购入前库存数量的多少成正比，因而成本计算较为客观可信，但与市价仍有一定差距，而且频繁地计算移动单位平均成本，使存货核算相当烦琐。对于储存在同一地点性能相同的大量存货，一般采用加权平均法或移动加权平均法。计算公式如下。

$$移动加权平均单价 = \frac{以前结存存货成本 + 本批购入存货成本}{以前结存存货数量 + 本批购入存货数量}$$

下面举例说明上述各种计价方法。

【例1】红星农场2015年7月A专用化肥购入、发出和结存的资料，见表1-1-2。

表 1-1-2　存货发出和结存的数据资料表

日期	摘要	入　库		发出数量/公斤	结存数量/公斤
		数量/公斤	单位成本/元		
7月1日	期初结存	300	5.00		300
7月5日	购入	900	6.00		1 200
7月10日	发出			800	400
7月25日	购入	600	7.00		1 000
7月28日	发出			800	200
7月30日	购入	200	8.00		400

1. 先进先出法

根据表1-1-2的资料，采用先进先出法的具体计算方法见表1-1-3。

表 1-1-3　存货采用先进先出法的具体计算方法

存货名称：A 专用化肥　　　　　　　　　　　　　　　　　　　　　　　　　　　单位：元

2015 年		摘要	购　入			发　出			结　存		
月	日		数量/公斤	单价	金额	数量/公斤	单价	金额	数量/公斤	单价	金额
7	1	期初结存							300	5.00	1 500
	5	购入	900	6.00	5 400				300	5.00	1 500
									900	6.00	5 400
	10	发出				300	5.00	1 500	400	6.00	2 400
						500	6.00	3 000			
	25	购入	600	7.00	4 200				400	6.00	2 400
									600	7.00	4 200
	28	发出				400	6.00	2 400	200	7.00	1 400
						400	7.00	2 800			
	30	购入	200	8.00	1 600				200	7.00	1 400
									200	8.00	1 600
	31	本月发生额及月末余额	1 700	—	11 200	1 600	—	9 700	200	7.00	1 400
									200	8.00	1 600

2. 加权平均法

根据表 1-1-2 的资料，采用加权平均法的具体计算方法见表 1-1-4。

表 1-1-4　存货采用加权平均法的具体计算方法

存货名称：A 专用化肥　　　　　　　　　　　　　　　　　　　　　　　　　　　单位：元

2015 年		摘要	购　入			发　出			结　存		
月	日		数量/公斤	单价	金额	数量/公斤	单价	金额	数量/公斤	单价	金额
7	1	期初结存							300	5.00	1 500
	5	购入	900	6.00	5 400				1 200		
	10	发出				800			400		
	25	购入	600	7.00	4 200				1 000		
	28	发出				800			200		
	30	购入	200	8.00	1 600				400		
	31	本月发生额及月末余额	1 700	—	11 200	1 600	6.35	10 160	400	6.35	2 540

3. 移动加权平均法

根据表 1-1-2，采用移动加权平均法的具体计算方法见表 1-1-5。

表 1-1-5　存货采用移动加权平均法的具体计算方法

存货名称：A 专用化肥　　　　　　　　　　　　　　　　　　　　　　　　　　　　单位：元

| 2015 年 | | 摘要 | 购入 | | | 发出 | | | 结存 | | |
月	日		数量/公斤	单价	金额	数量/公斤	单价	金额	数量/公斤	单价	金额
7	1	期初结存							300	5.00	1 500
	5	购入	900	6.00	5 400				1 200	5.75	6 900
	10	发出				800	5.75	4 600	400	5.75	2 300
	25	购入	600	7.00	4 200				1 000	6.50	6 500
	28	发出				800	6.50	5 200	200	6.50	1 300
	30	购入	200	8.00	1 600				400	7.25	2 900
	31	本月发生额及月末余额	1 700	—	11 200	1 600	—	9 800	400	7.25	2 900

四、取得存货的核算

存货日常核算可以按实际成本核算，也可以按计划成本核算。对存货日常核算采用何种方法，由农业企业根据实际情况自行确定，但要遵循前后一致的原则。

（一）按实际成本取得存货的核算

1. 取得原材料的核算

在实际成本法下，取得原材料通过"原材料"和"在途物资"科目核算。"原材料"科目用于核算库存各种材料的收发与结存情况。"在途物资"科目，核算企业购入尚未到达或尚未验收入库的各种物资的实际成本。

（1）购入原材料的核算

农业企业外购材料时，由于结算方式和采购地点的不同，材料入库和货款的支付在时间上不一定完全同步，相应地，其账务处理也有所不同。

① 发票账单与材料同时到达

借：原材料

　　应交税费——应交增值税（进项税额）

　　　贷：银行存款/应付票据等

【例2】红星农场采购种子一批，买价 30 000 元，运杂费 800 元，应交增值税进项税额3 956 元，以银行存款支付。

借：原材料——种子　　　　　　　　　　　　　　　　　　　　　　　30 800

　　应交税费——应交增值税（进项税额）　　　　　　　　　　　　　3 956

　　　贷：银行存款　　　　　　　　　　　　　　　　　　　　　　　34 756

② 发票账单已到，材料未到

借：在途物资

　　应交税费——应交增值税（进项税额）

　　　贷：银行存款/应付票据等

待材料到达、验收入库后

借：原材料

　　　贷：在途物资

【例3】红星农场从外地采购尼龙薄膜一批，买价 10 000 元，运杂费 300 元，应交增值税进项税额 1 321 元，货款已承付，材料尚在运输途中。

a. 根据收到的结算凭证和发票账单作会计分录如下

借：在途物资——尼龙薄膜 10 300

应交税费——应交增值税（进项税额） 1 321

贷：银行存款 11 621

b. 采购尼龙薄膜运到，验收入库。根据收料单等相关凭证，作会计分录如下

借：原材料——尼龙薄膜 10 300

贷：在途物资——尼龙薄膜 10 300

③ 材料已到发票账单未到，月末按材料的暂估价值入账

借：原材料

贷：应付账款——暂估应付账款

下月初用红字作同样的记账凭证予以冲回。收到发票账单后，凭票入账。

【例4】红星农场采购专用化肥一批，已经提货并验收入库，月末发票账单尚未到达，暂估入库通知单的价格 5 000 元。

a. 月末暂估入库

借：原材料——专用化肥 5 000

贷：应付账款——暂估应付账款 5 000

b. 下月初用红字作同样的记账凭证予以冲回。

借：原材料——专用化肥 5 000

贷：应付账款——暂估应付账款 5 000

c. 下月发票账单寄到，实际价款为 4 920 元。

借：原材料——专用化肥 4 920

贷：银行存款 4 920

④ 采用预付货款的方式采购材料

应在预付材料价款时，按照实际预付金额：

借：预付账款

贷：银行存款

已经预付货款的材料验收入库，根据发票账单等所列的价款、税额等：

借：原材料

应交税费——应交增值税（进项税额）

贷：预付账款

预付款项不足，补付货款，按补付金额：

借：预付账款

贷：银行存款

退回上项多付的款项：

借：银行存款

贷：预付账款

【例5】红星农场按照合同约定，预付某家庭农场货款 22 000 元，用于农用生产资料。

a. 按预付金额入账

借：预付账款——某家庭农场 22 000

贷：银行存款 22 000

b. 上述农用生产资料运到并验收入库，发票账单价款金额为 28 500 元，增值税额 3 705 元

借：原材料——农用生产资料　　　　　　　　　　　　　　28 500

　　应交税费——应交增值税（进项税额）　　　　　　　　　3 705

　　　贷：预付账款——某家庭农场　　　　　　　　　　　　　　　32 205

c. 预付款项不足，补付货款

借：预付账款——某家庭农场　　　　　　　　　　　　　　10 205

　　　贷：银行存款　　　　　　　　　　　　　　　　　　　　　　10 205

（2）自制原材料的核算

自制并已验收入库的原材料，按实际成本入账。

借：原材料

　　　贷：农业生产成本

（3）投资者投入原材料的核算

投资者投入的原材料，按投资合同或协议约定的价值和增值税专用发票上注明的增值税额入账。

借：原材料

　　应交税费——应交增值税（进项税额）

　　　贷：实收资本

（4）委托加工原材料的核算

委托加工业务在会计处理上主要包括拨付加工物资、支付加工费用和税金、收回加工物资和剩余物资等几个环节。委托加工物资通过设置"委托加工物资"科目核算。

拨付委托加工物资，按物资的实际成本入账。

借：委托加工物资

　　　贷：原材料/库存商品等

支付加工费、增值税等。

借：委托加工物资

　　　贷：银行存款等

加工完成收回加工物资，按加工收回物资的实际成本和剩余物资的实际成本入账。

借：原材料/库存商品等

　　　贷：委托加工物资

2. 周转材料的核算

周转材料是指企业能够多次使用、逐渐转移其价值但仍保持原有形态不确认为固定资产的材料，如包装物和低值易耗品等。

农业企业的包装物是指为了包装农产品而储备的各种包装容器，如桶、箱、瓶、坛、袋等。下列各项不属于包装物核算的范围：①各种包装材料，如纸、绳、铁丝、铁皮等，应作为原材料进行核算；②用于储存和保管产品、材料而不对外出售的包装容器，按其价值的大小和使用年限的长短，分别作为固定资产或低值易耗品管理和核算；③单独列作企业商品产品的自制包装容器，应作为库存商品进行管理和核算。

农业企业的低值易耗品是指不能作为固定资产核算的各种用具物品，如农用工具、管理用具，以及在经营过程中周转使用的包装容器等。它与固定资产一样，也属于劳动资料，但其单位价值较低，或使用期限较短、容易损坏。

农业企业购入、自制、委托外单位加工完成验收入库的包装物和低值易耗品，通过"周转材料——包装物""周转材料——低值易耗品"科目核算，核算方法比照原材料的核算。

（二）按计划成本取得存货的核算

采用计划成本进行日常核算的企业，应当设置"材料采购"和"材料成本差异"账户。"材料采购"科目借方登记采购材料的实际成本，贷方登记入库材料的计划成本。借方大于贷方表示超支，从本科目转入"材料成本差异"的借方；贷方大于借方表示节约，从本科目转入"材料成本差异"的贷方；期末余额在借方，表示未入库的材料的实际成本。"材料成本差异"科目反映材料实际成本和计划成本之间的差异，借方登记超支差异以及发出材料应负担的节约成本差异，贷方登记节约差异以及发出材料应负担的超支成本差异。期末如为借方余额，反映企业库存材料的超支差异；如为贷方余额，反映企业库存材料的节约差异。

1. 取得原材料的核算

原材料的核算有下列三种情况：发票账单与材料同时到达，且已经付款或已开出、承兑商业汇票；已经付款或已开出、承兑商业汇票，但材料尚未到达或尚未验收入库；材料已到达并已验收入库，但发票账单等结算凭证未到，货款尚未支付。具体账务处理如下。

（1）购入时按实际成本入账。

借：材料采购

应交税费——应交增值税（进项税额）

贷：银行存款

（2）入库时，按计划成本入账。

借：原材料

贷：材料采购

（3）期末结转。

超支差：

借：材料成本差异

贷：材料采购

节约差：

借：材料采购

贷：材料成本差异

2. 周转材料的核算

在计划成本法下，周转材料产生的材料成本差异，也通过"材料成本差异"科目核算，具体核算方法比照原材料的核算。

【例6】红星农场采购农用工具一批，买价30 000元，运杂费800元，以银行存款支付，农用工具已验收入库，该批农用工具的计划成本为30 000元。

借：材料采购——农用工具　　　　　　　　　　　　　　　　　30 800

　　贷：银行存款　　　　　　　　　　　　　　　　　　　　　　　　30 800

借：低值易耗品——农用工具　　　　　　　　　　　　　　　　　30 000

　　贷：材料采购——农用工具　　　　　　　　　　　　　　　　　　30 000

借：材料成本差异　　　　　　　　　　　　　　　　　　　　　　　800

　　贷：材料采购——农用工具　　　　　　　　　　　　　　　　　　　800

五、发出存货的核算

（一）按实际成本发出存货的核算

1. 发出原材料的核算

按照领用原材料的用途：

借：农业生产成本/销售费用/管理费用/在建工程等

    贷：原材料

需要说明的是，如果农业企业将材料用于在建工程、福利部门等，应将购入材料交纳的增值税转入在建工程等：

借：在建工程/应付职工薪酬等

    贷：应交税费——应交增值税（进项税额转出）

【例7】红星农场"材料发出凭证汇总表"见表1-1-6。

借：农业生产成本	40 000
消耗性生物资产	11 000
生产性生物资产	3 000
其他业务成本	2 000
贷：原材料——农药	16 000
——化肥	40 000

表 1-1-6　材料发出凭证汇总表

2012 年 9 月　　　　　　　　　　　　　　　　　　　　　单位：元

领用用途	原材料		合计
	农药	化肥	
农业生产	8 000	32 000	40 000
消耗性生物资产	5 000	6 000	11 000
生产性生物资产	3 000	—	3 000
对外销售	—	2 000	2 000
合计	16 000	40 000	56 000

2. 发出周转材料的核算

（1）发出包装物的核算

① 生产领用包装物时：

借：农业生产成本

    贷：周转材料——包装物

② 随同商品出售不单独计价的包装物：

借：销售费用

    贷：周转材料——包装物

③ 随同商品出售单独计价的包装物：

借：其他业务成本

    贷：周转材料——包装物

④ 企业将包装物出租：

借：其他业务成本：

    贷：周转材料——包装物

⑤ 企业将包装物出借：

借：销售费用

    贷：周转材料——包装物

⑥ 收到出租包装物的租金：

借：库存现金/银行存款

贷：其他业务收入等

⑦ 收到出租、出借包装物的押金：

借：库存现金/银行存款等

贷：其他应付款

退回押金作相反会计分录。

⑧ 出租、出借的包装物不能使用而报废时，按其残料价值：

借：原材料等

贷：其他业务成本/销售费用

⑨ 出租、出借包装物频繁、数量多、金额大的企业，出租、出借包装物的成本应当采用一次转销法或者五五摊销法计算出租、出借包装物的摊销价值，在这种情况下，"周转材料——包装物"科目应进一步设置"在库""在用"和"摊销"细目进行明细核算。

（2）发出低值易耗品的核算

低值易耗品的摊销方法有一次转销法和五五摊销法。

① 一次转销法是指在领用低值易耗品时，就将其全部价值一次计入成本、费用的摊销方法。

领用时：

借：农业生产成本/制造费用/管理费用

贷：周转材料——低值易耗品

报废时，将报废低值易耗品的残料价值作为当月低值易耗品摊销额的减少，冲减有关成本费用：

借：原材料等

贷：农业生产成本/制造费用/管理费用等

【例8】红星农场2015年7月领用农用工具一批，计划成本5 000元，使用4个月后报废，残料价值90元，已验收入库。采用一次摊销法。

a. 领用时

借：农业生产成本　　　　　　　　　　　　　　　　　　　　　5 000

贷：低值易耗品　　　　　　　　　　　　　　　　　　　　　　　5 000

b. 报废时

借：原材料——废料　　　　　　　　　　　　　　　　　　　　　90

贷：农业生产成本　　　　　　　　　　　　　　　　　　　　　　　90

② 五五摊销法是指将低值易耗品的价值分两次摊入成本、费用的方法。在领用低值易耗品时先摊销其账面价值的一半，在报废时再摊销其账面价值的另一半。

领用时

借：周转材料——低值易耗品（在用）

贷：周转材料——低值易耗品（在库）

摊入有关成本费用时

借：农业生产成本/制造费用/管理费用等

贷：周转材料——低值易耗品（摊销）

报废时，应补提摊销额：

借：农业生产成本/制造费用/管理费用等

贷：周转材料——低值易耗品（摊销）

报废低值易耗品的残料价值：

借：原材料等

　　贷：农业生产成本/制造费用/管理费用等

转销全部已提摊销额：

借：周转材料——低值易耗品（摊销）

　　贷：周转材料——低值易耗品（在用）

【例9】红星农场领用专用农具一批，价值3 000元，使用6个月后报废，收回残料款200元，采用五五摊销法摊销。

a. 领用时

借：周转材料——低值易耗品（在用）　　　　　　　　　3 000

　　贷：周转材料——低值易耗品（在库）　　　　　　　　　3 000

同时，摊销一半价值

借：农业生产成本　　　　　　　　　　　　　　　　　　1 500

　　贷：周转材料——低值易耗品（摊销）　　　　　　　　　1 500

b. 报废时

借：农业生产成本　　　　　　　　　　　　　　　　　　1 500

　　贷：周转材料——低值易耗品（摊销）　　　　　　　　　1 500

c. 收回残料

借：原材料——废料　　　　　　　　　　　　　　　　　　200

　　贷：农业生产成本　　　　　　　　　　　　　　　　　　200

d. 冲销在用低值易耗品

借：周转材料——低值易耗品（摊销）　　　　　　　　　3 000

　　贷：周转材料——低值易耗品（在用）　　　　　　　　　3 000

（二）按计划成本发出存货的核算

1. 发出原材料的核算

在计划成本法下，领用材料时，应按计划成本结转发出材料的成本，月末计算出材料成本差异率后，再计算出领用材料应分摊的成本差异，将材料由计划成本调整为实际成本。

$$材料成本差异率 = \frac{月初结存材料成本差异 + 本月收入材料成本差异}{月初结存材料计划成本 + 本月收入材料计划成本}$$

发出材料应负担的成本差异 = 发出材料的计划成本 × 材料成本差异率

发出材料的实际成本 = 发出材料的计划成本 + 发出材料应负担的成本差异

结存材料的实际成本 = 结存材料的计划成本 + 结存材料的成本差异

2. 发出周转材料、委托加工物资等存货的核算

核算方法与发出原材料负担的材料成本差异核算方法相同。

【例10】红星农场原材料采用计划成本计价，"原材料——甲种子"账户期初余额为40 000元，材料成本差异账户期初余额为贷方500元。本月材料采购账户期初借方余额为10 600元。甲种子计划单位成本为每公斤10元。该农业企业4月份有关资料如下。

（1）4月5日，企业上月已付款的甲种子1 000公斤，已验收入库。

（2）4月16日，从外地购入甲种子6 000公斤，价款59 000元，企业已用银行存款支付上述款项，材料尚未到达。

（3）4月22日，收到甲种子，验收入库时发现短缺40公斤，经查明为途中定额内自然损耗。按实收数量入库。

（4）4月30日，汇总本月发料凭证，本月共发出甲种子7 000公斤，全部用于企业农产

品生产。

要求：（1）根据上述业务编制会计分录；

（2）计算红星农场本月材料成本差异率、本月发出材料应负担的成本差异额，并编制结转差异的会计分录。

（1）4月5日　借：原材料——甲种子　　　　　　　　　　　　10 000

　　　　　　　　　材料成本差异　　　　　　　　　　　　　　600

　　　　　　　　　　贷：材料采购——甲种子　　　　　　　　　　　10 600

　　4月16日　借：材料采购——甲种子　　　　　　　　　　　　59 000

　　　　　　　　　　贷：银行存款　　　　　　　　　　　　　　　　59 000

　　4月22日　借：原材料——甲种子　　　　　　　　　　　　59 600

　　　　　　　　　　贷：材料采购——甲种子　　　　　　　　　　　59 000

　　　　　　　　　　　　材料成本差异　　　　　　　　　　　　　　600

　　4月30日　借：农业生产成本——甲　　　　　　　　　　　70 000

　　　　　　　　　　贷：原材料——甲种子　　　　　　　　　　　　70 000

（2）材料成本差异率＝（－500＋600－600）/（40 000＋10 000＋59 600）＝－0.4562%

发出材料应负担的材料成本差异＝70 000×（－0.4562%）＝－319.34（元）

　　借：材料成本差异　　　　　　　　　　　　　　　　　　319.34

　　　　　贷：农业生产成本——甲　　　　　　　　　　　　　　　319.34

六、农产品的核算

（一）农产品的概念

农产品是指农业企业的收获品。其核算农业企业从事农业活动所收获的农产品和家庭农场上交的农产品的实际成本。农产品按照所处行业，一般可以分为种植业产品（如小麦、水稻、玉米、棉花、糖料、烟叶等）、畜牧养殖业产品（如牛奶、羊毛、肉类、禽蛋等）、林产品（如苗木、原木、水果等）和水产品（如鱼、虾、贝类等）。按农产品类别、品种和保管地点设置明细账。期末余额在借方，表示期末库存农产品的成本。

（二）收获农产品的会计处理

1. 消耗性生物资产收获农产品的会计处理

从消耗性生物资产上收获农产品后，消耗性生物资产自身完全转为农产品而不复存在，如肉猪宰杀后的猪肉、收获后的蔬菜、用材林采伐后的木材等，企业应当将收获时点消耗性生物资产的账面价值结转为农产品的成本。借记"农产品"科目，贷记"消耗性生物资产"科目，已计提跌价准备的，还应同时结转跌价准备，借记"存货跌价准备消耗性生物资产"科目；对于不通过入库直接销售的鲜活产品等，按实际成本，借记"主营业务成本"。

【例11】红星农场 2015 年 6 月入库小麦 20 吨，成本为 12 000 元。

　　借：农产品——小麦　　　　　　　　　　　　　　　　　12 000

　　　　　贷：消耗性生物资产——小麦　　　　　　　　　　　　12 000

2. 生产性生物资产收获农产品的会计处理

生产性生物资产具备自我生长性，能够在生产经营中长期、反复使用，从而不断产出农产品。从生产性生物资产上收获农产品后，生产性生物资产这一母体仍然存在，如奶牛产出牛奶、从果树上采摘下水果等。农业生产过程中发生的各项生产费用，按照经济用途可以分为直接材料、直接人工等直接费用以及间接费用，企业应当区别处理。

（1）农产品收获过程中发生的直接材料、直接人工等直接费用，直接计入相关成本核算对象，借记"农业生产成本——农产品"科目，贷记"库存现金"、"银行存款"、"原材料"、

"应付职工薪酬"、"生产性生物资产累计折旧"等科目。

【例12】红星农场 2015 年 6 月发生奶牛（已进入产奶期）的饲养费用如下：领用饲料 5 000 公斤，计 1 200 元，应付饲养人员工资 3 000 元，以现金支付防疫费 500 元。

借：农业生产成本——农产品——牛奶   4700

  贷：原材料   1200

    应付职工薪酬   3000

    库存现金   500

（2）农产品收获过程中发生的间接费用，如材料费、人工费、生产性生物资产的折旧费等应分摊的共同费用，应当在生产成本归集，借记"农业生产成本——共同费用"科目，贷记"库存现金"、"银行存款"、"原材料"、"应付职工薪酬"、"生产性生物资产累计折旧"等科目；在会计期末按一定的分配标准，分配计入有关的成本核算对象，借记"农业生产成本——农产品"科目，贷记"农业生产成本——共同费用"科目。

（3）在收获时点企业应当将该时点归属于某农产品生产成本的账面价值结转为农产品的成本，借记"农产品"科目，贷记"农业生产成本——农产品"科目。

3. 家庭农场上交的农产品

借：农产品

  贷：应收家庭农场款/银行存款/库存现金

4. 将农产品出售结转成本

借：主营业务成本

  贷：农产品

5. 农产品盘盈（盘亏）

盘盈：

借：农产品

  贷：待处理财产损溢

批准处理（农产品为存货）：

借：待处理财产损溢

  贷：管理费用

盘亏：借：待处理财产损溢

    贷：农产品

批准处理（农产品为存货）：

借：其他应收款

  管理费用

  营业外支出

  贷：待处理财产损溢

6. 农产品发生减值

借：资产减值损失

  贷：存货跌价准备——农产品跌价准备

（三）农产品计价和期末处理

① 农产品发出计价：先进先出法、个别计价法、移动平均法。

② 农产品至少每年清查一次。

③ 盘盈、盘亏计入待处理财产损溢，年末先处理，若年初批准不同时进行调整，可以调整年初数。

【例13】红星农场收获自行栽培的大豆 10 000 元，已存入仓库。

借：农产品——大豆   10 000

    贷：农业生产成本——消耗性生物资产——大豆   10 000

【例14】红星农场将收获的大豆出售出去。

借：主营业务成本   10 000

    贷：农产品——大豆   10 000

七、存货的期末计价

农业企业的存货应当在期末时按成本与可变现净值孰低计量，对可变现净值低于存货成本的差额，计提存货跌价准备。

（一）成本与可变现净值孰低法

可变现净值是指在日常活动中，存货的估计售价减去至完工时估计将要发生的成本、估计的销售费用以及相关税费后的金额。

（二）存货减值的判断条件

当下列情况之一发生时，应认定为发生减值。

① 市价持续下跌，并且在可预见的未来无回升的希望；

② 农业企业使用该项原材料生产的产品的成本大于产品的销售价格；

③ 农业企业因产品更新换代，原有库存原材料已不适应新产品的需要，而该原材料的市场价格又低于其账面成本；

④ 因企业所提供的商品或劳务过时或消费者偏好改变而使市场的需求发生变化，导致市场价格逐渐下跌；

⑤ 其他足以证明该项存货实质上已经发生减值的情形。

（三）可变现净值的确定

企业确定存货的可变现净值时，应当以取得的确凿证据为基础，并且考虑持有存货的目的、资产负债表日后事项的影响等因素。应特别说明的是，为执行销售合同或者劳务合同而持有的存货，其可变现净值应当以合同价格为基础计算；如果企业持有存货的数量多于销售合同订购数量，超出部分的存货可变现净值应当以一般销售价格为基础计算。

（四）期末结存存货的价值在采用成本与可变现净值孰低法时的具体应用

采用成本与可变现净值孰低法对存货进行期末计价时，期末结存存货的价值通常可以采用以下三种方法确定：单项比较法、分类比较法、总额比较法。

（五）例外说明

在采用成本与可变现净值孰低法时，企业应特别注意为生产而持有的材料。对于该种材料，如果企业用其生产的产成品的可变现净值高于成本，即使该材料的可变现净值低于成本，该材料仍然采用成本作为其账面价值；如果材料价格的下降表明产成品的可变现净值低于成本，则该材料应当按可变现净值计量。

（六）成本与可变现净值孰低法的账务处理

采用成本与可变现净值孰低法对期末存货进行计价，应当设置"存货跌价准备"科目。

如果期末存货的可变现净值低于成本，则必须在当期确认资产减值损失，并进行有关账务处理。

（1）提取和补提存货跌价准备时作如下分录。

借：资产减值损失——计提的存货跌价准备

    贷：存货跌价准备

（2）如已计提跌价准备的存货的价值以后又得以恢复时，应按恢复增加的数额，以"存货跌价准备"科目的贷方余额为限。

借：存货跌价准备

  贷：资产减值损失——计提的存货跌价准备

八、存货的转销

当存在以下一项或若干项情况时，应将存货账面价值全部转入当期损益，即将存货账面价值全部转销。

① 已霉烂变质的存货；

② 已过期且无转让价值的存货；

③ 生产中已不再需要，并且已无使用价值和转让价值的存货；

④ 其他足以证明已无使用价值和转让价值的存货。

企业当期发生上述情况时，应按存货的账面价值，借记"资产减值损失——计提的存货跌价准备"科目，按已计提的存货跌价准备，借记"存货跌价准备"科目，按存货的账面余额，贷记"农产品"等科目。

九、存货的盘存方法

存货盘存方法主要有定期盘存法和永续盘存法两种。

1. 定期盘存法

定期盘存法所依据的基本等式为：

$$本期耗用（或销货）＝期初存货＋本期购货－期末存货$$

2. 永续盘存法

永续盘存法所依据的基本等式为：

$$期末存货＝期初存货＋本期购货－本期耗用（或销货）$$

十、存货清查

存货清查通常采用实地盘点的方法。盘盈的存货，应冲减当期的管理费用；盘亏的存货，在减去过失人或者保险公司等赔款和残料价值后，计入当期管理费用，属于非常损失的，计入营业外支出。

1. 存货盘盈

批准处理前：借：原材料

      贷：待处理财产损溢——待处理流动资产损溢

批准处理后：借：待处理财产损溢——待处理流动资产损溢

      贷：管理费用

2. 存货盘亏

批准处理前：借：待处理财产损溢——待处理流动资产损溢

      贷：原材料

批准处理后：借：管理费用

      其他应收款

      营业外支出

      贷：待处理财产损溢——待处理流动资产损溢

【例15】红星农场月末盘点库存农产品时发现库存短缺了 5 000 元，经查明原因保管员应赔偿 500 元，非正常损失 3 500 元，其余计入当期费用，另发现有价值 1 000 元库存农产品发生受潮，还有价值 2 000 元的库存农产品已经发生霉变。

（1）发现短缺

借：待处理财产损溢   5 000

  贷：农产品   5 000

（2）查明原因后经批准予以处理

借：其他应收款　　　　　　　　　　　　　　　　500

管理费用　　　　　　　　　　　　　　　　1 000

营业外支出　　　　　　　　　　　　　　　3 500

贷：待处理财产损溢　　　　　　　　　　　　　5 000

（3）受潮的农产品发生减值

借：资产减值损失　　　　　　　　　　　　　　1 000

贷：存货跌价准备——农产品跌价准备　　　　　1 000

（4）转销霉变的农产品

借：资产减值损失　　　　　　　　　　　　　　2 000

贷：农产品　　　　　　　　　　　　　　　　2 000

★ 任务实施

根据农业企业存货业务案例，结合任务目标与知识引导，完成存货按实际成本计价的核算、完成存货按计划成本计价的核算、完成农产品业务的核算、完成存货期末计价的核算、完成存货转销的核算、完成存货清查的核算；能够填制会计凭证、登记相关的会计账簿。

★ 任务实施评价

1. 能够正确识别存货包括的内容；

2. 能够正确计算存货的构成成本，即成本构成要素要明确；

3. 能够正确运用存货的计价方法，即个别计价法、先进先出法、加权平均法与移动加权平均法计算要正确，存货明细账登记要正确；

4. 存货按实际成本计价的会计处理正确；

5. 存货按计划成本计价的会计处理正确；

6. 农产品的会计处理正确；

7. 存货的期末计价方法正确，会计处理正确；

8. 存货转销的会计处理正确；

9. 能够正确运用存货的盘存方法，即永续盘存制与实地盘存制；

10. 存货清查的方法及会计处理正确；

11. 会计凭证中会计科目、借贷方向、金额正确，项目填写齐全；

12. 会计账簿中的日期、凭证号数、摘要、方向、金额登记正确。

★ 总结与反思

任务实施后，结合实施任务的体会，总结学到的知识与技能，学习的经验与不足，寻求改进方法，与大家共享。

★ 任务考核与训练

一、单项选择题

1. 下列各项资产中，不属于存货范围的有（　　　　）。

　　A. 委托加工材料　　　　　　　　　B. 顾客交款并开出提货单而尚未提走的货物

　　C. 在产品　　　　　　　　　　　　D. 货款已付正在运输途中的外购材料

2. 下列各项支出中，不计入存货成本的是（　　　　）。

　　A. 可以抵扣的增值税进项税额　　　B. 入库前的挑选整理费

　　C. 购买存货而发生的运输费　　　　D. 购买存货而交纳的消费税

3. 材料采购过程中，运输途中发生的合理损耗在农业企业应直接计入（　　　　）。

A. 存货成本　　　B. 主营业务成本　　　C. 营业外支出　　　D. 当期损益

4. 甲农业企业为增值税小规模纳税人。本期外购原材料一批，购买价格为 10 000 元，增值税为 1 700 元，入库前发生的挑选整理费用为 500 元。该批原材料的入账价值为（　　　）元。

    A. 9 500　　　B. 11 700　　　C. 12 200　　　D. 10 500

5. 某农业企业采用先进先出法核算发出材料的成本。2015 年 5 月 1 日结存甲材料 200 吨，每吨实际成本为 200 元；5 月 4 日和 5 月 17 日分别购进甲材料 300 吨和 400 吨，每吨实际成本分别为 180 元和 210 元；5 月 10 日和 5 月 25 日分别发出甲材料 400 吨和 350 吨。甲材料月末账面余额为（　　　）元。

    A. 30 000　　　B. 27 000　　　C. 32 040　　　D. 31 500

6. 在物价变动的情况下，采用（　　　）计价，可使期末库存材料的价值最接近市场价格。

    A. 先进先出法　　　B. 后进先出法　　　C. 加权平均法　　　D. 移动加权平均法

7. 农业企业对随同商品出售而不单独计价的包装物进行会计处理时，该包装物的实际成本应结转到（　　　）。

    A. 其他业务成本　　　B. 制造费用　　　C. 营业外支出　　　D. 销售费用

8. 农业企业在购入材料的核算中，需在月末暂估入账并于下月初红字冲回的是（　　　）。

    A. 月末购货发票账单已到，货款已付但未入库的材料

    B. 月末购货发票账单已到，货款未付但已入库的材料

    C. 月末购货发票账单已到，货款已付且已入库的材料

    D. 月末购货发票账单未到，但已入库的材料

9. 某农业企业月初结存材料的计划成本为 300 万元，材料成本差异为超支 35 万元；当月入库材料的计划成本为 500 万元，材料成本差异为节约 75 万元；当月生产车间领用材料的计划成本为 600 万元。当月生产车间领用材料的实际成本为（　　　）万元。

    A. 596　　　B. 570　　　C. 630　　　D. 694

10. 某农业企业月初结存材料的计划成本为 2 000 元，成本差异为节约 25 元；本月入库材料的计划成本为 8 000 元，成本差异为超支 75 元。当月生产车间领用材料的计划成本为 6 000 元。当月生产车间领用材料应负担的材料成本差异为（　　　）元。

    A. −30　　　B. 30　　　C. −56.25　　　D. 56.25

11. 包装产品用的包装纸、绳，应在（　　　）账户在核算。

    A. 包装物　　　B. 原材料　　　C. 低值易耗品　　　D. 库存商品

12. 出租包装物的摊销价值应计入（　　　）。

    A. 生产成本　　　B. 销售费用　　　C. 其他业务成本　　　D. 管理费用

13. 农业企业期末根据成本与可变现净值孰低法提取的坏账准备应计入（　　　）。

    A. 管理费用　　　B. 营业外支出　　　C. 资产减值损失　　　D. 其他业务成本

14. 某农业企业因火灾原因盘亏一批材料 16 000 元，该批材料的进项税为 2 720 元。收到保险赔款 6 000 元，责任人赔偿 1 000 元，残料入库 200 元。报经批准后，应记入"营业外支出"科目的金额为（　　　）元。

    A. 12 720　　　B. 18 720　　　C. 11 520　　　D. 8 800

15. 材料按计划成本核算，无论材料是否入库，都必须首先通过（　　　）账户核算。

    A. 原材料　　　B. 在途物资　　　C. 低值易耗品　　　D. 材料采购

二、多项选择题

1. 会计实务中，农业企业购入原材料的实际成本，应包括（　　　）。

A. 入库前的挑选整理费　　　　B. 买价、运输、装卸、保险费
C. 运输途中的合理损耗　　　　D. 购入材料应支付的增值税进项税额

2. 下列属于农业企业"存货"项目的有（　　　）。
A. 工程物资　　　B. 委托加工物资　　　C. 在途物资　　　D. 低值易耗品

3. 农业企业委托外单位加工用于直接对外销售的存货，其实际成本应包括（　　　）。
A. 加工中实际耗用有关存货的实际成本　　B. 加工费用及往返运杂费
C. 加工环节的消费税　　　　　　　　　　D. 加工中支付的增值税

4. "材料成本差异"账户贷方的核算内容有（　　　）。
A. 入库材料成本超支差异　　　　B. 入库材料成本节约差异
C. 结转发出材料应负担的超支差异　　D. 结转发出材料应负担的节约差异

5. 农业企业的库存材料发生盘亏或毁损在查明原因后可能分别计入的核算账户是（　　　）。
A. 管理费用　　　B. 营业外支出　　　C. 财务费用　　　D. 其他应收款

6. 农业企业委托其他单位加工材料收回后用于连续生产的，其发生的下列支出中，应计入委托加工物资成本的有（　　　）。
A. 加工费　　　　　　　　　　B. 增值税
C. 发出材料的实际成本　　　　D. 受托方代收代交的消费税

7. 下列业务中，通过"其他业务收入"科目的有（　　　）。
A. 销售产品或提供劳务取得收入　　　B. 销售材料取得收入
C. 随同产品出售、单独计价的包装物取得的收入
D. 出租包装物取得的租金收入

8. 在物价持续上涨时期，存货采用先进先出法计价的优点是（　　　）。
A. 当期成本费用降低　　　　B. 当期成本费用升高
C. 当期利润降低　　　　　　D. 当期利润增加

9. 低值易耗品的摊销方法有（　　　）。
A. 一次摊销法　　　B. 分期摊销法　　　C. 五五摊销法　　　D. 净值摊销法

10. 农业企业发生的原材料盘亏或毁损损失中，应作为管理费用列支的是（　　　）。
A. 自然灾害造成的毁损净损失　　　B. 保管中发生的定额内自然损耗
C. 收发计量造成的盘亏损失　　　　D. 管理不善造成的盘亏损失

三、判断题

（　　　）1. 农业企业进行存货清查所发生的盘盈或盘亏的存货要记入"待处理财产损溢"账户，查明原因后记入"管理费用"账户。

（　　　）2. 农业企业单独作为商品产品的自制包装物，应作为库存商品核算，不属于包装物核算的范围。

（　　　）3. 一次摊销的低值易耗品，领用时将其全部价值一次计入有关成本费用，报废时，将其残料价值冲减有关成本费用。

（　　　）4. 存货发出计价方法的选择直接影响着资产负债表中资产总额的多少，而与利润表中净利润的大小无关。

（　　　）5. 采用计划成本进行材料日常核算的，月末分摊材料成本差异时，无论是节约还是超支，均记入"材料成本差异"账户的贷方。

四、技能训练题

1. 某农业企业2015年6月初结存原材料的计划成本为80 000元；本月购入材料的计划成本为20 000元，实际成本为21 200元，本月发出材料的计划成本为20 000元，其中生产车间

直接耗用 12 000 元，管理部门耗用 8 000 元。材料成本差异的月初数为 3 800 元（超支）。

要求：

(1) 计算材料成本差异率；

(2) 计算发出材料应负担的成本差异；

(3) 发出材料的实际成本；

(4) 结存材料的实际成本；

(5) 编制材料领用的会计分录，以及期末分摊材料成本差异的会计处理。

2. 甲农业企业 2015 年 5 月末养殖的肉猪账面余额为 24 000 元，共计 40 头；6 月 6 日花费 7 000 元新购入一批肉猪养殖，共计 10 头；6 月 30 日屠宰并出售肉猪 20 头，支付临时工屠宰费用 100 元，出售取得价款 16 000 元；6 月份共发生饲养费用 500 元（其中，应付专职饲养员工资 300 元，饲料 200 元）。甲企业采用移动加权平均法结转成本。

试计算甲企业出售猪肉的成本，并作出相应的会计分录。

工作任务 1-1-4　生物资产核算

★ 任务目标

能够识别农业企业生物资产；

掌握各项生物资产的核算方法；

掌握有关生物资产成本的计算方法；

能够对生物资产业务正确设置会计账簿、填制会计凭证、登记有关总账与明细账。

★ 知识引导

新准则规定：我国农业企业具有一定数量的公益性质的生物资产，因此生物资产准则规定生物资产分为消耗性生物资产、生产性生物资产和公益性生物资产三类。

消耗性生物资产是指将收获为农产品或为出售而持有的生物资产，如玉米、小麦等庄稼；用材林、存栏待售的牲畜、养殖的鱼等。

公益性生物资产是指以防护、环境保护为目的的生物资产。如防风固沙林、水土保护林、水源涵养林等。

生产性生物资产是指消耗性生物资产、公益性生物资产之外的生物资产，如产畜、役畜、经济林等。

一、生物资产概述

（一）生物资产的概念和属性

生物资产是指与农业生产相关的有生命（即活的）的动物和植物。生物资产具有能够进行生物转化的能力，企业从事农业生产的目的，主要是增强生物资产的生物转化能力，最终获得更多的符合市场需要的农产品。农产品与生物资产密不可分，当其附在生物资产上时，构成生物资产的一部分。收获的农产品从生物资产这一母体分离开始，不再具有生命和生物转化能力或者其生命和生物转化能力受到限制，应当作为存货处理。

生物资产与企业的存货、固定资产等一般资产不同，其具有特殊的自然增值属性，因此导致其在会计确认、计量和相关信息披露等方面也表现出一定的特殊性。尤其是对于农业企业而言，生物资产通常是资产的重要组成部分，对生物资产进行正确的确认、计量和相关信息披露，将有助于如实反映企业的资产状况、评估企业的财务状况和经营成果。

（二）生物资产的确认与计量

生物资产可以分为消耗性生物资产、生产性生物资产和公益性生物资产三大类，其会计处理主要涉及"消耗性生物资产"如玉米和小麦等庄稼、用材林、存栏待售的牲畜、养殖的鱼等;"生产性生物资产"如产畜、役畜;"公益性生物资产";"生产性生物资产累计折旧";"存货跌价准备——消耗性生物资产";"生产性生物资产减值准备";"农业生产成本";"农产品"等科目。

生物资产在同时满足以下条件时,才能予以确认。

① 因过去交易、事项的结果而由企业拥有或控制;

② 该资产包含的经济利益很可能流入企业;

③ 该资产的成本能够可靠地计量。

1. 生物资产的初始计量

生物资产的初始计量应当按实际成本入账,实际成本的确定方法分别为:

外购的生物资产,按购买价格、运输费、保险费以及其他可直接归属于购买生物资产的相关税费,作为实际成本。

自行营造的具有生产性特点的林木,如橡胶树、果树、桑树、茶树和母树林等,按达到预定生产经营目的前营造林木发生的必要支出,作为实际成本。

自行营造的具有消耗性特点的林木,按郁闭成林前营造林木发生的必要支出,作为实际成本。

自繁的幼畜成龄转为产畜或役畜,按成龄时的账面价值,作为实际成本;产畜或役畜淘汰转为育肥畜,按淘汰时的账面价值,作为实际成本。

以其他方式获得的生物资产,如盘盈、接受捐赠、接受投资、非货币性交易、债务重组等,分别按《企业会计制度》、《企业会计准则——固定资产》、《企业会计准则——存货》有关存货和固定资产的规定,确定实际成本。

2. 生物资产的后续支出

生物资产在郁闭或达到预定生产经营目的后发生的管护、饲养费用等后续支出,应当予以费用化,计入当期损益;但因择伐、间伐或抚育更新性质采伐而补植林木类生物资产发生的后续支出,应当予以资本化,计入林木类生物资产的成本。

3. 生物资产的后续计量

在对生物资产进行后续计量时,通常应当采用成本模式。企业只有存在确凿证据表明其公允价值能够持续可靠取得的,才允许采用公允价值计量模式。一般情况下,企业对生物资产的计量模式一经确定,不得随意变更。

(1) 采用成本模式计量的生物资产

农业企业对消耗性生物资产进行后续计量时,存在减值迹象的,应当按照存货准则的有关规定计算确定其可变现净值,计提跌价准备;减值的影响因素已经消失的,应当将减记金额在原已计提的跌价准备金额内转回。

对生产性生物资产进行后续计量时,应当对达到预定生产经营目的的生产性生物资产按期计提折旧;存在减值迹象的,还应当按照资产减值准则的有关规定计算确定其可收回金额,计提减值准备。

公益性生物资产不计提折旧或减值准备。

(2) 采用公允价值模式计量的生物资产

根据生物资产准则的规定,采用公允价值模式计量生物资产,应当同时满足下列两个条件:①生物资产有活跃的交易市场;②能够从交易市场上取得同类或类似生物资产的市场价格及其他相关信息,从而对生物资产的公允价值作出合理估计。

在公允价值模式下,农业企业不对生物资产计提折旧和计提跌价准备或减值准备,应当以资产负债表日生物资产的公允价值减去估计销售时费用调整其账面价值，其与原账面价值之间的差额计入当期损益。

（三）生物资产的收获

① 消耗性生物资产收获的农产品的成本，应当按照收获时点消耗性生物资产的账面价值结转。

② 生产性生物资产收获的农产品的成本，应当按照产出或采收过程中发生的材料费、人工费和应分摊的间接费用等必要支出（包括计提的相关生产性生物资产累计折旧）计算确定。

（四）生物资产的处置

生物资产出售、盘亏或死亡、毁损时，应当按照其账面价值结转成本，将处置收入扣除其账面价值和相关税费后的余额计入当期损益。

（五）生物资产的转换

生物资产改变用途时，应当将转出生物资产的账面价值作为转入生物资产的实际成本。已经计提累计折旧或跌价、减值准备的，还应同时结转已计提的累计折旧或跌价、减值准备。

（六）新旧制度差异

1. 扩大了生物资产的类别

原制度中的生物资产分为消耗性生物资产和生产性生物资产两大类；考虑到我国农业企业具有一定数量的公益性质的生物资产，因此生物资产准则规定生物资产分为消耗性生物资产、生产性生物资产和公益性生物资产三类。

2. 改变了生物资产后续支出的会计处理

原制度中，郁闭成林后的消耗性林木资产和公益林发生的管护费用，应在发生当期计入营业费用。生物资产准则全面考虑了生物资产有关后续支出的种类和性质，特别规定林木类生物资产择伐、间伐或抚育更新性质采伐之后进行的补植发生的后续支出，应当予以资本化，计入林木类生物资产的成本，除此之外生物资产的后续支出应当费用化计入当期损益。

3. 改变了消耗性生物资产跌价准备转回的规定

原制度中，消耗性生物资产的跌价准备一经计提，不得转回。考虑到消耗性生物资产和存货的性质类似，生物资产准则规定，消耗性生物资产减值的影响因素已经消失的，减记金额应当予以恢复，并在原已计提的跌价准备金额内转回，转回的金额计入当期损益。

4. 规定了天然起源生物资产成本的确定方法

原制度未对天然起源的生物资产的成本进行规定；生物资产准则规定，天然起源的生物资产的成本，应当按照名义金额确定。

5. 新旧会计制度衔接

首次执行日，企业应当根据公益性生物资产的定义对生物资产进行重新分类，凡是符合公益性生物资产定义和确认条件的，应当归类为公益性生物资产。

企业在首次执行日之前发生的生物资产有关业务不应追溯调整，应当采用未来适用法。首次执行日后，应当按照新准则的规定执行。

二、消耗性生物资产的核算

（一）幼畜及育肥畜的核算

1. 科目的设置

总账科目是"消耗性生物资产"，明细科目包括"2~4个月幼畜及育肥畜"和"4个月以上的幼畜及育肥畜"。

2. 账务处理

(1) 外购的幼畜及育肥畜，按实际成本　借：消耗性生物资产

　　　　　　　　　　　　　　　　　　　贷：银行存款等

(2) 自繁幼畜及育肥畜　借：消耗性生物资产——2~4个月幼畜及育肥畜

　　　　　　　　　　　贷：农业生产成本

(3) 基本种群的费用　借：农业生产成本

　　　　　　　　　　贷：原材料

　　　　　　　　　　　　库存现金

　　　　　　　　　　　　应付职工薪酬

(4) 幼畜及育肥畜转群　借：消耗性生物资产——4个月以上幼畜及育肥畜

　　　　　　　　　　　贷：消耗性生物资产——2~4个月幼畜及育肥畜

(5) 产畜役畜淘汰为育肥畜　借：消耗性生物资产——4个月以上幼畜及育肥畜

　　　　　　　　　　　　　　生产性生物资产累计折旧

　　　　　　　　　　　　　　生产性生物资产减值准备

　　　　　　　　　　　　　贷：生产性生物资产——基本种群

(6) 幼畜成龄转为产畜及役畜　借：生产性生物资产——成熟/未成熟

　　　　　　　　　　　　　　　存货跌价准备——幼畜及育肥畜跌价准备

　　　　　　　　　　　　　　贷：消耗性生物资产——4个月以上

(7) 幼畜及育肥畜对外销售　借：银行存款

　　　　　　　　　　　　　贷：主营业务收入

　　　　　　　　　　　　借：主营业务成本

　　　　　　　　　　　　　贷：消耗性生物资产——幼畜及育肥畜

(8) 幼畜及育肥畜死亡　借：待处理财产损溢

　　　　　　　　　　　存货跌价准备—幼畜及育肥畜跌价准备

　　　　　　　　　　　贷：消耗性生物资产——4个月以上幼畜及育肥畜

　　　　　　　　　　　　　消耗性生物资产——2~4个月幼畜及育肥畜

　　　　　　　　　　借：其他应收款

　　　　　　　　　　　管理费用

　　　　　　　　　　　营业外支出

　　　　　　　　　　　贷：待处理财产损溢

（二）消耗性林木资产的核算

1. 科目设置

消耗性生物资产主要有2个子目，"消耗性生物资产——消耗性林木资产"和"消耗性生物资产——用材林"，期末余额在借方，反映企业消耗性生物资产的成本。

2. 账务处理

(1) 开始栽种时（买树苗）　借：消耗性生物资产——用材林

　　　　　　　　　　　　　贷：银行存款

　　　　　　　　　　　　　　周转材料

　　　　　　　　　　　　　　原材料——农药、化肥

(2) 成林后所发生的管理费用计入"管理费用"科目

(3) 天然起源的消耗性林木资产　借：消耗性生物资产——消耗性林木资产

　　　　　　　　　　　　　　　贷：营业外收入

（4）择伐、间伐、抚育更新性质采伐而补植的林木类消耗性生物资产所发生的后续支出

借：消耗性生物资产——消耗性林木资产

贷：银行存款

（5）出售消耗性林木资产时　借：银行存款

贷：主营业务收入（其他业务收入）

借：主营业务成本（其他业务成本）

贷：消耗性生物资产——消耗性林木资产

（6）公益性转成消耗性林木资产　借：消耗性生物资产——消耗性林木资产

贷：公益性生物资产

（三）其他消耗性生物资产的核算

1. 账户设置

设置"消耗性生物资产——其他消耗性生物资产"明细账户。

2. 账务处理

（1）买种时　借：原材料

贷：银行存款

（2）翻地时　借：农业生产成本——机械作业费

贷：银行存款（应付职工薪酬、库存现金、累计折旧等）

（3）种地时　借：消耗性生物资产——其他生物性资产

贷：应付职工薪酬、原材料

（4）分配机械作业费　借：消耗性生物资产——其他生物性资产

贷：农业生产成本——机械作业费

（5）若入库前需烘干　借：农业生产成本

贷：应付职工薪酬、银行存款等

借：消耗性生物资产——其他生物性资产

贷：农业生产成本

（6）入库　借：农产品

贷：消耗性生物资产——其他生物性资产

（7）出售其他生物性资产　借：银行存款

贷：主营业务收入

借：主营业务成本

存货跌价准备

贷：农产品

三、生产性生物资产的核算

（一）生产性生物资产的一般核算

1. 账户设置

设置"生物资产——未成熟生产性生物资产"和"生物资产——成熟生产性生物资产"明细账户。

2. 注意事项

农业企业必须设置成熟生产性生物资产清册，注明取得时间、使用寿命、预计净残值、已提折旧等。折旧方法、预计使用年限不得随意变更。

3. 账务处理

（1）购入树苗　借：生产性生物资产——未成熟生产性生物资产
　　　　　　　　　贷：应付职工薪酬
　　　　　　　　　　　原材料
　　　　　　　　　　　库存现金

（2）成熟产果　借：生产性生物资产——成熟生产性生物资产
　　　　　　　　　贷：生产性生物资产——未成熟生产性生物资产

（3）期间遇到病虫害　借：资产减值损失
　　　　　　　　　　　　贷：生产性生物资产减值损失——未成熟生产性生物资产

（4）生产出果实　借：农产品
　　　　　　　　　　贷：农业生产成本

（5）护理果树成熟　借：农业生产成本
　　　　　　　　　　　贷：应付职工薪酬

（6）果树折旧　借：农业生产成本
　　　　　　　　　贷：累计折旧

（7）出售果树苗（进入产果期）借：生产性生物资产
　　　　　　　　　　　　　　　贷：银行存款

（8）接受捐赠　借：生产性生物资产
　　　　　　　　　贷：营业外收入

（9）盘盈　借：生产性生物资产
　　　　　　　贷：待处理财产损溢

（10）育肥畜转为产畜或役畜　借：生产性生物资产
　　　　　　　　　　　　　　　　存货跌价准备
　　　　　　　　　　　　　　贷：消耗性生物资产——幼畜育肥畜

（11）盘亏生产性生物资产　借：待处理财产损溢
　　　　　　　　　　　　　　生产性生物资产累计折旧
　　　　　　　　　　　　　　生产性生物资产减值准备
　　　　　　　　　　　　　　贷：生产性生物资产

（12）处置生产性生物资产　借：银行存款
　　　　　　　　　　　　　　生产性生物资产累计折旧
　　　　　　　　　　　　　　生产性生物资产减值准备
　　　　　　　　　　　　　　贷：生产性生物资产
　　　　　　　　　　　　　　　　营业外收入（或借营业外支出）

（二）生产性生物资产累计折旧的核算

1. 科目设置

设置"生产性生物资产累计折旧"科目。

2. 账务处理

前面已介绍。

3. 注意事项

可模仿固定资产累计折旧核算。

（三）生产性生物资产减值准备

1. 科目设置

设置"生产性生物资产减值准备"科目。

2. 账务处理

$$可收回金额＝估计价格－估计销售费用－估计税费$$

发生减值：借：资产减值损失

贷：生产性生物资产减值准备

3. 注意事项

生产性生物资产减值准备，一经提取，不得转回。

四、公益性生物资产的核算

（一）科目设置

公益性生物资产核算实际成本，借方核算取得时的实际支出，按种类、项目设置明细科目。

（二）账务处理

（1）外购的公益性生物资产。

借：公益性生物资产

　　贷：银行存款

（2）自行营造的公益性生物资产，按郁闭前所发生的实际支出入账。

借：公益性生物资产

　　贷：银行存款（应付职工薪酬、库存现金）

　　　　郁闭后所发生的实际支出计入管理费用

（3）天然起源的公益性生物资产。

借：公益性生物资产

　　贷：营业外收入

（4）消耗性生物资产、生产性生物资产转为公益性生物资产。

借：公益性生物资产

　　存货跌价准备——消耗性生物资产

　　生产性生物资产累计折旧

　　生产性生物资产减值准备

　　贷：消耗性生物资产

　　　　生产性生物资产

（5）择伐、间伐或者抚育更新而补植的林木类公益性生物资产发生的后续支出。

借：公益性生物资产

　　贷：银行存款

（6）将公益性生物资产转为生产性生物资产、消耗性生物资产。

借：消耗性生物资产

　　生产性生物资产

　　贷：公益性生物资产

注意：公益性生物资产不提折旧、不提减值准备。

★ 任务实施

根据农业企业生物资产业务案例，结合任务目标与知识引导，完成生产性生物资产的核算、公益性生物资产的核算和消耗性生物资产的核算，填制与审核会计凭证、登记相关的会计账簿。

★ 任务实施评价

1. 对各项生物资产能正确运用会计科目；

2. 对各项生物资产业务能正确编写会计分录；

3. 会计凭证中会计科目、借贷方向、金额正确，项目填写齐全；

4. 会计账簿中的日期、凭证号数、摘要、方向、金额登记正确。

★ 总结与反思

任务实施后，结合实施任务的体会，总结学到的知识与技能，学习的经验与不足，寻求改进方法，与大家共享。

工作任务 1-1-5　固定资产核算

★ 任务目标

掌握固定资产的相关概念以及确认的条件；

掌握固定资产增加的会计处理；

掌握固定资产折旧的计提；

掌握固定资产减少的会计处理；

能够设置相应的会计账簿、填制会计凭证、登记有关总账与明细账。

★ 知识引导

一、固定资产概述

（一）固定资产的概念及特点

固定资产：是指为生产商品、提供劳务、出租给他人或为经营管理而持有的、使用年限超过一年的有形资产。

固定资产通常具有如下特点。

① 取得固定资产的目的是为了生产商品、提供劳务、出租给他人或为了用于经营管理，不是为了出售，这是与流动资产相区别的重要标志；

② 固定资产使用期限较长，能够连续参加若干个生产经营周期，而且在使用过程中保持原来的实物形态；

③ 固定资产的使用寿命有限，其价值逐渐地、部分地转移到费用中；应在其使用期限内分期提取折旧。

（二）固定资产的分类

固定资产通常可以按以下的标志进行分类。

（1）按经济用途分类　生产经营用固定资产和非生产经营用固定资产。

（2）按使用情况分类　使用中的、未使用的、不需用的和租出的固定资产。

（3）按所有权关系分类　自有固定资产和租入固定资产。

（4）综合分类　生产经营用固定资产、非生产经营用固定资产、租出固定资产、未使用固定资产、不需用固定资产、融资租入固定资产、土地。

（三）固定资产的确认

某一项固定资产，如果要作为固定资产加以确认，首先要符合固定资产的定义；其次，还需满足固定资产的确认条件。

① 该固定资产包含的经济利益很可能流入企业。

② 该固定资产的成本能够可靠地计量。

（四）固定资产核算的科目设置

固定资产核算主要通过以下四个科目进行："固定资产"科目、"累计折旧"科目、"固定资产清理"科目和"在建工程"科目。

二、固定资产增加的核算

（一）购入固定资产

企业购置的不需要经过建造过程即可使用的固定资产，按买价、增值税、进口关税等相关税费，以及为使固定资产达到预定可使用状态前所发生的可直接归属于该资产的其他支出，如场地整理费、运输费、装卸费、安装费和专业人员服务费等，作为入账价值。如果以一笔款项购入多项没有单独标价的固定资产，按各项固定资产公允价值的比例对总成本进行分配，分别确定各项固定资产的入账价值。

按以上规定，企业在购入不需要安装的固定资产时，借记"固定资产"科目，贷记"银行存款"等科目（购入需要安装的固定资产，先记入"在建工程"科目，安装完毕交付使用时再转入"固定资产"科目）。

【例1】红星农场购入一台不需要安装就可以投入使用的固定资产，买价100 000元，全部款项已用银行存款支付。

| 若不需安装 | 借：固定资产 | 100 000 |
| | 贷：银行存款 | 100 000 |

【例2】红星农场用银行存款购入一台需要安装的固定资产，买价200 000元，支付安装费40 000元。

（1）若需要安装（购入时）	借：在建工程	200 000
	贷：银行存款	200 000
（安装时）	借：在建工程	40 000
	贷：银行存款	40 000
（2）安装结束时	借：固定资产	240 000
	贷：在建工程	240 000

（二）自行建造固定资产

核算自行建造固定资产，需设置"在建工程"科目，平时发生各种建设支出时，直接计入该科目；在交付使用时，按建造过程中实际发生的成本，借记"固定资产"科目，贷记"在建工程"科目。

【例3】红星农场自建厂房一幢，购入为工程准备的各种物资500 000元，支付的增值税税额为85 000元，全部用于工程建设。领用本企业产品一批，实际成本80 000元，税务部门确定的计税价格为100 000元，增值税税率17%；领用原材料一批，购入价为10 000元，增值税税率17%；工程人员应计工资100 000元，支付的其他费用30 000元。工程完工并达到预定可使用状态。

（1）购买工程用料时	借：工程物资	585 000
	贷：银行存款	585 000
（2）领用工程物资	借：在建工程	585 000
	贷：工程物资	585 000
（3）银行存款支付其他费用	借：在建工程	30 000
	贷：银行存款	30 000
（4）分配人员工资	借：在建工程	100 000
	贷：应付职工薪酬	100 000

（5）工程项目领用本企业产品　借：在建工程　　　　　　　　　　　　97 000

　　　　　　　　　　　　　　　贷：库存商品　　　　　　　　　　　80 000

　　　　　　　　　　　　　　　　应交税费——应交增值税（销项税额）17 000

（6）工程领用原材料　借：在建工程　　　　　　　　　　　　　　　11 700

　　　　　　　　　　　贷：原材料　　　　　　　　　　　　　　10 000

　　　　　　　　　　　　应交税费——应交增值税（进项税额转出）1 700

（7）工程达到预定可使用状态　借：固定资产　　　　　　　　　　823 700

　　　　　　　　　　　　　　　贷：在建工程　　　　　　　　823 700

（三）投资者投入的资产

投资者投入的固定资产，按投资合同或协议约定的价值作为入账价值。应按投资各方的投资合同或协议的价值，借记"固定资产"科目，贷记"实收资本"（或"股本"）等科目。

（四）盘盈固定资产

盘盈的固定资产，作为前期差错处理。在报批准前通过"以前年度损益调整"科目核算。按照准则规定，发生固定资产盘盈时，企业应按同类或类似固定资产的市场价格，减去按该项资产的新旧程度估计的价值损耗后的余额，作为入账价值。如果同类或类似固定资产不存在活跃的市场价格，按该固定资产的预计未来现金流量的现值，作为入账价值。企业应按上述规定的入账价值，借记"固定资产"科目，贷记"以前年度损益调整"科目。

【例4】红星农场盘盈了一项固定资产，评估确认价值10 000元。

（1）盘盈时　借：固定资产　　　　　　　　　　　　　　　　　　10 000

　　　　　　　贷：以前年度损益调整　　　　　　　　　　　　10 000

（2）确定应交所得税时　借：以前年度损益调整　　　　　　　　　　2 500

　　　　　　　　　　　　贷：应交税费——应交所得税　　　　　　2 500

（3）结转为留存收益　借：以前年度损益调整　　　　　　　　　　　7 500

　　　　　　　　　　　贷：盈余公积——法定盈余公积　　　　　　750

　　　　　　　　　　　　利润分配——未分配利润　　　　　　6 750

三、固定资产的后续支出

固定资产的后续支出是指固定资产在使用过程中出现的更新改造支出、修理费等。固定资产的更新改造等后续支出，满足固定资产确认条件的，应当计入固定资产成本，如有被替换的部分，应同时将被替换部分的账面价值从固定资产原账面价值中扣除；不满足固定资产确认条件的固定资产修理费，应当在发生时计入当期损益。固定资产的后续支出分为资本化的后续支出和费用化的后续支出。

（1）资本化的后续支出　借：在建工程

　　　　　　　　　　　　　累计折旧等

　　　　　　　　　　　　贷：固定资产

　　　达到预定状态时　借：固定资产

　　　　　　　　　　　贷：在建工程

（2）费用化的后续支出　借：管理费用/销售费用等

　　　　　　　　　　　　贷：银行存款等

四、固定资产折旧的核算

（一）折旧的概念

折旧，指在固定资产的使用寿命内，按照确定的方法对应计折旧额进行的系统分摊。其中，应计折旧额，指应当计提折旧的固定资产的原价扣除其预计净残值后的余额，如果已对固定资产计提减值准备，还应当扣除已计提的固定资产减值准备累计金额。

（二）折旧的范围

除了下列情况外，企业应当对所有的固定资产计提折旧。

① 已提足折旧仍继续使用的固定资产；

② 单独计价入账的土地。

企业一般应按月提取折旧，当月增加的固定资产，当月不提折旧，从下月起计提折旧；当月减少的固定资产，当月照提折旧，从下月起不提折旧。

（三）影响折旧的因素

主要包括四个方面：①固定资产原价；②固定资产的净残值；③使用寿命；④固定资产减值准备。

（四）固定资产折旧的方法

农业企业应当根据固定资产所含经济利益预期实现方式选择折旧方法，可选择使用的折旧方法包括年限平均法、工作量法、年数总和法、双倍余额递减法等。

1. 年限平均法

年折旧额＝（固定资产原值－预计净残值）÷预计使用年限

　　　　＝固定资产原值×（1－预计净残值率）÷预计使用年限

预计净残值率＝预计净残值额÷固定资产原值×100％

年折旧率＝年折旧额÷固定资产原值×100％

　　　　＝（1－预计净残值率）÷预计使用年限×100％

月折旧率＝年折旧率÷12

月折旧额＝固定资产原值×月折旧率

【例5】红星农场有一座仓库，原值1 000 000元，预计可使用20年，预计净残值率为4％，计算该仓库的年折旧额、年折旧率、月折旧额和月折旧率。

该仓库的年折旧额＝1 000 000×（1－4％）÷20＝48 000（元）

该仓库的年折旧率＝48 000÷1 000 000×100％＝4.8％

该仓库的月折旧率＝4.8％÷12＝0.4％

该仓库的月折旧额＝1 000 000×0.4％＝4 000（元）

2. 工作量法

（1）工作量以行驶里程表示

$$单位里程折旧额＝\frac{固定资产原值×（1－预计净残值率）}{预计总行驶里程}$$

（2）工作量以工作时数表示

$$每工作小时折旧额＝\frac{固定资产原值×（1－预计净残值率）}{预计总工作时数}$$

【例6】红星农场有一辆货运汽车，原值200 000元，预计总行驶里程为200 000公里，预计净残值10 000元，本月行驶了4000公里。计算本月的折旧额。

单位里程折旧额＝（200 000－10 000）÷200 000＝0.95（元/公里）

本月折旧额＝0.95×4000＝3 800（元）

3. 双倍余额递减法

年折旧率＝2÷预计折旧年限×100％

年折旧额＝年初固定资产账面净值×年折旧率

月折旧额＝年折旧额÷12

注意：最后两年采用年限平均法计提折旧。

【例7】红星农场有电子设备一台，原值200 000元，预计可使用5年，预计净残值2 000元，采用双倍余额递减法计提折旧。计算各年的折旧额。

年折旧率＝2÷5×100％＝40％

第1年折旧额＝200 000×40％＝80 000(元)

第2年折旧额＝(200 000－80 000)×40％＝48 000(元)

第3年折旧额＝(200 000－80 000－48 000)×40％＝28 800(元)

第4、第5年折旧额＝(200 000－80 000－48 000－28 800－2 000)÷2＝20 600(元)

4. 年数总和法

$$年折旧率＝\frac{预计使用年限－已使用年限}{预计使用年限×(预计使用年限＋1)÷2}×100％$$

$$月折旧率＝年折旧率÷12$$

$$月折旧额＝(固定资产原值－预计净残值)×月折旧率$$

【例8】见上述例7，假定该电子设备预计净残值为4 000元，采用年数总和法计提折旧。计算各年的折旧额。

年数总和平＝1＋2＋3＋4＋5＝15

第1年折旧额＝(200 000－4 000)×5/15＝32 000(元)

第2年折旧额＝(200 000－4 000)×4/15＝25 600(元)

第3年折旧额＝(200 000－4 000)×3/15＝19 200(元)

第4年折旧额＝(200 000－4 000)×2/15＝12 800(元)

第5年折旧额＝(200 000－4 000)×1/15＝6 400(元)

(五) 固定资产折旧的核算

农业企业计提折旧时，应根据固定资产的用途，分别借记"制造费用"、"销售费用"、"管理费用"、"其他业务成本"等科目，贷记"累计折旧"科目。通常累计折旧在提取时以上月的数量为标准，进行调整，其公式为：

当月应提折旧额＝上月折旧额＋上月增加固定资产应计提的折旧额－上月减少固定资产应计提的折旧额

五、固定资产减少的核算

(一) 科目设置

在固定资产减少的核算中，通常应设置"固定资产清理"科目和"固定资产减值准备"科目。

(二) 固定资产清理的核算

固定资产的清理主要是指固定资产的报废和出售，以及由于各种不可抗拒的自然灾害而使固定资产遭到的毁坏和损失。

农业企业出售、报废或者毁损的固定资产通过"固定资产清理"核算，清理的净损益计入当期营业外收支。

(1) 转入清理　借：固定资产清理

累计折旧

固定资产减值准备

贷：固定资产

(2) 变价收入　借：银行存款

　　　　　　　　　　　贷：固定资产清理
　　（3）支付清理费用　借：固定资产清理
　　　　　　　　　　　　　贷：银行存款
　　（4）残料入库　借：原材料
　　　　　　　　　　贷：固定资产清理
　　（5）计算交纳的营业税　借：固定资产清理
　　　　　　　　　　　　　　贷：应交税费——应交营业税
　　（6）结转清理净损益
　　　　若为净收益：借：固定资产清理
　　　　　　　　　　　贷：营业外收入——非流动资产处置利得
　　　　若为净损失：借：营业外支出——非流动资产处置损失
　　　　　　　　　　　贷：固定资产清理

　　【例9】红星农场出售一座建筑物，原价为 2 000 000 元，已计提折旧 1 000 000 元，未计提减值准备，实际出售价格为 1 200 000 元，已通过银行收回价款。
　　（1）转入清理　借：固定资产清理　　　　　　　　　　　　1 000 000
　　　　　　　　　　　累计折旧　　　　　　　　　　　　　　　1 000 000
　　　　　　　　　　　贷：固定资产　　　　　　　　　　　　　　　　2 000 000
　　（2）变价收入　借：银行存款　　　　　　　　　　　　　　1 200 000
　　　　　　　　　　　贷：固定资产清理　　　　　　　　　　　　　　1 200 000
　　（3）计算交纳的营业税　借：固定资产清理　　60 000（1 200 000×5%）
　　　　　　　　　　　　　　贷：应交税费——应交营业税　　　　　　　60 000
　　（4）结转清理净损益　借：固定资产清理　　　　　　　　　140 000
　　　　　　　　　　　　　贷：营业外收入——非流动资产处置利得　　140 000

（三）盘亏固定资产

　　盘亏的固定资产，按其账面价值，借记"待处理财产损溢"科目，按已提折旧，借记"累计折旧"科目，按该项固定资产已计提的减值准备，借记"固定资产减值准备"科目，按固定资产原价，贷记"固定资产"科目。
　　（1）盘亏时　借：待处理财产损溢
　　　　　　　　　累计折旧
　　　　　　　　　固定资产减值准备
　　　　　　　　　贷：固定资产
　　（2）残料入库　借：原材料
　　　　　　　　　　贷：待处理财产损溢
　　（3）过失人赔偿部分　借：其他应收款
　　　　　　　　　　　　　贷：待处理财产损溢
　　（4）盘亏净损失　借：营业外支出
　　　　　　　　　　　贷：待处理财产损溢

　　【例10】红星农场在固定资产的定期清查中，发现少了一台设备，该设备账面原价 20 000元，已计提折旧 6 000 元。
　　（1）盘亏时　借：待处理财产损溢　　　　　　　　　　　　14 000
　　　　　　　　　累计折旧　　　　　　　　　　　　　　　　　6 000
　　　　　　　　　贷：固定资产　　　　　　　　　　　　　　　　20 000

经批准，盘亏设备由保险公司赔偿 8 000 元，相关责任人甲赔偿 300 元，其余的净损失转为企业的"营业外支出"处理。

（2）过失人赔偿部分　　借：其他应收款——保险公司　　　　　　8 000
　　　　　　　　　　　　　　　　　　　　——甲　　　　　　　　　　300
　　　　　　　　　　　　　贷：待处理财产损溢　　　　　　　　　　　　　　8 300
（3）盘亏净损失　　借：营业外支出　　　　　　　　　　　　　　　5 700
　　　　　　　　　　贷：待处理财产损溢　　　　　　　　　　　　　　　　5 700

（四）固定资产减值的核算

固定资产由于技术陈旧或其他原因导致其可收回金额低于账面净值称为固定资产减值。这里的可收回金额，是指资产的销售净价与预期从该资产的持续使用和使用寿命结束时的处置中形成的现金流量的现值两者之中的较高者。其中，销售净价是指资产的销售价格减去处置资产所发生的相关税费后的余额。

农业企业期末应将固定资产的可收回金额与其账面价值逐项比较，如果其可收回金额大于其账面价值，一般不作任何处理；如果其可收回金额小于账面价值，意味着固定资产发生了减值，应按所确定的固定资产减值数额，借记"资产减值损失——计提的固定资产减值准备"科目，贷记"固定资产减值准备"科目。在此，应注意固定资产的账面价值为固定资产原值扣除已计提的累计折旧和已计提的固定资产减值准备。

已计提减值准备的固定资产，应当按照该固定资产的账面价值以及尚可使用寿命重新计算确定折旧率和折旧额。值得注意的是，固定资产减值损失一经确认，在以后会计期间不得转回。

★ **任务实施**

根据农业企业固定资产业务案例，结合任务目标与知识引导，完成固定资产增加的会计处理、固定资产折旧的计算与账务处理、固定资产减少的会计处理，能够填制会计凭证、登记相关的会计账簿。

★ **任务实施评价**

1. 能够根据固定资产的确认条件识别固定资产；
2. 固定资产的取得、增加与减少业务编写会计分录正确；
3. 固定资产折旧运用方法正确，折旧金额计算正确；
4. 会计凭证中会计科目、借贷方向、金额正确，项目填写齐全；
5. 会计账簿中的日期、凭证号数、摘要、方向、金额登记正确。

★ **总结与反思**

任务实施后，结合实施任务的体会，总结学到的知识与技能，学习的经验与不足，寻求改进方法，与大家共享。

★ **任务考核与训练**

一、单项选择题

1. 下列各项资产中属于固定资产的是（　　　　）。
　　A. 货币资金　　　B. 半成品　　　C. 持有至到期投资　　　D. 未使用的生产设备
2. 农业企业一次购入多项没有标价的固定资产，各项固定资产的原价应按（　　　　）。
　　A. 各项固定资产的重置完全价值确定
　　B. 各项同类固定资产的历史成本确定

C. 各项固定资产公允价值的比例进行分配后确定

D. 各项同类固定资产的净值确定

3. 下列各项中，应包括在资产负债表"固定资产原值"项目内的是（　　）。

A. 经营租入固定资产　　　　B. 经营租出固定资产

C. 尚未清理完毕的固定资产　D. 待安装固定资产

4. 某农业企业购入一台需要安装的设备，取得的增值税发票上注明的设备买价为1 000 000元，增值税额为170 000元，支付的运输费为20 000元，设备安装时领用生产用材料价值200 000元（不含税），购进该批材料的增值税为34 000元，设备安装时支付有关人员薪酬26 000元。该固定资产的成本为（　　）元。

A. 1 250 000　　B. 1 450 000　　C. 1 280 000　　D. 1 416 000

5. 某农业企业购建厂房过程中耗用工程物资的实际成本为500 000元；在建工程人员工资200 000元，提取工程人员福利费28 000元；支付的耕地占用税11 800元，支付的印花税5 000元；领用本农业企业生产经营用材料60 000元，该批材料增值税为10 200元。该厂房完工后，其入账价值为（　　）元。

A. 760 000　　B. 788 000　　C. 810 000　　D. 798 200

6. 甲农业企业对一项原值为1 200 000元、已提折旧600 000万元的固定资产进行改建，发生改建支出400 000元，取得变价收入100 000元。则改建后该项固定资产的入账价值为（　　）元。

A. 900 000　　B. 1 350 000　　C. 1 100 000　　D. 1 500 000

7. 农业企业的下列固定资产，按规定不应计提折旧的是（　　）。

A. 经营性租入的设备　　　　B. 融资租入的设备

C. 经营性租出的房屋　　　　D. 未使用的房屋

8. 下列各项中，需要计提折旧的是（　　）。

A. 经营租入的设备　　　　　B. 提前报废的固定资产

C. 已交付但尚未使用的设备　D. 按规定单独估价作为固定资产入账的土地

9. 某项固定资产的原值为2 000 000元，预计净残值为20 000元，预计使用年限为4年。则在直线法下第二年的折旧额为（　　）元。

A. 396 000　　B. 495 000　　C. 500 000　　D. 594 000

10. 某农业企业2015年12月31日购入一台设备，入账价值1 800 000元，预计使用年限5年，预计净残值120 000元，按年数总和法计算折旧。该设备2012年计提的折旧额为（　　）元。

A. 336 000　　B. 432 000　　C. 448 000　　D. 480 000

11. 某农业企业于2015年12月31日购入一项固定资产，其原价为20 000 000元，预计使用年限为5年，预计净残值为80 000元，采用双倍余额递减法计提折旧。2012年度该项固定资产应计提的年折旧额为（　　）元。

A. 3 980 000　　B. 6 640 000　　C. 4 800 000　　D. 8 000 000

12. 某农业企业2015年11月1日购入一项固定资产。该固定资产原价为10 000 000元，预计使用年限为5年，预计净残值为50 000元，按双倍余额递减法计提折旧。该固定资产2015年应计提的折旧额是（　　）元。

A. 3 833 300　　B. 2 400 000　　C. 4 000 000　　D. 3 866 700

13. 一台设备原值1 200 000元，预计使用年限5年，预计净残率为5%，采用双倍余额递减法计提折旧，则5年内计提折旧总额为（　　）元。

A. 1 000 000 　　B. 1 140 000 　　C. 1 200 000 　　D. 900 000

14. 某设备的账面原价为 50 000 元，预计使用年限为 4 年，预计净残值为 4%，采用双倍余额递减法计提折旧，该设备在第 3 年应计提的折旧额为（　　　　）元。

A. 5 250 　　B. 6 000 　　C. 6 250 　　D. 9 000

15. 某项固定资产的原值为 100 000 元，预计净残值为 1 000 元，预计使用年限为 4 年。则在年数总和法下第二年的折旧额为（　　　　）元。

A. 19 800 　　B. 24 750 　　C. 25 000 　　D. 29 700

16. 某农业企业出售一台设备（不考虑相关税金），原价 150 000 元，已提折旧 50 000 元，出售设备时发生各种清理费用 1 000 元，出售设备所得价款 100 000 元。该设备出售净收益为（　　　　）元。

A. —2 000 　　B. 2 000 　　C. —5 000 　　D. —1 000

17. 农业企业进行财产清查时盘亏设备一台，其账面原值 25 000 元，已提取折旧 18 000 元，计提的减值准备为 3 000，则应记入"待处理财产损溢"科目的金额是（　　　　）元。

A. 4 000 　　B. 11 000 　　C. 24 000 　　D. 29 000

18. A 农业企业 2015 年 3 月初向新月企业购入设备一台，实际支付买价 500 000 元，增值税 85 000 元，支付运杂费 15 000 元，途中保险费 50 000 元。该设备估计可使用 4 年，无残值。该农业企业固定资产折旧方法采用年数总和法。由于操作不当，该设备于 2015 年年末报废，责成有关人员赔偿 20 000 元，收回变价收入 10 000 元，则该设备的报废净损失（　　　　）元。

A. 36 0000 　　B. 390 000 　　C. 425 000 　　D. 455 000

19. 某农业企业出售一幢办公楼，该办公楼账面原价 3 700 000 元，累计折旧 1 150 000 元，未计提减值准备。出售取得价款 3 600 000 元，发生清理费用 120 000 元，支付营业税 180 000 元。假定不考虑其他相关税费。农业企业出售该幢办公楼确认的净收益为（　　　　）元。

A. 80 000 　　B. 750 000 　　C. 930 000 　　D. 1 030 000

二、多项选择题

1. 按照固定资产准则，固定资产应该具有的特征是（　　　　）。

A. 具有实物形态　　　　　　　　B. 使用年限超过一年
C. 单位价值超过 2 000 元
D. 为生产商品、提供劳务、出租或经营管理而持有

2. 在对固定资产和存货进行确认时，必须考虑以下因素（　　　　）。

A. 该资产是否符合固定资产或存货的定义
B. 该资产所包含的经济利益是否很可能流入农业企业
C. 该资产所包含的经济利益应达到一定的标准以上
D. 该资产的成本是否能够可靠地计量

3. 在采用自营方式建造固定资产的情况下，下列项目中应计入固定资产取得成本的有（　　　　）。

A. 工程项目耗用的工程物资
B. 工程领用本农业企业商品涉及的增值税销项税额
C. 生产车间为工程提供的水、电等费用
D. 农业企业行政管理部门为组织和管理生产经营活动而发生的费用

4. 下列业务中，不通过"在建工程"科目核算的有（　　　　）。

A. 购入需要安装的设备　　　　　　　B. 购入不需要安装的设备

C. 固定资产达到预定可使用状态前的专门借款利息（未发生中断并符合资本化条件）

D. 固定资产达到预定可使用状态后的利息支出

5. 盘盈以前年度固定资产，不可能通过下列哪些科目核算（　　　　）。

A. 以前年度损益调整　　　　　　　　B. 待处理财产损溢

C. 固定资产清理　　　　　　　　　　D. 营业外收入

6. 根据固定资产准则，应对下列固定资产计提折旧（　　　　）。

A. 已提足折旧仍继续使用的固定资产　B. 未使用或不需用的固定资产

C. 融资租入固定资产　　　　　　　　D. 经营租出固定资产

7. 下列各项固定资产，应当计提折旧的有（　　　　）。

A. 闲置的固定资产　　　　　　　　　B. 当月减少的机器设备

C. 经营租出的固定资产　　　　　　　D. 已提足折旧仍继续使用的固定资产

8. 下列固定资产中，不计提折旧的固定资产有（　　　　）。

A. 不需用的设备　　　　　　　　　　B. 当月增加的固定资产

C. 未提足折旧提前报废的固定资产　　D. 经营租入的固定资产

9. 根据会计准则，对于固定资产折旧，目前可以选用的方法有（　　　　　）。

A. 年限平均法　　　　B. 工作量法　　　　C. 双倍余额递减法　　　　D. 年数总和法

10. 下列各项中，属于直线折旧的方法有（　　　　）。

A. 双倍余额递减法　　B. 工作量法　　　　C. 平均年限法　　　　　　D. 年数总和法

11. 下列表述正确的是（　　　　）。

A. 农业企业应当定期对固定资产的使用寿命进行复核，如果固定资产使用寿命的预期数与原先的估计数有重大差异，则应当相应调整固定资产折旧

B. 农业企业应当定期对固定资产入账价值复核，并调整固定资产折旧基数

C. 农业企业应当定期对固定资产的折旧方法进行复核，如果固定资产包含的经济利益的预期实现方式有重大改变，则应当相应改变固定资产折旧方法

D. 农业企业应当在期末对固定资产进行检查，如发现存在减值迹象时，应当计算固定资产的可收回金额，以确定资产是否已经发生减值

12. 下列各项中，需要对固定资产账面价值进行调整的有（　　　　　）。

A. 对固定资产进行修理

B. 对办公楼进行装修符合资本化的部分

C. 对融资租赁租入固定资产进行改良

D. 计提固定资产减值准备

13. 某项固定资产的原始价值为 100 000 元，预计残值率为 10%，预计使用年限 5 年。如果农业企业采用年数总和法计提折旧，第一、三年的折旧额分别为（　　　　）元。

A. 30 000　　　　　　B. 24 000　　　　　C. 18 000　　　　　　　D. 12 000

14. 农业企业的"固定资产清理"科目借方反映的内容有（　　　　）。

A. 出售固定资产的折余价值　　　　　B. 出售固定资产支付的拆卸费

C. 转让不动产应交纳的营业税　　　　D. 结转的清理固定资产净收益

15. 农业企业结转固定资产清理净损益时，可能涉及的会计科目有（　　　　）。

A. 管理费用　　　　　B. 营业外收入　　　C. 营业外支出　　　　　　D. 长期待摊费用

三、判断题

（　　）1. 农业企业持有固定资产的目的是为生产商品、提供劳务、出租或经营管理，

而不是直接用于出售，这一特征使得固定资产明显区别于流动资产。

（　　）2. 由于环保设备不能给农业企业带来直接的经济利益，所以不能作为固定资产进行核算。

（　　）3. 固定资产按所有权可分为自有固定资产和租入固定资产。

（　　）4. 农业企业为取得固定资产而交纳的契税、耕地占用税和印花税，应计入固定资产入账价值。

（　　）5. 外购的工程用物资，其增值税进项税额可以抵扣，而不计入工程物资的成本。

（　　）6. 单项工程或单位工程由于正常原因而发生的报废和毁损，应将扣减残料价值、过失人或保险企业赔偿后的净损失，计入继续施工的工程成本。

（　　）7. 农业企业将发生的固定资产后续支出计入固定资产成本的，应当终止确认被替换部分的账面价值。

（　　）8. 按照企业的规定，已提足折旧的固定资产，不再提折旧；未提足折旧提前报废的固定资产仍然需要计提折旧，直至提足折旧为止。

（　　）9. 已达到预定可使用状态但在年度内尚未办理竣工决算手续的固定资产，应按估计价值暂估入账，并计提折旧。待办理了竣工决算手续后，再按照实际成本调整原来的暂估价值，并调整原已计提的折旧额。

（　　）10. 农业企业出租固定资产由于是其他单位在用，因此农业企业不应计提折旧，而应由使用单位计提折旧。

（　　）11. 农业企业应当根据税法规定计提折旧的方法，合理选择固定资产折旧方法。

（　　）12. 双倍余额递减法不需要考虑固定资产的预计净残值。

（　　）13. 对固定资产由于磨损和损耗而转移到产品中去的那一部分价值的补偿应该计入"管理费用"科目中。

（　　）14. 盘亏和盘盈的固定资产都应该通过"待处理财产损溢"科目核算。

（　　）15. 固定资产准则中所称的可收回金额，是指资产的销售净价与预期从该资产的持续使用和使用寿命结束时的处置中形成的现金流量的现值两者之中的较低者。

（　　）16. 固定资产使用寿命、预计净残值和折旧方法的改变应当作为会计估计变更。

（　　）17. 对外投资转出的固定资产应通过"固定资产清理"账户核算。

四、技能训练题

1. 某农业企业 2013 年 12 月份购入一台需要安装设备，增值税专用发票上注明的设备货款为 500 000 元，增值税率为 17%，发生运杂费为 7 000 元，安装费 18 000 元，全部款项已用银行存款支付。该设备当月安装完毕并交付使用。该设备预计净残值 10 000 元，预计使用年限为 5 年。

要求：

（1）计算该设备的入账价值；

（2）分别采用双倍余额递减法和年数总和法计算该设备 2014 年和 2015 年的折旧额。

2. 某农业企业生产用固定资产原价为 5 000 000 元，预计使用 10 年，预计净残值为零，采用平均年限法计提折旧，已计提折旧 3 年。如果第 4 年末估计可收回金额 2 700 000 元，预计尚可使用年限为 3 年。

要求：请做出第 4 年计提折旧、计提减值准备、第 5 年计提折旧的会计处理。

3. 某一般纳税人农业企业 2014 年 4 月开始自行建造生产线，购入为工程准备的各种物资 100 000 元，支付的增值税额为 17 000 元，实际领用工程物资（含增值税）93 600 元，剩余物资转作农业企业生产用原材料；另外还领用了农业企业生产用的原材料一批，实际成本为 20 000 元，应转出的增值税为 3 400 元；分配工程人员工资 20 000 元，农业企业辅助生产车间为工程提供有关劳务支出 5 000 元，工程于 2015 年 3 月 15 日完工并同时交付生产车间使用。该生产线采用双倍余额递减法计提折旧，预计使用年限为 5 年，预计净残值为 2 000 元。

要求：

（1）计算工程完工交付使用时固定资产的入账价值；

（2）计算该生产线在 2015 年应该计提的折旧额；

（3）编制有关会计分录。（"应交税费"科目要求写出明细科目）。

4. 北方企业为注册地在北京市的一家上市企业，其 2012 年至 2016 年与固定资产有关的业务资料如下。

（1）2012 年 10 月 10 日，北方企业购进一台需要安装的设备，取得的增值税专用发票上注明的设备价款为 5 000 000 元，增值税为 850 000 元，另发生运输费和保险费 20 000 元，款项以银行存款支付；没有发生其他相关税费。安装设备时，领用原材料一批，价值为 100 000 元，购进该批原材料时支付的增值税进项税额为 17 000 元；支付安装工人的工资为 113 000 元。该设备于 2012 年 12 月 10 日达到预定可使用状态并投入行政管理部门使用，预计使用年限为 10 年，预计净残值为 100 000 元，采用年限平均法计提折旧。要求：

① 编制 2012 年 10 月 10 日取得该设备的会计分录。

② 编制设备安装及设备达到预定可使用状态的会计分录。

③ 计算 2013 年度该设备计提的折旧额，并编制相应的会计分录。

（2）2013 年 12 月 31 日，北方企业对该设备进行检查时发现其已经发生减值，预计可收回金额为 4 600 000 元；计提减值准备后，该设备原预计使用年限、预计净残值、折旧方法保持不变。要求：

④ 计算 2013 年 12 月 31 日该设备计提的固定资产减值准备，并编制相应的会计分录。

（3）2014 年 9 月 30 日，北方企业因生产经营方向调整，决定采用出包方式对该设备进行改良，改良工程验收合格后支付工程价款。该设备于当日停止使用，开始进行改良。要求：

⑤ 计算 2014 年度该设备计提的折旧额，并编制相应会计分录。

（4）2015 年 3 月 15 日，改良工程完工并验收合格，北方企业以银行存款支付工程总价款 625 000 元。当日，改良后的设备投入使用，预计尚可使用年限 8 年，采用直线法计提折旧，预计净残值为 50 000 元。改良后该设备的可收回金额为 5 000 000 元。2015 年 12 月 31 日，该设备未发生减值。要求：

⑥ 编制 2014 年 9 月 30 日该设备转入改良时的会计分录。

⑦ 编制 2015 年 3 月 15 日支付该设备改良价款、结转改良后设备成本的会计分录。

（5）2016 年 10 月 10 日，该设备因遭受自然灾害发生严重毁损，北方企业决定进行处置，取得残料变价收入 100 000 元、保险企业赔偿 300 000 元，发生清理费用 50 000 元；款项均以银行存款收付，不考虑其他相关税费。要求：

⑧ 计算 2016 年度该设备计提的折旧额。

⑨ 计算 2016 年 10 月 10 日处置该设备实现的净损益。

⑩ 编制 2016 年 10 月 10 日处置该设备的会计分录。

子项目 1-2 负债的核算

工作任务 1-2-1 流动负债

★ 任务目标

掌握流动负债包括的内容；

掌握流动负债的会计处理。

★ 知识引导

一、短期借款

短期借款是指企业向银行或其他金融机构等借入的期限在 1 年以下（含 1 年）的各种借款。短期借款一般是企业为维持正常的生产经营所需的资金而借入的或者为抵偿某项债务而借入的款项。

短期借款的核算主要涉及取得短期借款的处理、短期借款利息的处理、归还短期借款的处理三个方面。

（一）取得短期借款的核算

企业借入的各种短期借款，借记"银行存款"科目，贷记"短期借款"科目。

借：银行存款

  贷：短期借款

（二）短期借款利息的处理

如果短期借款的利息按期支付（如按季），或者利息是在借款到期归还本金时一并支付，且数额较大，可以采用预提的办法，按月预提计入当期损益。预提时，借记"财务费用"科目，贷记"应付利息"科目；实际支付时，按已经预提的利息金额，借记"应付利息"科目，按实际支付的利息金额与已经预提的利息金额的差额（即尚未计提的部分），借记"财务费用"科目，按实际支付的利息金额，贷记"银行存款"科目。

（1）预提利息　借：财务费用

       贷：应付利息

（2）实际支付时　借：应付利息（已预提的部分）

        财务费用

         贷：银行存款

（三）归还短期借款的处理

归还短期借款时，借记"短期借款"科目，贷记"银行存款"科目。

借：短期借款

  贷：银行存款

【例1】2015 年 1 月 1 日，红星农场借入一笔短期借款，共计 120 000 元，期限 9 个月，年利率 4%，该借款的本金到期后一次归还，利息分月预提，按季支付。

（1）借入时　借：银行存款　　　　　　　　　　120 000

      贷：短期借款　　　　　　　　　　　120 000

（2）计提 1 月份应付利息　借：财务费用　　　400（120 000×4%÷12）

          贷：应付利息　　　　　400

2 月末计提利息与 1 月份相同。

（3）3月末支付第一季度银行借款利息　借：财务费用　　　　　　　　　400

　　　　　　　　　　　　　　　　　　　　　　　　应付利息　　　　　　　　　800

　　　　　　　　　　　　　　　　　　　　　贷：银行存款　　　　　　　　　　　1 200

第二、三季度的会计处理同上。

（4）10月1日到期归还本金　借：短期借款　　　　　　　　　　　120 000

　　　　　　　　　　　　　　　贷：银行存款　　　　　　　　　　　　　120 000

二、应付票据

应付票据是指企业购买材料、商品和接受劳务供应等而开出、承兑的商业汇票，包括商业承兑汇票和银行承兑汇票。

应付票据的核算主要涉及三个方面：取得应付票据的处理、带息应付票据利息的处理、归还应付票据的处理或逾期应付票据的处理。

农业企业开出、承兑商业汇票或以承兑商业汇票抵付货款、应付账款时，借记"材料采购"、"库存商品"、"应付账款"、"应交税费——应交增值税（进项税额）"等科目，贷记"应付票据"科目。支付银行承兑汇票的手续费，借记"财务费用"科目，贷记"银行存款"科目。收到银行支付到期票据的付款通知，借记"应付票据"科目，贷记"银行存款"科目。应付商业承兑汇票到期，企业如无力支付票款，应按应付票据的账面余额，借记"应付票据"科目，贷记"应付账款"科目；如应付银行承兑票据到期，企业无力支付票款，应按应付票据的到期值转作短期借款，借记"应付票据"科目，贷记"短期借款"科目。

【例2】红星农场购入材料一批，增值税专用发票上注明的价款为60 000元，增值税额为10 200元，原材料验收入库。该企业开出并经开户银行承兑的商业汇票一张，面值为70 200元、期限5个月。交纳银行承兑手续费35.10元。7月6日商业汇票到期，红星农场通知其开户银行以银行存款支付票款。

（1）购入货物时　借：材料采购　　　　　　　　　　　　　60 000

　　　　　　　　　　　应交税费——应交增值税（进项税额）　10 200

　　　　　　　　　　贷：应付票据　　　　　　　　　　　　　　70 200

（2）支付银行承兑汇票的手续费　借：财务费用　　　　　　　　　35.10

　　　　　　　　　　　　　　　　　贷：银行存款　　　　　　　　　　35.10

（3）收到银行支付到期票据的付款通知　借：应付票据　　　　　　　70 200

　　　　　　　　　　　　　　　　　　　贷：银行存款　　　　　　　　　70 200

如果红星农场到期若无力偿还　借：应付票据

　　　　　　　　　　　　　　　贷：应付账款/短期借款

三、应付账款

应付账款是指企业因购买材料、商品和接受劳务供应等经营活动应支付的款项。这笔款项在未支付前构成企业的一项流动负债。

应付账款的核算主要涉及三个方面：第一，应付账款的形成；第二，应付账款的清偿；第三，无法支付应付账款的处理。

农业企业购入材料、商品等验收入库，但货款尚未支付，应根据有关凭证（发票账单、随货同行发票上记载的实际价款或暂估价值），借记"材料采购"等科目，按专用发票上注明的增值税额，借记"应交税费——应交增值税（进项税额）"科目，贷记"应付账款"科目。企业接受供应单位提供劳务而发生的应付未付款项，根据供应单位的发票账单，借记

"生产成本"、"管理费用"等科目，贷记"应付账款"科目。企业支付应付账款时，借记"应付账款"科目，贷记"银行存款"科目。

农业企业转销确实无法支付的应付账款，直接转入营业外收入，借记"应付账款"科目，贷记"营业外收入"科目。

【例3】2015年3月1日，红星农场购入一批材料，货款20 000元，增值税34 000元，材料已运到并验收入库，款项尚未支付。红星农场于3月9日，通过银行支付该货款235 000元。

(1) 购入货物时　借：材料采购　　　　　　　　　　　　　　　　200 000
　　　　　　　　　　应交税费——应交增值税（进项税额）　　　 34 000
　　　　　　　　　　　贷：应付账款　　　　　　　　　　　　　　　　　234 000
(2) 支付应付账款时　借：应付账款　　　　　　　　　　　　　　　234 000
　　　　　　　　　　　贷：银行存款　　　　　　　　　　　　　　　　　234 000

如果该货款无法支付，转销无法支付的应付账款时　借：应付账款
　　　　　　　　　　　　　　　　　　　　　　　　　　　　贷：营业外收入

四、预收账款

预收账款是指企业按照合同规定向购货单位预收的款项。这笔款项构成企业的一项负债，以后要用商品、劳务等偿付。

单独设置"预收账款"科目的企业，向购货单位预收款项时，借记"银行存款"科目，贷记"预收账款"科目；销售实现时，按实现的收入和应交的增值税销项税额，借记"预收账款"科目，按实现的营业收入，贷记"主营业务收入"科目，按专用发票上注明的增值税额，贷记"应交税费——应交增值税（销项税额）"等科目。购货单位补付的款项，借记"银行存款"科目，贷记"预收账款"科目；退回多付的款项，作相反的会计处理。

【例4】2015年6月3日，红星农场向乙公司签订供货合同，向乙公司出售一批产品，货款金额共计200 000元，应交增值税34 000元。根据购货合同的规定，乙公司在购货合同签订后1周内，应向红星农场预付货款120 000元，剩余货款在交货后付清。2015年6月9日，红星农场收到乙公司预付货款120 000元存入银行，6月19日红星农场将货物发运到乙公司并开具增值税专用发票，乙公司验收货物后付清了剩余货款。

(1) 收到预付款时　借：银行存款　　　　　　　　　　　　　　　120 000
　　　　　　　　　　贷：预收账款　　　　　　　　　　　　　　　　　120 000
(2) 销售实现时　借：预收账款　　　　　　　　　　　　　　　　234 000
　　　　　　　　　贷：主营业务收入　　　　　　　　　　　　　　　　200 000
　　　　　　　　　　　应交税费——应交增值税（销项税额）　　　　 34 000
(3) 补付款项　借：银行存款　　　　　　　　　　　　　　　　114 000
　　　　　　　　贷：预收账款　　　　　　　　　　　　　　　　　114 000

如果预收账款多收了，退回多收款项　借：预收账款
　　　　　　　　　　　　　　　　　　　　贷：银行存款

五、应付职工薪酬

（一）职工薪酬概述

职工，是指与企业订立正式劳动合同的所有人员，含全职、兼职和临时职工；也包括虽未与企业订立正式劳动合同但由企业正式任命的人员，如董事会、监事会和内部审计委员会成员等；在企业的计划、领导和控制下，虽未与企业订立正式劳动合同或未由其正式任命，

但为企业提供与职工类似服务的人员，如劳务用工合同人员。

职工薪酬，是指企业为获得职工提供的服务而给予各种形式的报酬以及其他相关支出，包括为职工在职和离职后提供给职工的全部货币性和非货币性薪酬，提供给职工本人、配偶、子女或其他被赡养人福利等。

职工薪酬具体包括：工资、职工福利费、五险一金、工会经费和职工教育经费、非货币性福利、解除劳动关系的补偿。

（二）应付职工薪酬的核算

1. 计算职工薪酬的核算

农业企业应当在职工为其提供服务的会计期间，根据职工提供服务的受益对象，将应确认的职工薪酬（包括货币性薪酬和非货币性福利）计入相关资产成本或当期损益，同时确认为应付职工薪酬。企业计算职工薪酬时，应按照职工所在的岗位进行分配。生产部门人员的职工薪酬，记入"生产成本"、"制造费用"等科目；应由在建工程、研发支出负担的职工薪酬，记入"在建工程"、"研发支出"等科目；管理部门、销售人员的职工薪酬，记入"管理费用"、"销售费用"科目。

农业企业以其自产产品发放给职工作为职工薪酬的，应当根据受益对象，按照该产品的公允价值，计入相关资产成本或当期损益，同时确认应付职工薪酬，借记"生产成本"、"制造费用"、"管理费用"等科目，贷记"应付职工薪酬"科目。无偿向职工提供住房等固定资产使用的，按应计提的折旧额，借记"生产成本"、"制造费用"、"管理费用"等科目，贷记"应付职工薪酬"科目；同时借记"应付职工薪酬"科目，贷记"累计折旧"科目。租赁住房等资产供职工无偿使用的，按每期应支付的租金，借记"生产成本"、"制造费用"、"管理费用"等科目，贷记"应付职工薪酬"科目。难以认定受益对象的非货币性福利，直接计入当期损益和应付职工薪酬。因解除与职工的劳动关系给予的补偿，借记"管理费用"科目，贷记"应付职工薪酬"科目。

2. 发放职工薪酬的核算

农业企业按照有关规定向职工支付工资、奖金、津贴等，借记"应付职工薪酬——工资"科目，贷记"银行存款"、"库存现金"等科目；从应付职工薪酬中扣还的各种款项，借记"应付职工薪酬"科目，贷记"银行存款"、"库存现金"、"其他应收款"、"应交税费——应交个人所得税"等科目。

支付工会经费和职工教育经费用于工会活动和职工培训，或按照国家有关规定缴纳社会保险费或住房公积金时，借记"应付职工薪酬——职工福利（或工会经费、职工教育经费、社会保险费、住房公积金）"科目，贷记"银行存款"、"库存现金"等科目。

农业企业以自产产品作为职工薪酬发放给职工时，应确认主营业务收入，借记"应付职工薪酬——非货币性福利"科目，贷记"主营业务收入"科目，同时结转相关成本，涉及增值税销项税额的，还应进行相应的处理。企业支付租赁住房等资产供职工无偿使用所发生的租金，借记"应付职工薪酬——非货币性福利"科目，贷记"银行存款"等科目。

农业企业因解除与职工的劳动关系给予职工的补偿，借记"应付职工薪酬"科目，贷记"银行存款"、"库存现金"等科目。

（1）计提职工薪酬时　借：生产成本/制造费用/在建工程/管理费用/销售费用等
　　　　　　　　　　　　　　贷：应付职工薪酬

（2）发放时　借：应付职工薪酬
　　　　　　　　　贷：银行存款等

（3）以本企业产品发放福利时　借：应付职工薪酬——非货币性福利

贷：主营业务收入
应交税费——应交增值税（销项税额）

同时，结转产品成本　借：主营业务成本
贷：库存商品

六、应交税费

"应交税费"科目核算企业按照税法等规定计算应交纳的各种税费，包括增值税、消费税、营业税、所得税、资源税、土地增值税、城市维护建设税、房产税、土地使用税、车船税、教育费附加、矿产资源补偿费等。此外，企业代扣代交个人所得税，在上交国家之前形成企业的一项负债，也通过本科目核算。

需要注意的是，企业交纳的印花税、耕地占用税以及其他不需要预计应交数的税金，不通过"应交税费"科目核算。

（一）应交增值税的核算

增值税是就货物和劳务的增值部分征收的一种税。按照《中华人民共和国增值税暂行条例》的规定，凡在中华人民共和国境内销售货物或者提供加工、修理修配劳务，以及进口货物的单位和个人，为增值税的纳税义务人。增值税的纳税人按其经营规模大小及会计核算健全与否，划分为一般纳税人和小规模纳税人两种。由于税法对一般纳税人和小规模纳税人的要求不同，其会计处理也不同。

1．一般纳税企业增值税的会计处理

（1）会计科目及专栏设置

农业企业应交的增值税，应在"应交税费"科目下设置"应交增值税"明细科目进行核算。"应交税费——应交增值税"明细账内，分别设置"进项税额"、"已交税金"、"减免税款"、"销项税额"、"出口退税"、"进项税额转出"、"出口抵减内销产品应纳税额"等专栏。

（2）增值税业务的账务处理

农业企业购入货物或接受应税劳务支付的进项税额，可以从销售货物或提供劳务按规定收取的销项税额中抵扣。

增值税业务的核算通常可以从以下几个方面掌握：一般购销业务、接受应税劳务、购进免税农业产品、视同销售、交纳增值税。

① 对于一般购销业务，国内采购的物资，按专用发票上注明的增值税，借记"应交税费——应交增值税（进项税额）"科目，按专用发票上记载的应当计入采购成本的金额，借记"材料采购"、"在途物资"或"原材料"、"库存商品"等科目，按应付或实际支付的金额，贷记"应付账款"、"应付票据"、"银行存款"等科目。购入物资发生退货作相反的会计分录。进口物资所交增值税处理同上。

购入货物：借：原材料等
应交税费——应交增值税（进项税额）
贷：应付账款等

接受应税劳务，按专用发票上注明的增值税，借记"应交税费——应交增值税（进项税额）"科目，按专用发票上记载的应当计入加工、修理修配等物资成本的金额，借记"生产成本"、"委托加工物资"、"管理费用"等科目，按应付或实际支付的金额，贷记"应付账款"、"银行存款"等科目。

② 购进免税农业产品，按购进农业产品的买价和规定的税率计算的进项税额，借记"应交税费——应交增值税（进项税额）"科目，按买价减去按规定计算的进项税额后的差

额，借记"材料采购"、"库存商品"等科目，按应付或实际支出的价款，贷记"应付账款"、"银行存款"等科目。

③ 销售物资或提供应税劳务，按实现的营业收入和按规定收取的增值税额，借记"应收账款"、"应收票据"、"银行存款"等科目，按专用发票上注明的增值税额，贷记"应交税费——应交增值税（销项税额）"科目，按确认的营业收入，贷记"主营业务收入"、"其他业务收入"等科目。发生销售退回作相反的会计分录。

　　销售货物：借：应收账款等
　　　　　　　　贷：主营业务收入
　　　　　　　　　　应交税费——应交增值税（销项税额）

④ 对于视同销售货物行为，计算应交增值税，借记"在建工程"、"长期股权投资"、"营业外支出"等科目，贷记"库存商品"科目、"应交税费——应交增值税（销项税额）"科目。

⑤ 实际上交增值税，借记"应交税费——应交增值税（已交税金）"科目，贷记"银行存款"科目。

2. 小规模纳税企业增值税的账务处理

小规模纳税企业购入货物无论是否取得增值税专用发票，其支付的增值税额均不计入进项税额，不得从销项税额中抵扣，而计入购入货物的成本。相应地，其他企业从小规模纳税企业购入货物或接受劳务支付的增值税额，如果不能取得增值税专用发票，也不能作为进项税额抵扣，而应计入购入货物或应税劳务的成本。

（二）应交消费税的核算

1. 销售、对外股权投资应税消费品等业务的核算

消费税实行价内征收，企业交纳的消费税记入"营业税金及附加"科目。企业按规定应交的消费税，在"应交税费"科目下设置"应交消费税"明细科目核算。

农业企业销售应税消费品应交的消费税，借记"营业税金及附加"科目，贷记"应交税费——应交消费税"科目。退税时，作相反会计处理。

农业企业以生产的商品作为股权投资、用于在建工程、非生产机构等其他方面，按规定应交纳的消费税，借记"长期股权投资"、"在建工程"、"营业外支出"等科目，贷记"应交税费——应交消费税"科目。

2. 委托加工应税消费品的核算

需要交纳消费税的委托加工物资，于委托方提货时，由受托人代收代交税款（除受托加工或翻新改制金银首饰按规定由受托方交纳消费税外）。委托加工物资收回后，直接用于销售的，应将代收代交的消费税计入委托加工物资的成本；委托加工物资收回后用于连续生产的，按规定准予抵扣的，应按代收代交的消费税，记入"应交税费——应交消费税"科目借方。

【例5】红星农场委托乙企业代为加工一批应交消费税的材料。红星农场的材料成本为2 000 000元，加工费为400 000元，由乙企业代收代缴的消费税为160 000元（不考虑增值税）。材料已经加工完成，并由红星农场收回验收入库，加工费尚未支付。

（1）发出材料时　借：委托加工物资　　　　　　　　　　　　2 000 000
　　　　　　　　　　贷：原材料　　　　　　　　　　　　　　　　　2 000 000

（2）发生消费税时
① 若委托加工物资收回后用于连续生产的　借：委托加工物资　　400 000
　　　　　　　　　　　　　　　　　　　　　　应交税费——应交消费税
　　　　　　　　　　　　　　　　　　　　　　　　　　　　　　　　160 000
　　　　　　　　　　　　　　　　　　　　　贷：应付账款　　　　560 000

② 若收回的委托加工物资直接用于销售的　借：委托加工物资　　　　560 000

　　　　　　　　　　　　　　　　　　　贷：应付账款　　　　　　　　560 000

（3）收回加工物资　借：原材料　　　　　　　　　　　　2 400 000

　　　　　　　　　　贷：委托加工物资　　　　　　　　　　2 400 000

（三）应交营业税的核算

营业税是对提供劳务、出售无形资产或者销售不动产的单位和个人征收的税种。企业按规定应交的营业税，在"应交税费"科目下设置"应交营业税"明细科目核算。

1. 一般账务处理

农业企业应交的营业税通过"营业税金及附加"科目核算。企业按营业额和规定的税率计算应交纳的营业税，借记"营业税金及附加"等科目，贷记"应交税费——应交营业税"科目。

2. 销售不动产的账务处理

农业企业销售不动产按规定应交的营业税，记入"固定资产清理"科目；房地产开发企业经营房屋不动产所交纳的营业税，记入"营业税金及附加"科目。

3. 出售无形资产的账务处理

农业企业出售无形资产时，按规定需要交纳营业税。按应交纳的营业税，借记有关科目，贷记"应交税费——应交营业税"科目。

（四）应交资源税的核算

资源税是国家对在我国境内开采矿产品或者生产盐的单位和个人征收的税种。

企业销售应税产品，按规定应交纳的资源税，借记"营业税金及附加"科目，贷记"应交税费——应交资源税"科目；企业自产自用应税产品，按规定应交纳的资源税，借记"生产成本"科目，贷记"应交税费——应交资源税"科目。

农业企业应按收购未税矿产品实际支付的收购款，借记"材料采购"等科目，贷记"银行存款"等科目，按代扣代交的资源税，借记"材料采购"等科目，贷记"应交税费——应交资源税"科目。

（五）应交城市维护建设税的核算

农业企业按规定计算应交的城市维护建设税，借记"营业税金及附加"等科目，贷记"应交税费——应交城市维护建设税"科目；实际交纳时，借记"应交税费——应交城市维护建设税"科目，贷记"银行存款"科目。

（六）应交教育费附加的核算

农业企业按规定计算应交的教育费附加，借记"营业税金及附加"等科目，贷记"应交税费——应交教育费附加"科目；实际交纳时，借记"应交税费——应交教育费附加"科目，贷记"银行存款"科目。

（七）应交土地增值税的核算

若该农业企业的土地使用权与地上建筑物及其附着物一并在"固定资产"科目核算的，按应交的土地增值税，借记"固定资产清理"等科目，贷记"应交税费——应交土地增值税"科目。土地使用权在"无形资产"科目核算的，按实际收到的金额，借记"银行存款"科目，按应交的土地增值税，贷记"应交税费——应交土地增值税"科目，同时冲销土地使用权的账面价值，贷记"无形资产"科目，按其差额，借记"营业外支出"科目或贷记"营业外收入"科目。实际交纳土地增值税时，借记"应交税费——应交土地增值税"科目，贷记"银行存款"等科目。

（八）应交房产税、土地使用税、车船税和矿产资源补偿费的核算

农业企业按规定计算应交的房产税、土地使用税、车船税、矿产资源补偿费，借记"管理费用"科目，贷记"应交税费——应交房产税（应交土地使用税、应交车船税、应交矿产资源补偿费）"科目；实际交纳时，借记"应交税费——应交房产税（应交土地使用税、应交车船使用税、应交矿产资源补偿费）"科目，贷记"银行存款"科目。

七、应付股利

农业企业应当根据股东大会或类似机构决议确定通过的股利或利润分配方案，按应支付的现金股利，借记"利润分配"科目，贷记"应付股利"科目。董事会或类似机构通过的利润分配方案中拟分配的现金股利或利润，不做账务处理，但应在附注中披露。企业分配的现金股利或利润，在实际支付时，借记"应付股利"科目，贷记"银行存款"等科目。

【例6】红星农场有甲、乙两个股东，分别占注册资本的30％和70％。2015年度该农场实现净利润6 000 000元，经过股东会批准，决定2016年分配股利4 000 000元。股利已用银行存款支付。

(1) 股东大会宣告发放现金股利时　借：利润分配——应付股利　　4 000 000
　　　　　　　　　　　　　　　　　　贷：应付股利——甲　　　　　　1 200 000
　　　　　　　　　　　　　　　　　　　　　　　　——乙　　　　　　2 800 000
(2) 支付现金股利时　借：应付股利——甲　　　　　　　　　　1 200 000
　　　　　　　　　　　　　　　　　——乙　　　　　　　　　　2 800 000
　　　　　　　　　　　贷：银行存款　　　　　　　　　　　　　　4 000 000

甲应分配的股利＝4 000 000×30％＝1 200 000(元)
乙应分配的股利＝4 000 000×70％＝2 800 000(元)

八、其他应付款

其他应付款主要包括：(1) 应付经营租入固定资产和包装物租金；(2) 职工未按期领取的工资；(3) 存入保证金（如收入包装物押金等）；(4) 应付、暂收所属单位、个人的款项；(5) 其他应付、暂收款项。

农业企业发生的各种应付、暂收款项，借记"管理费用"、"银行存款"等科目，贷记"其他应付款"科目；支付或退回其他各种应付、暂收款项时，借记"其他应付款"科目，贷记"银行存款"等科目。

★ **任务实施**

根据农业企业流动负债业务案例，结合任务目标与知识引导，完成短期借款的核算、应付票据的核算、应付账款的核算、预收账款的核算、应付职工薪酬的核算、应交税费的核算、应付股利的核算、其他应付款的核算，能够填制会计凭证、登记相关的会计账簿。

★ **任务实施评价**

1. 能够识别不同的流动负债；

2. 各项流动资产业务编写会计分录正确；

3. 会计凭证中会计科目、借贷方向、金额正确，项目填写齐全；

4. 会计账簿中的日期、凭证号数、摘要、方向、金额登记正确。

长期借款的应付利息按合同利率计算确定，如果属于分期付息的，记入"应付利息"科目，如果属于到期一次还本付息的，记入"长期借款——应计利息"科目。

任务实施后，结合实施任务的体会，总结学到的知识与技能，学习的经验与不足，寻求改进方法，与大家共享。

工作任务 1-2-2 长期负债

★ 任务目标

掌握长期负债包括的内容；

掌握长期负债的会计处理。

★ 知识引导

长期负债是指偿还期在 1 年或者超过 1 年的一个营业周期以上的负债，包括长期借款、应付债券、长期应付款等。与流动负债相比，非流动负债具有债务金额大、偿还期限长、可以分期偿还等特征。

一、长期借款

长期借款是指企业向银行或其他金融机构借入的期限在 1 年以上（不含 1 年）的各种借款。农业企业应设置"长期借款"科目，核算长期借款的借入、归还等情况。该科目应按贷款单位和贷款种类等进行明细核算。

长期借款的核算主要包括借入款项、期末计息和到期偿还三个方面。

（一）借入款项的核算

农业企业借入长期借款时，应按实际收到的金额，借记"银行存款"科目，贷记"长期借款——本金"科目；如存在差额，还应借记"长期借款——利息调整"科目。

（二）期末计息的核算

长期借款利息费用应当在资产负债表日按照实际利率法计算确定，实际利率与合同利率差异较小的，也可以采用合同利率计算确定利息费用。长期借款计算确定的利息费用应当按以下原则计入有关成本、费用。

（1）符合资本化条件的，应计入有关资产成本；不符合资本化条件的再按照（2）、（3）原则进行处理。

（2）属于筹建期间的，借记"管理费用"科目，贷记"应付利息"科目。

（3）属于生产经营期间的，借记"财务费用"科目，贷记"应付利息"科目。

（三）到期偿还时的核算

长期借款到期时，按归还的借款本金，借记"长期借款——本金"科目，按转销的利息调整金额，贷记"长期借款——利息调整"科目，按实际归还的款项，贷记"银行存款"科目，按借贷双方之间的差额，借记"在建工程"、"财务费用"等科目；按归还的利息，借记"应付利息"科目，贷记"银行存款"科目。

【例1】红星农场于 2012 年 11 月 30 日从银行借入资金 4 000 000 元，借款期限为 3 年，年利率为 8.4%（到期一次还本付息，不计复利）。所借款项已存入银行，有关会计分录如下：

（1）借入款项时　借：银行存款　　　　　　　　　　　　　　　　4 000 000

　　　　　　　　　　　贷：长期借款——本金　　　　　　　　　　　　4 000 000

（2）2012 年 12 月 31 日计提长期借款利息＝4 000 000×8.4%÷12＝28 000（元）

计提利息时　借：财务费用　　　　　　　　　　　　　　　　　　28 000

　　　　　　　　贷：长期借款——应计利息　　　　　　　　　　　　28 000

2013 年 1 月至 2015 年 10 月月末预提利息分录同上。

（3）2015 年 11 月 30 日，企业偿还该笔银行借款本息

到期偿还时	借：长期借款——本金	4 000 000
	长期借款——应计利息	980 000
	财务费用	28 000
	贷：银行存款	5 008 000

二、应付债券

债券是指农业企业为了筹集资金而发行的一种书面凭证，在该书面凭证上注明了债券的面值、利率、期限和还本付息方式。为了对应付债券的发行、计息和到期归还进行核算，企业应设置"应付债券"科目，并且在"应付债券"科目下设置"面值"、"利息调整"和"应计利息"三个明细科目，并按债券种类进行明细核算。

债券的发行方式有三种，即面值发行、溢价发行和折价发行。溢价或折价是发行债券企业在债券存续期内对利息费用的一种调整。

应付债券的核算包括债券的发行、期末计息和债券的到期收回。

（一）债券的发行

债券在发行时无论是按面值发行、溢价发行还是折价发行，均按债券面值记入"应付债券"科目的"面值"明细科目，实际收到的价款与面值的差额，记入"利息调整"明细科目。企业发行债券时，按实际收到的款项，借记"银行存款"、"库存现金"等科目，按债券票面价值，贷记"应付债券——面值"科目，按实际收到的金额与票面价值之间的差额，贷记或借记"应付债券——利息调整"科目。

（二）债券的利息费用

农业企业应在资产负债表日采用实际利率法计算确定债券的利息费用。实际利率法，是指按照应付债券的实际利率计算其摊余成本及各期利息费用的方法。企业在每期期末计提利息或计算应付利息并进行利息调整时，应按摊余成本和实际利率计算确定的债券利息费用，采用与长期借款相一致的原则，借记"在建工程"、"财务费用"等科目，按票面利率计算确定的应付未付利息，贷记"应付债券——应计利息"或"应付利息"科目，按其差额，借记或贷记"应付债券——利息调整"科目。实际利率与票面利率差异较小的，也可采用票面利率计算确定利息费用。

（三）债券的到期偿还

采用一次还本付息方式时，企业应于债券到期支付债券本息时，借记"应付债券——面值、应计利息"科目，贷记"银行存款"科目。采用一次还本、分期付息方式的，在每期支付利息时，借记"应付利息"科目，贷记"银行存款"科目。债券到期偿还本金时，借记"应付债券——面值"科目，贷记"银行存款"科目。

（1）债券发行时　　借：银行存款/库存现金

　　　　　　　　　　　　贷：应付债券——面值（债券面值）

　　　　　　　　　　　　　　应付债券——利息调整（差额，可借可贷）

（2）计提利息费用时　借：在建工程/财务费用等

　　　　　　　　　　　　　　应付债券——利息调整（差额，可借可贷）

　　　　　　　　　　　　贷：应付债券——应计利息（一次还本付息）

　　　　　　　　　　　　　　应付利息（分期付息，一次还本）

（3）到期偿还　借：应付债券——面值

应付债券——应计利息（一次还本付息）

应付利息（分期付息，一次还本）

在建工程/财务费用等（最后一次利息）

应付债券——利息调整（差额，可借可贷）

贷：银行存款

【例2】（1）红星农场于2012年7月1日发行三年期、到期时一次还本付息、年利率为8%（不计复利）、发行面值总额为40 000 000元的债券。该债券按面值发行。

（2）红星农场发行债券所筹资金于当日用于建造固定资产，至2012年12月31日时工程尚未完工，计提本年长期债券利息。企业按照《企业会计准则第17号——借款费用》的规定计算，该期债券产生的实际利息费用应全部资本化，作为在建工程成本。

（3）2015年7月1日，红星农场偿还债券本金和利息。

红星农场的有关会计分录如下：

（1）借：银行存款　　　　　　　　　　　　　　　　40 000 000

贷：应付债券——面值　　　　　　　　　　　40 000 000

（2）借：在建工程　　　　　　　　　　　　　　　　 1 600 000

贷：应付债券——应计利息　　1 600 000（40 000 000×8%÷12×6）

（3）借：应付债券——面值　　　　　　　　　　　　40 000 000

——应计利息　　9 600 000（40 000 000×8%×3）

贷：银行存款　　　　　　　　　　　　　　　49 600 000

★ **任务实施**

根据农业企业长期负债业务案例，结合任务目标与知识引导，完成长期负债的会计处理、应付债券的会计处理，能够填制会计凭证、登记相关的会计账簿。

★ **任务实施评价**

1. 能够区分流动负债与长期负债；
2. 长期借款的取得、计息与偿还业务编写会计分录正确；
3. 应付债券的取得、计息与偿还业务编写会计分录正确；
4. 会计凭证中会计科目、借贷方向、金额正确，项目填写齐全；
5. 会计账簿中的日期、凭证号数、摘要、方向、金额登记正确。

★ **总结与反思**

任务实施后，结合实施任务的体会，总结学到的知识与技能，学习的经验与不足，寻求改进方法，与大家共享。

★ **任务考核与训练**

一、单项选择题

1. 下列资产负债表各项目中，不属于流动负债的有（　　　）。

A. 预收账款　　　B. 应付利息　　　C. 预付账款　　　D. 一年内到期的长期借款

2. 假设农业企业每月末计提利息，201×年1月1日向银行借款200 000元，期限1年，年利率6%。按银行规定于每季度末收取短期借款利息，201×年3月份农业企业支付短期借款利息应当作（　　　）会计处理。

A. 借：财务费用　　1 000　　　　　　B. 借：财务费用　　3 000

贷：银行存款　　1 000　　　　　　　贷：银行存款　　3 000

C. 借：财务费用　　 2 000　　　　　　 D. 借：财务费用　　 1 000

　　应付利息　　 1 000　　　　　　　　　 应付利息　　 2 000

　　贷：银行存款　　 3 000　　　　　　　　 贷：银行存款　　 3 000

3. 某企业 2015 年 10 月 1 日开具了商业承兑汇票，该商业汇票的面值为 100 000 元，年利率 6%，期限为 6 个月。2015 年 12 月 31 日该企业"应付票据"的账面价值应为（　　　）元。

　　A. 1 500　　　　　 B. 101 500　　　　　 C. 100 000　　　　 D. 103 000

4. 期末，应付票据按其面值和票面利率计提利息时，应作的会计分录是（　　　　）。

　　A. 借记"财务费用"科目，贷记"应付利息"科目

　　B. 借记"管理费用"科目，贷记"应付利息"科目

　　C. 借记"财务费用"科目，贷记"应付票据"科目

　　D. 借记"管理费用"科目，贷记"应付票据"科目

5. 农业企业因债权人撤销而转销无法支付的应付账款时，应将所转销的应付账款计入（　　　）。

　　A. 资本公积　　　 B. 营业外收入　　　 C. 预付账款　　　 D. 其他业务收入

6. 某一般纳税农业企业采用托收承付结算方式从其他农业企业购入原材料一批，货款为 200 000 元，增值税为 34 000 元，对方代垫运杂费 5 000 元，该原材料已经验收入库。该购买业务所发生的应付账款的入账价值为（　　　　）元。

　　A. 239 000　　　　 B. 234 000　　　　　 C. 205 000　　　　 D. 200 000

7. 如果农业企业不设置"预收账款"账户，应将预收的货款计入（　　　）。

　　A. 应收账款的借方　　　　　　　　　　 B. 应收账款的贷方

　　C. 应付账款的借方　　　　　　　　　　 D. 应付账款的贷方

8. 甲企业为增值税一般纳税人，适用的增值税税率为 17%。2012 年 1 月甲企业董事会决定将本企业生产的 500 件产品作为福利发放给企业管理人员。该批产品的单件成本为 14 000 元，市场销售价格为每件 20 000 元（不含增值税）。不考虑其他相关税费，甲企业在 2012 年因该项业务应计入管理费用的金额为（　　　　）元。

　　A. 7 000 000　　　 B. 8 700 000　　　　 C. 10 000 000　　　 D. 11 700 000

9. 下列项目中，不属于职工薪酬的是（　　　　）。

　　A. 职工工资　　　　　　　　　　　　　 B. 职工福利费

　　C. 医疗保险费　　　　　　　　　　　　 D. 职工出差报销的飞机票

10. 下列职工薪酬中，不应当根据职工提供服务的受益对象计入成本费用的是（　　　　）。

　　A. 工会经费　　　　　　　　　　　　　 B. 构成工资总额的各组成部分

　　C. 因解除与职工的劳动关系给予的补偿

　　D. 医疗保险费、养老保险费、失业保险费等社会保险费

11. 农业企业在无形资产研究阶段发生的职工薪酬，应当（　　　　）。

　　A. 计入当期损益　　　　　　　　　　　 B. 计入在建工程成本

　　C. 计入无形资产成本　　　　　　　　　 D. 计入固定资产成本

12. A 企业建造办公楼领用外购原材料 10 000 元，原材料购入时支付的增值税为 1 700 元；因火灾毁损库存材料一批，其实际成本 20 000 元、增值税 3 400 元。则 A 企业本期计入"应交税费——应交增值税（进项税额转出）"科目的金额为（　　　　）元。

　　A. 3 400　　　　　 B. 1 020　　　　　　 C. 1 700　　　　　 D. 5 100

13. 农业企业发生的下列税金，能计入固定资产价值的是（　　　　）。

A. 房产税　　　　　　B. 车船税　　　　　　C. 土地使用税　　　　D. 进口关税

14. 委托加工应纳消费税物资（非金银首饰）收回后直接出售的应税消费品，其由受托方代扣代交的消费税，应记入（　　　）账户。

A. 管理费用

B. 委托加工物资

C. 营业税金及附加

D. 应交税费——应交消费税

15. 委托加工的应税消费品收回后连续进行生产应税消费品的，由受托方代扣代交的消费税，委托方应借记的会计科目是（　　　）。

A. 委托加工物资

B. 营业税金及附加

C. 应交税费——应交消费税

D. 受托加工物资

16. 小规模纳税农业企业购入原材料取得的增值税专用发票上注明：货款 1 000 000 元，增值税 170 000 元，在购入材料的过程中另支付运杂费 10 000 元。则该农业企业原材料的入账价值为（　　　）元。

A. 1 000 000　　　B. 1 010 000　　　C. 1 170 000　　　D. 1 180 000

17. 某农业企业转让一项专利技术，取得的转让收入应交纳的相关税费是（　　　）。

A. 消费税　　　　　B. 增值税　　　　　C. 营业税　　　　　D. 不用交税

18. 某农业企业出售一项专利权，取得收入 500 000 元已存入银行，该无形资产原值 960 000 元，已累计摊销 576 000 元，已提无形资产减值准备 4 000 元，出售过程中支付印花税 8 400 元。销售该资产适用的营业税税率为 5%，其应交营业税为（　　　）元。

A. 25 000　　　　　B. 11 520　　　　　C. 228　　　　　　D. 312

19. 农业企业收购的未税矿产品应交资源税，应计入（　　　）。

A. 制造费用　　　B. 材料采购　　　C. 主营业务成本　　D. 营业税金及附加

20. 某农业企业将自产的资源税应税矿产品用于农业企业的产品生产，计算出的应交资源税，应计入（　　　）。

A. 营业税金及附加　　B. 主营业务成本　　C. 生产成本　　D. 管理费用

21. 某农业企业本期实际应上交增值税 40 000 元、消费税 20 000 元、营业税 40 000 元、土地增值税 10 000 元。该农业企业适用的城市维护建设税税率为 7%，则该农业企业应交的城市维护建设税为（　　　）元。

A. 4 200　　　　　B. 5 600　　　　　C. 7 000　　　　　D. 7 700

22. 某农业企业为增值税一般纳税人，2015 年实际已交纳税金情况如下：增值税 17 000 000 元，消费税 13 000 000 元，耕地占用税 1 600 000 元，车船税 20 000 元，印花税 30 000 元，所得税 2 400 000 元。上述各项税金应计入"应交税费"科目借方的金额是（　　　）元。

A. 34 050 000　　　B. 34 020 000　　　C. 32 420 000　　　D. 32 450 000

23. 关于应付股利，下列说法中正确的是（　　　）。

A. 是指农业企业根据股东大会或类似机构审议批准的利润分配方案确定分配给投资者的现金股利或利润

B. 是指农业企业董事会或类似机构通过的分配给投资者的现金股利或利润

C. 农业企业应根据董事会或类似机构审议批准的利润分配方案进行会计处理

D. 农业企业不应根据董事会或类似机构审议批准的利润分配方案进行会计处理，也不在附注中披露

24. 下列各项中，应通过"其他应付款"科目核算的是（　　　）。

A. 应付现金股利

B. 应交教育费附加

C. 应付租入包装物租金　　　　　　　　　　　D. 应付管理人员工资

25. 农业企业 2015 年 1 月 1 日以 6 300 000 元的价格发行 5 年期债券 6 000 000 元。该债券到期一次还本付息，票面年利率为 5％。则农业企业 2015 年 12 月 31 日"应付债券——应计利息"科目的数额为（　　　　）元。

　　　A. 240 000　　　　　B. 300 000　　　　　C. 1 140 000　　　　D. 1 200 000

二、多项选择题

1. 下列经济业务或事项中，属于负债的是（　　　　）。

　　　A. 预收账款　　　　B. 应交的教育费附加　　　C. 预付账款　　　　D. 借款计划

2. 短期借款利息核算涉及的账户有（　　　　）。

　　　A. 银行存款　　　　B. 应付利息　　　　　　　C. 财务费用　　　　D. 短期借款

3. 下列关于应付账款的处理中，正确的是（　　　　）。

　　　A. 货物与发票账单同时到达，待货物验收入库后，按发票账单登记入账

　　　B. 货物已到但发票账单未同时到达，待月份终了时暂估入账

　　　C. 应付账款一般按到期应付金额的现值入账

　　　D. 如果购入的资产在形成一笔应付账款时是带有现金折扣的，入账时不考虑现金折扣

4. 下列项目中，属于其他应付款核算范围的有（　　　　）。

　　　A. 应付管理人员工资　　　　　　　　　　　B. 应付经营租入固定资产租金

　　　C. 应付租入包装物租金　　　　　　　　　　D. 应付、暂收所属单位、个人的款项

5. 下列各项中，应通过"应付职工薪酬"科目核算的项目有（　　　　）。

　　　A. 职工工资　　　　　　　　　　　　　　　B. 解除劳务关系给予的补偿

　　　C. 职工的社会保险费　　　　　　　　　　　D. 职工离职后提供给职工的非货币性福利

6. 农业企业在"应交税费——应交增值税"科目借方设置的专栏有（　　　　）。

　　　A. 销项税额　　　　B. 进项税额　　　　　　　C. 进项税额转出　　D. 已交税金

7. 下列税金中，应计入存货成本的有（　　　　）。

　　　A. 由受托方代扣代交的委托加工直接用于对外销售的商品负担的消费税

　　　B. 由受托方代扣代交的委托加工继续用于生产应纳消费税的商品负担的消费税

　　　C. 小规模纳税农业企业购进货物应交纳的增值税

　　　D. 一般纳税农业企业进口原材料交纳的进口关税

8. 下列各项，增值税一般纳税人需要转出进项税额的有（　　　　）。

　　　A. 自制产成品用于集体福利　　　　　　　　B. 自制产成品对外投资

　　　C. 外购的货物发生非正常损失　　　　　　　D. 外购的生产用原材料改用于自建厂房

9. 农业企业按规定交纳营业税的项目有（　　　　）。

　　　A. 销售商品取得收入　　　　　　　　　　　B. 销售不动产取得收入

　　　C. 出租无形资产取得收入　　　　　　　　　D. 提供运输劳务取得收入

10. 农业企业交纳的下列税费中，应通过"应交税费"科目核算的有（　　　　）。

　　　A. 城市维护建设税　　B. 营业税　　　　　　　C. 车船税　　　　　　D. 耕地占用税

11. 下列增值税，应计入有关成本的有（　　　　）。

　　　A. 以产成品对外投资应交的增值税

　　　B. 在建工程使用本农业企业生产的产品应交的增值税

　　　C. 小规模的纳税农业企业购入商品已交的增值税

　　　D. 购入固定资产已交的增值税

12. 下列税费中，应该计入农业企业固定资产价值的有（　　　　）。

    A. 房产税　　　　　B. 车船税　　　　　C. 车辆购置税　　　　D. 契税

13. 下列各项中，通过"营业税金及附加"科目核算的有（　　　　）。

    A. 增值税　　　　　B. 城市维护建设税　　C. 教育费附加　　　　D. 印花税

14. 长期借款所发生的利息支出，可能借记的科目有（　　　　）。

    A. 在建工程　　　　B. 销售费用　　　　　C. 管理费用　　　　　D. 财务费用

15. "应付债券"账户的贷方反映的内容有（　　　　）。

    A. 债券发行时产生的债券溢价　　　　　　B. 债券溢折价的摊销

    C. 期末计提应付债券利息　　　　　　　　D. 债券的发行费用

三、判断题

（　　）1. 负债是由于已经发生的和将要发生的交易或事项形成的现时义务。

（　　）2. 农业企业短期借款计提的利息应根据短期借款使用部门不同，分别计入管理费用、财务费用、生产成本等科目。

（　　）3. 应付票据是指农业企业购买材料、商品和接受劳务供应等而开出、承兑的商业汇票，包括商业承兑汇票和银行承兑汇票。

（　　）4. 农业企业到期无力偿付的银行承兑汇票，应按其账面余额转入"应付账款"。

（　　）5. 农业企业预收账款业务不多时，可以不设置"预收账款"科目，直接计入"应付账款"科目的借方。

（　　）6. 预收账款虽然与应付账款均属于负债项目，但与应付账款不同，它通常不需要以货币偿付。

（　　）7. 职工离职后，农业企业提供给职工的全部货币性薪酬和非货币性福利，不应通过"应付职工薪酬"科目核算。

（　　）8. 工会经费和职工教育经费不属于职工薪酬的范围，不通过"应付职工薪酬"科目核算。

（　　）9. 增值税一般纳税农业企业将自己生产的产品用于对外投资时，应视同销售货物计算交纳增值税。

（　　）10. 农业企业以自己生产的产品用于在建工程，由于会计核算时不作销售处理，因此不需交纳增值税。

（　　）11. 小规模纳税农业企业购入货物无论是否具有增值税专用发票，其支付的增值税额均不计入进项税额，不得由销项税额抵扣，而计入购入货物的成本。

（　　）12. 农业企业在建工程领用本农业企业生产的产品，应按产品的售价转账，计入在建工程成本。

（　　）13. 小规模纳税农业企业购入货物及接受应税劳务支付的增值税额，无论是否取得增值税专用发票，均应计入有关货物及劳务的成本。

（　　）14. 农业企业购进原材料或商品应支付的增值税税额与购买原材料或商品的货款不同，应当直接将其计入"应交税费——应交增值税"科目的贷方，而不作为应付账款处理。

（　　）15. 按照规定，委托加工应交消费税的材料收回后，用于连续生产应交消费税产品，由受托方代收代交的消费税，应计入委托加工材料的成本。

（　　）16. 委托加工物资收回后，用于销售的，委托方应将代收代交的消费税计入委托加工物资的成本。

（　　）17. 农业企业取得一项固定资产，支付价款 20 000 元，发生的增值税为 3 400 元，印花税 400 元，车船税 200 元，则该项固定资产的入账价值为 20 200 元。

（　　）18.应付股利是指农业企业根据董事会或类似机构审议批准的利润分配方案确定分配给投资者的现金股利或利润。

（　　）19.农业企业应付各种赔款、应付租金、应付存入保证金等应在"其他应付款"等科目核算。

（　　）20.债券在溢价发行的情况下，债券的摊余成本逐期减少，利息费用也就随之逐期增加。

四、技能训练题

1. 2015年3月1日，农业企业甲企业销售一批产品给A企业，款项尚未收到。双方约定，A企业应于2015年9月30日付款。2015年4月1日，甲企业因急需流动资金，经与中国银行协商，以应收A企业货款为质押取得3个月期限的流动资金借款300 000元，年利率为5%，利息月末计提，到期一次还本付息。假定不考虑其他因素。

要求：作出甲企业相关的账务处理。

2. 乙企业预售产品给B企业，要求B企业预付70 000元。一个月后，乙企业将产品发往B企业，开出的发票上注明价款100 000元、增值税17 000元，B企业以银行存款支付剩余货款。

要求：编制乙企业相关的会计分录。

3. 某企业计算本月应付职工工资总额219 000元，当月应支付生产工人工资150 000元、车间管理人员工资30 000元、厂部管理部门人员工资33 000元、销售人员工资6 000元，代扣代缴个人所得税2 800元，实发工资210 000元。

要求：作出该企业的相关账务处理。

4. 某农业企业为一般纳税农业企业，增值税率为17%，消费税率为10%，库存材料按照实际成本核算，销售收入（或计税价格）均不含应向购买者收取的增值税额。该农业企业2012年3月份发生如下经济业务。

（1）工程领用本农业企业生产的应交消费税产品，该产品成本为6 000 000元，计税价格为8 000 000元。

（2）收回委托加工的原材料并验收入库。该委托加工的原材料系上月发出，发出原材料的实际成本为2 000 000元。本月以银行存款支付受托加工农业企业代扣代交的消费税50 000元、加工费用500 000元，增值税85 000元。收回委托加工的原材料用于本农业企业生产应交消费税产品。

要求：根据上述资料，作出该农业企业有关经济业务的账务处理（不考虑其他税费，答案中的金额单位用万元表示，要求写出应交税费科目的明细科目）。

5. A企业于2012年1月发行2年期债券一批，面值20 000 000元，票面利率10%，每年末支付利息，到期一次还本。该批债券实际发行价为19 307 100元（不考虑发行费用），每半年计息一次，同时分摊溢价或折价款。

要求：计算半年的应付利息、分摊的溢折价金额以及实际利息费用。

6. 丙企业为增值税一般纳税农业企业，材料按实际成本核算，适用的增值税率为17%，2012年3月份发生如下经济业务。

（1）购入一批原材料，增值税专用发票上注明的材料价款为1 000 000元（不含增值税），增值税为170 000元。货款已付，材料已验收入库。

（2）工程领用生产用料90 000元。

（3）出售一项商标权，转让收入50 000元已存入银行，该项商标权的账面余额为60 000元，已累计摊销40 000元。适用的营业税税率为5%。

（4）购入一台设备，增值税专用发票上记载的设备价款 3 000 000 元，支付的增值税额为 510 000 元，款项已由银行支付。

（5）销售产品一批，销售收入为 2 000 000 元（不含税），货款尚未收到。

（6）销售应交增值税产品给小规模纳税农业企业，应收取款项（价税合计）为 585 000 元，已由银行收妥。

（7）从小规模纳税农业企业购入一批材料，发票上记载的金额为 2 340 000 元，材料已经验收入库，款项尚未支付。

（8）出售厂房一栋，原价 10 000 000 元，已提折旧 7 600 000 元，出售所得收到 7 000 000 元，清理费用支出 30 000 元，厂房已清理完毕，款项均已由银行收付。适用的营业税税率为 5%。

要求：根据资料，作出有关经济业务的账务处理（不考虑城市维护建设税和教育费附加，金额单位用元表示）。

子项目1-3 所有者权益的核算

★ 任务目标

掌握所有者权益的概念及分类；

掌握实收资本（股本）、资本公积的会计处理；

掌握留存收益的内容及会计处理。

★ 知识引导

一、所有者权益的概念

所有者权益是指企业资产扣除负债后由所有者享有的剩余权益。所有者权益包括实收资本（或者股本）、资本公积、盈余公积和未分配利润。企业的全部资产来自两个方面：一是负债，二是所有者权益。这些资产来源在会计上又称权益，即对企业资产的要求权。

二、所有者权益的分类与计价

我国企业将所有者权益分为以下四个部分：实收资本、资本公积、盈余公积和未分配利润。所有者权益的四个组成部分应分别按不同的方法计价。

实收资本，应按实际投资数额入账。具体来说，国家投入资本应区别不同情况确定：国家拨付和企业自筹形成的投资应按实际拨付和结转的数额确定；外单位投入资本和个人投入资本应按实际的货币数额或经过评估、确认后的财产净值入账；股份制企业则只按股本数额入账，不包括股票溢价部分。

资本公积，应按实际形成的数额入账。其中股票溢价是指股份制企业实际收到的股款高于其股票面值的部分，股本应按照股票面值入账，实际收到股本与股票面值的差额数应记入资本公积。

盈余公积，应按实际提取的数额入账。

未分配利润，应以待分配利润和留于以后年度分配利润的实际数额作为计量的依据。

三、实收资本的核算

实收资本是指投资者按照企业章程，或合同、协议的约定，实际投入企业的资本。具体来说，在公司制企业中，实收资本即为股本，是按股票面值或核定的股本额缴入的资本部分。在非公司制企业中，实收资本一般是指投资者按照企业章程或合同、协议的约定，实际投入企业的资本。

（一）实收资本核算的科目设置

为了正确进行投资者投入资本的核算，公司制企业应设置"股本"科目。该科目的贷方登记各股东投入的股本，科目的借方登记特殊情况下，按法定程序报经批准减少的注册资本，该科目的期末余额在贷方，表示股东实际投资的股份与股票面额的乘积，并按单独项目列示在资产负债表股东权益部分的第一项。

非公司制企业一般设置与"股本"科目性质相同的"实收资本"科目，核算国家及各投资者投入资本的情况。值得注意的是，"股本"科目和"实收资本"科目记录的数额应与企业向管理部门登记的注册资本一致。

（二）一般企业实收资本的核算

① 投资者以现金投入的资本，应当以实际收到或者存入企业开户银行的金额作为实收资本入账。实际收到或者存入企业开户银行的金额超过其在该企业注册资本中所占份额的部分，计入资本公积。企业应以实际收到或者存入企业开户银行的金额，借记"银行存款"科目，并分别贷记"实收资本"科目和"资本公积"科目。

【例1】甲、乙、丙共同投资设立某农场，注册资本为2 000 000元，甲、乙、丙持股比例分别为60%、25%和15%。按照章程规定，甲、乙、丙投入资本分别为1 200 000元、500 000元和300 000元，已如期收到各投资者一次缴足的款项。

应编制如下会计分录：

借：银行存款   2 000 000

  贷：实收资本——甲   1 200 000

     ——乙   500 000

     ——丙   300 000

② 投资者以非现金资产投入的资本，接受非现金资产时，应按投资各方确认的投资合同或协议约定价值作为非现金资产入账价值。按投资合同或协议约定的投资者在企业资本总额应占份额的部分作为实收资本或股本入账金额，超出约定的部分计入资本公积。

【例2】某农场设立时收到投资人A作为资本投入的非专利技术一项，该非专利技术投资合同约定价值为60 000元，同时收到另一投资人B作为资本投入的土地使用权一项，投资合同约定价值为80 000元。假设农场接受该非专利技术和土地使用权符合国家注册资本管理的有关规定，可按合同约定作实收资本入账，合同约定的价值与公允价值相符，不考虑其他因素。在进行会计处理时，应编制如下会计分录：

借：无形资产——非专利技术   60 000

     ——土地使用权   80 000

  贷：实收资本——A   60 000

     ——B   80 000

③ 外商投资企业的投资者投入的外币，按收到外币当日的汇率折合的人民币金额，借记"银行存款"等科目，贷记"实收资本"科目。

（三）股份有限公司取得股本的核算

① 公司的股本应当在核定的股本总额及核定的股份总额的范围内发行股票取得。公司发行的股票，应按其面值作为股本，超过面值发行取得的收入，作为股本溢价，计入资本公积。即在收到现金等资产时，按实际收到的金额（现金资产）或投资各方确认的价值（非现金资产），借记"库存现金"、"银行存款"等科目，按股票面值和核定的股份

总额的乘积计算的金额，贷记"股本"科目，按其差额，贷记"资本公积——股本溢价"科目。

【例3】某农场发行普通股 10 000 000 股，每股面值 1 元，每股发行价格 5 元。假定股票发行成功，股款 50 000 000 元已全部收到，不考虑发行过程中的税费等因素。

根据上述资料账务处理如下：

应记入"资本公积"科目的金额＝50 000 000－10 000 000＝40 000 000（元）

应编制如下会计分录：

借：银行存款   50 000 000

　　贷：股本   10 000 000

　　　　资本公积——股本溢价   40 000 000

② 境外上市公司以及在境内发行外资股的公司，按确定的人民币股票面值和核定的股份总额的乘积计算的金额，作为股本入账。在收到股款时，按收到股款当日的汇率折合的人民币金额，借记"银行存款"等科目，贷记"股本"科目。

（四）实收资本变动的核算

企业资本除下列情况外，不得随意变动：符合增资条件，并经有关部门批准增资的，在实际取得投资者的出资时，登记入账；企业按照法定程序报经批准减少注册资本的，在实际返还投资时登记入账。采用收购本企业股票方式减资的，在实际收到本企业股票时，登记入账。

1. 企业增加实收资本的核算

符合增资条件，并经有关部门批准增资的，在实际取得投资者的出资时，登记入账。如果是投资者追加投入，其账务处理与投资者投入资本基本相同。如果企业以资本公积、盈余公积等转为实收资本，会计处理时应借记"资本公积"、"盈余公积"等科目，贷记"实收资本"科目。值得注意的是，资本公积和盈余公积均属于所有者权益，转为实收资本后，所有者权益总额没有发生变动，没有改变各所有者所持资本的比例，只是改变其资本持有数额。

2. 企业减少实收资本的核算

企业应当将因减资而注销股份、发还股款，以及因减资需更新股票的变动情况，在实收资本账户的明细账及有关备查账中详细记录。投资者按规定转让其出资的，企业应当于有关的转让手续办理完毕时，将出让方转让的出资额，在资本（股本）账户的有关明细账户及各备查账中转为受让方。

一般企业按法定程序减少注册资本，借记"实收资本（股本）"科目，贷记"库存现金"、"银行存款"等科目。

股份有限公司收购企业股票进行减资，回购时按实付额，借记"库存股"科目，贷记"银行存款"科目。注销库存股时，按注销股票的面值总额借记"股本"科目，购回股票支付的价款超过面值总额的部分，依次减少资本公积和留存收益，借记"资本公积"、"盈余公积"、"利润分配——未分配利润"等科目，贷记"库存股"科目；购回股票支付的价款低于面值总额的，按股票面值，借记"股本"科目，按支付的价款，贷记"库存股"科目，按其差额，贷记"资本公积"科目。

回购本公司股票时，按实际支付的价款：借：库存股

　　　　　　　　　　　　　　　　　　　　贷：银行存款

注销库存股时：

① 若购回价款超过面值：借：股本

  资本公积——股本溢价

  盈余公积

  利润分配——未分配利润

    贷：库存股

② 若购回价款低于面值：借：股本

    贷：库存股

  资本公积——股本溢价

【例4】红星农场 2015 年 12 月 31 日的股本为 100 000 000 股，面值为 1 元，资本公积（股本溢价）为 30 000 000 元，盈余公积为 40 000 000 元。经股东大会批准，红星农场以现金回购本农场股票 20 000 000 股并注销。假定红星农场按每股 2 元回购股票，不考虑其他因素，应编制如下会计分录：

（1）回购股份时　借：库存股　　　　　　　　　　　　40 000 000

　　　　　　　　　　贷：银行存款　　　　　　　　　　　　40 000 000

库存股成本＝20 000 000 ×2＝40 000 000（元）

（2）注销股份时　借：股本　　　　　　　　　　　　　20 000 000

　　　　　　　　　　资本公积　　　　　　　　　　　　20 000 000

　　　　　　　　　　贷：库存股　　　　　　　　　　　　40 000 000

应冲减的资本公积＝20 000 000×2－20 000 000×1＝20 000 000（元）

【例5】承上例，假定红星农场按每股 3 元回购股票，其他条件不变，应编制如下会计分录：

（1）回购股份时　借：库存股　　　　　　　　　　　　60 000 000

　　　　　　　　　　贷：银行存款　　　　　　　　　　　　60 000 000

库存股成本＝20 000 000 ×3＝60 000 000（元）

（2）注销股份时　借：股本　　　　　　　　　　　　　20 000 000

　　　　　　　　　　资本公积　　　　　　　　　　　　30 000 000

　　　　　　　　　　盈余公积　　　　　　　　　　　　10 000 000

　　　　　　　　　　贷：库存股　　　　　　　　　　　　60 000 000

应冲减的资本公积＝20 000 000×3－20 000 000×1＝40 000 000（元）

由于应冲减的资本公积大于公司现有的资本公积，所以只能冲减资本公积 30 000 000 元，剩余的 10 000 000 元应冲减盈余公积。

四、资本公积的核算

（一）资本公积的概念

资本公积是指企业收到投资者出资额超出其在注册资本或股本中份额的部分，以及直接计入所有者权益的利得和损失等。资本公积包括资本溢价（或股本溢价）和直接计入所有者权益的利得和损失，归所有者共有的、非收益转化而形成的资本。

资本公积的特点是：资本公积按照全部投资者的投资比例，由所有的投资者享有。具体表现在以资本公积转增资本时，各个投资者或股东按其在实收资本中所占比例计算应享有的金额。

（二）资本公积的核算

1. 资本溢价（股本溢价）

企业接受投资者投入的资本、可转换公司债券持有人行使转换权利将债务转换资本时，超出投资人应享有的那部分资本的金额应记入"资本公积——资本溢价（或股本溢价）"。

【例6】红星农场由两位投资者投资200 000元设立，每人各出资100 000元。一年后，为扩大经营规模，经批准，农场注册资本增加到300 000元，并引入第三位投资者加入。按照投资协议，新投资者需缴入现金110 000元，同时享有该公司三分之一的股份。红星农场已收到该现金投资。假定不考虑其他因素，会计分录如下：

借：银行存款 110 000

　　贷：实收资本 100 000

　　　　资本公积——资本溢价 10 000

2. 其他资本公积

除了收到投资者出资额超出其在注册资本或股本中份额的资本溢价（股本溢价），其他可直接计入所有者权益的利得和损失，应记入"资本公积——其他资本公积"。

3. 资本公积转增资本

经股东大会或类似机构决议，用资本公积转增资本时，应冲减资本公积（资本溢价或股本溢价），并按比例增加各股东相应的股本份额。

借：资本公积——股本溢价

　　贷：股本

五、留存收益的核算

留存收益包括盈余公积和未分配利润两部分。

（一）盈余公积的核算

盈余公积主要表现为企业按税后利润一定比例提取的法定盈余公积和按企业管理当局确定的比例从税后利润提取的任意盈余公积。

盈余公积一般包括以下内容：（1）法定盈余公积，是指企业按照规定的比例从净利润中提取的盈余公积；（2）任意盈余公积，是指企业经股东大会或类似机构批准按照规定的比例从净利润中提取的盈余公积。

为进行盈余公积的核算，应设置"盈余公积"科目。该科目属于所有者权益类科目，核算企业按规定从税后利润提取的公积金。该科目的贷方登记公积金取得的数额，并按公积金取得的渠道与利润分配科目的借方相对应。该科目的借方登记公积金使用的具体数额，并分别按不同的使用情况与弥补亏损、分配股利时的利润分配科目、增加资本时的股本科目等的贷方相对应。该科目期末贷方余额，反映企业累积提取的盈余公积余额。

"盈余公积"科目应按盈余公积的种类设置"法定盈余公积"、"任意盈余公积"等明细科目进行明细核算。

1. 盈余公积提取的核算

企业提取盈余公积时，借记"利润分配——提取法定盈余公积、提取任意盈余公积"科目，贷记"盈余公积——法定盈余公积、任意盈余公积"科目。

借：利润分配——提取法定盈余公积

　　　　　　——提取任意盈余公积

　　贷：盈余公积——法定盈余公积

　　　　　　　　——任意盈余公积

2. 盈余公积减少的核算

盈余公积的减少可在经股东大会决议批准的情况下，按原股东的持股比例增加注册资本（股本或实收资本）；可由董事会提议，股东大会批准用盈余公积弥补亏损。在特殊情况下，盈余公积可以用于分配股利或利润。

值得注意的是，无论盈余公积是用于弥补亏损，还是用于转增资本，只是在企业所有者内部结构的转换，所有者权益的总额不变，如企业以盈余公积弥补亏损时，实际是减少盈余公积留存数额，以其抵补亏损的数额；企业以盈余公积转增资本，也只是减少盈余公积的留存数额，增加实收资本或股本的数额。

（1）盈余公积弥补亏损

企业经股东大会或类似机构决议，用盈余公积弥补亏损时，借记"盈余公积"科目，贷记"利润分配——盈余公积补亏"科目。

（2）盈余公积转增注册资本

盈余公积转增资本的会计处理与资本公积的会计处理基本一致，即按批准的增资文件处理，转增资本时借记"盈余公积——法定盈余公积"等科目，贷记"股本（或实收资本）"等科目。

（3）盈余公积派发股利

用盈余公积派送新股。股份有限公司经股东大会决议，用盈余公积派送新股时，按派送新股计算的金额，借记"盈余公积"科目，按股票面值和派送新股总数计算的金额，贷记"股本"科目，如有差额，贷记"资本公积——股本溢价"科目。

用盈余公积分配现金股利或利润。企业经股东大会或类似机构决议，用盈余公积分配现金股利或利润时，借记"盈余公积"科目，贷记"应付股利"科目。

（二）未分配利润

未分配利润是经过弥补亏损、提取法定盈余公积、提取任意盈余公积和向投资者分配利润等利润分配之后剩余的利润，它是企业留待以后年度进行分配的历年结存的利润。相对于所有者权益的其他部分来说，企业对于未分配利润的使用有较大的自主权。

企业未分配利润通过"利润分配——未分配利润"明细科目进行核算。年度终了，企业将全年实现的净利润或发生的净损失，自"本年利润"科目转入"利润分配——未分配利润"科目，并将"利润分配"科目所属的其他明细科目的余额，转入"未分配利润"明细科目。结转后，"利润分配——未分配利润"科目如为贷方余额，表示累积未分配的利润数额；如为借方余额，表示累积未弥补亏损数额。

【例7】红星农场年初未分配利润为0，本年实现净利润2 000 000元，本年提取法定盈余公积200 000元，宣告发放现金股利800 000元。假定不考虑其他因素，编制如下会计处理：

（1）结转实现净利润时　　借：本年利润　　　　　　　　　　　　　　2 000 000

　　　　　　　　　　　　　　贷：利润分配——未分配利润　　　　　　　　2 000 000

如企业当年发生亏损，则应借记"利润分配——未分配利润"科目，贷记"本年利润"科目。

（2）提取法定盈余公积、宣告发放现金股利　　借：利润分配——提取法定盈余公积

　　　　　　　　　　　　　　　　　　　　　　　　　　　　　　200 000

　　　　　　　　　　　　　　　　　　　　　　　　——应付现金股利

　　　　　　　　　　　　　　　　　　　　　　　　　　　　　　800 000

　　　　　　　　　　　　　　　　　　　　　　贷：盈余公积　　200 000

　　　　　　　　　　　　　　　　　　　　　　　　应付股利　　800 000

同时　借：利润分配——未分配利润　　　　　　　　　　　　1 000 000
　　　　贷：利润分配——提取法定盈余公积　　　　　　　　　　　200 000
　　　　　　　　　　——应付现金股利　　　　　　　　　　　　800 000

★ 任务实施

根据农业企业所有者权益业务案例，结合任务目标与知识引导，完成实收资本的核算、资本公积的核算、盈余公积的核算、未分配利润的核算，能够填制会计凭证、登记相关的会计账簿。

★ 任务实施评价

1. 能够正确区分实收资本与资本公积；
2. 实收资本增加、减少业务编写会计分录正确；
3. 资本公积取得、使用会计分录正确；
4. 盈余公积提取、使用会计分录正确；
5. 未分配利润的形成清楚，会计分录正确；
6. 会计凭证中会计科目、借贷方向、金额正确，项目填写齐全；
7. 会计账簿中的日期、凭证号数、摘要、方向、金额登记正确。

★ 总结与反思

任务实施后，结合实施任务的体会，总结学到的知识与技能，学习的经验与不足，寻求改进方法，与大家共享。

★ 项目考核与训练

一、单项选择题

1. 下列会计事项中，会引起农业企业净资产总额变动的是（　　　　）。
　　A. 提取盈余公积　　　　　　　　　　　B. 用盈余公积弥补亏损
　　C. 用盈余公积转增资本　　　　　　　　D. 用未分配利润分派现金股利

2. 下列项目中，能引起负债和所有者权益同时发生变动的是（　　　　）。
　　A. 提取盈余公积　　　　　　　　　　　B. 支付已宣告的现金股利
　　C. 股东大会宣告发放现金股利　　　　　D. 计提管理用设备折旧

3. 有限责任公司在增资扩股时，如果新投资者介入，新介入的投资者缴纳的出资额大于其按约定比例计算的其在注册资本中所占的份额部分，作为（　　　　）处理。
　　A. 盈余公积　　　　B. 资本公积　　　　C. 未分配利润　　　　D. 实收资本

4. 股份有限公司采用溢价发行股票方式筹集资本，其股本科目所登记的金额是（　　　　）。
　　A. 实际收到的款项
　　B. 实际收到款项减去应付证券商的费用
　　C. 实际收到款项加上应付证券商的费用
　　D. 股票面值总额

5. 关于农业企业所有者权益，下列说法中错误的是（　　　　）。
　　A. 未分配利润可以弥补亏损
　　B. 盈余公积可以按照规定转增资本金
　　C. 资本公积可以弥补农业企业亏损
　　D. 资本公积可以按照规定转增资本金

6. 下列各项，不属于农业企业留存收益的有（　　　　）。
　　A. 股本溢价　　　　B. 农业企业发展基金　　C. 任意盈余公积　　　　D. 法定盈余公积

7. 某企业"盈余公积"科目的年初余额为 6 000 000 元，本期提取 3 000 000 元，转增资本 2 000 000 元，该企业"盈余公积"科目的年末余额为（　　　　）元。
　　A. 8 000 000　　　　B. 6 000 000　　　　C. 7 000 000　　　　D. 9 000 000

8. 某农业企业年初未分配利润为贷方 400 000 元，本年实现净利润 1 500 000 元，本年提取法定盈余公积 200 000 元，向投资者发放股票股利 300 000 元。该农业企业年末未分配利润贷方余额为（   ）元。

    A. 1 900 000   B. 1 400 000   C. 1 700 000   D. 1 600 000

    9. 某农业企业年初所有者权益总额 1 500 000 元，当年以其中的资本公积转增资本 300 000 元。当年实现净利润 2 000 000 元，提取盈余公积 200 000 元，向投资者分配利润 400 000 元。该农业企业年末所有者权益总额为（   ）元。

    A. 2 900 000   B. 3 100 000   C. 2 600 000   D. 2 800 000

    10. 2012 年 12 月 31 日某农业企业所有者权益情况如下：实收资本 2 000 000 元，资本公积 200 000 元，盈余公积 900 000 元，未分配利润 300 000 元。则该农业企业 2013 年 1 月 1 日留存收益为（   ）元。

    A. 1 400 000   B. 3 400 000   C. 1 200 000   D. 3 100 000

    11. 股份有限公司采用收购本企业股票方式减资的，下列说法中正确的是（   ）。

    A. 应按股票面值和注销股数计算的股票面值总额减少股本

    B. 应按股票面值和注销股数计算的股票面值总额减少库存股

    C. 应按股票面值和注销股数计算的股票面值总额增加股本

    D. 应按股票面值和注销股数计算的股票面值总额增加库存股

    12. 农业企业用当年实现的利润弥补亏损时，应作的会计处理是（   ）。

    A. 借记"本年利润"科目，贷记"利润分配—未分配利润"科目

    B. 借记"利润分配—未分配利润"科目，贷记"本年利润"科目

    C. 借记"利润分配—未分配利润"科目，贷记"利润分配—未分配利润"科目

    D. 无需专门作会计处理

二、多项选择题

    1. 农业企业实收资本增加的途径有（   ）。

    A. 发放股票股利   B. 经批准用盈余公积转增

    C. 接受投资者实物投资   D. 经批准用资本公积转增

    2. 某农业企业以收购本农业企业股票方式减资，在进行会计处理时，可能涉及的会计科目有（   ）。

    A. 股本   B. 资本公积   C. 库存股   D. 盈余公积

    3. 农业企业发生亏损时，下列各项，（   ）是弥补亏损的渠道。

    A. 用税前利润弥补   B. 用税后利润弥补

    C. 以盈余公积弥补亏损   D. 以资本公积弥补亏损

    4. 农业企业吸收投资者出资时，下列会计科目的余额不可能发生变化的有（   ）。

    A. 盈余公积   B. 资本公积   C. 实收资本   D. 利润分配

    5. 农业企业吸收投资者出资时，下列会计科目的余额可能发生变化的有（   ）。

    A. 实收资本   B. 利润分配   C. 盈余公积   D. 资本公积

    6. 下列各项中，影响年末未分配利润数额的因素有（   ）。

    A. 年初未分配利润   B. 提取盈余公积

    C. 结转本期实现的净利润   D. 盈余公积补亏

    7. 盈余公积可用于（   ）。

    A. 支付股利   B. 转增资本   C. 弥补亏损   D. 转为资本公积

    8. 下列项目中，可能同时引起资产和所有者权益发生增减变化的项目有（   ）。

    A. 接受捐赠   B. 减少实收资本   C. 投资者投入资本   D. 发放股票股利

9. 下列各项，不通过"资本公积"科目核算的有（　　　）。

　　A. 接受现金捐赠　　B. 应付账款转销　　　C. 资本溢价　　　　　　D. 股本溢价

10. 下列项目中，可能引起资本公积变动的有（　　　）。

　　A. 与发行权益性证券直接相关的手续费、佣金等交易费用

　　B. 计入当期损益的利得

　　C. 用资本公积转增资本

　　D. 处置采用权益法核算的长期股权投资

三、判断题

（　　）1. 农业企业接受的原材料投资，其增值税额也应计入实收资本。

（　　）2. 农业企业接受捐赠增加资本公积，相应地对外捐赠应减少资本公积。

（　　）3. 资本公积经股东大会决议后可用于派发现金股利。

（　　）4. 当农业企业投资者投入的资本超过其注册资本时，应当将高出部分计入营业外收入。

（　　）5. 资本公积反映的是农业企业收到投资者出资额超出其在注册资本或股本中所占份额的部分及直接计入所有者权益的利得和损失。

（　　）6. 平时资产负债表中的未分配利润的金额是由"本年利润"及"利润分配"科目的余额计算填入；年末，由于"本年利润"已转入"利润分配"，所以资产负债表的未分配利润的金额只有"利润分配"科目的余额。

（　　）7. 农业企业发放股票股利，农业企业的股本增加，同时所有者权益总额增加。

（　　）8. 农业企业以盈余公积向投资者分配现金股利，不会引起留存收益总额的变动。

（　　）9. 某农业企业年初有未弥补亏损 30 万元，当年实现净利润 20 万元。按有关规定，该年不得提取法定盈余公积。

（　　）10. 收入能够导致农业企业所有者权益增加，但导致所有者权益增加的不一定是收入。

（　　）11. 农业企业不能用盈余公积分配现金股利。

（　　）12. 用利润弥补亏损时，农业企业应编制相应的会计分录。

四、技能训练题（单位用万元表示）

1. 2015 年 1 月 1 日，A、B 两个投资者向甲企业投资。A 投资者投入人民币 45 万元；B 投资者投入原材料一批，双方确认价值为 80 万元，税务部门认定增值税为 13.6 万元，并开具了增值税专用发票，被投资方未支付增值税款。2016 年 1 月 1 日，C 投资者向甲企业投资，其缴付的出资额为人民币 90 万元，只有 65 万元作为企业注册资本。

要求：根据上述资料，作出甲企业有关的账务处理。

2. 乙企业 2015 年 12 月 31 日的股本为 20 000 万股，每股面值为 1 元，资本公积（股本溢价）4 500 万元，盈余公积 3 000 万元。经股东大会批准，乙企业用现金以每股回购价 1.8 元回购本企业股票 3 000 万股并注销。

要求：作出乙企业回购股票和注销股票的账务处理。

3. 丙股份有限公司 2013 年"未分配利润"年初贷方余额 120 万元，按 10% 提取法定盈余公积金。2013 年至 2015 年的有关资料如下。

（1）2013 年实现净利润 300 万元；提取法定盈余公积后，宣告派发现金股利 200 万元；

（2）2014 年发生亏损 500 万元（假设无以前年度未弥补亏损）；

（3）2015年实现利润总额760万元（假定无其他纳税调整），所得税税率25％。

要求：

（1）作出2013年有关利润分配的账务处理（盈余公积及利润分配的核算写明明细科目）；

（2）作出2014年结转亏损的账务处理；

（3）计算2015年应交的所得税；

（4）计算2015年的可供分配利润。

子项目1-4　成本与损益的核算

工作任务1-4-1　成本的核算

★ 任务目标

明确农业企业成本的内容；

能够对农业企业成本进行管理与正确核算；

设置相应的会计账簿、填制相应的会计凭证、登记有关总账与明细账。

★ 知识引导

农业企业是指那些通过生物的生长和繁殖来取得产品，并获取利润的部门，它包括农业、林业、畜牧业和渔业。农业生产比较多样，它的日常核算往往与农作物生长周期、养殖周期相一致，在进行会计核算时，需设置"农业生产成本"、"农用材料"、"辅助生产成本"、"畜牧业生产成本"、"渔业生产成本"等总账和明细账。

一、农业生产成本

（一）科目设置

① 农业生产成本，是农业企业在生产过程中所发生的各项费用的总称。企业应设置"农业生产成本"科目，核算农业活动过程中发生的各项生产费用。农业活动中发生的各项生产费用，应按种植业、畜牧养殖业、水产业和林业分别确定成本核算对象和成本项目，进行费用的归集和分配。农业企业应按成本核算对象设置明细账，并按成本项目设置专栏，进行明细分类核算。

② "农业生产成本"科目期末借方余额，反映农业活动过程中发生的各项费用，包括实行混群核算的幼畜（禽）或育肥畜（禽）的实际成本和饲养费用以及实行分群核算的幼畜（禽）或育肥畜（禽）的饲养费用、郁闭成林前消耗性林木资产和公益林的实际成本以及其他消耗性生物资产的实际成本等。

③ 实行混群核算的幼畜（禽）或育肥畜（禽）的实际成本和饲养费用以及实行分群核算的幼畜（禽）或育肥畜（禽）的饲养费用、郁闭成林前消耗性林木资产和公益林的实际成本以及其他消耗性生物资产的实际成本等，在本科目核算。经济林木、农田防护林在达到预定生产经营目的前发生的实际成本，在"生物性在建工程"科目核算，不在"农业生产成本"科目核算；达到预定生产经营目的时的实际成本，在"生产性生物资产"科目核算，也不在"农业生产成本"科目核算；达到预定生产经营目的后发生的采割、管护费用，在本科目核算。

（二）农业生产成本的主要账务处理

① 郁闭成林前消耗性林木资产、公益林以及其他农业活动耗用的直接材料、直接人工

和其他直接费，直接计入农业生产成本，借记"农业生产成本"科目，贷记"原材料"、"应付工资"、"应付福利费"、"现金"、"银行存款"等科目。

② 具有生产性特点的林木资产达到预定生产经营目的后发生的管护费用，直接计入农业生产成本，借记"农业生产成本"科目，贷记"原材料"、"应付工资"、"现金"、"银行存款"等科目。

③ 机械作业等所发生的共同性费用，借记"农业生产成本"科目（机械作业费等），贷记"累计折旧"等科目。期末，分配计入有关受益对象时，借记"农业生产成本"科目（××产品），贷记"农业生产成本"科目（机械作业费等）。

④ 辅助生产单位提供的劳务，按承担劳务费用金额，借记"农业生产成本"科目，贷记"生产成本——辅助生产成本"科目。

⑤ 经济林木、农田防护林、剑麻、产畜等成熟生产性生物资产计提的折旧，借记"农业生产成本"科目，贷记"生物资产累计折旧"科目。零星橡胶树、果树、桑树、茶树等经济林木的更新和补植支出，在达到预定生产经营目的前，计入生物性在建工程；在达到预定生产经营目的后，直接计入农业生产成本。

⑥ 多次收获的多年生消耗性生物资产（如苜蓿），其往年费用按比例摊入本期产品成本部分，借记"农业生产成本"科目（××产品），贷记"农业生产成本"科目（××年种植××作物）。

⑦ 年终尚未完成脱粒作业的产品，预提脱粒等费用时，借记"农业生产成本"科目，贷记"预提费用"科目。

⑧ 畜（禽）产品实行混群核算的，畜（禽）本身的价值及其饲养费用，均通过农业生产成本科目核算。购进畜（禽）时，按实际支付或应支付的价款，借记"农业生产成本"科目，贷记"银行存款"等科目。实行分群核算的，农业生产成本科目只核算各群发生的饲养费用，畜（禽）本身的价值在幼畜及育肥畜科目核算。期末结转各群的饲养费用时，借记"幼畜及育肥畜"科目，贷记"农业生产成本"科目。

⑨ 发生的间接费用，先在制造费用科目进行汇集，期末再按一定的分配标准或方法，分配计入有关产品成本，借记"农业生产成本"科目，贷记"制造费用"科目。

⑩ 收获的农产品（包括自产留用的种子、饲料、口粮）验收入库时，按实际成本，借记"农产品"科目，贷记"农业生产成本"科目；不通过入库直接销售的鲜活产品，按实际成本，借记"主营业务成本"科目，贷记"农业生产成本"科目。

⑪ 消耗性林木资产采伐时，按其账面价值，借记"农业生产成本"科目，按已计提的消耗性林木资产跌价准备，借记"消耗性林木资产跌价准备"科目，按其账面余额，贷记"消耗性林木资产"科目。

⑫ 实行混群核算的幼畜成龄转为产畜或役畜，按账面价值，借记"生产性生物资产"科目，按已计提的其他消耗性生物资产跌价准备，借记"存货跌价准备——其他消耗性生物资产跌价准备"科目；按账面余额，贷记"农业生产成本"科目。

二、农业生产成本的分类核算

农业活动过程中发生的各项生产费用，应按种植业、畜牧养殖业、水产业和林业分别确定成本核算对象和成本项目，进行费用的归集和分配。

（一）种植业生产成本

1. 种植业生产成本核算对象

种植业生产成本核算对象包括大田作物栽培、蔬菜栽培；主要农作物有：小麦、水稻、大豆、玉米、糖料、烟叶、草、芥麻、棉花等，次要农作物有：高粱、黍、谷子、小豆等。

2. 种植业生产成本核算的原则

主要从细，次要从简。

3. 种植业生产成本计算期

① 粮豆的成本算至入库或者场上能够销售。

② 棉花算至皮棉。

③ 纤维、香料作物、人参、啤酒花等算至初级产品。

④ 草成本算至干草。

⑤ 不入库的鲜活产品算至销售。

⑥ 入库的鲜活产品算至入库（如：黄花菜）。

⑦ 年底尚未脱粒的作物其产品成本应算至预提脱粒费用为止。

4. 种植业生产成本项目

（1）直接材料　种子、化肥、农药、地膜。

（2）直接人工　应付职工薪酬。

（3）机械作业费　指耕、耙、中耕、除草、喷药、播种、施肥等机械作业支出。

（4）制造费用　指所发生的管理人员工资、固定资产折旧费、晾晒费、照明费、场内保卫人员工资。

（5）其他直接费　不归入上述费用中的支出。

5. 种植业生产成本具体计算

（1）大田作物生产成本的计算

大田作物具体指粮食作物和经济作物，如：糖料、棉花、纤维。

某作物生产总成本：是指某该种大田作物在生产过程中发生的生产费用总额。

主要涉及计算公式如下：

$$单位面积成本=该种作物的生产总成本/该种作物播种公顷面积$$

单位面积换算：1 平方公里＝100 公顷，1 公顷＝10 000 平方米，1 公顷＝10 亩

$$某种作物主产品单位产量成本=（该种作物生产总成本-副产品价值）/主产品产量$$

【例1】红星农场种植了一片小麦，其成本核算资料如下：直接材料 30 000 元，直接人工 35 000 元，机械作业费 15 000 元，制造费用 75 000 元，其他直接费 5 000 元，副产品价值 10 000 元，播种面积 150 公顷，主产品总产量 300 000 公斤，要求计算主产品单位产量成本和单位面积成本。

主产品总成本＝30 000＋35 000＋15 000＋75 000＋5 000-10 000＝150 000（元）

主产品单位产量成本＝150 000/300 000＝0.5（元/公斤）

单位面积成本＝（30 000＋35 000＋15 000＋75 000＋5 000）/150＝0.107（元/公顷）

（2）蔬菜生产成本的计算

① 露天栽培蔬菜成本计算

主要涉及计算公式如下：

$$分配率=生产总成本÷分配标准总额$$

$$每种作物总成本=生产总成本×分配率×单位价格$$

$$每种作物单位成本=每种作物总成本÷每种作物总产量$$

【例2】红星农场将番茄、茄子、黄瓜三种作物合并为一个成本计算对象，成本明细账上汇集的生产费用总额 20 000 元，番茄产量 20 000 公斤，每公斤平均售价 1 元，茄子产量 20 000 公斤，每公斤售价 0.5 元，黄瓜产量 50 000 公斤，每公斤 0.4 元。要求以蔬菜的销

售额为标准，分配成本费用，计算出每种蔬菜的总成本和单位成本。

分配率＝20 000÷(20 000×1＋20 000×0.5＋50 000×0.4)＝40％

番茄总成本＝20 000×40％×1＝8 000（元）

番茄单位成本＝8 000÷20 000＝0.4（元/公斤）

茄子总成本＝20 000×40％×0.5＝4 000（元）

茄子单位成本＝4 000÷20 000＝0.2（元/公斤）

黄瓜总成本＝50 000×40％×0.4＝8 000（元）

黄瓜单位成本＝8 000÷50 000＝0.16（元/公斤）

② 保护地栽培蔬菜成本计算

$$某种蔬菜应分配的温床（温室）费用＝\frac{温床（温室）费用总额}{实际使用的温床日数}×该种蔬菜占用的温床格日数$$
$$（或温室平方米日数）$$

【例3】红星农场利用温床培育黄瓜、番茄两种秧苗，温床费用为3 200元，其中黄瓜占用温床40格，生长期为30天；番茄占用温床10格，生长期为40天，秧苗育成后移至温室内栽培，发生温室费用15 200元，其中黄瓜占用温室1 000平方米，生长期70天；番茄占用温室1 500平方米，生长期为80天。两种蔬菜发生的直接生产费用为3 000元，其中黄瓜1 360元，番茄1 640元，应负担的制造费用为4 500元，采用直接费用比例法分配，两种蔬菜的产量分别为黄瓜38 000公斤，番茄29 000公斤。

要求：对发生的温床费用、温室费用、制造费用进行分配，同时计算出两种产品的总成本和单位成本。

黄瓜应分配的温床费用＝[3 200/(40×30＋10×40)]×40×30＝2 400(元)

番茄应分配的温床费用＝[3 200/(40×30＋10×40)]×10×40＝800(元)

黄瓜应分配的温室费用＝[15 200/(1 000×70＋1 500×80)]×1 000×70＝5 600(元)

番茄应分配的温室费用＝[15 200/(1 000×70＋1 500×80)]×1 500×80＝9 600(元)

黄瓜应分配的制造费用＝(4 500/3 000)×1 360＝2 040(元)

番茄应分配的制造费用＝(4 500/3 000)×1 640＝2 460(元)

黄瓜的生产总成本＝2 400＋5 600＋2 040＋1 360＝11 400(元)

番茄的生产总成本＝800＋9 600＋2 460＋1 640＝14 500(元)

黄瓜的单位成本＝11 400/38 000＝0.3(元/公斤)

番茄的单位成本＝14 500/29 000＝0.5(元/公斤)

③ 农业生产过程中发生的应归属于消耗性生物资产的费用，按应分配的金额，借记"消耗性生物资产"科目，贷记"生产成本"科目。

【例4】红星农场2012年3月使用一台拖拉机翻耕土地100公顷用于小麦和玉米的种植，其中60公顷种植玉米、40公顷种植小麦。该拖拉机原值为60 300元，预计净残值为300元，按照工作量法计提折旧，预计可以翻耕土地6 000公顷。应编制如下会计分录：

应当计提的拖拉机折旧＝(60 300－300)÷6 000×100＝1 000(元)

玉米应当分配的机械作业费＝1 000÷(60＋40)×60＝600(元)

小麦应当分配的机械作业费＝1 000÷(60＋40)×40＝400(元)

账务处理如下：

借：消耗性生物资产——玉米　　　　　　　　　　　　　　　600

　　　　　　　　　——小麦　　　　　　　　　　　　　　　400

　　贷：累计折旧　　　　　　　　　　　　　　　　　　　　　　1 000

（二）畜牧养殖业生产成本

1. 畜牧养殖业成本核算的原则

能分群绝不混群，实行分群核算，混群核算。具体举例如下。

养猪分：基本猪群，母猪、公猪；幼猪；育肥猪。

养牛分：基本牛群，母牛、公牛；六个月以内的幼牛；六个月以上的幼牛。

养马分：基本马群；当年生幼马；往年生幼马。

养羊分：基本羊群；当年生幼羊；往年生幼羊。

养禽分：基本禽群；幼禽及育肥禽；人工孵化禽。

2. 畜牧养殖业生产成本核算项目

（1）直接材料　动力、医药费，燃料也包括在内。

（2）直接人工　应付职工薪酬。

（3）机械作业费　指耕、耙、中耕、除草、喷药、播种、施肥等机械作业支出。

（4）制造费用　指所发生的管理人员工资、福利费、折旧费等。

（5）其他直接费　维修费等。

3. 畜牧养殖业生产成本计算公式

（1）混群核算的成本计算公式

① 某类畜（禽）本期生产总成本（元）＝期初存栏价值＋本期饲养费用＋本期购入畜（禽）价值＋本期无偿调入畜（禽）价值－期末存栏价值－本期无偿调出畜（禽）价值

② 某类畜（禽）主产品单位成本（元）＝［某类畜（禽）生产总成本－副产品价值］/该类畜（禽）主产品总产量

（2）分群核算的成本计算公式

① 畜（禽）饲养日成本［元/头（只）日］＝该群本期饲养费用/该群饲养头（只）日数

② 禽乳幼畜活重单位成本（元/公斤）＝（该群累计饲养费用－副产品价值）/禽乳幼畜活重

③ 幼畜或育肥畜增重单位成本（元/公斤）＝（该群本期饲养费用－副产品价值）/该群增重

④ 某畜群增重量（公斤）＝该群期末存栏活重＋本期离群活重（不包括死畜重量，下同）－期初结转、期内购入和转入的活重

⑤ 某群幼畜或育肥畜活重单位成本（元/公斤）＝（期初活重总成本＋本期增重总成本＋购入、转入总成本－死畜残值）/（期末存栏活重＋期内离群活重）

⑥ 主产品单位成本（元/公斤）＝（该畜群累计全部饲养费用－副产品价值）/该畜群主产品总产量

4. 畜牧养殖业生产成本具体计算（分群核算制）

（1）养猪业生产成本的计算

主要涉及消耗性生物资产、生产性生物资产、生产性生物资产累计折旧、生产性生物资产减值准备、农业生产成本等相关科目。具体计算公式如下。

禽乳幼畜活重单位成本（元/公斤）＝（该群累计饲养费用－副产品价值）/禽乳幼畜活重

某畜群增重量（公斤）＝该群期末存栏活重＋本期畜群活重（不包括死畜重量）－期初结转期内购入和转入的活重

幼畜及育肥畜增重单位成本（元/公斤）＝（该群本期饲养费用－副产品价值）/该群增重数量

$$幼畜及育肥畜活重单位成本 = \frac{期初活重总成本＋本期增重总成本＋本期购入转入总成本－死畜残值}{期初存栏活重＋本期畜群活重}$$

某群转出总成本（元）＝该群本期畜群活重×该群活重单位成本

某群期末存栏总成本（元）＝该群期末存栏活重×该群活重单位成本

【例5】红星农场基本猪群成本明细账有关资料如下：本期饲养费42 590元，其中包括饲料费用30 000元，工资10 000元，福利费2 590元；副产品价值240元，被农业生产小麦领用；期初结存未断奶仔猪50头，活重350公斤，成本1 890元；本期繁殖仔猪600头，出生活重及增重8 400公斤；本期转群2个月仔猪500头，活重7 700公斤，死亡两个月仔猪20头，活重100公斤，期末结存未断奶仔猪130头，活重950公斤。

要求：计算禽乳幼畜活重单位成本并作出相关会计分录。

（1）禽乳幼畜活重单位成本＝（42 590－240）/7 700＝5.5（元/公斤）

（2）发生饲养费用（基本猪群）

借：农业生产成本——基本猪群　　　　　　　　　　　　　　　42 590

　　贷：原材料——饲料　　　　　　　　　　　　　　　　　　　　30 000

　　　　应付职工薪酬——工资　　　　　　　　　　　　　　　　　10 000

　　　　应付职工薪酬——福利费　　　　　　　　　　　　　　　　 2 590

（注：生产性生物资产能够生产出产品，生产成本计入"农业生产成本"，不能够生产出产品的，计入"管理费用"）

（3）转群

借：消耗性生物资产——幼畜及育肥畜——2～4个月　　　　　　42 350

　　贷：农业生产成本——基本猪群　　　　42 350（7 700×5.5元/公斤）

（4）副产品用于小麦

借：消耗性生物资产——小麦　　　　　　　　　　　　　　　　　240

　　贷：农业生产成本——基本猪群　　　　　　　　　　　　　　　　240

（5）若副产品出售

借：银行存款　　　　　　　　　　　　　　　　　　　　　　　　240

　　贷：其他业务收入　　　　　　　　　　　　　　　　　　　　　　240

借：其他业务成本　　　　　　　　　　　　　　　　　　　　　　240

　　贷：农业生产成本——基本猪群　　　　　　　　　　　　　　　　240

【例6】红星农场养猪业采用分群核算制，其2～4个月幼畜及育肥畜成本核算资料如下：本期饲养费用117 630元，其中饲料费106 230元，饲养人员工资10 000元，福利费1 400元；副产品价值1 050元，被农业生产小麦领用；期初结存20头，活重1 000公斤，成本4 500元；本期转入仔猪500头，活重7 700公斤，成本42 350元；购入幼猪50头，活重700公斤，成本3 780元；本期转出5 400头，转为4个月以上群，活重35 100公斤；死亡2头，活重90公斤；期末结存28头，活重1 250公斤。

要求：进行成本计算，并作出相关会计分录。

（1）成本计算如下

幼猪的增重量＝1 250＋35 100－（1 000＋700＋7 700）＝26 950（公斤）

幼猪的增重单位成本＝（117 630－1 050）/26 950＝4.33（元/公斤）

幼猪的活重单位成本＝$\dfrac{4\,500+(117\,630-1\,050)+3\,780+42\,350}{1\,250+35\,100}$

　　　　　　　　　＝4.6（元/公斤）

幼猪期末存栏总成本＝1 250×4.6＝5 750（元）

幼猪转出总成本＝35 100×4.6＝161 460（元）

（2）账务处理如下

发生饲养费用：

借：消耗性生物资产——幼畜及育肥畜——2～4 个月　　　117 630

　　贷：原材料——饲料　　　　　　　　　　　　　　　　　106 230

　　　　应付职工薪酬——工资　　　　　　　　　　　　　　　10 000

　　　　应付职工薪酬——福利费　　　　　　　　　　　　　　1 400

副产品被小麦领用：

借：消耗性生物资产——小麦　　　　　　　　　　　　　　　1 050

　　贷：消耗性生物资产——幼畜及育肥畜——2～4 个月　　　　1 050

转出为 4 个月以上群：

借：消耗性生物资产——幼畜及育肥畜——4 个月以上　　　161 460

　　贷：消耗性生物资产——幼畜及育肥畜——2～4 个月　　　161 460

购入幼猪：

借：消耗性生物资产——幼畜及育肥畜——2～4 个月　　　　3 780

　　贷：银行存款　　　　　　　　　　　　　　　　　　　　3 780

（3）养牛业生产成本的计算

养牛属于生产性生物资产，按成熟和未成熟进行分类。基本牛群产品主要是牛奶和牛犊。主要涉及成本计算公式如下。

$$牛奶单位成本 = \frac{基本牛群饲养费用 - 副产品价值}{牛奶总产量 + 出生牛犊头数 \times 100}$$

（注：出生牛犊头数×100 是将牛犊折合为牛奶）

每头牛犊成本（元/头）=100×每公斤牛奶成本

牛奶总成本=牛奶总产量×每公斤牛奶成本

牛犊总成本（元）=出生牛犊头数×每头牛犊成本

主要账务处理如下。

发生饲养费用：

借：农业生产成本——基本牛群

　　贷：原材料——饲料

　　　　应付职工薪酬

出售时：

借：银行存款

　　贷：主营业务收入

借：主营业务成本

　　贷：农业生产成本——基本牛群

入库时：

借：农产品

　　贷：农业生产成本——基本牛群

（4）养鸡业生产成本的计算

养鸡业基本禽群计入"消耗性生物资产"科目。

主要账务处理如下。

出售时：

借：银行存款
　　贷：主营业务收入
借：主营业务成本
　　贷：消耗性生物资产——基本鸡群
入库时：
借：农产品
　　贷：消耗性生物资产——基本鸡群

（三）林业生产成本的核算

1. 成本核算对象

林木生产包括种子、苗木、木材生产等，其主要产品有种子、苗木、原木、原竹、水果、干果、干胶（或浓缩胶乳）、茶叶、竹笋等。林木按生产阶段一般可分为种苗、造林抚育、采割三个阶段，不同阶段的林木也应分别核算其成本。

（1）种苗成本核算对象　种子应按树种分别归集费用，核算种子成本；育苗阶段应按树种、育苗方式、播种年份分别归集费用，核算育苗成本。

（2）造林抚育成本核算对象　消耗性林木资产和公益林根据企业管理的需要，可按照小班、树种等归集费用，核算造林抚育成本。

（3）木材生产成本核算对象　按木材采伐运输方式、品种、批别及其生产过程等，根据企业管理的需要归集费用，核算木材生产成本。

（4）其他林产品成本核算对象　按照收获的品种、批别、生产过程等，根据企业管理的需要归集费用，核算收获品的成本。

2. 成本计算期

各阶段林木及林产品的生产成本计算：育苗阶段算至出圃时；造林抚育阶段，消耗性林木资产和公益林算至郁闭成林前；采割阶段，林木采伐算至原木产品，橡胶算至干胶或浓缩胶乳，茶算至各种毛茶，其他收获活动算至其他林产品入库。

3. 成本项目

林业企业成本项目可按照种植业企业的生产成本项目设置，也可根据需要自行设置。

4. 成本计算公式

某树种苗木单位面积培育成本＝该树种生产费用/该树种苗木面积（公顷）

某树种出圃苗木单株成本＝该树种出圃苗木总成本/该树种苗木产量（株）

经济林木的培育成本＝成熟前经济林木造林抚育成本＋成熟前经济林木管护费用

消耗性林木资产的培育成本＝郁闭成林前消耗性林木资产造林抚育成本＋郁闭成林前消耗性林木资产管护费用

消耗性林木资产的木材生产成本＝采伐的消耗性林木资产账面价值＋木材采运成本

（四）水产业生产成本的核算

1. 成本核算对象

水产业一般以水产品品种为成本核算对象。水产养殖的主要产品有鱼、虾、贝类、藻类、鱼种、鱼苗等。

2. 成本项目

（1）直接材料　指直接用于养殖生产的苗种、饲料、肥料和材料等。其中：苗种指直接用于养殖生产的鱼苗、鱼种、虾苗、蟹苗、贝苗、藻苗、水生植物的种子等，孵化用的亲鱼、亲虾也属于本项目；饲料指直接用于养殖生产的各种饲料；材料指直接用于养殖生产的各种渔需物资和渔具等低值易耗品摊销等。

（2）直接人工　指直接从事水产养殖人员的工资、工资性津贴、奖金、福利费。

（3）其他直接费　指除直接材料、直接人工以外的其他直接费用。

（4）制造费用　指应摊销、分配计入各产品的间接生产费用。

3. 成本计算公式

每万尾鱼苗成本＝育苗期的全部生产费用/育成鱼苗万尾数

每万尾（公斤）鱼种成本＝育种期的全部生产费用/育成鱼种万尾（公斤）数

多年放养成鱼单位（公斤）成本＝（捕捞前各年发生的生产费用＋本年生产费用)/
成鱼总产量

逐年放养成鱼单位（公斤）成本＝本年成鱼放养的全部费用/本年成鱼产量

海水养殖成鱼单位成本＝（捕捞前各年结转的生产费用＋当年发生的生产费用＋
捕捞费用)/海水养殖成鱼总产量

三、补充说明

农业企业对家庭农场实行承包经营的，不再实行种植业、畜牧养殖业、林业、水产业的成本核算。

★ **任务实施**

根据农业企业生产业务案例，结合任务目标与知识引导，完成种植业生产成本的计算与账务处理、畜牧养殖业生产成本的计算与账务处理、林业生产成本的计算与账务处理、水产业生产成本的计算与账务处理，能够填制会计凭证、登记相关的会计账簿。

★ **任务实施评价**

1. 种植业生产成本的计算方法与结果正确，账务处理正确；

2. 畜牧养殖业的生产成本计算方法与结果正确，账务处理正确；

3. 林业生产成本计算方法与结果正确，账务处理正确；

4. 水产业生成本计算方法与结果正确，账务处理正确；

5. 会计凭证中会计科目、借贷方向、金额正确，项目填写齐全；

6. 会计账簿中的日期、凭证号数、摘要、方向、金额登记正确。

★ **总结与反思**

工作任务完成后，结合完成工作任务的体会，总结学到的知识与技能，学习的经验与不足，寻求改进方法，与大家共享。

★ **任务考核与训练**

一、单项选择题

1. 农业企业应增设（　　　）科目，核算实行分群核算的幼畜（禽）或育肥畜（禽）的实际成本。

　　A. 消耗性生物资产　　　B. 应收家庭农场款　　C. 幼畜及育肥畜　　D. 农产品

2. 农业企业发生的间接费用，先在（　　　）科目进行汇集，期末再按一定的分配标准或方法，分配计入有关产品成本。

　　A. 制造费用　　　　　B. 生产费用　　　　　C. 农业资料　　　　D. 期间费用

3. 农业企业对家庭农场实行（　　　）的，不再实行种植业、畜牧养殖业、林业、水产业的成本核算。

　　A. 联营　　　　　　　B. 合营　　　　　　　C. 承包经营　　　　D. 委托经营

4. 收获的农产品验收入库时，按其实际成本，借记农产品科目，贷记（　　　）科目。

A. 农业生产成本　　　B. 主营业务成本　　C. 制造费用　　　D. 农用材料

5. 将农产品出售，结转成本时，按选定的发出农产品计价方法计算确定的实际成本，借记（　　　　）科目，贷记农产品科目。

A. 农业生产成本　　　B. 主营业务成本　　C. 制造费用　　　D. 农用材料

二、多项选择题

1. 农业生产费用按经济用途分类，应包括（　　　　）。

A. 直接材料、直接人工　B. 机械作业费　　C. 其他直接费　　D. 制造费用

2. 农业生产在进行会计核算时，需设置（　　）等总账和明细账。

A. 农业生产成本　　　B. 农用材料　　　　C. 辅助生产成本　　D. 制造费用

3. 畜（禽）产品实行混群核算的，畜（禽）本身的价值及其饲养费用，均通过（　　　　）科目核算。实行分群核算的，畜（禽）本身的价值在（　　　　）科目核算。期末结转各群的饲养费用时，借记（　　　　）科目，贷记（　　　　）科目。

A. 农业生产成本　　　B. 制造费用　　　　C. 农产品　　　　D. 幼畜及育肥畜

4. 收获的农产品（包括自产留用的种子、饲料、口粮）验收入库时，按实际成本，借记（　　　　）科目，贷记（　　　　）科目；不通过入库直接销售的鲜活产品，按实际成本，借记（　　　　）科目，贷记（　　　　）科目。

A. 主营业务成本　　　B. 农用材料　　　　C. 农业生产成本　　D. 农产品

三、判断题

（　　）1. 农业活动过程中发生的各项生产费用，应按种植业、畜牧养殖业、水产业和林业分别确定成本核算对象和成本项目，进行费用的归集和分配。

（　　）2. 畜牧养殖业成本核算的原则：能分群绝不混群。

（　　）3. 外购的幼畜（禽）或育肥畜（禽），按购买价格、运输费、保险费以及其他可直接归属于购买幼畜（禽）或育肥畜（禽）的相关税费，借记农业生产成本，贷记"银行存款"、"应付账款"等科目。

（　　）4. 自繁幼畜（禽），按实际成本，借记幼畜及育肥畜，贷记"农业生产成本"科目。

（　　）5. 结转幼畜（禽）或育肥畜（禽）的饲养费用，按结转金额，借记制造费用，贷记"农业生产成本"科目。

四、技能训练题

1. 甲农业企业 7 月份发生如下的经济业务。

(1) 入库小麦 20 吨，成本为 12 000 元。

(2) 发生奶牛（已进入产奶期）的饲养费用如下：领用饲料 5 000 公斤，计 1 200 元，应付饲养人员工资 3 000 元，以现金支付防疫费 500 元。

要求：作出上述业务的会计处理。

2. 甲农场利用温床培育丝瓜、西红柿两种秧苗，温床费用为 3 200 元，其中丝瓜占用温床 40 格，生长期为 30 天；西红柿占用温床 10 格，生长期为 40 天。秧苗育成移至温室栽培后，发生温室费用 15 200 元，其中丝瓜占用温室 1 000 平方米，生长期为 70 天；西红柿占用温室 1 500 平方米，生长期为 80 天。两种蔬菜发生的直接生产费用为 3 000 元，其中丝瓜 1 360 元，西红柿 1 640 元。应负担的间接费用共计 4 500 元，采用直接费用比例法分配。丝瓜和西红柿两种蔬菜的产量分别为 38 000 公斤和 29 000 公斤。

要求：试计算丝瓜、西红柿各自应分配的温床费用、温室费用和间接费用。

3. 甲农业企业是以奶牛养殖为主并发展种植业的综合生产基地。2015年种植40公顷小麦，60公顷玉米，本年发生种子费24 600元，其中小麦种子15 600元，玉米种子9 000元。共发生人员工费240 000元，化肥及农药费90 000元，浇水灌溉应付账款20 000元，小麦、玉米收获后全部加工成饲料。

要求：试计算甲企业小麦、玉米各自总成本是多少，并作相应会计分录。

4. 甲农业企业2015年1月饲料加工车间（榨油车间）领用黄豆82 200公斤，单价0.71元，发生的修理费（机物料）175.22元，折旧费433.91元，工资费1 470.50元，豆饼、豆油完工入库，成本分别为38 680元、20 291元。黄豆加工中可以产出约14％的豆油、86％的豆饼等联产品，在联产品分离前发生的材料费、人工费等共同费用先在"生产成本——饲料"中归集，期末按照系数分配法（如按产出比例确定豆油系数为0.14，豆饼系数为0.86）、实物量分配法、销售收入比例分配法等分配方法分配联产品成本。

要求：试计算豆油、豆饼的成本，并作出相关会计分录。

5. 为降低购买成本，2015年10月11日，海安农业公司从市场上一次性购买了混群核算的6头种牛、4头肉猪和11株橡胶树苗。海安农业公司为此共支付40 000元，发生运输费为800元、保险费为500元、装卸费为600元，款项全部以银行存款支付。假设6头牛、4头肉猪、11株橡胶树苗分别满足生物资产的定义及其确认标准，公允价值分别为：20 000元、14 000元和6 000元；假设不考虑其他相关税费。试计算确定6头种牛、4头肉猪和11株橡胶树苗的取得成本，并作出相应的会计处理。

工作任务 1-4-2 损益的核算

★ 任务目标

明确农业企业损益的内容；

能够对农业企业损益进行管理与正确核算；

能够设置相应的会计账簿、填制会计凭证、登记有关总账与明细账。

★ 知识引导

一、农业企业营业收入

（一）农业企业营业收入的概念

农业企业营业收入，是指农业企业对外销售、转让农产品和原材料、提供劳务以及其他经营活动所取得的收入。

农业企业营业收入按经营业务的主次，分为主营业务收入和其他业务收入。

主营业务收入，是指农业企业为完成其经营目标所从事的经常性活动实现的收入。如：销售农产品取得的收入。农产品是指农业企业可以作为商品对外销售的产品，包括种植业产品、畜牧养殖业产品、水产品和林产品。农业企业实现的主营业务收入通过"主营业务收入"科目核算，并通过"主营业务成本"科目核算为取得主营业务收入发生的相关成本。

其他业务收入，是指农业企业为完成其经营目标所从事的与经常性活动相关的活动实现的收入。如：种子、化肥等原材料销售后获得的收入，包装物和农用工具等销售后获得的收入，种地收获后余下的麦秸销售后获得的收入等。农业企业实现的其他业务收入通过"其他业务收入"科目核算，并通过"其他业务成本"科目核算为取得其他业务收入发生的相关成本。

值得注意的是，主营业务收入和其他业务收入内容的划分是相对而言的，并非固定不变。一般说来，业务量大，收入占企业全部业务收入比例较高的就是主营业务收入；反之，就作为其他业务收入。

（二）农业企业营业收入的确认

1. 销售农产品营业收入的确认

根据《企业会计准则——收入》的规定，农业企业销售农产品，必须同时满足以下四个条件才能确认收入。

（1）企业已将商品所有权上的主要风险和报酬转移给购货方；

（2）企业既没有保留通常与所有权相联系的继续管理权，也没有对已售出的商品实施控制；

（3）相关的收入和成本能够可靠地计量；

（4）相关的经济利益能够流入企业。

2. 提供劳务收入的确认

劳务可以分为跨年度劳务和不跨年度劳务。在同一会计年度内开始并完成的劳务，应在劳务完成时确认收入。对于开始和完成分属于不同会计年度的劳务，应在资产负债表日，视提供劳务的结果是否能够可靠估计而采用不同的处理方法。

提供劳务的结果能够可靠计量的依据条件：①收入的金额能够可靠计量；②相关的经济利益很可能流入企业；③交易的完工进度能够可靠地确定；④交易中已发生和将发生的成本能够可靠地计量。满足上述条件，则表明提供劳务的结果能够可靠计量。

（1）提供劳务的结果能够可靠计量时，劳务收入的确认和计量

提供劳务的结果能够可靠计量时，应当采用完工百分比法确认劳务收入。完工百分比法，是指按照提供劳务的完工进度确认收入与费用的方法。

收入和相关成本计算公式：

本期确认的收入＝劳务总收入×到本期末劳务的完成程度－以前期间已确认的收入

本期确认的费用＝劳务总成本×到本期末劳务的完成程度－以前期间已确认的费用

（2）提供劳务的结果不能够可靠计量时，劳务收入的确认

提供劳务的结果不能够可靠计量时，应当分下列情况处理。

① 已经发生的劳务成本预计能够得到补偿的，按照已经发生的劳务成本金额确认提供劳务收入，并按相同金额结转劳务成本；

② 已经发生的劳务成本预计部分能够得到补偿的，应按能够得到的补偿劳务成本金额确认提供劳务收入，并结转已发生的劳务成本；

③ 已经发生的劳务成本预计全部不能够得到补偿的，应将已经发生的劳务成本计入当期损益，不确认劳务收入。

3. 让渡资产使用权形成的收入确认

让渡资产使用权形成的收入主要包括利息收入以及因他人使用本企业的无形资产等而收取的使用费收入。

让渡资产使用权形成的收入只要符合以下两个条件就可以确认：一是相关的经济利益很可能流入企业；二是收入的金额能够可靠地计量。

（三）农业企业营业收入的核算

1. 主营业务收入的核算

农业企业发生的符合收入确认条件的主营业务活动，应按实际收到或应收的价款，借记"银行存款"、"应收账款"等账户，按应收取的增值税，贷记"应交税费——应交增值税

（销项税额）"科目，按实现的营业收入，贷记"主营业务收入"账户。同时，应结转销售成本，借记"主营业务成本"科目，贷记"库存商品"或"农产品"科目。

 借：应收账款等
  贷：主营业务收入
   应交税费——应交增值税（销项税额）

在不能确认收入时，应按实际成本借记"发出商品"科目，贷记"库存商品"科目。

【例1】红星农场销售粮食取得收入60 000元，销售肉猪20 000元，同时结转粮食成本30 000元，肉猪成本12 500元，款项均已存入银行。（不考虑税费）

借：银行存款	80 000
贷：主营业务收入——粮食	60 000
——肉猪	20 000
借：主营业务成本——粮食	30 000
——肉猪	12 500
贷：农产品——粮食	30 000
——肉猪	12 500

【例2】红星农场2015年5月末养殖的肉猪账面余额为24 000元，共计40头；6月6日花费7 000元新购入一批肉猪养殖，共计10头；6月30日屠宰并出售肉猪20头，支付临时工屠宰费用100元，出售取得价款16 000元；6月份共发生饲养费用500元（其中，应付专职饲养员工资300元，饲料200元）。甲企业采用移动加权平均法结转成本。

甲企业的账务处理如下。

平均单位成本＝（24 000＋7 000＋500）÷（40＋10）＝630（元）

出售猪肉的成本＝630×20＝12 600（元）

借：消耗性生物资产——肉猪	7 000
贷：银行存款	7 000
借：消耗性生物资产——肉猪	500
贷：应付职工薪酬	300
原材料	200
借：农产品——猪肉	12 700
贷：消耗性生物资产	12 600
库存现金	100
借：库存现金	16 000
贷：主营业务收入	16 000
借：主营业务成本	12 700
贷：农产品——猪肉	12 700

2. 发生营业折扣时收入的核算

农业企业为了及早收回营业款及对客户建立商业信用等原因，常常实行营业折扣政策。营业折扣分为商业折扣和现金折扣。

商业折扣是指农业企业根据市场供需情况，或针对不同的客户，在营业价格上给予的扣除。商业折扣通常以百分比表示，如10％、20％。

现金折扣是指债权人为鼓励债务人在规定的期限内付款，而向债务人提供的债务扣除。企业为了鼓励客户提前偿付货款，通常与债务人达成协议，债务人在不同期限内付款可享受不同比例的折扣。现金折扣一般用符号"折扣率/付款期限"表示，如"2/10，1/20，

n/30"分别表示若在 10 天内付款可以得到 2%的折扣，在 20 天内付款可以得到 1%的折扣，在 30 天内（超过 20 天）付款，则无折扣。

现金折扣只有客户在折扣期内支付货款时才予以确认。实际发生的现金折扣，作为一种理财费用，记入"财务费用"账户。

【例3】红星农场向东方粮油公司销售大米取得收入 100 000 元，规定的折扣条件 2/10，1/20，*n*/30。

① 确认收入时

借：应收账款——东方粮油公司　　　　　　　　　　　　　100 000
　　贷：主营业务收入——大米　　　　　　　　　　　　　　　100 000

② 若东方粮油公司在 10 天内付款

借：银行存款　　　　　　　　　　　　　　　　　　　　　98 000
　　财务费用　　　　　　　　　　　　　　　　　　　　　2 000
　　　贷：应收账款——东方粮油公司　　　　　　　　　　　　100 000

③ 若东方粮油公司在 20 天内付款

借：银行存款　　　　　　　　　　　　　　　　　　　　　99 000
　　财务费用　　　　　　　　　　　　　　　　　　　　　1 000
　　　贷：应收账款——东方粮油公司　　　　　　　　　　　　100 000

④ 若东方粮油公司超过 20 天付款

借：银行存款　　　　　　　　　　　　　　　　　　　　　100 000
　　　贷：应收账款——东方粮油公司　　　　　　　　　　　　100 000

3. 其他业务收入的核算

其他业务收入账户核算农业企业经营除主营业务以外的其他业务所取得的收入。具体核算包括原材料的销售收入、让渡资产取得的收入等。

【例4】红星农场对外销售种子一批价款 3 000 元，款项已收到存入银行，该批种子实际成本 2 200 元。编制会计分录如下。

借：银行存款　　　　　　　　　　　　　　　　　　　　　3 000
　　贷：其他业务收入　　　　　　　　　　　　　　　　　　3 000
借：其他业务成本　　　　　　　　　　　　　　　　　　　2 200
　　贷：原材料——种子　　　　　　　　　　　　　　　　　2 200

【例5】红星农场对外出租收割机一台，取得租金 5 000 元，款项已收到存入银行，编制会计分录如下。

借：银行存款　　　　　　　　　　　　　　　　　　　　　5 000
　　贷：其他业务收入　　　　　　　　　　　　　　　　　　5 000

二、农业企业费用的核算

（一）农业企业费用的概念

1. 费用

费用是农业企业在日常活动中发生的、会导致所有者权益减少的、与向所有者分配利润无关的经济利益的总流出。

2. 费用的特点

（1）费用是企业在日常活动中发生的经济利益的总流出；

（2）费用会导致所有者权益的减少；

（3）费用会导致与向所有者分配利润无关的经济利益的流出。

3. 费用的主要内容

农业企业费用主要包括营业成本和期间费用两部分。

（1）营业成本　是指能归属于某项经营业务所耗费的费用，是农业企业为从事农林牧渔等主营业务和其他业务所发生的各种耗费。包括主营业务成本和其他业务成本。

① 主营业务成本，是指农业企业确认销售农产品、提供劳务等主营业务收入时应结转的成本。一般在确认销售农产品、提供劳务等主营业务收入时，或在月末将已销售农产品、已提供劳务的成本结转入主营业务成本。农业企业通过"主营业务成本"科目，核算主营业务成本的确认和结转情况。

② 其他业务成本，是指农业企业除基本主营业务以外的其他日常业务所发生的各项成本，包括相关的成本、费用、营业税金及附加等。农业企业应通过"其他业务成本"科目，核算其他业务成本的确认和结转情况。

（2）期间费用　是指不能归属于某项经营业务所耗费的费用，必须从当期收入得到补偿。期间费用包括销售费用、管理费用和财务费用。

① 销售费用，是指农业企业在销售农产品和提供劳务等过程中发生的各项费用以及专设销售机构的各项经营费用。具体包括的项目内容有：包装费、运输费、装卸费、保险费、展览费、广告费，以及农业企业为销售本企业产品而专设的销售机构的费用，包括职工工资、福利费、差旅费、办公费、折旧费、修理费、物料消耗和其他经费。农业企业应通过"销售费用"科目，核算销售费用的发生和结转情况。

② 管理费用，是指农业企业行政管理部门为组织和管理企业的生产、经营活动而发生的各项费用。包括：管理人员的工资、业务招待费、技术开发费、董事会会费、工会经费、职工教育经费、管理人员福利费、劳动保险费、涉外费、租赁费、咨询费、诉讼费、商标注册费、技术转让费、低值易耗品摊销、折旧费、无形资产摊销、开办费摊销、修理费、土地使用费、房产税、土地使用税、印花税、车船税、矿产资源使用费、排污费以及企业生产车间和行政管理部门发生的固定资产使用费。农业企业应通过"管理费用"科目，核算管理费用的发生和结转情况。

③ 财务费用，是指农业企业为筹集生产经营资金而发生的各项费用。主要包括：利息支出、汇兑损益、支付给金融机构的手续费等。农业企业应通过"财务费用"科目，核算财务费用的发生和结转情况。

（二）农业企业费用的核算

在农业企业，费用的核算主要包括营运成本的核算、期间费用的核算和税费的核算。

1. 营运成本的核算

营运成本的核算包括主营业务成本的核算和其他业务成本的核算。

（1）主营业务成本的核算

主营业务成本的核算通过"主营业务成本"账户进行。本账户应按成本项目进行明细核算。按规定的成本核算对象和成本项目进行汇集成本时，

借：主营业务成本

　　贷：相关账户

期末时，将"主营业务成本"账户余额结转入"本年利润"账户，结转后该账户无余额。

借：本年利润

　　贷：主营业务成本

【例6】红星农场将养殖的羊屠宰并出售，取得价款 16 000 元，结转成本 12 700 元。

借：库存现金   16 000

   贷：主营业务收入   16 000

借：主营业务成本   12 700

   贷：农产品——羊肉   12 700

（2）其他业务成本的核算

其他业务成本的核算通过"其他业务成本"账户进行。该账户应按其他业务种类设置二级明细账户发生或结转的其他业务成本。

借：其他业务成本

   贷：原材料等有关账户

期末，将"其他业务成本"账户余额结转入"本年利润"账户，结转后该账户无余额。

借：本年利润

   贷：其他业务成本

【例7】红星农场转让某专利权的使用权。协议约定转让期为5年，每年年末收取使用费 100 000 元。当年该专利权计提的摊销额为 60 000 元，每月计提金额为 5 000 元。

（1）年末确认使用费收入

借：应收账款（或银行存款）   100 000

   贷：其他业务收入   100 000

（2）每月计提专利权摊销额

借：其他业务成本   5 000

   贷：累计摊销   5 000

2. 期间费用的核算

（1）销售费用

销售费用的核算通过"销售费用"账户进行，并应按费用项目设置明细账，进行明细核算。农业企业发生各项销售费用时：

借：销售费用

   贷：现金、银行存款、累计折旧、应付职工薪酬等账户

期末，应将本账户的借方余额转入"本年利润"账户，结转后本账户应无余额。

【例8】红星农场以银行存款支付本月发生的广告费 12 000 元。

借：销售费用——广告费   12 000

   贷：银行存款   12 000

（2）管理费用

管理费用的核算通过"管理费用"账户进行，并应按费用项目设置明细账，进行明细核算。该账户借方登记发生的各项管理费用，农业企业发生各项管理费用时：

借：管理费用

   贷：现金、银行存款、累计折旧、应付职工薪酬等账户

期末，应将本账户的借方余额转入"本年利润"账户，结转后本账户应无余额。

【例9】红星农场为拓展市场发生业务招待费 4 000 元，以银行存款支付。

借：管理费用——业务招待费   4 000

   贷：银行存款   4 000

【例10】红星农场结转公司管理人员工资 20 000 元。

借：管理费用——工资　　　　　　　　　　　　　　　　　　　　　　　　20 000
　　　贷：应付职工薪酬——工资　　　　　　　　　　　　　　　　　　　　　20 000

（3）财务费用

财务费用的核算通过"财务费用"账户进行，并应按费用项目设置明细账，进行明细核算。该账户借方登记发生的各项财务费用，期末，应将本账户的借方余额转入"本年利润"账户，结转后本账户应无余额。

【例11】红星农场提取本期应负担的借款利息 1 200 元。

借：财务费用——利息支出　　　　　　　　　　　　　　　　　　　　　　1 200
　　　贷：应付利息　　　　　　　　　　　　　　　　　　　　　　　　　　　1 200

【例12】红星农场用银行存款支付短期借款利息 4 800 元。

借：财务费用——利息支出　　　　　　　　　　　　　　　　　　　　　　4 800
　　　贷：银行存款　　　　　　　　　　　　　　　　　　　　　　　　　　　4 800

3. 税费

农业企业在进行经营活动时应负担相关的税费，这些税费包括 3 个方面的内容：与收入有关的税费、在管理费用中列支的税费、所得税费用。

（1）与收入有关的税费

与收入有关的税费主要指农业企业经营活动应负担的相关税费，包括营业税、消费税、城市维护建设税、资源税以及教育费附加等。这些税费的发生和结转情况都通过"营业税金及附加"账户核算。

按规定计算确定的营业税、消费税、城市维护建设税、资源税以及教育费附加等，

借：营业税金及附加
　　　贷：应交税费

期末将"营业税金及附加"账户的余额转入"本年利润"账户，结转后该账户无余额。

借：本年利润
　　　贷：营业税金及附加

【例13】红星农场按核定的纳税期限计算所交税费。本期营业收入 500 000 元。适用税率为：营业税 5%，城建税 7%，教育费附加 3%。

营业税以营业额作为计税依据，本例中应交营业税为：$500\ 000 \times 5\% = 25\ 000$（元）

城建税以增值税、消费税、营业税为依据计算缴纳，本例中应交城建税为 $25\ 000 \times 7\% = 1\ 750$（元）

教育费附加也是以增值税、消费税、营业税为依据计算缴纳，本例中应交教育费附加为：$25\ 000 \times 3\% = 750$（元）

编制会计分录如下。

借：营业税金及附加　　　　　　　　　　　　　　　　　　　　　　　　27 500
　　　贷：应交税费——应交营业税　　　　　　　　　　　　　　　　　　　25 000
　　　　　　　　　——应交城建税　　　　　　　　　　　　　　　　　　　1 750
　　　　　　　　　——教育费附加　　　　　　　　　　　　　　　　　　　750

实际上交时的会计分录如下。

借：应交税费——应交营业税　　　　　　　　　　　　　　　　　　　　25 000
　　　　　　　　——应交城建税　　　　　　　　　　　　　　　　　　　1 750
　　　　　　　　——教育费附加　　　　　　　　　　　　　　　　　　　750
　　　贷：银行存款　　　　　　　　　　　　　　　　　　　　　　　　　27 500

（2）在管理费用中列支的税费

在各种税费中，房产税、车船使用税、土地使用税、印花税在管理费用中列支。

农业企业应交纳房产税、车船使用税、土地使用税时：

借：管理费用

　　贷：应交税费

农业企业应交纳的印花税在发生时：

借：管理费用

　　贷：库存现金或银行存款

【例14】红星农场2015年应交房产税28 000元。

借：管理费用　　　　　　　　　　　　　　　　　　　　　　28 000

　　贷：应交税费——应交房产税　　　　　　　　　　　　　　　　28 000

实际交纳时：

借：应交税费——应交房产税　　　　　　　　　　　　　　　28 000

　　贷：银行存款　　　　　　　　　　　　　　　　　　　　　　28 000

（3）所得税费用

所得税是根据企业应纳税所得额的一定比例上交的一种税金。企业当期应交所得税的计算公式为：

$$应交所得税＝应纳税所得额×所得税税率$$

这里的"应纳税所得额"是在企业税前会计利润的基础上调整确定的。计算公式为：

$$应纳税所得额＝税前会计利润＋纳税调整增加额－纳税调整减少额$$

纳税调整增加额主要包括税法规定允许扣除项目中，企业已记入当期费用但超过税法规定扣除标准的金额（如：超过税法规定标准的工资支出、业务招待费等），以及企业已记入当期损失但税法规定不允许扣除项目的金额（如：罚款等）。

纳税调整减少额主要包括按税法规定允许弥补的亏损和准予免税的项目，（如：国债利息收入等）。

农业企业按照税法规定计算确定的当期应交所得税，

借：所得税费用

　　贷：应交税费——应交所得税

期末，应将所得税费用的余额转入"本年利润"账户，结转后本账户无余额。

借：本年利润

　　贷：所得税费用

【例15】红星农场2013年利润表上反映的税前会计利润为150 000元，所得税税率为25％。该农业企业核定的全年计税工资总额为1 000 000元，2015年实际发放工资为1 020 000元，另外，该农业企业年内被罚款20 000元，国债利息收入15 000元。假设该农业企业无其他纳税调整项目，则该农业企业有关业务处理如下。

应纳税所得额＝150 000＋（1 020 000－1 000 000）＋20 000－15 000＝175 000（元）

应交所得税＝175 000×25％＝43 750（元）

① 计算当期应交所得税时

借：所得税费用　　　　　　　　　　　　　　　　　　　　　43 750

　　贷：应交税费——应交所得税　　　　　　　　　　　　　　　43 750

② 期末，结转所得税时

借：本年利润   43 750

  贷：所得税费用   43 750

③ 实际上交所得税时

借：应交税费——应交所得税   43 750

  贷：银行存款   43 750

三、农业企业利润的核算

农业企业的利润就其构成来看，既有通过生产经营活动而获得的，也有通过投资活动而获得的，还包括那些与生产经营活动无直接关系的事项所引起的盈亏。农业企业的利润一般包括营业利润、利润总额和净利润。对利润进行核算，可以及时反映企业在一定会计期间的经营业绩和获利能力，反映企业的投入产出效果和经济效益，有助于企业投资者和债权人据此进行盈利预测，做出正确的决策。

（一）营业利润

（1）营业利润，是指农业企业从事生产经营活动而取得的利润，是农业企业利润的主要来源。

（2）营业利润＝营业收入－营业成本－营业税金及附加－销售费用－管理费用－财务费用－资产减值损失＋公允价值变动收益（－公允价值变动损失）＋投资收益（－投资损失）

① 营业收入是指农业企业经营业务所确定的收入总额，包括主营业务收入和其他业务收入。

② 营业成本是指农业企业经营业务所发生的实际成本总额，包括主营业务成本和其他业务成本。

③ 营业税金及附加是指农业企业在经营主要业务并实现收入时应负担的税金及附加。

④ 资产减值损失是指农业企业计提各项资产减值准备所形成的损失。

⑤ 期间费用是指农业企业在一定时期内管理和组织经营活动所发生的开支，以及企业为筹资而发生的费用，包括管理费用、销售费用和财务费用。

⑥ 公允价值变动收益（或损失）是指农业企业交易性金融资产等公允价值变动形成的应记入当期损益的利得（或损失）。

⑦ 投资收益（或损失）是指农业企业以各种方式对外投资所取得的收益（或发生的损失）。

（二）利润总额

（1）利润总额，是农业企业实现的收入扣除当初的投入成本以及其他一系列费用，再加减直接记入损益的利得和损失后的结果。

（2）利润总额＝营业利润＋营业外收入－营业外支出

① 营业外收入，是指农业企业发生的与其日常活动无直接关系的各项利得，主要包括：非流动资产处置利得、盘盈利得、捐赠利得、确实无法支付而按规定程序经批准后转作营业外收入的应付款项等。

② 营业外支出，是指农业企业发生的与其日常活动无直接关系的各项损失，主要包括非流动资产处置损失、盘亏损失、公益性捐赠支出、非常损失等。

（三）净利润

（1）净利润，是指农业企业当期利润总额减去所得税后的金额，即农业企业的税后利润。

（2）净利润＝利润总额－所得税费用

（四）利润的核算

1. 农业企业在进行利润核算时应设置的主要账户

（1）资产减值损失　该账户主要核算农业企业计提各项资产减值准备所形成的损失，属损益类账户，其借方登记农业企业的应收款项、存货、长期股权投资、持有至到期投资、固定资产、无形资产、货款发生减值的数额，当相关资产的价值又得以恢复时，按恢复增加的金额贷记"资产减值损失"。期末，将该账户的余额转入"本年利润"账户，结转后本账户无余额。

（2）营业外收入　该账户主要核算农业企业发生的与生产经营无直接关系的各项收入，属损益类账户，其贷方登记本期所取得的各种营业外收入，借方登记本期转入"本年利润"账户的数额，结转后本账户应无余额。该账户应按营业外收入的具体项目设置明细账户，进行明细核算。

（3）营业外支出　该账户核算农业企业发生的与生产经营无直接关系的各项支出，属损益类账户，其借方登记本期所发生的各种营业外支出，贷方登记本期转入"本年利润"账户的数额，结转后本账户应无余额。该账户应按营业外支出的具体项目设置明细账户，进行明细核算。

（4）所得税费用　该账户核算农业企业按规定从当期损益中扣除的所得税费用，属损益类账户，其借方登记农业企业发生的按规定应从当期损益中扣除的所得税费用，贷方登记本期转入"本年利润"账户的数额，结转后本账户应无余额。

（5）本年利润　该账户核算农业企业本年度实现的净利润，属所有者权益类账户，其贷方登记期末转入的各种收入，借方登记期末转入的各种成本、费用、营业税金及附加以及发生的各种损失。结转后"本年利润"账户的贷方余额为净利润，借方余额为亏损。年末应将本账户余额转入"利润分配——未分配利润"。结转后该账户应无余额。

2. 营业外收支的会计处理

营业外收支是指农业企业发生的与日常活动无直接关系的各项收支。作为农业企业的营业外收支，必须同时具备两个条件：一是意外发生，企业无法加以控制；二是偶然发生，不重复出现。可见，营业外收支与企业经营利润完全不同，但由于对企业利润有影响，所以作为企业利润总额的组成部分。

（1）营业外收入的核算

当农业企业取得营业外收入时，借记"固定资产清理"、"银行存款"、"库存现金"、"应付账款"等科目，贷记"营业外收入"科目。期末，应将"营业外收入"科目余额转入"本年利润"科目，借记"营业外收入"科目，贷记"本年利润"科目。

【例16】红星农场 2015 年 9 月出售一台拖拉机，该拖拉机原价 100 000 元，累计折旧 70 000 元，售价 50 000 元，则相关会计分录如下。

借：固定资产清理	30 000	
累计折旧	70 000	
贷：固定资产		100 000
借：银行存款	50 000	
贷：固定资产清理		50 000
借：固定资产清理	20 000	
贷：营业外收入		20 000

【例17】红星农场收到客户因未按合同规定支付货款而交来的赔偿金 1 000 元，存入

银行。

借：银行存款 1 000

    贷：营业外收入 1 000

【例18】红星农场接到银行通知，教育部门因企业自办子弟学校而返还给企业的教育费附加款9 000元，已到账。

借：银行存款 9 000

    贷：营业外收入 9 000

（2）营业外支出的核算

当农业企业发生营业外支出时，借记"营业外支出"科目，贷记"固定资产清理"、"待处理财产损溢"、"库存现金"、"银行存款"等科目。期末，应将"营业外支出"科目余额转入"本年利润"科目，借记"本年利润"科目，贷记"营业外支出"科目。

【例19】红星农场发生原材料种子非常损失18 000元。经批准作营业外支出处理。

借：营业外支出——非常损失 18 000

    贷：待处理财产损溢——待处理流动资产损溢 18 000

【例20】红星农场支付税款滞纳金5 000元。

借：营业外支出——罚没支出 5 000

    贷：银行存款 5 000

【例21】红星农场向社会福利部门捐赠经费10 000元。

借：营业外支出——公益救济性捐赠 10 000

    贷：银行存款 10 000

3. 利润的核算方法

农业企业一般按月计算利润，按月计算利润有困难的，可以按季或按年计算利润，在会计实务操作中，净利润的结算可采用账结法或表结法。

（1）账结法

账结法，是指农业企业在每月月末将所有损益类账户的余额转入"本年利润"账户，结转后，各损益类账户月末没有余额，"本年利润"账户反映年度内累计实现的净利润（或发生的净亏损）。采用账结法，账面上能够直接反映各月末累计实现的净利润（或发生的净亏损），但每月末结转本年利润的工作量较大。

【例22】红星农场2015年6月主营业务收入80 000元，主营业务成本40 000元，营业税金及附加5 000元，销售费用3 000元，管理费用7 000元，财务费用2 000元，其他业务收入8 400元，其他业务支出5 400元，投资收益2 500元，营业外收入4 000元，营业外支出2 000元，所得税费用8 500元。

采用账结法，月末应作结转会计分录如下。

① 月末结转收入

借：主营业务收入 80 000

    其他业务收入 8 400

    投资收益 2 500

    营业外收入 4 000

    贷：本年利润 94 900

② 月末结转成本费用

借：本年利润　　　　　　　　　　　　　　　　　　　　　　　　　　70 900
　　　贷：主营业务成本　　　　　　　　　　　　　　　　　　　　40 000
　　　　　营业税金及附加　　　　　　　　　　　　　　　　　　　5 000
　　　　　其他业务支出　　　　　　　　　　　　　　　　　　　　5 400
　　　　　销售费用　　　　　　　　　　　　　　　　　　　　　　3 000
　　　　　管理费用　　　　　　　　　　　　　　　　　　　　　　7 000
　　　　　财务费用　　　　　　　　　　　　　　　　　　　　　　2 000
　　　　　所得税费用　　　　　　　　　　　　　　　　　　　　　8 500

③ 根据"本年利润"账户借贷发生额确定本月实现利润总额为：94 900－70 900＝24 000元

经过上述结转后，各损益类账户6月末应无余额。6月末"本年利润"账户有贷方余额24 000元，反映了截至6月末本年累计实现的净利润（如为借方余额，则反映截至6月末本年累计发生的净亏损）。同时，企业应于年末时将累计实现的净利润转入"利润分配——未分配利润"账户的贷方。

（2）表结法

表结法，是指农业企业在一定时期获得的利润或发生的亏损，平时各月不通过"本年利润"账户结转核算，而是利用"利润表"计算并反映出来的方法。采用表结法时，损益类账户平时不结转余额，年终时一次对应结转到"本年利润"账户。

另外，年度终了，应将本年收入和支出相抵后结出的本年实现的净利润，转入"利润分配"账户，借记"本年利润"，贷记"利润分配——未分配利润"，如为亏损，作相反会计分录。结转后，"本年利润"账户应无余额。

在表结法下，平时1~11月份有关损益类账户的记录可以保留余额，即月末不必结转"本年利润"账户。年终才将全年各损益类账户的累计发生额一次分别转入所设置的"本年利润"账户。其优点在于账户处理较为简单，可减少日常的损益结转工作量；不足之处在于1~11月份不便于直接通过"本年利润"账户了解各月损益情况，只有到年末利润表编出后才可通过利润表看清有关利润实现或亏损发生的情况。

四、农业企业利润分配的核算

农业企业利润分配是指根据国家有关规定和投资者的决议，对企业净利润所进行的支配。农业企业计算确定当期实现的利润总额，应当按照规定的程序进行分配，最后，将未分配利润结转下一会计期间。利润的分配过程和结果，不仅关系到所有者的合法权益是否得到保护，而且还关系到企业能否长期、稳定地发展。

（一）利润分配的程序

农业企业本年实现的净利润，加上年初未分配利润（或减去年初未弥补的亏损）和其他转入后的余额，即为可供分配利润。应按下列顺序分配：可以用下一年度的税前利润等弥补亏损；下一年度利润不足弥补的亏损，可以在5年内用所得税前利润延续弥补；延续5年未弥补的亏损，用缴纳所得税后的利润弥补，也可以用以前年度提取的盈余公积弥补。

1．可供分配的利润

（1）提取法定盈余公积

法定盈余公积按照本年实现净利润的一定比例提取。公司制农业企业（包括国有独资农业公司、有限责任公司、股份有限公司）按公司法规定按净利润的10%提取；其他农业企业可以根据需要确定提取比例，但至少应按10%提取。当提取的法定盈余公积累计额超过其注册资本的 50% 以上的，可以不再提取。

（2）提取法定公益金

公司制农业企业按照本年实现净利润的 5%～10% 提取法定公益金；其他农业企业按不高于法定盈余公积的提取比例提取公益金。农业企业提取的法定公益金用于农业企业职工的集体福利设施。

2. 可供投资者分配的利润

可供分配的利润减去提取的法定盈余公积、法定公益金后，为可供投资者分配的利润。可按下列顺序分配。

（1）应付优先股股利。

（2）提取任意盈余公积。

（3）应付普通股股利。

（4）转作资本（或股本）的普通股利。

上述利润分配顺序中，需要说明的有以下两点。

① 农业企业以前年度亏损未弥补完，不得提取盈余公积、公益金；在提取盈余公积、公益金以前不得向投资者分配利润；以前年度有未分配的利润，可并入本年度进行利润分配。

② 股份制农业企业当年无利润时，不得分配股利，但在用盈余公积弥补亏损后，经股东大会特别决议，可以按照不超过股票面值 6% 的比例用盈余公积金分配股利，在分配股利后，企业法定盈余公积金不得低于注册资金的 25%。

（二）利润分配的核算

1. 利润分配的账户设置

农业企业应设置"利润分配"账户，该账户核算企业利润的分配（或亏损的弥补）和历年分配（或弥补后）的结存余额。该账户一般应分别设置以下明细账户。

（1）盈余公积补亏　用来核算农业企业盈余公积弥补的亏损。用盈余公积弥补亏损时，借"盈余公积"，贷本明细账户。

（2）提取法定盈余公积和提取任意盈余公积　这两个明细账分别核算农业企业按规定从利润中提取的法定盈余公积金和任意盈余公积金。农业企业计算出本期应提取数时，借本明细账户，贷"盈余公积"。

（3）应付现金股股利　用来核算农业企业实现的应付给投资者的利润，包括应付国家、其他单位及个人的投资利润、股利或红利。农业企业计算出应支付的利润时，借本明细账户，贷"应付股利"。

（4）转作股本的股利　用来核算农业企业按分配方案以分配股票股利的形式转作的资本或股本。

（5）未分配利润　用来汇总核算农业企业全年实现的净利润（或亏损总额）和利润分配数额，计算农业企业留待以后会计年度进行分配的利润或应弥补的亏损。年度终了，农业企业应将全年实现的净利润自"本年利润"账户转入本明细账户贷方。如为亏损数额，转入本明细账户借方。结转后，本明细账户的借方余额为未弥补的亏损，贷方余额为未分配的利润。农业企业年终结账后发现的以前年度会计事项需调整时，如果涉及以前年度损益的，也在"未分配利润"明细账户核算，调整增加的上年利润或调整减少的上年亏损，借记有关账户，贷记本明细账户，调整减少的上年利润的或调整增加的上年亏损，则作相反会计分录。

2. 利润分配的主要账务处理

（1）弥补亏损的账务处理

根据我国财务制度规定，企业发生的亏损，可以用下一年度的税前利润弥补。下一年度的利润不足弥补时，可以在 5 年内连续弥补。5 年内不足弥补的，从第六年起，应以税后利润弥补。由于企业发生的亏损是留在"利润分配——未分配利润"账户的借方的，以后年度企业盈利，就从"本年利润"账户转入"利润分配——未分配利润"账户的贷方，自然就弥补了亏损，因此，不必另作补亏分录专门进行核算。企业发生的年度亏损也可以用盈余公积来弥补。用盈余公积弥补亏损时，借"盈余公积"，贷"利润分配——盈余公积补亏"。

【例 23】红星农场以盈余公积弥补以前年度的亏损 50 000 元。

借：盈余公积　　　　　　　　　　　　　　　　　　　　50 000

　　贷：利润分配——盈余公积补亏　　　　　　　　　　　　　　50 000

（2）提取盈余公积和公益金的账务处理

盈余公积是指从税后利润中提取的，用于农业企业发展、弥补亏损或转增资本的积累，包括企业按规定从税后利润中提取用于集体福利设施支出的公益金。对于可供分配的利润，按照国家有关规定的比例 10% 提取法定盈余公积金和 5% 提取公益金。

提取盈余公积时

借：利润分配——提取法定盈余公积、提取法定公益金、提取任意盈余公积等

　　贷：盈余公积——法定盈余公积、法定公益金、任意盈余公积等

【例 24】红星农场当年实现税后利润 750 000 元，按规定的比例提取盈余公积和公益金。

借：利润分配——提取法定盈余公积　　　　　　　　　　　　75 000

　　　　　　——提取法定公益金　　　　　　　　　　　　　37 500

　　贷：盈余公积——法定盈余公积　　　　　　　　　　　　　75 000

　　　　　　　　——法定公益金　　　　　　　　　　　　　37 500

（3）向投资者分配利润的账务处理

农业企业的利润按照上述顺序进行分配后的剩余部分，为可向投资者分配的利润。向投资者分配现金股利或利润时，借"利润分配——应付优先股股利、应付普通股股利"，贷"应付股利"。

【例 25】红星农场经研究决定向投资人分配利润 200 000 元。

① 决定利润分配方案时

借：利润分配——应付利润　　　　　　　　　　　　　　　200 000

　　贷：应付股利　　　　　　　　　　　　　　　　　　　　　200 000

② 实际支付利润时

借：应付股利　　　　　　　　　　　　　　　　　　　　　200 000

　　贷：银行存款　　　　　　　　　　　　　　　　　　　　　200 000

（4）利润分配的年终结转

年度终了，农业企业将全年实现的净利润，自"本年利润"账户转入本账户，借"本年利润"，贷"润分配——未分配利润"。如为净亏损，则作相反的会计分录。同时，将利润分配账户下的其他明细账户的余额转入"利润分配"账户的"未分配利润"明细账户。结转后，除"未分配利润"明细账户外，"利润分配"账户的其他明细账户应无余额。

"利润分配"账户年末余额，反映企业历年积存的未分配利润或未弥补的亏损。

【例 26】红星农场 2015 年实现净利润 600 000 元，按 10% 提取法定盈余公积；按 5% 提取法定公益金；并分配给普通股股东现金股利 100 000 元。该企业的相关账务处理如下。

① 结转本年利润时

借：本年利润 600 000

　　贷：利润分配——未分配利润 600 000

② 提取法定盈余公积和法定公益金时

借：利润分配——提取法定盈余公积 60 000

　　　　　　——法定公益金 30 000

　　贷：盈余公积——法定盈余公积 60 000

　　　　　　——法定公益金 30 000

③ 分配现金股利时

借：利润分配——应付现金股利 100 000

　　贷：应付股利 100 000

④ 结转利润分配账户中的明细账户时

借：利润分配——未分配利润 190 000

　　贷：利润分配——提取法定盈余公积 60 000

　　　　　　——法定公益金 30 000

　　　　　　——应付普通股股利 100 000

结转后，"利润分配——未分配利润"账户为贷方余额 410 000 元，是直至本年年末累计实现的未分配利润。

五、社会性收支的核算

（一）核算范围

只适用于中华人民共和国境内的国有农业企业，因社会管理服务职能未移交当地政府而发生的社会性收支的会计核算和相关信息的披露。

（二）相关概念

1. 社会性收入

社会性收入是指国有农业企业取得的用于支付社会性支出的资金来源。主要包括：财政补助收入、规费收入、事业收入、福利费转入、其他收入等。

（1）财政补助收入　是指财政部门根据核定的预算拨入的用于企业社会性支出的款项。

（2）规费收入　是指企业承担社会管理服务职能按规定收取的用于企业社会性支出的款项。

（3）事业收入　是指企业从事事业活动取得的用于企业社会性支出的款项。

（4）福利费转入　是指企业从提取的福利费中结转用于企业社会性支出的款项。

（5）其他收入　是指企业取得的以上四项以外的其他用于社会性支出的款项。如：无偿调入社会性固定资产、接受捐赠和社会性固定资产清理净收入等。

2. 社会性支出

社会性支出是指国有农业企业承担社会管理服务职能而发生的与企业生产经营活动无关的各项支出，主要包括：公检法司、武装民兵训练、中小学教育、公共卫生防疫等各项支出。

3. 社会性固定资产

社会性固定资产是指企业明确用于承担社会管理服务职能的固定资产。

（三）会计科目的设置

增设以下一级科目，其他二级科目的设置，企业可以根据需要自行设置。

科目编号	科目名称	科目编号	科目名称
一级科目		损益类	
资产类		5311	社会性收入
1508	社会性固定资产	5611	社会性支出
1509	社会性固定资产累计折旧		

（四）社会性固定资产的核算

1. 科目设置

"社会性固定资产"科目是用来核算国有农业企业社会性固定资产的原价。期末借方余额，反映企业期末社会性固定资产的原价。应当设置"社会性固定资产登记簿"，按社会性固定资产类别、使用部门和每项社会性固定资产进行明细分类核算。

"社会性固定资产累计折旧"科目是核算企业社会性固定资产的累计折旧，只进行总分类核算，不进行明细分类核算。期末贷方余额，反映企业提取的社会性固定资产折旧累计数。

2. 注意事项

① 国有农业企业应当结合本企业的具体情况，制定适合本企业的社会性固定资产目录和分类方法，作为社会性固定资产的核算依据。

② 国有农业企业制定的社会性固定资产目录和分类方法等，应当编制成册，并按照管理权限，经股东大会或董事会，或经理（场长）会议或类似机构批准，按照法律、行政法规的规定报送有关部门备案，同时备置于企业所在地，以供投资者等有关各方查阅。

③ 社会性固定资产目录和分类方法，一经确定不得随意变更，如需变更，仍然应按照上述程序，经批准后报送有关部门备案，并在会计报表附注中予以说明。

④ 社会性固定资产初始确认后发生的后续支出，应在发生当期确认为社会性支出，不再增加社会性固定资产账面价值。

3. 社会性固定资产的主要账务处理

① 购入不需要安装的社会性固定资产，借记本科目，贷记"银行存款"等科目。同时，将社会性固定资产的初始入账价值计入当期社会性支出，借记"社会性支出"科目，贷记"社会性固定资产累计折旧"科目；按购买该项固定资产所使用的财政拨款金额，借记"专项应付款"科目，贷记"社会性收入（财政补助收入）"科目。

② 购入需要安装的社会性固定资产或自行建造社会性固定资产，先通过"在建工程"科目核算，安装完毕或建造完成达到预定可使用状态时再转入本科目，借记本科目，贷记"在建工程"科目。同时，将社会性固定资产的初始入账价值计入当期社会性支出，借记"社会性支出"科目，贷记"社会性固定资产累计折旧"科目；按该项固定资产所使用的财政拨款金额，借记"专项应付款"科目，贷记"社会性收入（财政补助收入）"科目。

③ 无偿调入或接受捐赠的社会性固定资产，借记本科目，贷记"社会性收入（其他收入）"科目；同时，借记"社会性支出"科目，贷记"社会性固定资产累计折旧"科目。

④ 社会性固定资产达到预定可使用状态后发生的后续支出，借记"社会性支出"科目，贷记"现金"、"原材料"、"应付工资"等科目。

⑤ 因调出、出售、报废、毁损、盘亏等原因减少的社会性固定资产，按照该项固定资产的初始入账价值，借记"社会性固定资产累计折旧"科目，贷记本科目。发生的清理费用或取得的清理收入，分别计入"社会性支出"或"社会性收入"科目。

⑥ 企业购建、无偿调入或接受捐赠的社会性固定资产，应在达到预定可使用状态时，

按照社会性固定资产的初始入账价值，借记"社会性支出"科目，贷记"社会性固定资产累计折旧"科目。

（五）社会性收入的核算

1. 科目设置

"社会性收入"科目是核算国有农业企业获得的用于支付社会性支出的资金来源，主要包括：财政补助收入、规费收入、事业收入、福利费转入、其他收入等。应按财政补助收入、规费收入、事业收入、福利费转入、其他收入等设置明细账，进行明细分类核算。期末，应将本科目的余额转入"本年利润"科目，结转后本科目应无余额。

2. 社会性收入的主要账务处理

① 收到财政拨款时，按实际收到金额，借记"银行存款"科目，贷记"专项应付款"。

② 国有农业企业购建的社会性固定资产在达到预定可使用状态时，按社会性固定资产购建过程中所使用的财政拨款金额，借记"专项应付款"科目，贷记本科目（财政补助收入）。

③ 国有农业企业无偿调入或接受捐赠取得的社会性固定资产，按照社会性固定资产的初始入账价值，借记"社会性固定资产"科目，贷记本科目（其他收入）。

④ 使用财政拨款支付除社会性固定资产购建以外的其他社会性支出时，按实际发生额，借记"社会性支出"科目，贷记"现金"、"银行存款"、"应付工资"等科目；同时，借记"专项应付款"科目，贷记本科目（财政补助收入）。

⑤ 国有农业企业取得的规费收入，按规定收取的金额，借记"其他应收款"、"银行存款"、"现金"等科目，贷记本科目（规费收入）。

⑥ 国有农业企业取得的事业收入，按规定收取的金额，借记"其他应收款"、"银行存款"、"现金"等科目，贷记本科目（事业收入）。

⑦ 国有农业企业按规定将提取的福利费用于社会性支出时，按实际使用的福利费金额，借记"应付福利费"科目，贷记本科目（福利费转入）。

⑧ 国有农业企业收到其他收入时，按实际发生额，借记"现金"、"银行存款"等科目，贷记本科目（其他收入）。

（六）社会性支出的核算

1. 科目设置

"社会性支出"科目核算国有农业企业因承担社会管理服务职能而发生的与企业生产经营活动无关的各项支出，主要包括：公检法司、武装民兵训练、中小学教育、公共卫生防疫等各项支出。应按社会性支出类别或项目设置明细账，进行明细分类核算。期末，应将本科目的余额转入"本年利润"科目，结转后本科目应无余额。

2. 社会性支出的主要账务处理

① 国有农业企业购建的社会性固定资产达到预定可使用状态，按该项社会性固定资产的初始入账价值，借记本科目，贷记"社会性固定资产累计折旧"科目。

② 使用财政拨款支付除社会性固定资产购建以外的其他社会性支出时，按实际发生额，借记本科目，贷记"现金"、"银行存款"、"应付工资"等科目；同时，借记"专项应付款"科目，贷记"社会性收入（财政补助收入）"科目。

③ 使用除财政拨款以外的其他资金发生社会性支出时，按实际发生额，借记本科目，贷记"现金"、"银行存款"、"应付工资"等科目。

（七）补充报表格式及编制说明

① 在资产负债表的"固定资产原价"项目下，增设"其中：社会性固定资产原价"项目，反映企业社会性固定资产的原价；在"累计折旧"项目下，增设"其中：社会性固定资

产累计折旧"项目，反映企业提取的社会性固定资产累计折旧。

②"社会性收入"科目贷方发生额减去"社会性支出"科目借方发生额后，在利润表中增设"社会性收支差额"项目，反映企业社会性收入与社会性支出的差额。

③在现金流量表的"四、汇率变动对现金的影响"下增设"五、社会性收支的现金流量"，用于反映企业发生的与社会性收支有关的现金流量；同时，将"五、现金及现金等价物净增加额"改为"六、现金及现金等价物净增加额"。

★ 任务实施

根据农业企业成本与损益业务案例，结合任务目标与知识引导，完成农业企业营业收入的核算、农业企业费用的核算、农业企业利润的核算、农业企业利润分配的核算、农业企业社会性收入与社会性支出的核算，能够填制会计凭证、登记相关的会计账簿。

★ 任务实施评价

1. 能够识别农业企业的营业收入，会确认，账务处理正确；

2. 能够识别农业企业的费用，账务处理正确；

3. 能够识别农业企业的利润，利润形成的账务处理正确；

4. 能够按利润分配的程序进行利润的分配，利润分配的账务处理正确；

5. 能够识别农业企业的社会性收入与社会性支出，账务处理正确；

6. 会计凭证中会计科目、借贷方向、金额正确，项目填写齐全；

7. 会计账簿中的日期、凭证号数、摘要、方向、金额登记正确。

★ 总结与反思

任务实施后，结合实施任务的体会，总结学到的知识与技能，学习的经验与不足，寻求改进方法，与大家共享。

★ 任务考核与训练

一、单项选择题

1. 农业企业的主营业务收入，包括（　　　）。
   A. 种植业产品收入　　　　　　B. 畜牧养殖业产品收入
   C. 水产品、林产品收入　　　　D. 以上都是

2. 农业企业的其他业务收入，包括（　　　）。
   A. 原材料销售收入　　　　　　B. 包装物和农用工具销售收入
   C. 收获后余下的麦秸销售收入　D. 以上都是

3. 应记入营业成本的是（　　　）。
   A. 管理费用　　B. 销售费用　　C. 主营业务成本　　D. 财务费用

4. 不属于农业企业营业利润的是（　　　）。
   A. 主营业务收入　　B. 其他业务收入　　C. 营业外收入　　D. 投资收益

5. 下列不能用于弥补亏损的有（　　　）。
   A. 税前利润　　B. 税后利润　　C. 资本公积　　D. 盈余公积

二、多项选择题

1. 期间费用一般应包括（　　　）。

A. 管理费用　　　　B. 销售费用　　　　C. 营运成本　　　　D. 财务费用

2. 应记入"营业税金及附加"账户的税费有（　　　　）。

A. 消费税　　　　B. 所得税　　　　C. 城建税　　　　D. 教育费附加

3. 下列项目应在"管理费用"中列支的有（　　　　）。

A. 工会经费　　　　B. 劳动保险费　　　　C. 业务招待费　　　　D. 销售人员的工资

4. 下列账户中应将余额转入"本年利润"账户的是（　　　　）。

A. 营业成本　　　　B. 财务费用　　　　C. 所得税费用　　　　D. 投资收益

三、判断题

（　　）1. 农业企业用盈余公积弥补以前年度亏损时，借记"盈余公积"贷记"利润分配"。

（　　）2. 农业企业计算应交所得税应以会计所得为准。

（　　）3. 农业企业在提取盈余公积和公益金前不得向投资者分配利润。

四、技能训练题

1. 甲农业企业发生下列经济业务，要求对甲农业企业作出相应账务处理。

（1）将育成的40头仔猪出售给乙食品加工厂，价款总额为20 000元，货款尚未收到。出售时仔猪的账面余额为12 000元，未计提跌价准备。

（2）丢失三头种牛，账面原值为1 600元，已经计提折旧600元；8月29日经查实，饲养员赵五应赔偿300元。

（3）自行繁殖的50头种猪转为育肥猪，此批种猪的账面原价为500 000元，已经计提的累计折旧为200 000元，已经计提的资产减值准备为30 000元。

2. 某农业企业2015年10月末养殖的羊账面余额为24 000元，共计40头；11月6日花费7 000元新购入一批羊养殖，共计10头；11月30日屠宰并出售羊20头，支付临时工屠宰费用100元，出售取得价款16 000元；11月份共发生饲养费用500元（其中，应付专职饲养员工资300元，饲料200元）。甲企业采用先进先出法结转成本。

试对该农业企业的账务进行处理。

3. 马家湾农业公司2015年年终结账前各损益账户累计余额分别为：主营业务收入800 000元，其他业务收入60 000元，营业外收入10 000元，投资收益20 000元，营业税金及附加65 000元，主营业务成本550 000元，销售费用16 000元，管理费用34 000元，财务费用6 000元，其他业务成本35 000元，营业外支出15 000元，所得税费用25 000元。

要求：计算该农业企业的营业利润、利润总额和净利润，并编制结转利润的会计分录。

子项目1-5　财 务 分 析

工作任务1-5-1　财务报表编制与分析

★ 任务目标

能够识别企业的财务报表及其作用；

能够编制企业的财务报表；

能够根据企业的财务报表进行财务分析，加强企业经济管理。

一、财务报表的概念及分类

按照《企业会计准则第 30 号——财务报表列报》的规定，财务报表是对企业财务状况、经营成果和现金流量的结构性表述。一套完整的财务报表至少应当包括资产负债表、利润表、现金流量表、所有者权益（或股东权益，下同）变动表以及附注。

财务报表可以按照不同的标准进行分类。

按财务报表编报期间的不同，可以分为中期财务报表和年度财务报表。中期财务报表是以短于一个完整会计年度的报告期间为基础编制的财务报表，包括月报、季报和半年报等。中期财务报表至少应当包括资产负债表、利润表、现金流量表和附注。其中中期资产负债表、利润表和现金流量表应当是完整报表，其格式和内容应当与年度财务报表相一致，与年度财务报表相比中期财务报表中的附注披露可适当简略。

按财务报表编报主体的不同，可以分为个别财务报表和合并财务报表。

二、资产负债表

（一）资产负债表的内容

资产负债表是指反映企业在某一特定日期财务状况的报表。资产负债表主要反映资产、负债、所有者权益三个方面的内容。

1. 资产

按照流动资产和非流动资产两大类别在资产负债表中列示，在流动资产和非流动资产类别下进一步按性质分项列示。

流动资产是指预计在一个正常营业周期中变现、出售或耗用，或者主要为交易目的而持有，或者预计在资产负债表日起一年内含一年变现的资产。资产负债表中列示的流动资产项目通常包括货币资金、交易性金融资产、应收票据、应收账款、预付款项、应收利息、应收股利、其他应收款、存货和一年内到期的非流动资产等。

流动资产以外的资产应当归类为非流动资产，通常包括长期股权投资、固定资产、在建工程、工程物资、固定资产清理、无形资产、开发支出、长期待摊费用以及其他非流动资产等。

2. 负债

按照流动负债和非流动负债在资产负债表中列示，在流动负债和非流动负债类别下再进一步按性质分项列示。流动负债是指预计在一个正常营业周期中清偿，或者主要为交易目的而持有，或者自资产负债表日起一年内含一年到期应予以清偿，或者企业无权自主地将清偿推迟至资产负债表日后一年以上的负债。

流动负债项目通常包括短期借款、应付票据、应付账款、预收款项、应付职工薪酬、应交税费、应付利息、应付股利、其他应付款、一年内到期的非流动负债等。

流动负债以外的负债应当归类为非流动负债，通常包括长期借款、应付债券和其他非流动负债等。

3. 所有者权益

反映企业在某一特定日期投资者（股东）拥有净资产的总额，一般按照实收资本、资本公积、盈余公积和未分配利润分项列示。

（二）资产负债表的结构

我国企业的资产负债表采用账户式结构。账户式资产负债表分左右两方，左方为资产项目，大体按资产的流动性大小排列，流动性大的资产，如货币资金等排在前面，流动性小的资产如长期股权投资、固定资产等排在后面；右方为负债及所有者权益项目，一般按要求清偿时间的先后顺序排列，短期借款、应付账款等需要在一年以内或者长于一年的一个正常营业周期内偿还的流动负债排在前面，长期借款等在一年以上才需偿还的非流动负债排在中间，所有者权益项目排在后面，即"资产＝负债＋所有者权益"。

我国企业资产负债表格式如表 1-5-1 所示。

表 1-5-1 资产负债表

201×年 12 月 31 日

会企 01 表

编制单位：红星农场

单位：元

资　产	期末余额	年初余额	负债和所有者权益（或股东权益）	期末余额	年初余额
流动资产：			流动负债：		
货币资金	138 330	181 000	短期借款	50 000	100 000
交易性金融资产	240 000	185 000	交易性金融负债		
应收票据	16 280	116 980	应付票据	21 200	51 200
应收账款	88 000	190 000	应付账款	110 000	135 000
预付款项			预收款项		
应收利息			应付职工薪酬	6 000	6 000
应收股利			应交税费	30 440	20 500
其他应收款			应付利息	35 000	15 000
存货	380 000	235 200	应付股利	55 000	
一年内到期的非流动资产			其他应付款	2 680	2 880
其他流动资产			一年内到期的非流动负债		20 000
流动资产合计	862 610	908 180	其他流动负债		
非流动资产：			流动负债合计	310 320	350 580
可供出售金融资产			非流动负债：		
持有至到期投资			长期借款	322 000	272 000
长期应收款			应付债券		
长期股权投资	100 000	100 000	长期应付款		
投资性房地产			专项应付款		
固定资产	399 500	253 500	预计负债		
在建工程	100 000	150 000	递延所得税负债		
工程物资	36 100		其他非流动负债		
固定资产清理			非流动负债合计	322 000	272 000
生产性生物资产	150 000	200 000	负债合计	632 320	622 580
油气资产			所有者权益（或股东权益）：		
无形资产	188 000	160 000	实收资本（或股本）	1 000 000	1 000 000
开发支出			资本公积		
商誉			减：库存股		

资　产	期末余额	年初余额	负债和所有者权益（或股东权益）	期末余额	年初余额
长期待摊费用			盈余公积	45 490	45 000
递延所得税资产			未分配利润	158 400	104 100
其他非流动资产			所有者权益（或股东权益）合计	1 203 890	1 149 100
非流动资产合计	973 600	863 500			
资产总计	1 836 210	1 771 680	负债和所有者权益（或股东权益）总计	1 836 210	1 771 680

（三）资产负债表的编制方法

资产负债表的各项目都列有"期末余额"和"年初余额"两栏，其中"年初余额"栏内各项目数字，应根据上年末资产负债表"期末余额"栏内所列数字填列。"期末余额"是指某一会计期末的数字，即月末、季末、半年末或年末的数字，资产负债表各项目"期末余额"的数据来源，可以通过以下几种方式取得。

1. 根据总账科目余额直接填列

如"交易性金融资产"、"固定资产清理"、"工程物资"、"开发支出"、"递延所得税资产"、"长期待摊费用"、"短期借款"、"交易性金融负债"、"应付票据"、"应付职工薪酬"、"应交税费"、"应付利息"、"应付股利"、"其他应付款"、"预计负债"、"递延所得税负债"、"实收资本"、"资本公积"、"库存股"、"盈余公积"等。

2. 根据几个总账科目余额计算填列

如"货币资金"项目，反映企业期末持有的现金、银行存款和其他货币资金等总额，所以根据"库存现金"、"银行存款"、"其他货币资金"科目的期末余额合计填列；"未分配利润"项目根据"本年利润"科目和"利润分配"科目计算填列。

3. 根据有关明细科目的余额计算填列

如"应付账款"项目应根据"应付账款"和"预付账款"科目所属明细科目期末贷方余额的合计填列；"预付款项"项目应根据"应付账款"和"预付账款"科目所属明细科目期末借方余额的合计填列。"应收账款"项目，需要根据"应收账款"和"预收账款"所属明细科目的期末借方余额合计减去为其计提的"坏账准备"科目余额后的差额填列；"预收账款"需要根据"应收账款"、和"预收账款"所属明细科目的期末贷方余额合计填列。

4. 根据总账科目和明细科目的余额分析计算填列

如"长期借款"项目，根据"长期借款"总账科目余额扣除"长期借款"科目所属的明细科目中将于一年内（自资产负债表日起）到期且企业不能自主地将清偿义务展期的长期借款后的金额填列。

5. 根据有关资产科目与其备抵科目抵销后的净额填列

如"长期股权投资"项目，根据"长期股权投资"科目的期末余额减去"长期股权投资减值准备"科目的期末余额后的金额填列；"固定资产"项目，根据"固定资产"科目的期末余额减去"累计折旧"、"固定资产减值准备"科目的期末余额后的金额填列；"无形资产"项目，根据"无形资产"科目的期末余额减去"累计摊销"、"无形资产减值准备"科目的期末余额后的金额填列。

6. 综合运用上述填列方法分析填列

如资产负债表中的"存货"项目，需根据"原材料"、"库存商品"、"生产成本"、"周转材料"、"材料采购"（"在途物资"）、"发出商品"、"材料成本差异"等总账科目期末余额的分析汇总数再减去"存货跌价准备"科目期末余额后的金额填列。

【例1】红星农场 2014 年 12 月 31 日科目余额表见表 1-5-2，根据该科目余额表编制 12 月 31 日的资产负债表（年初余额是给出的）。

表 1-5-2　科目余额表　　　　　　　　　　　　　　单位：元

账户名称	借方余额	账户名称	贷方余额
库存现金	2 330	短期借款	50 000
银行存款	100 000	应付票据	21 200
其他货币资金	36 000	应付账款	110 000
交易性金融资产	240 000	应付职工薪酬	6 000
应收票据	16 280	应交税费	30 440
应收账款	90 000	应付利息	35 000
原材料	150 000	应付股利	55 000
周转材料	10 000	其他应付款	2 680
材料采购	50 000	长期借款	322 000
库存商品	180 000	坏账准备	2 000
长期股权投资	120 000	存货跌价准备	10 000
固定资产	788 000	长期股权投资减值准备	20 000
在建工程	100 000	累计折旧	380 000
工程物资	36 100	固定资产减值准备	8 500
无形资产	328 000	无形资产减值准备	5 000
生产性生物资产	150 000	累计摊销	135 000
		实收资本	1 000 000
		盈余公积	45 490
		利润分配	158 400
合计	2 396 710	合计	2 396 710

三、利润表

（一）利润表及其结构

利润表是指反映企业在一定会计期间经营成果的报表。该表能够反映企业在一定时期的收入、费用、成本及净利润（或亏损）的实现及构成情况。

我国企业的利润表采用多步式结构，见表 1-5-3。

表 1-5-3　利润表
201×年×月　　　　　　　　　　　　　　　　　　　　会企 02 表

编制单位：红星农场　　　　　　　　　　　　　　　　　　　单位：元

项　　目	本期金额	上期金额
一、营业收入	380 000	（略）
减：营业成本	250 000	
营业税金及附加	5 000	

项　　目	本期金额	上期金额
销售费用	30 000	
管理费用	50 000	
财务费用	38 400	
资产减值损失	20 000	
加:公允价值变动收益(损失以"一"号填列)		
投资收益(损失以"一"号填列)	50 000	
其中:对联营企业和合营企业的投资收益		
二、营业利润(亏损以"一"号填列)	66 600	
加:营业外收入	60 000	
减:营业外支出	5 880	
其中:非流动资产处置损失	5 880	
三、利润总额(亏损总额以"一"号填列)	90 720	
减:所得税费用	28 800	
四、净利润(净亏损以"一"号填列)	91 920	
五、每股收益		
(一)基本每股收益		
(二)稀释每股收益		

(二)利润表的编制方法

利润表各项目均需填列"本期金额"和"上期金额"两栏,"上期金额"栏应根据上年该期利润表"本期金额"栏的数字填列。"本期金额"栏内各项数字(除每股收益项目外)应当按照本期相关损益类科目的发生额分析填列。

1. 利润表的编制步骤

(1)以营业收入为基础,减去营业成本、营业税金及附加、销售费用、管理费用、财务费用、资产减值损失,加上公允价值变动收益(减去公允价值变动损失),加上投资收益(减去投资损失),计算出营业利润。

(2)以营业利润为基础,加上营业外收入,减去营业外支出,计算了利润总额。

(3)以利润总额为基础,减去所得税费用,计算出净利润(或净亏损)。

2. 利润表各项目的填列方法

"营业收入"项目,反映企业经营主要业务和其他业务所确认的收入总额。本项目应根据"主营业务收入"和"其他业务收入"科目的发生额分析填列。

"营业成本"项目,反映企业经营主要业务和其他业务发生的实际成本总额。本项目应根据"主营业务成本"和"其他业务成本"科目的发生额分析填列。

"营业税金及附加"项目,反映企业经营业务应负担的营业税、消费税、城市维护建设税、资源税、土地增值税和教育费附加等。本项目应根据"营业税金及附加"科目的发生额分析填列。

"销售费用"项目,反映企业在销售商品过程中发生的包装费、广告费等费用和为销售本企业商品而专设的销售机构的职工薪酬、业务费等经营费用。本项目应根据"销售费用"

科目的发生额分析填列。

"管理费用"项目，反映企业为组织和管理生产经营活动发生的管理费用。本项目应根据"管理费用"科目的发生额分析填列。

"财务费用"项目，反映企业筹集生产经营所需资金等而发生的筹资费用。本项目应根据"财务费用"科目的发生额分析填列。

"资产减值损失"项目，反映企业各项资产发生的减值损失。本项目应根据"资产减值损失"科目的发生额分析填列。

"公允价值变动收益"项目，反映企业交易性金融资产、交易性金融负债，以及采用公允价值模式计量的投资性房地产等公允价值变动形成的应计入当期损益的利得或损失。本项目应根据"公允价值变动损益"科目的发生额分析填列。

"投资收益"项目，反映企业以各种方式对外投资所取得的收益。其中，"对联营企业和合营企业的投资收益"项目，反映采用权益法核算的对联营企业和合营企业投资在被投资单位实现的净损益中应享有的份额（不包括处置投资形成的收益），根据"投资收益"科目的发生额分析填列。

"营业外收入"、"营业外支出"项目，反映企业发生的与其经营活动无直接关系的各项利得和损失。应分别根据"营业外收入"、"营业外支出"科目的发生额分析填列。其中，非流动资产处置损失应当单独列示。

"所得税费用"项目，反映企业根据所得税准则确认的应从当期利润总额中扣除的所得税费用。本项目应根据"所得税费用"科目的借方发生额分析填列。

"基本每股收益"和"稀释每股收益"项目，应当反映根据《企业会计准则第 34 号——每股收益》规定计算的普通股股东每持有一股所能享有的企业利润或需承担的企业亏损金额。即，普通股或潜在普通股已公开交易的企业，以及正处于公开发行普通股或潜在普通股过程中的企业，应当按照归属于普通股股东的当期净利润，除以发行在外普通股的加权平均数计算基本每股收益。企业存在稀释性潜在普通股的，应当分别调整归属于普通股股东的当期净利润和发行在外普通股的加权平均数，并据以计算稀释每股收益。

【例 2】红星农场 2015 年 12 月 31 日损益类科目发生额见表 1-5-4，根据该表编制该企业 2015 年 12 月份的利润表。

表 1-5-4　12 月份损益类科目发生额表　　　　　　　单位：元

科目名称	借方发生额	贷方发生额
主营业务收入		280 000
其他业务收入		100 000
投资收益		50 000
营业外收入		60 000
主营业务成本	180 000	
其他业务成本	70 000	
营业税金及附加	5 000	
销售费用	30 000	
管理费用	50 000	
财务费用	38 400	
资产减值损失	20 000	
营业外支出	5 880	
所得税费用	28 800	

四、现金流量表

(一) 现金流量表的含义及编制基础

现金流量表，是指反映企业在一定会计期间现金和现金等价物流入和流出的报表。

现金流量表的编制基础是现金及现金等价物。这里的现金是指企业库存现金以及可以随时用于支付的存款，不能随时用于支取的存款不属于现金；现金等价物，是指企业持有的期限短、流动性强、易于转换为已知金额现金、价值变动风险很小的投资。期限短，一般是指从购买日起三个月内到期。现金等价物通常包括三个月内到期的债券投资等。企业应当根据具体情况，确定现金等价物的范围，一经确定不得随意变更；如改变范围，应视为会计政策的变更。企业确定现金等价物的原则及其变更，应在报表附注中披露。

现金流量，是指一定会计期间内现金和现金等价物的流入和流出。企业从银行提取现金、用现金购买短期到期的国库券等现金和现金等价物之间的转换不属于现金流量。

(二) 现金流量的分类

现金流量按其性质可以分为经营活动产生的现金流量、投资活动产生的现金流量和筹资活动产生的现金流量。

1. 经营活动产生的现金流量

经营活动，是指企业投资活动和筹资活动以外的所有交易和事项。经营活动现金流量是指购销商品、提供劳务、接受劳务、支付工资和交纳税款等流入和流出的现金及现金等价物。

2. 投资活动产生的现金流量

投资活动，是指企业长期资产的购建和不包括在现金等价物范围的投资及其处置活动。投资活动现金流量是指企业对内投资和对外投资过程中发生的现金流量。对内投资活动主要是指固定资产和无形资产等长期资产的购建及处置活动；对外投资活动主要是指不包括在现金等价物范围内的投资及其处置活动。

3. 筹资活动产生的现金流量

筹资活动，是指导致企业资本及债务规模和构成发生变化的活动。筹资活动现金流量是指能够导致企业资本规模和债务规模增加或减少及其构成发生变化的现金流量。如发行股票形成的股本、发行债券形成的应付债券及向银行举债形成的长短期借款等。

(三) 现金流量表的结构

我国企业现金流量表采用报告式结构，按照现金流量的性质，依次分类反映经营活动、投资活动和筹资活动产生的现金流量，最后汇总反映企业某一期间现金及现金等价物的净增加额。

我国现金流量表的结构如表 1-5-5 所示。

表 1-5-5　现金流量表

201×年度

会企 03 表

编制单位：红星农场

单位：元

项　　目	本期金额	上期金额
一、经营活动产生的现金流量		
销售商品、提供劳务收到的现金	643 500	
收到的税费返还		
收到其他与经营活动有关的现金		
经营活动现金流入小计	643 500	

项　目	本期金额	上期金额
购买商品、接受劳务支付的现金	77 090	
支付给职工以及为职工支付的现金	320 000	
支付的各项税费	50 000	
支付其他与经营活动有关的现金	20 000	
经营活动现金流出小计	467 090	
经营活动产生的现金流量净额	176 410	
二、投资活动产生的现金流量		
收回投资收到的现金	190 000	
取得投资收益收到的现金	20 000	
处置固定资产、无形资产和其他长期资产收回的现金净额	180 120	
处置子公司及其他营业单位收到的现金净额		
收到其他与投资活动有关的现金		
投资活动现金流入小计	390 120	
购建固定资产、无形资产和其他长期资产支付的现金	280 000	
投资支付的现金	219 100	
取得子公司及其他营业单位支付的现金净额		
支付其他与投资活动有关的现金		
投资活动现金流出小计	499 100	
投资活动产生的现金流量净额	−108 980	
三、筹资活动产生的现金流量		
吸收投资收到的现金		
取得借款收到的现金	250 000	
收到其他与筹资活动有关的现金		
筹资活动现金流入小计	250 000	
偿还债务支付的现金	321 000	
分配股利、利润或偿付利息支付的现金	40 000	
支付其他与筹资活动有关的现金		
筹资活动现金流出小计	361 000	
筹资活动产生的现金流量净额	−111 000	
四、汇率变动对现金及现金等价物的影响		
五、现金及现金等价物净增加额	−43 570	
加：期初现金及现金等价物余额	181 400	
六、期末现金及现金等价物余额	137 830	

（四）现金流量表的编制

1. 现金流量表的编制方法

企业应当采用直接法列示经营活动产生的现金流量。直接法是指通过现金收入和现金支出的主要类别列示经营活动的现金流量。采用直接法编制经营活动的现金流量时，一般以利润表中的营业收入为起算点，调整与经营活动有关的项目的增减变动，然后计算出经营活动的现金流量，采用直接法具体编制现金流量表时，可以采用工作底稿法或 T 型账户法，也可以根据有关科目记录分析填列。

2. 现金流量表主要项目的填列

(1) 经营活动产生的现金流量

"销售商品、提供劳务收到的现金"项目，反映企业本年销售商品、提供劳务收到的现金，以及前期销售商品、提供劳务本期收到的现金（包括增值税销项税额）和本期预收的款项，减去本年销售本期退回商品和前期销售本期退回商品支付的现金，销售材料、代购代销业务收到的现金也在本项目反映。

"收到的税费返还"项目，应根据企业收到的所得税、增值税、营业税、消费税、关税和教育费附加等各种返还款填列。

"收到的其他与经营活动有关的现金"项目，如企业经营租赁收到的现金等其他与经营活动有关的现金流入在本项目反映。

"购买商品、接受劳务支付的现金"项目，反映企业本期购买商品、接受劳务实际支付的现金（包括增值税进项税额），以及本期支付前期购买商品、接受劳务的未付款项和本期预付款项，减去本期发生的购货退回收到的现金，企业购买材料和代购代销业务支付的现金也在本项目反映。

"支付给职工以及为职工支付的现金"项目，反映企业实际支付给职工的工资、奖金、各种津贴和补贴等（包括代扣代缴的职工个人所得税）。

"支付的各项税费"项目，反映企业发生并支付、前期发生本期支付以及预交的所得税、增值税、营业税、消费税、印花税、房产税、土地增值税、车船税、教育费附加等各项税费。

"支付其他与经营活动有关的现金"项目，反映企业支付的差旅费、业务招待费、保险费、罚款支出以及经营租赁支付的租金等其他与经营活动有关的现金，金额较大者单独列示。

(2) 投资活动产生的现金流量

"收回投资收到的现金"项目，反映企业出售、转让或到期收回除现金等价物以外的对其他企业长期股权投资等收到的现金，但处置子公司及其他营业单位收到的现金净额除外。

"取得投资收益收到的现金"项目，反映企业除现金等价物以外的对其他企业的长期股权投资等分回的现金股利或利息等。

"处置固定资产、无形资产和其他长期资产收回的现金净额"项目，反映企业出售、报废固定资产、无形资产和其他长期资产所取得的现金（包括因资产毁损而收到的保险赔偿收入），减去为处置这些资产而支付的有关费用后的净额。

"处置子公司及其他营业单位收到的现金净额"项目，反映企业处置子公司及其他营业单位收到的现金，减去相关处置费用以及子公司及其他营业单位持有现金和现金等价物后的净额。

"购建固定资产、无形资产和其他长期资产支付的现金"项目，反映企业购买、建造固定资产、取得无形资产和其他长期资产所支付的现金（含增值税款等），以及用现金支付的应由在建工程和无形资产负担的职工薪酬。

"投资支付的现金"项目，反映企业取得除现金等价物以外的对其他企业的长期股权投资等所支付的现金以及佣金、手续费等附加费用，但取得子公司及其他营业单位支付的现金净额除外。

"取得子公司及其他营业单位支付的现金净额"项目，反映企业购买子公司及其他营业单位购买价款中以现金支付的部分，减去子公司及其他营业单位持有的现金和现金等价物后的净额。

"收到其他与投资活动有关的现金"项目、"支付其他与投资活动有关的现金"项目，反映企业除上述投资项目以外收到或支付的现金，金额较大的应单独列示。

（3）筹资活动产生的现金流量

"吸收投资收到的现金"项目，反映企业以发行股票、债券等方式筹集资金的发行收入减去支付的佣金等发行费用的净额。

"取得借款收到的现金"项目，反映企业举借各种长短期借款而收到的现金。

"偿还债务支付的现金"项目，反映企业为偿还债务本金而支付的现金。

"分配股利、利润和偿付利息支付的现金"项目，反映企业实际支付的现金股利或利润，或用现金支付的借款利息和债券利息。

"收到其他与筹资活动有关的现金"、"支付其他与筹资活动有关的现金"项目，反映企业除上述筹资项目外收到或支付的其他与筹资活动有关的现金，金额较大的应单独列示。

（4）汇率变动对现金及现金等价物的影响

汇率变动对现金及现金等价物的影响主要反映企业外币现金流量采用现金流量发生日的即期汇率或即期汇率的近似汇率折算的金额与企业外币现金及现金等价物净增加额按资产负债表日即期汇率折算的金额之间的差额。

五、所有者权益变动表

（一）所有者权益变动表的内容和结构

所有者权益变动表，是用来反映构成所有者权益的各组成部分当期增减变动情况的报表。本表在一定程度上体现企业综合收益的特点，除列示直接计入所有者权益的利得和损失外，同时包含最终属于所有者权益变动的净利润。

所有者权益变动表至少应当单独列示下列项目：净利润、直接计入所有者权益的利得和损失项目及其总额、会计政策变更和差错更正的累积影响金额、所有者投入资本和向所有者分配利润、按照规定提取的盈余公积、实收资本（或股本）、资本公积、盈余公积、未分配利润的期初和期末余额及其调节情况。所有者权益变动表的结构见表1-5-6所示。

表 1-5-6　所有者权益变动表

201×年度

会企 04 表

编制单位：红星农场

单位：元

项　目	本 年 金 额						上 年 金 额					
	实收资本（或股本）	资本公积	减：库存股	盈余公积	未分配利润	所有者权益合计	实收资本（或股本）	资本公积	减：库存股	盈余公积	未分配利润	所有者权益合计
一、上年年末余额												
加：会计政策变更												
前期差错更正												
二、本年年初余额												
三、本年增减变动金额（减少填"—"）												
（一）净利润												
（二）直接计入所有者权益的利得和损失												

项 目	本 年 金 额						上 年 金 额					
	实收资本(或股本)	资本公积	减:库存股	盈余公积	未分配利润	所有者权益合计	实收资本(或股本)	资本公积	减:库存股	盈余公积	未分配利润	所有者权益合计
1. 可供出售金融资产公允价值变动净额												
2. 权益法下被投资单位其他所有者权益变动的影响												
3. 与计入所有者权益项目相关的所得税影响												
4. 其他												
上述(一)和(二)小计												
(三)所有者投入和减少资本												
1. 所有者投入资本												
2. 股份支付计入所有者权益的金额												
3. 其他												
(四)利润分配												
1. 提取盈余公积												
2. 对所有者(或股东)的分配												
3. 其他												
(五)所有者权益内部结转												
1. 资本公积转增资本(或股本)												
2. 盈余公积转增资本(或股本)												
3. 盈余公积弥补亏损												
4. 其他												
四、本年年末余额												

（二）所有者权益变动表的编制方法

所有者权益变动表"上年金额"栏数字应根据上年度所有者权益变动表"本年金额"栏所列数字填列。"本年金额"栏数字应根据会计政策变更、前期差错更正、当期净利润、直接计入所有者权益的利得和损失项目、所有者投入资本和提取盈余公积、向所有者分配利润等情况分析填列。具体可参照以下方法进行填列。

1. "上年年末余额"项目

上年年末余额应根据企业上年资产负债表中实收资本（或股本）、资本公积、库存股、盈余公积、未分配利润的年末余额填列。

2．"会计政策变更"、"前期差错更正"项目

应根据企业采用追溯调整或处理的会计政策变更的累积影响金额和采用追溯重述法处理的会计差错更正的累积影响金额填列。

3．"本年增减变动金额"项目

（1）"净利润"项目应根据企业当年实现的净利润（或净亏损）金额填列。

（2）"直接计入所有者权益的利得和损失项目"应根据企业当年直接计入所有者权益的利得和损失金额填列。其中："权益法下被投资单位其他所有者权益变动的影响"反映企业采用权益法核算的长期股权投资在被投资单位除当年实现的净损益以外其他所有者权益变动中应享有的份额；"与计入所有者权益项目相关的所得税影响"反映企业按照所得税会计准则计算应计入所有者权益项目的当年所得税影响金额。

（3）"所有者投入和减少资本"应根据企业当年所有者投入和减少的资本填列。其中："所有者投入资本"反映企业接受投资者投入的实收资本和资本溢价；"股份支付计入所有者权益的金额"反映企业处于等待期中的权益结算的股份支付当年计入资本公积的金额。

（4）"利润分配"项目应根据企业当年的利润分配金额填列。

（5）"所有者权益内部结转"应根据企业构成所有者权益的组成部分之间的增减变动金额填列。其中三个小项目分别根据转增资本的资本公积金额、盈余公积金额和弥补亏损的盈余公积金额填列。

六、报表附注

报表附注是财务报表的重要组成部分，是对在资产负债表、利润表、现金流量表和所有者权益变动表等报表中列示项目的文字描述或明细资料，以及对未能在这些报表中列示项目的说明等。

报表使用者要了解企业的财务状况、经营成果和现金流量，应当全面阅读附注，附注相对于报表而言，同样具有重要性。根据《企业会计准则第 30 号——财务报表列报》规定，附注应当按照一定的结构进行系统合理的排列和分类，有顺序地披露下列信息，主要包括：企业的基本情况、财务报表的编制基础、遵循企业会计准则的声明、重要会计政策和会计估计、会计政策和会计估计变更以及差错更正的说明、报表重要项目的说明、其他需要说明的重要事项等。

七、财务分析

（一）财务分析的概念和内容

财务分析也称财务报表分析，是指以财务报表和其他资料为依据和起点，采用专门方法，系统分析和评价企业过去和现在的财务状况、经营成果和现金流量，目的是反映企业在运营过程中的利弊得失及发展趋势，为改进企业财务管理工作和优化经济决策提供重要财务信息。财务分析的最基本功能，是将大量的报表数据转换成对特定决策有用的信息，减少决策的不确定性。

财务报表分析的起点是财务报表，分析使用的数据大部分来源于公开发布的财务报表。由于利益主体的偏好，出于不同的利益考虑，它们对企业进行财务分析既有共同要求，又有各自的侧重，但总体来看，财务分析的内容包括偿债能力分析、营运能力分析、盈利能力分析和发展能力分析四个方面。

1. 偿债能力分析

偿债能力是指企业偿还到期债务的能力。企业偿债能力包括短期偿债能力和长期偿债能力两个方面。从债权人角度，通过偿债能力分析，有助于了解其贷款的安全性。

2. 营运能力分析

营运能力是指通过企业生产经营资金周转速度等指标反映出来的企业资金利用的效率。分析企业各项资产的使用效果、资金周转的快慢以及挖掘资金的潜力，提高资金的使用效果。

3. 盈利能力分析

盈利能力分析主要通过对资产、负债、所有者权益与经营成果相结合来分析企业的各项报酬指标，从而从不同角度判断企业的获利能力。

4. 发展能力分析

发展能力是在企业生存的基础上，扩大规模、壮大实力的潜在能力。主要通过营业收入增长率、资本保值增值率、总资产增长率等指标进行分析。

（二）财务分析的目的

对外发布的财务报表，是根据全体使用人的一般要求设计的，并不适合特定报表使用人的特定要求。报表使用人要从中选择自己需要的信息，重新排列，并研究其相互关系，使之符合特定决策要求。

1. 财务分析的一般目的

财务报表分析的一般目的可以概括为：评价过去的经营业绩；衡量现在的财务状况；预测未来的发展趋势。根据分析的具体目的，财务报表分析可以分为：流动性分析；盈利性分析；财务风险分析；专题分析，如破产预测、审计师的分析性检查程序等。

2. 财务分析的具体目的

企业财务报表的主要使用人有七种，他们的分析目的不完全相同。

投资人：为决定是否投资，分析企业的资产和盈利能力；为决定是否转让股份，分析盈利状况、估价变动和发展前景；为考查经营者业绩，要分析资产盈利水平、破产风险和竞争能力；为决定股利分配政策，要分析筹资状况。

债权人：为决定是否给企业贷款，要分析贷款的报酬和风险；为了解债务人的短期偿债能力，要分析其流动状况；为了解债务人的长期偿债能力，要分析其盈利状况；为决定是否出让债权，要评价其价值。

经理人员：为改善财务决策而进行财务分析，涉及的内容最广泛，几乎包括外部使用人关心的所有问题。

供应商：要通过分析，看企业是否能长期合作；了解销售信用水平如何；是否应对企业延长付款期。

政府：要通过财务分析了解企业纳税情况；遵守政府法规和市场秩序的情况；职工收入和就业状况。

雇员和工会：要通过分析判断企业盈利与雇员收入、保险、福利之间是否相适应。

中介机构（审计师、咨询人员等）：审计师通过财务报表分析可以确定审计的重点。财务报表分析领域的逐渐扩展与咨询业的发展有关，在一些国家"财务分析师"已成为专门职业，他们为各类报表使用人提供专业咨询。

（三）财务分析的基本方法

财务报表分析的方法很多，其中常用的基本方法主要有比较分析法、因素分析法、趋势分析法和比率分析法。

1. 比较分析法

比较分析法是通过实际数与指标评价标准对比，来揭示实际数与指标评价标准之间的差异，据以了解经济活动中取得的成绩和存在的问题的一种分析方法。

比较是分析的最基本方法，没有比较，分析就无法开始。运用这一方法时，要注意可比性，要求相互比较的指标必须性质（或类别）相同，并且所包含的内容、计价标准、时间长度和计算方法都应保持一致，以保证比较结果的正确性。

2. 比率分析法

比率分析法是把某些彼此存在关联的项目加以对比，计算出比率，据以确定经营活动变动程度的分析方法。具体包括构成比率、效率比率、相关比率三种。

构成比率是指某项经济指标的各个组成部分与总体的比率，反映部分与总体的关系。该比率可以反映总体中某个部分的形成和安排是否合理，以便协调各项财务活动。

效率比率是指某项经济活动中所费与所得的比率，反映投入与产出的关系。该比率可以考察经营成果，评价经济效益。

相关比率是指某个项目和与其有关但又不同的项目加以对比所形成的比率，用以反映有关经营活动的相互关系。该比率可以考察有联系的相关业务安排得是否合理，促进企业劳动活动的顺畅进行。

3. 趋势分析法

趋势分析法是将连续几期的财务报表相同的指标进行比较，确定其增减变动的方向、数额和幅度，用以说明企业财务状况、经营成果的变动趋势的一种方法，有以下三种具体运用方法。

重要财务指标的比较，是将不同时期财务报表中的相同指标、比率进行比较，观察其增减变动情况及变动幅度，预测其发展趋势。对于不同时期财务指标的比较有定基动态比率和环比动态比率两种方法。定基动态比率是以某一时期数额为固定基数，分析期数额与固定基期数额的比率；环比动态比率是以每一分析期的前期数额为基期数额而计算出来的动态比率。

会计报表的比较，是将连续数期的会计报表并列起来，比较其相同指标的增减变动金额和幅度，来判断企业财务状况和经营成果发展变化的方法。具体包括资产负债表比较、利润表比较和现金流量表比较。

会计报表项目构成的比较，是以会计报表中的某个总体指标作为100%，再计算各组项目占总体指标的百分比，据以比较各个项目百分比的增减变动，来判断有关财务活动的变化趋势。

4. 因素分析法

因素分析又称连环替代法，是依据分析指标和影响因素的关系，从数量上确定各因素对指标的影响程度的一种分析方法。

企业的活动是一个有机整体，每个指标的高低，都会影响企业整体效益。从数量上测定各因素的影响程度，可以帮助人们抓住主要矛盾，或更有说服力地评价经营状况。

（四）主要财务指标分析

1. 偿债能力指标

（1）短期偿债能力指标

短期偿债能力是指企业偿付流动负债的能力，是衡量企业当前财务能力，特别是流动资产变现能力的重要标志。其衡量指标主要有流动比率和速动比率。

① 流动比率，是流动资产与流动负债的比值，其计算公式为：

$$流动比率＝流动资产÷流动负债×100\%$$

一般情况下,流动比例越高,说明企业短期偿债能力越强。国际上通常认为,该比率的下限为100%,而该比率为200%比较适当,说明企业的财务状况稳定可靠。如果该比率过低,则企业流动性不足,但也不是说该比率越高就越好,如果过高,说明企业流动资产占用较多,会影响资金的使用效率和筹资成本,进而影响盈利能力。

【例3】根据表1-5-1资产负债表的资料计算红星农场的流动比率。(计算结果保留小数点后两位,下同)

$$年初流动比率＝908\ 180÷350\ 580×100\%＝259.05\%$$
$$年末流动比率＝862\ 610÷310\ 320×100\%＝277.97\%$$

根据上述数据分析,该农场年初和年末的流动比率都过高,说明流动资产占用较多,不利于发挥资金的使用效率,该农场可适当加大流动负债的额度。

运用流动比率时,还应注意以下问题:

第一,流动比率越高,企业偿还短期债务的能力越强,但这并不能说明企业有足够的现金或存款用来偿债,有可能是存货积压、应收账款延期过长等原因所致,因此,在分析流动比率的基础上,还应进一步对现金流量加以考察。

第二,企业应尽可能将流动比率维持在不使货币资金闲置的水平,因为过高的流动比率意味着企业闲置资金的持有量过多,会造成企业机会成本的增加和获利能力的降低。

第三,不同企业以及同一企业不同时期的评价标准是不同的,因此对于流动比率是否合理,不应用统一的标准来评价。

② 速动比率

流动比率虽然可以用来评价流动资产总体的变现能力,但人们(特别是短期债权人)还希望获得比流动比率更进一步的有关变现能力的比率指标。这个指标被称为速动比率,也被称为酸性测试比率。

速动比率是企业速动资产与流动负债的比率。速动资产是指从流动资产中扣除存货、预付账款、一年内到期的非流动资产和其他流动资产等的余额。速动比率的计算公式为:

$$速动比率＝速动资产÷流动负债×100\%$$

其中：速动资产＝流动资产－存货－预付账款－一年内到期的非流动资产－其他流动资产
＝货币资金＋交易性金融资产＋应收账款＋应收票据

运用该指标评价企业偿债能力更为谨慎。一般该比率越大,说明企业偿还流动负债的能力越强。国际上通常认为速动比率值为100%时较为适当。如果该比率小于100%,企业会面临较大的偿债风险;如果该比率大于100%,企业偿债的安全性很高,但企业会因现金及应收账款占用过多大大增加企业的机会成本。

【例4】根据表1-5-1资产负债表的资料计算红星农场的速动比率。

$$年初速动比率＝(908\ 180－235\ 200)÷350\ 580×100\%＝191.96\%$$
$$年末速动比率＝(862\ 610－380\ 000)÷310\ 320×100\%＝155.52\%$$

根据上述数据分析,该农场年初和年末的速动比率都高于适当的值,而年初的速动比率更高,这说明该农场偿债的安全性极高,但是大大地增加了企业的机会成本。

(2) 长期偿债能力指标

企业的长期偿债能力,是企业支付长期债务的能力。从长远看,企业不仅要偿还流动负债,还要偿还非流动负债,因此,企业的长期偿债能力衡量的是企业对所有负债的清偿能力,考察的是企业资产、负债与所有者权益之间的关系。企业长期偿债能力评价指标主要有资产负债率、产权比率、权益乘数和已获利息倍数。

① 资产负债率

资产负债率是负债总额除以资产总额的比率，也就是负债总额与资产总额的比例关系。资产负债率反映在总资产中有多大比例是通过借债来筹资的，也是衡量企业在清算时债权人利益的保障程度。计算公式如下。

资产负债率（又称负债比率）＝负债总额÷资产总额×100%

【例5】根据表1-5-1资产负债表的资料计算红星农场的资产负债率。

年初资产负债率＝622 580÷1 771 680×100%＝35.14%

年末资产负债率＝632 320÷1 836 210×100%＝34.44%

资产负债率反映债权人所提供的资本占全部资本的比例。也被称为举债经营比率。比率高，说明长期偿债能力越差；比率越低，说明偿债能力越好。当然，也并不是说这个比率越低越好。应注意从不同角度进行分析。

从债权人的立场看，他们最关心的是贷给企业的款项的安全程度，也就是能否按期收回本金和利息。如果企业所有者提供的资本与企业资本总额相比，只占较小的比例，则企业的风险将主要由债权人负担，这对债权人来讲是不利的。因此，他们希望债务比例越低越好，企业偿债有保证，贷款不会有太大的风险。

从企业所有者的角度看，由于企业通过举债筹措的资金与所有者提供的资金在经营中发挥同样的作用。所以，股东所关心的是全部资本利润率是否超过借入款项的利率，即借入资本的代价。在企业所得的全部资本利润率超过因借款而支付的利息率时，所有者所得到的利润就会加大。如果相反，运用全部资本所得的利润率低于借款利息率，则对所有者不利，因为借入资本的多余的利息要用所有者所得的利润份额来弥补。因此，从所有者的立场看，在全部资本利润率高于借款利息率时，负债比例越大越好。

从经营者的立场看，如果举债很大，超出债权人心理承受程度，则认为是不保险的，企业就借不到钱。如果企业不举债，或负债比例很小，说明企业畏缩不前，对前途信心不足，利用债权人资本进行经营活动的能力很差。借款比率越大（当然不是盲目地借款），越是显得企业活力充沛。

保守的观点认为资产负债率不应高于50%，而国际上通常认为资产负债率等于60%较适当。

② 产权比率

产权比率是指企业负债总额与所有者权益总额的比率，也叫做资本负债率。

产权比率＝负债总额÷所有者权益总额×100%

【例6】根据表1-5-1资产负债表的资料计算红星农场的产权比率。

年初产权比率＝622 580÷1 149 100×100%＝54.18%

年末产权比率＝632 320÷1 203 890×100%＝52.52%

产权比率反映企业在偿还债务时所有者权益对债权人权益的保障程度，是企业财务结构稳健与否的重要标志。该比率越低，说明企业长期偿债能力越强，对债权权益的保障程度越高，财务风险越小，是低风险、低收益的财务结构；否则反之。

资产负债率与产权比率具有共同的经济意义，两个指标可以相互补充。因此，对产权比率的分析可以参见对资产负债率指标的分析。

③ 权益乘数

权益乘数是企业总资产与股东权益的比值。表明股东每投入1元钱可实际拥有和控制的金额。

权益乘数＝总资产÷股东权益

【例7】根据表1-5-1资产负债表的资料计算红星农场的权益乘数。

年初权益乘数＝1 771 680÷1 149 100＝1.54

年末权益乘数＝1 836 210÷1 203 890＝1.52

④ 已获利息倍数

已获利息倍数指标是指企业经营业务收益与利息费用的比率，用以衡量偿付借款利息的能力，也叫利息保障倍数。计算公式如下。

已获利息倍数＝息税前利润÷全部利息费用

式中息税前利润是指利润表中未扣除利息费用和所得税之前的利润。由于我国现行利润表"利息费用"没有单列，而是混在"财务费用"之中，外部报表使用人只好用"利润总额加财务费用"来估计。

式中利息费用是指本期发生的全部应付利息，不仅包括财务费用中的利息费用，还应包括计入固定资产成本的资本化利息。资本化利息虽然不在损益表中扣除，但仍然是要偿还的。利息保障倍数的重点是衡量企业支付利息的能力，没有足够大的息税前利润，资本化利息的支付就会发生困难。

已获利息倍数指标反映企业经营收益为所需支付的债务利息的多少倍。只要已获利息倍数足够大，企业就有充足的能力偿付利息，否则相反。一般来说，企业的利息保障倍数至少要大于1，国际上通常认为该指标为3比较适当，否则，就难以偿付债务及利息。

【例8】根据表1-5-3利润表资料，假定表中财务费用全部为利息费用，资本化利息为0，计算红星农场的已经获利息倍数。

201×年已获利息倍数＝（90 720＋38 400）÷384 00＝3.36

2. 营运能力指标

营运能力是指企业资产的利用效率，即资金周转的速度快慢及有效性。企业营运能力指标包括：存货周转率、应收账款周转率、流动资产周转率、固定资产周转率和总资产周转率。

(1) 存货周转率

存货周转率是一定时期内营业成本与平均存货的比率，计算公式如下。

存货周转率（周转次数）＝营业成本÷平均存货余额

其中：平均存货余额＝（存货余额年初数＋存货余额年末数）÷2

一般情况下，该比率越高，说明企业销货能力越强，存货占用的资金越少，存货积压越小，企业的变现能力强，流动资产利用效果好。

存货周转天数＝360÷存货周转率

＝360÷（营业成本÷平均存货余额）

＝（平均存货余额×360）÷营业成本

存货周转天数是企业一年内存货周转一次所需要的时间，该比率越低，说明企业采购、储藏、销售等环节所占用的时间越短。

【例9】根据表1-5-1资产负债表资料，假设红星农场的年营业成本为2 500 000元，计算该农场的存货周转率和存货周转天数。

存货周转率＝2 500 000÷[（235 200＋380 000）÷2]＝8.13（次）

存货周转天数＝360÷8.13＝44.28（天）

(2) 应收账款周转率

应收账款周转率即应收账款周转次数，是企业一定时期营业收入与平均应收账款余额的比率，是反映应收账款周转速度的指标。有周转次数和周转天数两种表示方法，计算公式如下。

$$应收账款周转率（周转次数）＝营业收入÷平均应收账款余额$$

其中：平均应收账款余额＝(应收账款余额年初数＋应收账款余额年末数)÷2

$$应收账款周转天数＝360÷应收账款周转率$$
$$＝(平均应收账款余额×360)÷营业收入$$

这里的应收账款应包括"应收账款"和"应收票据"。

一般来说，应收账款周转率越高，平均收账期越短，说明应收账款的收回越快，可以减少坏账损失；否则，企业的营运资金会过多地呆滞在应收账款上，影响正常的资金周转。应收账款周转天数比率越低，说明企业收账速度越快，赊销货款被他人占用的时间越短，坏账损失越少。

【例10】根据表 1-5-1 资产负债表资料，假设红星农场的年营业收入为 3 800 000 元，应收账款与应收票据的年初数为 306 980 (116 980＋190 000) 元，年末数为 104 280 (16 280＋88 000) 元。计算该农场的应收账款周转率和应收账款周转天数。

$$应收账款周转率＝3\ 800\ 000÷[(306\ 980＋104\ 280)÷2]＝18.48(次)$$
$$应收账款周转天数＝360÷18.48＝19.48(天)$$

（3）流动资产周转率

流动资产周转率，也称流动资产周转次数，是企业一定时期营业收入与平均流动资产总额的比率。有周转次数和周转天数两种表示方式。计算公式如下。

$$流动资产周转率（周转次数）＝营业收入÷平均流动资产总额$$

其中：平均流动资产总额＝(期初流动资产总额＋期末流动资产总额)÷2

$$流动资产周转天数＝360÷流动资产周转次数$$
$$＝(平均流动资产总额×360)÷营业收入$$

流动资产周转率反映流动资产的周转速度。该比率越低，说明企业流动资产周转一次所需的天数越少，在供、产、销等环节所占用的时间越短。

【例11】根据表 1-5-1 资产负债表资料，流动资产的期初总额为 908 180 元，期末总额为 862 610 元，假设红星农场的年营业收入为 3 800 000 元。计算该农场的流动资产周转率和流动资产周转天数。

$$流动资产周转率＝3\ 800\ 000÷[(908\ 180＋862\ 610)÷2]＝4.29(次)$$
$$流动资产周转天数＝360÷4.29＝83.92(天)$$

（4）固定资产周转率

固定资产周转率，是企业一定时期营业收入与平均固定资产净值的比率，是衡量固定资产利用效率的一项指标。

$$固定资产周转率（周转次数）＝营业收入÷平均固定资产净值$$

其中：平均固定资产净值＝(期初固定资产净值＋期末固定资产净值)÷2

$$固定资产净值＝固定资产原值－累计折旧$$
$$固定资产周转天数＝360÷固定资产周转率$$
$$＝(平均固定资产净值×360)÷营业收入$$

一般情况下，固定资产周转率越高，说明企业固定资产利用越充分，且能表明固定资产投资得当、结构合理、发挥效率充分。而固定资产周转天数比率越低，说明企业固定资产周转一次所需天数越少，固定资产利用率越高。

【例12】根据表 1-5-1 资产负债表资料，期初固定资产净值为 253 500 元，期末固定资产净值为 399 500 元，假设红星农场的年营业收入为 3 800 000 元。计算该农场的固定资产周转率和固定资产周转天数。

$$固定资产周转率＝3\ 800\ 000÷[(253\ 500＋399\ 500)÷2]＝11.64(次)$$
$$固定资产周转天数＝360÷11.64＝30.93(天)$$

（5）总资产周转率

总资产周转率是企业一定时期的营业收入与平均资产总额的比值，是反映企业全部资产利用效率的指标。其计算公式如下。

$$总资产周转率（周转次数）＝营业收入÷平均资产总额$$

其中：平均资产总额＝（年初资产总额＋年末资产总额）÷2

$$总资产周转期（周转天数）＝360÷总资产周转率$$
$$＝（平均资产总额×360）÷营业收入$$

一般情况下，总资产周转率越高，说明企业全部资产的利用效率越高；而总资产周转天数越低，说明企业全部资产周转一次的天数越少，资产利用越高。

【例13】根据表1-5-1资产负债表资料，年初资产总额为1 771 680元，年末资产总额为1 836 210元，假设红星农场的年营业收入为3 800 000元。计算该农场的总资产周转率和总资产周转天数。

$$总资产周转率＝3\ 800\ 000÷[(1\ 771\ 680＋1\ 836\ 500)÷2]＝2.11(次)$$
$$总资产周转天数＝360÷2.11＝170.62(天)$$

3. 盈利能力指标

盈利能力就是企业赚取利润的能力。不论是投资人、债权人还是企业经理人员，都十分重视和关心企业的盈利能力。反映企业盈利能力的指标主要有营业利润率、成本费用利润率、总资产报酬率、净资产收益率等。

（1）营业利润率

营业利润率是企业在一定时期内的利润与营业收入的比率。计算公式如下。

$$营业利润率＝利润÷营业收入×100\%$$

这里的利润既可以采用净利润、利润总额、营业利润，也可以采用毛利（营业收入－营业成本），以便企业从不同角度分析经营业务的获利水平。

营业利润率越高，说明企业市场竞争能力越强，发展潜力越大，盈利能力越强。

【例14】假设采用毛利指标计算营业利润率，红星农场的年营业收入为3 800 000元，年营业成本为3 000 000元。

$$红星农场的年营业利润率＝(3\ 800\ 000－3\ 000\ 000)÷3\ 800\ 000＝21.05\%$$

（2）成本费用利润率

成本费用利润率是企业一定时期利润总额与成本费用总额的比率。计算公式如下。

$$成本费用利润率＝利润总额÷成本费用总额×100\%$$

其中：成本费用总额＝营业成本＋营业税金及附加＋销售费用＋管理费用＋财务费用

成本费用的选择同利润一样，可以有不同的层次，如主营业务成本、营业成本等。在计算该指标时，应注意利润与成本费用之间在层次和口径上的对应关系。

成本费用利润率越高，说明企业为取得利润付出的代价越小，成本费用控制越好，获利能力越强。

【例15】根据表1-5-3利润表的资料，计算红星农场的成本费用利润率。

$$成本费用利润率＝90\ 720÷(250\ 000＋5\ 000＋30\ 000＋50\ 000＋38\ 400)＝24.30\%$$

（3）总资产报酬率

总资产报酬率也称总资产收益率，是企业一定时期内获得的报酬总额与平均资产总额的比率。它是反映企业资产综合利用效果的指标，也是衡量企业利用债权人和所有者权益总额所取得盈利的重要指标。其计算公式如下。

$$总资产报酬率＝息税前利润总额÷平均资产总额×100\%$$

其中：息税前利润总额＝利润总额＋利息支出

$$＝净利润＋所得税费用＋利息支出$$

一般情况下，该指标越高，说明企业的资产利用效果越好，企业整体获利能力越强，管理水平越高。

【例16】假设红星农场201×年的息税前利润为129 120（90 720＋38 400）元，平均资产总额根据表1-5-1得出，计算该农场的总资产报酬率。

$$总资产报酬率＝129\ 120÷[(1\ 771\ 680＋1\ 836\ 210)÷2]＝7.16\%$$

（4）净资产收益率

净资产收益率是企业一定时期净利润与平均净资产的比率。它是反映企业自有资金投资收益水平的指标。计算公式如下。

$$净资产收益率＝净利润÷平均净资产×100\%$$

其中：平均净资产＝（所有者权益年初数＋所有者权益年末数）÷2

净资产收益率是评价企业自有资本及其积累获取报酬水平的最具综合性和代表性的指标，不受行业限制，使用范围广，通用性强。因此，该指标越高，表明企业自有资本盈利能力越强，运营效益越好，对投资者和债权人权益的保障程度越高。

【例17】假设红星农场201×年的净利润为229 000元，平均净资产根据表1-5-1得出，计算该农场的净资产收益率。

$$净资产收益率＝229\ 000÷[(1\ 149\ 100＋1\ 203\ 890)÷2]＝19.46\%$$

4. 发展能力指标

（1）营业收入增长率

营业收入增长率是企业本年营业收入增加额与上年营业收入的比率。其计算公式如下。

$$营业收入增长率＝（本年营业收入－上年营业收入）÷上年营业收入×100\%$$

营业收入增长率是衡量企业经营状况和市场占有能力、预测企业经营业务拓展趋势的重要标志。该指标大于零，说明本年营业收入有所增长，比率越高，说明企业营业收入的增长能力越强。该指标可通过年度利润表的数据计算得出。

（2）资本保值增长率

资本保值增值率是企业年末所有者权益（扣除客观因素）与年初所有者权益的比率。它是反映企业当年资本在企业自身努力下实际增减变动的情况。

$$资本保值增值率＝年末所有者权益÷年初所有者权益×100\%$$

该指标通常应大于100%，投资者投入的资本才得以增值，企业的资本保全才越好。该指标可通过年度资产负债表的数据计算得出。

（3）总资产增长率

总资产增长率是企业本年总资产增长额与年初总资产的比率。它是反映企业本期资产规模增长情况的指标。

$$总资产增长率＝（年末资产总额－年初资产总额）÷年初资产总额×100\%$$

一般情况下，该比率越高，说明企业资产规模扩张越快。在实际分析时，应注意资产规模扩张质和量的关系，以及企业的后续发展能力，避免资产盲目扩张。该指标可通过年度资产负债表的数据计算得出。

（4）营业利润增长率

营业利润增长率是企业本年营业利润增长额与上年营业利润总额的比率。它可以反映企业营业利润的增减变动情况。

营业利润增长率＝(本年营业利润总额－上年营业利润总额)÷上年营业利润总额×100％

该指标可通过年度利润表的数据计算得出。

★ 任务实施

根据农业企业某一期间的会计工作业务，完成资产负债表的编制、利润表的编制、所有者权益变动表的识读、现金流量表的识读；根据会计报表资料完成企业相关的偿债能力指标的计算、营运能力指标的计算、盈利能力指标的计算和发展能力指标计算。（会计报表自备，格式见前述）

★ 任务实施评价

1. 能够正确识读与编制资产负债表；

2. 能够正确识读与编制利润表；

3. 能够正确识读现金流量表与所有者权益变动表；

4. 根据企业的资产负债表和利润表等资料计算与分析的企业偿债能力指标、营运能力指标、盈利能力指标和发展能力指标正确。

★ 总结与反思

任务实施后，结合实施任务的体会，总结学到的知识与技能，学习的经验与不足，寻求改进方法，与大家共享。

工作任务 1-5-2　总量指标分析

★ 任务目标

掌握总体、指标、标志、变量等基本概念；

掌握总量指标的分类，国内生产总值（GDP）的核算方法；

掌握总量指标的统计分组方法、动态比较方法；

掌握总量指标的相关与回归分析方法。

★ 知识引导

会计核算以企业的资金运动作为自己的研究对象，其目的在于为企业的经营管理人员、投资者、债权人及其他社会公众了解企业的财务信息提供服务。在企业经营活动过程中，企业管理活动是以会计核算为中心，以具体的业务核算为基础。

在实践中，企业报表约有90％的数据来自会计。会计核算已经提供这些信息，所以企业往往在会计核算基础上行使统计职能，这有利于企业会计核算与统计核算在内容上各有侧重、信息资料上共享、方法上互通，提高经济核算的效益和水平。

另外会计核算是以货币为计量单位，运用专门的会计方法对企业的生产经营活动或预算执行情况及其结果进行连续、系统、全面地记录、计算、分析。会计核算主要是反映微观经济现象，反映一个企业的经营活动。而统计核算是实物形态与价值形态的两方面核算。它运用特定的方法对企业经济现象进行分类、分组，并运用一系列指标反映企业生产活动水平、发展速度和变化趋势。

从表1-5-7，可以表明统计核算与会计核算相结合，统计分析与财务分析相结合，可以全面地、深入地分析企业经营情况，为企业管理做好全面核算与分析，推进企业不断发展。

表 1-5-7　北京××农业股份有限公司 2015 年中期分行业经营概况

项目名称	营业收入/万元	营业利润/万元	毛利率/%	占主营业务收入比例/%
畜牧养殖业	47 877.58	17 392.75	36.33	99.33
批发零售业	323.87	34.46	10.64	0.67
合计	48 201.45	17 427.21	36.15	100.00

从统计分析中运用的指标表形式来分，分析方法有总量指标分析法、相对指标分析法、平均指标分析法。

指标是说明总体数量特征的科学概念和具体数值，指标一般由指标名称和指标数值两部分组成，它体现了事物质的规定性和量的规定性两个方面的特点。比如，某农业企业 2015 年固定资产净值为 900 万元，这就是指标，是说明总体综合数量特征的，它包括指标名称即固定资产净值、指标数值即 900 万元两个方面。

一、基本概念

一个完整的指标，必须体现出六个构成要素：指标名称（内容）、计量单位、计算方法（常以隐匿的形式出现）、时间范围、空间范围、指标数值。

1. 总体

指标的说明对象是总体，总体单位则需要标志来说明，标志是说明总体单位的属性。

2. 个体

构成总体的基本单位，被称为个体、个体单位、总体单位。如把全国的村办企业作为一个总体，则其中的每一个村办企业即为一个个体。个体是依总体的属性而存在的，所以，统计上也称这样的个体为总体单位。

3. 标志

标志，是指统计总体单位属性的名称。从不同角度考察，每个总体单位可以有许多属性。如每个职工可以有性别、年龄、民族、工种等特征。这些都是职工的标志。职工的性别是"女"，年龄为 32 岁，民族为汉族等，这里"女"、"32 岁"、"汉族"就是性别、年龄、民族的具体体现，即标志值。总体单位的标志值是指标的计算基础

标志按其取值可以分为品质标志和数量标志。品质标志表示事物的质的特性，是不能用数值表示的，如职工的性别、民族、工种等。数量标志表示事物的量的特性，是可以用数值表示的，如职工年龄、工资、工龄等。品质标志主要用于分组，将性质不相同的总体单位划分开来，便于计算各组的总体单位数，计算结构和比例指标。数量标志既可用于分组，也可用于计算标志总量以及其他各种质量指标。

4. 变量和变量值

统计中的标志值和指标值都是可变的，如人的性别有男女之分，各时期、各地区、各部门的工业总产值各有不同等。

变量就是可以取不同值的量，这是数学上的一个名词。在社会经济统计中，变量包括各种数量标志和全部统计指标，它都是以数值表示的，不包括品质标志。变量就是数量标志的名称或指标的名称，变量的具体数值表现则称为变量值。

变量值按是否连续可分为连续变量与离散变量两种。在一定区间内可任意取值的变量叫连续变量，其数值是连续不断的，相邻两个数值可作无限分割，即可取无限个数值。例如，生产零件的规格尺寸、人体测量的身高、体重、胸围等为连续变量，其数值只能用测量或计

量的方法取得。可按一定顺序——列举其数值的变量叫离散变量，其数值表现为断开的。例如，企业个数、职工人数、设备台数、学校数、医院数等，都只能按计量单位数计数，这种变量的数值一般用计数方法取得。

二、指标的分类

指标多种多样，从不同角度划分则有不同的分类。

1. 按表现形式，指标可为总量（绝对）指标、相对指标和平均指标

总量指标，也叫绝对指标、绝对数，它是反映总体规模、水平、总量的指标。如技术人员的人数、利润等。总量指标通常是通过汇总（加法或减法）而获得的。总量指标是最基本的统计指标，是人们认识事物的起点，也是计算相对指标和平均指标的基础。

相对指标，也叫相对数，即用来反映总体相关方面之间数量对比关系的指标。如技术人员占职工总人数的比例、计划完成百分比等。相对指标，通常是通过两个指标的对比（即采用除法）而获得的。

平均指标，也叫平均数，即用来反映总体在一定时空条件下一般水平的指标。如技术人员的平均年龄、职工平均工资、工人劳动生产率等。

2. 按指标的性质，指标可分为数量指标和质量指标

数量指标，它是用来说明总数量、总规模的指标，即用来说明数量多少的指标。一般表现为总量指标或绝对量的形式。如产品产量、利润总额、企业数等。

质量指标，它是用来说明总体内部数量关系和单位水平的指标。一般表现为相对指标（相对数）和平均指标（平均数）的形式。如管理人员占全部职工的比重、劳动生产率等。质量指标是认识总体内部的重要手段，其数值不依总体外延范围的变化而增减，而依总体内部结构的变化而变化。

三、总量指标

总量指标能够反映总体在一定条件下的总规模、总水平或工作总量的统计指标，用一个绝对数来反映特定现象在一定时间上的总量状况，它是一种最基本的统计指标。

总量指标数值都是在正确规定总量指标所表示的各种社会经济现象的概念、构成内容和计算范围，确定计算方法后，通过对总体单位进行全面调查登记，采用直接计数、点数或测量等方法，逐步计算汇总得出，用来反映社会经济现象的总量资料。

1. 总量指标的分类

（1）总量（绝对）指标按其所反映的内容不同可分为单位总量和标志总量

单位总量，就是总体中所含单位的个数或统计指标载体的个数，可用来反映统计对象范围的大小。如农户数、分公司数、产品品种数、农业企业数等。

标志总量，就是总体中各单位标志值的总和，可用来反映统计对象规模的大小。如企业的职工人数、销售收入、利润额等。

（2）总量指标按其计量单位不同可分为实物量指标、价值量指标和劳动量指标三种

实物量指标，即用实物单位计量的绝对指标或绝对数量。实物单位就是反映事物的自然形态和物理属性的计量单位，包括自然单位、度量衡单位、双重单位、复合单位、折合单位和其他单位。

价值量指标，即用货币单位计量的总量指标或绝对数量。如：人民币的单位有元、万元、亿元等；

劳动量指标，用劳动单位计量的总量指标或绝对数量，如工时、工日等。

（3）按指标所属时间，总量指标可分为时点指标与时期指标

时点指标是反映总体在某一时刻规模的总量指标。如期末物资库存量、年底人口数、企业固定资产数。时点指标的数值大小与时点间的间隔长短无直接关系，时点指标数值不能相加，相加的数值没有实际意义。

时期指标是反映总体某一段时期内累计规模的总量指标。如：社会商品零售总额，固定资产投资总额。时期指标数值大小和时间长短有正向变化的关系，时间越长，时期指标数值越大，反之则越小，各期数值可以相加，表示现象在更长时期内发生的总量。

国内生产总值（gross domestic product GDP）是企业统计核算中重要核算指标之一。它是一个国家（地区）所有常住单位在一定时期内生产活动的最终成果。这一指标是企业统计实践中必须要计算并上报政府统计部门的指标，是一个核心总量指标。

在我国企业统计实践中，企业的国内生产总值（GDP）＝劳动者报酬＋生产税净额＋固定资产折旧＋营业盈余＝总产出－中间投入。

劳动者报酬，是指劳动者因从事生产活动所获得的全部报酬。包括劳动者获得的各种形式的工资、奖金和津贴，既包括货币形式的，也包括实物形式的；还包括劳动者所享受的公费医疗和医药卫生费、上下班交通补贴和单位支付的社会保险费等。

生产税净额，指生产税减生产补贴后的余额。生产税指政府对生产单位生产、销售和从事经营活动，以及因从事生产活动使用某些生产要素（如固定资产、土地、劳动力）所征收的各种税、附加费和规划费。生产补贴与生产税相反，是指政府对生产单位的单方面的收入转移，因此视为负生产税，包括政策亏损补贴、粮食系统价格补贴、外贸企业出口退税等。

固定资产折旧，是指一定时期内为弥补固定资产损耗按照核定的固定资产折旧率提取的固定资产折旧。它反映了固定资产在当期生产中的转移价值。

营业盈余，是指常住单位创造的增加值扣除劳动报酬、生产税净额和固定资产折旧后的余额。它相当于企业的营业利润加上生产补贴。

总产出，是指常住单位在一定时期内所生产的全部货物和服务的总价值。

中间投入，是指常住单位在一定时期内在生产经营过程中消费和使用的所有原材料、燃料动力和各种服务的价值。

企业统计核算实践中，还有许多的总量指标，基本都可以从会计核算资料取得，这里就不再详细一一介绍。

2. 总量指标的分析方法

（1）总量指标的静态比较

静态比较是同一时间条件下不同总体的同一指标比较，如不同企业同一总量指标的比较，也叫横向比较，见表1-5-8。

（2）总量指标的动态比较

① 动态数列

动态比较是同一个总体的同一指标在不同时间上比较，也叫纵向比较，形成了动态数列（时间序列、时间数列），用 t_i（$i=1,\cdots,n$）表示现象所属的时间，a_i（$i=1,\cdots,n$）表示现象在不同时间上的观察值。a_i 也称为现象在时间 t_i 上的发展水平，它表示现象在某一时间上所达到的一种数量状态。若观察的时间范围为 $t_1,t_2,\cdots,t_n$，相应的观察值表示为 $a_1,a_2,\cdots,a_n$，其中 a_1 称为最初发展水平，a_n 称为最末发展水平。若将整个观察时期内的各观察值与某个特定时期 t_0 作比较时，时间 t 可表示为 $t_0,t_1,\cdots,t_n$，相应的观察值表示为 $a_0,a_1,\cdots,a_n$，其中 a_0 称为基期水平，a_n 称为报告期水平。

表 1-5-8　北京××农业股份有限公司总资产与净利润排名

（截至 2015 年 6 月 30 日）

简称	总资产/亿元	排名	净利润/亿元	排名	简称	总资产/亿元	排名	净利润/亿元	排名
华资实业	23.84	22	0.74	48	伊利股份	186.48	1	42.23	1
民和股份	11.94	37	5.88	24	同力水泥	46.95	12	20.29	10
新五丰	6.41	48	4.05	27	开创国际	13.51	32	4.16	26
中鲁 B	6.07	49	2.36	39	南宁糖业	48.84	11	21.42	8
大江股份	6.32	49	3.46	32	鲁信创投	35.00	14	1.15	46
福成五丰	6.52	47	2.54	38	上海梅林	22.08	24	11.11	18
哈高科	11.99	36	1.38	43	中水渔业	8.25	45	1.69	41
罗牛山	33.39	15	3.91	30	圣农发展	49.21	10	12.45	14
三元股份	28.37	20	14.81	11	顺鑫农业	94.42	3	36.99	4

从指标表现形式来看，动态数列分为总量指标（绝对数）动态数列、相对指标动态数列和平均指标动态数列。

② 总量指标数列

比较不同时间上总量指标，则形成了总量指标数列，也称之为绝对数列，如表 1-5-9 所示。

表 1-5-9　××公司连续五年的销售额资料

时　间（年份）	2011	2012	2013	2014	2015
销售额/万元	1 000	1 100	1 300	1 350	1 400
逐期增长量/万元	—	100	200	50	50
累计增长量/万元	—	100	300	350	400

表中，逐期增长量＝本期发展水平－上一期发展水平＝$a_n - a_{n-1}$（$i=1,2,3,\cdots,n$），表示本期比上一期的增加量。

表中累计增长量＝本期发展水平－基期水平＝$a_n - a_0$（$i=1,2,3,\cdots,n$），表示本期比基期的增加量。

表中数据也可以绘制成图 1-5-1 的折线图，更加形象地来观察销售额的变化趋势。

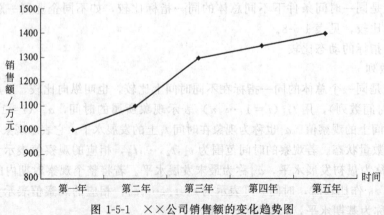

图 1-5-1　××公司销售额的变化趋势图

（3）总量指标的统计分组比较

统计分组是根据研究目的和资料特点按一定标志把总体各单位划分成性质不同的若干部分的工作过程。例如在人口调查资料中，按人的性别可划分为男性组和女性组；按年龄可分为 16 岁以下、17～25 岁、26～45 岁等组；按文化程度可分为小学、初中等组。总之，统计分组是把性质相同的归为一类，把性质不同的区分开，进而在总体内形成不同的组别。因此，统计分组就是对个体单位进行同性质的组合和不同性质的分解。

如表 1-5-10 就是根据不同产品，分把营业收入、营业利润根据产品分成不同的部分，来深入分析哪些产品是主要的收入来源。

表 1-5-10　北京××农业股份有限公司 2015 年中期分产品经营概况

（截至 2015 年 6 月 30 日）

产品类别	营业收入/万元	营业利润/万元	产品类别	营业收入/万元	营业利润/万元
商品仔猪	20 367.88	9 815.30	家禽	5 064.92	862.84
商品肉猪	19 843.82	5 596.47	其他产品	466.47	60.20
二元种猪	2 458.36	1 092.40	合计产品	48 201.45	17 427.21

统计分组关键在选择分组标志，所以在选择分组标志时应当做到以下三点。

第一，要能充分反映研究目的，如要反映科研水平，可按文化程度分组，也可按技术等级分组，而不能按地区分组。

第二，要能反映事物的本质，如企业根据资产资金来源，把资产分成了负债与所有者权益。

第三，不能脱离现象所处的历史条件，如研究农村经济情况，土地革命时期用阶级成分分组，而当前则要用产业结构、生产规模、机械化程度、生产社会化服务体系等分组。

按分组标志取值的不同情况，可将统计分组分为品质分组（见表 1-5-10）和变量分组（见表 1-5-11）。

表 1-5-11　应收账款账龄分析表

年　月　日

单位：元

账　龄	A 公司	B 公司	C 公司	合计	账　龄	A 公司	B 公司	C 公司	合计
折扣期内					过期 61～90 天				
过折扣期但未到期					过期 91～180 天				
过期 1～30 天					过期 181 天以上				
过期 31～60 天					合计				

按分组标志的个数可以分为单标志分组（见表 1-5-10，表 1-5-11）和多标志分组，多标志分组又可以分为平行分组（见表 1-5-12）、复合分组（见表 1-5-13）和不规则分组（略）。

表 1-5-12　平行分组表

组　别		职工人数
性别	男	
	女	
年龄	25 岁及以下	
	26～59 岁	
	60 岁及以上	

表 1-5-13　复合分组表

年龄＼性别	男	女
25 岁及以下		
26～59 岁		
60 岁及以上		

统计分组表中，把总体的所有单位按组归并排列，形成总体中各个单位在各组间的分布，称为分配数列，也称分布数列或次数分布。分配数列包括两个要素：一是总体按某标志所分的组；二是各组总体单位数。每一个组别实质就是标志值（变量值），通常可用 X 表示，各组单位数实质上就是标志值（变量值）出现的次数，也称为频数，通常可用 f 表示；次数（频数）除以总次数（总频数，即总体单位数）被称为频率。

如：已知某车间有 24 名工人，他们的日产量（件）分别是：20，23，20，24，23，21，22，25，26，20，21，21，22，22，23，22，22，24，25，21，22，21，24，23。

要求：根据以上资料编制分配数列如表 1-5-14 所示。

表 1-5-14　不同日产量工人数统计表

日产量(X)/件	工人数(f)/人	比重[$f/\sum f$]/%	日产量(X)/件	工人数(f)/人	比重[$f/\sum f$]/%
20	3	13	24	3	13
21	5	21	25	2	8
22	6	25	26	1	4
23	4	17	合计	24	100

把类似于表 1-5-15 的分配数列，称为组距数列，其中，每一组中取值上限为上组限，取值下限为下组限；（上组限＋下组限）÷2＝组中值，意义是在于假定组中每个总体单位取值均为组中值；上组限－下组限＝组距，表示组中总体单位的标志值变化范围，"90 以下"这一组只有上组限，没有下组限，通常情况下，假定与相邻组距相等，所以"90 以下"这一组的下组限，被确定为 80%，当然实际取值有可能还小于 80%。对于"120 以上"这一组的上组限，也采取相同的作法，假定与相邻组组距相等，所以"120 以上"这一组上组限为 130%。

表 1-5-15　某工厂工人完成生产定额情况表

工人完成生产定额/%	组中值	工人数/个	百分比/%
90 以下	85	30	16.7
90～100	95	40	22.2
100～110	105	60	33.3
110～120	115	30	16.7
120 以上	125	20	11.1
合计	—	180	100

3. 总量指标的相关与回归分析

（1）相关与回归

相关关系是指客观现象之间确实存在的，但数量上不是严格对应的依存关系。在这种关系中，对于某一现象的每一数值，可以有另一现象的若干数值与之相对应。例如成本的高低与利润的多少有密切关系，但某一确定的成本与相对应的利润却是不确定的。这是因为影响利润的因素除了成本外，还有价格、供求关系、消费嗜好等因素以及其他偶然因素。如果现象之间表现为某一现象发生变化另一现象也随之发生变化，而且有确定的值与之相对应，即现象之间是一种严格的确定性的依存关系，这样的关系是函数关系，而不是相关关系。通过相关分析，可以判断两个或两个以上的变量之间是否存在相关关系、相关关系的方向、形态及相关关系的密切程度。

现象之间的相关关系从不同的角度可以区分为不同类型，如：按照相关关系涉及变量

（或因素）的多少分为单相关（两个变量之间的相关关系）与复相关（两个以上变量之间的相关关系）等；按照相关形式不同分为线性相关与非线性相关。

通过统计表、散点图可以定性地测定相关关系，如表 1-5-16 与图 1-5-2。

表 1-5-16　　××公司 2006～2015 年广告费投入与月平均销售额

年份	年广告费投入/万元	月均销售额/万元	年份	年广告费投入/万元	月均销售额/万元
2006	12.5	21.2	2011	34.4	43.2
2007	15.3	23.9	2012	39.4	49.0
2008	23.2	32.9	2013	45.2	52.8
2009	26.4	34.1	2014	55.4	59.4
20010	33.5	42.5	2015	60.9	63.5

从表中可以直观地看出，随着广告投入的增加，销售量增加，两者之间存在一定的正向变化的相关关系，正相关关系。根据上表，可绘制散点图 1-5-2。

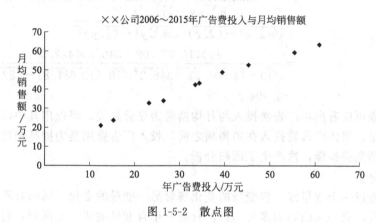

图 1-5-2　散点图

散点图更加直观，可以观察变量间各种相关关系。但这还不能达到定量测定相关关系的目的。

通过相关系数可以测定线性相关系数，实现定量分析，相关系数的公式如下。

$$r=\frac{n\sum xy-\sum x\sum y}{\sqrt{n\sum x^2-(\sum x)^2}\sqrt{n\sum y^2-(\sum y)^2}}$$

相关系数的值介于 -1 与 1 之间，即 $-1\leqslant r\leqslant1$。其性质如下。

① 当 $r>0$ 时，表示两变量正相关，$r<0$ 时，两变量为负相关。

② 当 $|r|=1$ 时，表示两变量为完全线性相关，即为函数关系。

③ 当 $r=0$ 时，表示两变量间无线性相关关系。

④ 当 $0<|r|<1$ 时，表示两变量存在一定程度的线性相关。且 $|r|$ 越接近 1，两变量间线性关系越密切；$|r|$ 越接近于 0，表示两变量的线性相关越弱。

⑤ 一般可按三级划分：$|r|<0.4$ 为低度线性相关；$0.4\leqslant|r|<0.7$ 为显著线性相关；$0.7\leqslant|r|<1$ 为高度线性相关。

序号	广告投入（x）/万元	月均销售额（y）/万元	x^2	y^2	xy
1	12.5	21.2	156.25	449.44	265.00
2	15.3	23.9	234.09	571.21	365.67

序号	广告投入(x)/万元	月均销售额(y)/万元	x^2	y^2	xy
3	23.2	32.9	538.24	1 082.41	763.28
4	26.4	34.1	696.96	1 162.81	900.24
5	33.5	42.5	1 122.25	1 806.25	1 423.75
6	34.4	43.2	1 183.36	1 866.24	1 486.08
7	39.4	49.0	1 552.36	2 401.00	1 930.60
8	45.2	52.8	2 043.04	2 787.84	2 886.56
9	55.4	59.4	3 069.16	3 528.36	3 290.76
10	60.9	63.5	3 708.81	4 032.25	3 867.15
合计	346.2	422.5	14 304.52	19 687.81	16 679.09

所以××公司 2006～2015 年年广告费投入与月均销售的相关系数如下。

$$r = \frac{n\sum xy - \sum x \sum y}{\sqrt{n\sum x^2 - (\sum x)^2}\sqrt{n\sum y^2 - (\sum y)^2}}$$

$$= \frac{10 \times 16\ 679.09 - 346.2 \times 422.5}{\sqrt{10 \times 14\ 304.52 - 346.2^2}\sqrt{10 \times 19\ 687.81 - 422.5^2}}$$

$$= 0.994\ 2$$

从计算结果可以看出年广告费投入与月均销售为显著相关，可以用其中任何一个变量来预测另一个变量。因为广告费投入在销售额之前，投入广告费用是为提高销售量，所以用年广告费投入来预测销售额，这产生了回归分析。

（2）回归分析

回归分析通过一个变量或一些变量的变化解释另一变量的变化。回归有不同种类，按照自变量的个数分，有一元回归和多元回归。只有一个自变量的叫一元回归，有两个或两个以上自变量的叫多元回归。按照回归曲线的形态分，有线性（直线）回归和非线性（曲线）回归。实际分析时应根据客观现象的性质、特点、研究目的和任务选取回归分析的方法。在这里仅讨论一元线性回归分析。一元线性回归的一般程序如下。

① 确定自变量和因变量

自变量一般用 x 来表示，因变量一般用 y 来表示。何者为自变量和因变量，需要根据不同的研究对象来具体确定，如单位面积施肥费用与单产之间，其自变量应为单位面积施肥费用；单产与单位面积收益之间，其自变量应为单产。

② 整理资料

至少应有五对以上的资料，否则保证不了回归的质量，也必然影响预测。

③ 判断相关性质及密切程度

主要看是直线相关还是曲线相关，以及相关的密切程度如何。其方法可选用三种相关分析方法之一，但实际中以绘制散点图的方法居多，如果变量之间存在显著相关关系，或者高度相关关系，即可进行下一步。

④ 确定回归模型

直线相关时只能选择直线回归模型，曲线相关时就只能选择曲线回归模型。

仍以宏达农资公司资料为例，就只能选择直线回归模型：$\hat{y} = a + bx$

其中：a 为截距；b 为斜率，也称回归系数，$\hat{y}$ 是用一元线性回归方程计算的预测值。

a 与 b 也可称参数或待定参数，关键是确定 a、b 的值。

$$\begin{cases} b = \dfrac{n\sum xy - (\sum x) \cdot (\sum y)}{n\sum x^2 - (\sum x)^2} \\ a = \dfrac{1}{n}(\sum y - b\sum x) \end{cases}$$

⑤ 求一元线性回归模型

宏达农资公司年广告费投入与月均销售额的相关系数为 0.994 2，高度相关，所以可以进行回归分析，确定年广告费投入为自变量 x，月均销售额为 y，则一元线性回归方程如下。

$$\begin{cases} b = \dfrac{n\sum xy - (\sum x) \cdot (\sum y)}{n\sum x^2 - (\sum x)^2} = \dfrac{10 \times 16\,679.09 - 346.2 \times 422.5}{10 \times 14\,304.52 - 346.2 \times 346.2} = 0.884\,896 \\ a = \dfrac{1}{n}(\sum y - b\sum x) = \dfrac{1}{10}(422.5 - 0.884\,896 \times 346.2) = 11.614\,92 \end{cases}$$

$\hat{y} = a + bx = 11.614\,92 + 0.884\,896x$

⑥ 直线回归预测

假设当××公司计划 2016 年广告费投入 62 万元，则月均销售额的预测值 $\hat{y} = a + bx = 11.614\,92 + 0.884\,896 \times 620\,000 = 54.864$（万元）。

★ **任务实施**

根据农业企业某一期间的资料，运用总量指标的分组方法、比较方法及回归方法进行统计分析，提供经济信息，为企业管理提供服务。

★ **任务实施评价**

能够正确对总量指标进行分组；

能够对总量指标进行静态和动态比较；

能够采用回归分析法分析企业的总量指标。

★ **总结与反思**

任务实施后，结合实施任务的体会，总结学到的知识与技能，学习的经验与不足，寻求改进方法，与大家共享。

工作任务 1-5-3 相对指标分析

★ **任务目标**

相对指标的概念与种类；

每种相对指标计算方法；

相对指标一般分析方法。

★ **知识引导**

要分析企业的经营活动，仅仅利用总量指标是远远不够的。如果要对事物做深入的了解，就需要对总体的组成和其各部分之间的数量关系进行分析、比较，这就必须计算相对指标并运用相对指标进行比较与分析。

如表 1-5-10 中，增加两列，变成表 1-5-17，可以看出企业哪些产品的经济效益更加明显。

在财务分析中，诸如流动比率、速动比率、现金比率、资产负债率、产权比率、已获利息倍数、存货周转次数、总资产周转率都是相对指标，类似的财务分析相对指标前文已论述，在此不作过多说明。下面内容主要作为财务分析相对指标一个必要补充和延伸，从更多角度对企业经营活动进行分析。

表 1-5-17　北京××农业股份有限公司 2015 年中期分产品经营概况

（截至 2015 年 6 月 30 日）

产品类别	营业收入/万元	营业利润/万元	毛利率/%	占主营业务收入比例/%
商品仔猪	20 367.88	9 815.30	48.19	42.26
商品肉猪	19 843.82	5 596.47	28.20	41.17
二元种猪	2 458.36	1 092.40	44.44	5.10
家禽	5 064.92	862.84	17.04	10.51
其他产品	466.47	60.20	12.91	0.97
合计产品	48 201.45	17 427.21	36.15	100.00

一、相对指标

相对指标是用两个有联系的指标进行对比的比值来反映社会经济现象数量特征和数量关系的综合指标。相对指标也称作相对数，其数值有两种表现形式：无名数和复名数。无名数是一种抽象化的数值，多以系数、倍数、成数、百分数或千分数表示。复名数主要用来表示强度的相对指标，以表明事物的密度、强度和普遍程度等。例如，人均粮食产量用"千克/人"表示。

相对指标的作用主要有以下三个方面。

① 相对指标通过数量之间的对比，可以表明事物相关程度、发展程度，它可以弥补总量指标的不足，使人们清楚了解现象的相对水平和普遍程度。例如，某企业去年实现利润 500 000 元，今年实现 550 000 元，则今年利润增长了 10%，这是总量指标不能说明的。

② 把现象的绝对差异抽象化，使原来无法直接对比的指标变为可比。不同的企业由于生产规模条件不同，直接用总产值、利润比较评价意义不大，但如果采用一些相对指标，如资金利润率、资金产值率等进行比较，便可对企业生产经营成果做出合理评价。

③ 说明总体内在的结构特征，为深入分析事物的性质提供依据。例如计算一个地区不同经济类型的结构，可以说明该地区经济的性质。又如计算一个地区的第一、二、三产业的比例，可以说明该地区社会经济现代化程度等。

二、相对指标的种类

统计分析目的不同，可以采取不同的比较标准（即对比的基础），而对比作用也会有所不同，进而形成不同的相对指标。相对指标一般有六种形式，即计划完成程度相对指标、结构相对指标、比例相对指标、比较相对指标、强度相对指标和动态相对指标。

1. 计划完成程度相对指标

计划完成程度相对指标是社会经济现象在某时期内实际完成数值与计划任务数值对比的结果，一般用百分数来表示。基本计算公式如下。

$$计划完成程度相对指标 = \frac{实际完成数}{计划任务数} \times 100\%$$

【例 1】 某企业劳动生产率计划达到 8 000 元/人，某种产品计划单位成本为 100 元，该企业实际劳动生产率达到 9 200 元/人，该产品实际单位成本为 90 元，其计划完成程度指标为：

$$劳动生产率计划完成程度相对指标 = \frac{9\ 200}{8\ 000} \times 100\% = 115\%$$

$$单位成本计划完成程度相对指标=\frac{90}{100}\times100\%=90\%$$

计算结果表明，该企业劳动生产率实际比计划提高了15%，完成了计划，而某产品单位成本实际比计划降低了10%，产品成本比计划少了10%，故完成了计划。这里劳动生产率为正指标，单位成本为逆指标。

2. 结构相对指标

研究企业经营活动时，不仅要掌握其总量，而且要揭示经济活动内部的组成数量表现，亦即要对总体内部的结构进行数量分析，这就需要计算结构相对指标。

结构相对指标就是在分组的基础上，以各组（或部分）的单位数与总体单位总数对比，或以各组（或部分）的标志总量与总体的标志总量对比求得的比重，借以反映总体内部结构的一种综合指标。一般用百分数、成数或系数表示，可以用公式表述如下。

$$结构相对指标=\frac{总体某部分或组的数值}{总体全部数值}\times100\%$$

概括地说，结构相对数就是部分与全体对比得出的比重或比率。由于对比的基础是同一总体的总数值，所以各部分（或组）所占比之和应当等于100%或1。

例如在企业库存管理工作中，采用ABC分析法，其基本原理就是对影响经济活动的重要程度进行分析，按各种因素的影响程度的大小分为A、B、C三类，实行分类管理。采用这种方法的依据，就是根据对统计资料的分析，计算出结构相对指标，按百分比大小并结合企业实际情况确定出对企业生产经营有重要影响（A类）、次要影响（B类）、一般影响（C类），如表1-5-18。

表 1-5-18　××养殖场饲料存货分类表

类　别	占资金的比重/%
能量饲料	55
蛋白质饲料	35
粗饲料	4
青绿饲料	3
矿物质补充料	2
饲料添加剂	1

可见，应重点抓好能量饲料（A类）的管理，其次是蛋白质饲料（B类）的管理，这样就可以控制资金的90%，收到较好的管理效益。

3. 比例相对指标

比例相对指标是反映总体中各个组成部分之间的比例关系和均衡状况的综合指标。它是同一总体中某一部分数值与另一部分数值静态对比的结果，计算公式如下。

$$比例相对指标=\frac{总体中某一部分数值}{总体中另一部分数值}\times100\%$$

如财务分析中，速动比率的高低能直接反映企业的短期偿债能力强弱，它是对流动比率的补充，并且比流动比率反映得更加直观可信。如果流动比率较高，但流动资产的流动性却很低，则企业的短期偿债能力仍然不高。在流动资产中有价证券一般可以立刻在证券市场上出售，转化为现金，应收账款、应收票据、预付账款等项目，可以在短时期内变现，而存货、待摊费用等项目变现时间较长，特别是存货很可能发生积压、滞销、残次、冷背等情况，其流动性较差，因此流动比率较高的企业，并不一定偿还短期债务的能力很强，而速动比率就避免了这种情况的发生。速动比率一般应保持在100%以上。一般来说，速动比率与流动比率的比值在 0.5 左右最为合适。

4. 比较相对指标

就是将不同地区、单位或企业之间的同类指标数值作静态对比而得出的综合指标，表明同类事物在不同空间条件下的差异程度或相对状态。比较相对指标可以用百分数、倍数和系数表示。其计算公式可以概括如下：

$$比较相对数 = \frac{甲地区（单位或企业）某类指标数值}{乙地区（单位或企业）同类指标数值} \times 100\%$$

【例 2】两个类型相同的工业企业，甲企业全员劳动生产率为 18 542 元/人·年，乙企业全员劳动生产率为 21 560 元/人·年，则两个企业全员劳动生产率的比较相对指标为：

$$\frac{18\ 542}{21\ 560} \times 100\% = 86\%$$

5. 强度相对指标

就是在同一地区或单位内，两个性质不同而有一定联系的总量指标数值对比得出的相对数，是用来分析不同事物之间的数量对比关系，表明现象的强度、密度和普遍程度的综合指标。其计算公式可以概括如下。

$$强度相对指标 = \frac{某一总量指标数值}{另一个有联系而性质不同的总量指标数值}$$

全员劳动生产率＝企业国内生产总值÷全部职工平均人数，全员劳动生产率是考核企业经济活动的重要指标，是企业生产技术水平、经营管理水平、职工技术熟练程度和劳动积极性的综合表现。

6. 动态相对指标（发展速度）

就是将同一总体在不同时期的两个数值进行动态对比而得出的相对数，借以表明现象在时间上发展变动的程度。一般用百分数或倍数表示，也称为发展速度。其计算公式如下。

$$发展速度 = \frac{报告期指标数值}{基期指标数值} \times 100\%$$

兴旺公司连续五年的销售额资料

时间	2001	2002	2003	2004	2005
销售额/万元	1 000	1 100	1 300	1 350	1 400
环比发展速度(a_i/a_{i-1})/%	—	110.00	118.18	103.85	103.70
定基发展速度(a_i/a_0)	—	110.00	130.00	135.00	140.00

注：$i = 1,2,3,4,5,\cdots$年

发展速度是报告期发展水平与基期发展水平之比，用于描述现象在观察期内相对的发展变化程度。

由于采用的基期不同，发展速度可以分为环比发展速度和定基发展速度。环比发展速度是报告期水平与前一时期水平之比，说明现象逐期发展变化的程度；定基发展速度是报告期水平与某一固定时期水平之比，说明现象在整个观察期内总的发展变化程度。

设发展速度为 R，环比发展速度和定基发展速度的一般形式可以表示如下。

环比发展速度：$R_i = \dfrac{a_i}{a_{i-1}}$　$(i = 1, \cdots, n)$

定基发展速度：$R_0 = \dfrac{a_i}{a_0}$　$(i = 1, \cdots, n)$

三、相对指标的分析方法

相对指标的分析方法与总量指标的分析方法类似，也可采用分组方法、动态比较方法、相关与回归分析的方法，各仅举一例。

(一) 相对指标分组分析方法

见表 1-5-19。

表 1-5-19　××农业有限公司产品若干财务指标比较

指标/日期	肉猪	鸡	蛋	指标/日期	肉猪	鸡	蛋
净利润/万元	26 534.74	1 061.27	2 105.16	净资产收益率/%	9.99	6.70	9.69
净利润增长率/%	65.20	−27.34	50.13	净利润现金含量/%	245.42	85.63	−201.12

(二) 动态比较方法

见表 1-5-20 及图 1-5-3。

表 1-5-20　××公司不同时期销售毛利率对比

变动日期	序号	销售毛利率/%
2011 年 12 月 31 日	1	46.43
2012 年 3 月 31 日	2	50.93
2012 年 6 月 30 日	3	51.44
2012 年 9 月 30 日	4	51.42
2012 年 12 月 31 日	5	47.94
2013 年 3 月 31 日	6	49.94
2013 年 6 月 30 日	7	40.73
2013 年 9 月 30 日	8	30.04
2013 年 12 月 31 日	9	50.16
2014 年 3 月 31 日	10	41.58
2014 年 6 月 30 日	11	43.36
2014 年 9 月 30 日	12	41.77
2014 年 12 月 31 日	13	30.83
2015 年 3 月 31 日	14	36.96
2015 年 6 月 30 日	15	32.18

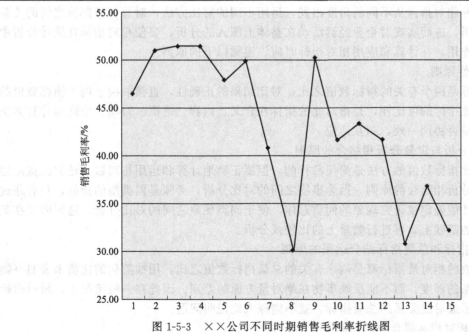

图 1-5-3　××公司不同时期销售毛利率折线图

（三）相关与回归分析的方法

【例3】设某企业下属十个门市部有关资料如下。

门市部编号	职工平均销售额/万元	流通费用率/%	销售利润率/%	门市部编号	职工平均销售额/万元	流通费用率/%	销售利润率/%
1	6	2.8	12.6	6	7	2.1	16.3
2	5	3.3	10.4	7	6	2.9	12.3
3	8	1.8	18.5	8	3	4.1	6.2
4	1	7.0	3.0	9	3	4.2	6.6
5	4	3.9	8.1	10	7	2.5	16.8

流通费用率与销售利润率的相关系数为－0.9124，散点图如图 1-5-4 所示。

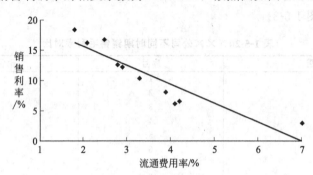

图 1-5-4　某企业流通费用率与销售利润率散点图

设流通费用率为自变量 x，销售利润率为因变量 y，则有一元线性回归方程如下。

$$\hat{y} = a + bx = -3.144x + 21.96$$

当流通费用率为 3.1% 时，销售利润率的预测值为 $-3.144 \times 3.1 + 21.96 = 12.2136$（%）

四、正确运用相对指标的原则

上述六种相对指标从不同的角度出发，运用不同的对比方法，对总体各部分之间的关系进行数量分析，进而实现对企业经营活动在整体上深入的分析，要使相对指标在统计分析中起到应有的作用，在计算和应用相对指标时应该遵循以下的原则。

1. 可比性原则

相对指标是两个有关的指标数值之比，对比结果的正确性，直接取决于两个指标数值的可比性。对比指标的可比性，是指对比的指标在含义、内容、范围、时间、空间和计算方法等口径方面是否协调一致，相互适应。

2. 定性分析与定量分析相结合的原则

计算对比指标数值的方法是简便易行的，但要正确地计算和运用相对数，还要注重定性分析与定量分析相结合的原则。因为事物之间的对比分析，必须是同类型的指标，只有通过统计分组，才能确定被研究现象的同质总体，便于同类现象之间的对比分析。这说明要在确定事物性质的基础上，再进行数量上的比较或分析。

3. 相对指标和总量指标结合运用的原则

绝大多数的相对量指标都是两个有关的总量指标数值之比，用抽象化的比值来表明事物之间对比关系的程度，而不能反映事物在绝对量方面的差别。因此在一般情况下，相对指标离开了据以形成对比关系的总量指标，就不能深入地说明问题。

4. 各种相对指标综合应用的原则

各种相对指标的具体作用不同，都是从不同的侧面来说明所研究的问题。为了全面而深入地说明现象及其发展过程的规律性，应该根据统计研究的目的，综合应用各种相对指标。

★ **任务实施**

根据农业企业某一期间的资料，计算相应的计划完成指标、结构指标、比例指标、比较指标、强度指标和动态指标。并能运用分组分析方法、动态比较方法、相关与回归分析等方法对这些相关指标进行分析，为农业企业管理提供服务。

★ **任务实施评价**

能够正确识别相对指标；

能够正确计算各相对指标；

能够采用正确的分析方法分析企业的相对指标。

★ **总结与反思**

任务实施后，结合实施任务的体会，总结学到的知识与技能，学习的经验与不足，寻求改进方法，与大家共享。

工作任务 1-5-4　平均指标分析

★ **任务目标**

掌握平均指标的概念与种类；

掌握不同平均指标的计算方法；

掌握算术平均数代表性衡量方法。

★ **知识引导**

平均指标是用作总体中各单位水平的代表值。在研究社会经济现象中，将所研究的同类现象作为一个同质总体，总体内各单位之间常常具有较大差异，如职工工资、单位产品成本，如果要对总体中各单位的数量标志有个概括的、一般的认识，显然不能用某一个单位的标志值来说明。但同质总体内各个单位标志值的差异是有一定范围的，客观上存在着能代表总体一般水平的量，这个量就是平均指标。在表 1-5-21 中，行业平均就是指截至 2015 年 3 月 31 日农业上市公司若干项财务指标的平均数，表示了一般水平。

表 1-5-21　北京××农业股份有限公司若干财务指标与行业平均指标比较

（截至 2015-03-31）

项目	总股本/亿股	实际流通 A 股	总资产/亿元	主营收入/亿元	净利润增长率
××农业	4.39	4.39	106.81	20.02	−6.13
行业平均	4.26	3.18	30.41	8.19	72.85

一、平均指标

平均指标又称平均数用以反映社会经济现象总体各单位某一数量标志在一定时间、地点条件下所达到的一般水平的综合指标。

平均指标的作用有以下三个方面。

① 它可以反映总体各单位变量分量分布的集中趋势，可以用来比较同类现象在不同单位发展的一般水平。

② 可用来反映事物的本质。如要反映某地农民的收入水平，用"人均收入"就比用

"总收入"指标更能反映实质性问题。这一特性也告诉我们：利用平均数可说明不同空间上的本质差别；利用平均数也可发现事物的发展趋势和规律；利用平均指标还可以分析现象之间的依存关系。

③ 利用平均数可进行数量上的推算。因为平均数是一个在数量上"居中"的值，用它来进行推算既省力又准确。

二、平均指标的种类

平均指标的种类有：算术平均数、调和平均数、几何平均数、众数和中位数。前三种平均数是根据总体所有标志值计算的所以称为数值平均数，后两种平均数是根据标志值所处的位置确定的，因此称为位置平均数。

（一）算术平均数

算术平均数是指总体单位的标志值的总和除以标志值个数所得的商，简称平均数或均值，记为 $\overline{X}$。算术平均数可根据资料是否分组而采用直接法或加权法计算。

1. 算术平均数公式

$$\overline{X} = \frac{\sum\limits_{i=1}^{n} x_i}{n} = \frac{\sum\limits_{i=1}^{n} x_i f_i}{\sum\limits_{i=1}^{n} f_i}$$

$i = 1, 2, 3, \cdots, n$，x 代表标志值，f 表示某个标志值出现的次数，n 表示总体单位数，即标志值的个数

【例 1】长庆养殖场测得 10 头成年公牛的体重分别为 500、520、535、560、585、600、480、510、505、490（公斤），求其平均体重。

$\overline{X} = (500 + 520 + 535 + 560 + 585 + 600 + 480 + 510 + 505 + 490) \div 10 = 528.5$（公斤）

即 10 头种公牛平均体重为 528.5 公斤。

【例 2】友民养殖场将 100 头长白母猪的仔猪 1 月窝重（单位：公斤）资料整理成表 1-5-22 如下，求其加权数平均数。

表 1-5-22　100 头长白母猪仔猪 1 月窝重次数分布

组　别	组中值（x）	次数（f）	xf	组　别	组中值（x）	次数（f）	xf
10～20	15	3	45	50～60	55	24	1 320
20～30	25	6	150	60～70	65	8	520
30～40	35	26	910	70～80	75	3	225
40～50	45	30	1 350	合计	—	100	4 520

$\overline{X} = 4\,520 \div 100 = 45.2$（公斤/头）

这 100 头长白母猪仔猪一月龄平均窝重为 45.2 公斤。

2. 算术平均数集中趋势代表性衡量

（1）方差与标准差

方差和标准差是测度数据变异程度的最重要、最常用的指标。方差是各个数据与其算术平均数的离差平方的平均数，通常以 σ^2 表示。方差的计量单位和量纲不便于从经济意义上进行解释，所以实际统计工作中多用方差的算术平方根——标准差来测度统计数据的差异程度。标准差又称均方差，一般用 σ 表示。公式如下。

$$\sigma = \sqrt{\frac{\sum_{i=1}^{n}(x-\bar{x})^2}{n}} = \sqrt{\frac{\sum_{i=1}^{n}(x_i-\bar{x})^2 f_i}{\sum_{i=1}^{n} f_i}}$$

则【例1】中的标准差为：

$$\sigma = \sqrt{\frac{\sum_{i=1}^{n}(x-\bar{x})^2}{n}}$$

$$= \sqrt{\frac{(500-528.5)^2+(520-528.5)^2+\cdots+(490-528.5)^2}{10}}$$

$$=38.67 \text{头}$$

则【例2】中的标准差为：

$$\sigma = \sqrt{\frac{\sum_{i=1}^{n}(x_i-\bar{x})^2 f_i}{\sum_{i=1}^{n} f_i}}$$

$$= \sqrt{\frac{(15-45.2)^2\times3+(25-45.2)^2\times6+\cdots+(75-45.2)^2\times3}{3+6+\cdots+3}}$$

$$=159.96（\text{头}）$$

（2）标准差系数（离散系数、变异系数）

标准差数值的大小一方面取决于原变量值本身水平高低的影响，也就是与变量的均值大小有关。变量值绝对水平越高，离散程度的测度值自然也就越大，绝对水平越低，离散程度的测度值自然也就越小；另一方面，它们与原变量值的计量单位相同，采用不同计量单位计量的变量值，其离散程度的测度值也就不同。因此，对于平均水平不同或计量单位不同的不同组别的变量值，是不能直接用上述离散程度的测度值直接进行比较的。为了消除变量值水平高低和计量单位不同对离散程度测度值的影响，需要计算离散系数。

离散系数通常是就标准差来计算的，因此，也称为标准差系数，它是一组数据的标准差与其相应的均值之比，是测度数据离散程度的相对指标，其计算公式如下。

$$V_\sigma = \frac{\sigma}{\bar{X}}\times100\%$$

标准差系数（离散系数、变异系数）越大，说明算术平均数代表性大，变量值在算术平均数集中程度大，反之，则越小。

（二）调和平均数

调和平均数是算术平均数的变形。从其公式的形式上说，调和平均数就是对各个变量值先求倒数再进行平均，平均后再取其倒数的方法。所以，调和平均数也叫倒数平均数。调和平均数的运算结果就是"调和平均数"或"倒数平均数"。

【例3】有某种水果在甲、乙、丙三个农贸市场的价格分别为1.00元/斤、0.9元/斤、0.80元/斤。如果在这三个农贸市场各买1元钱的水果，那么平均每斤水果的价格应为：

$$H = \text{销售额}/\text{销售量}$$

$$= n/\sum(1/x) = 3/[(1/1)+(1/0.9)+(1/0.8)] = 0.892 \text{（元/斤）}$$

【例4】某种水果在甲、乙、丙三个农贸市场上的价格及销售情况见表1-5-23。

表 1-5-23　三个农贸市场的水果价格及销售情况

市　场	价格(x)/(元/斤)	销售额(M)/元	市　场	价格(x)/(元/斤)	销售额(M)/元
甲	1.50	1 000	丙	0.80	2 000
乙	0.9	2 500	合计	—	5 500

则该种水果在甲、乙、丙三个农贸市场的平均价格为：

$$H = 销售总额/销售总量$$
$$= \sum M / \sum(M/X)$$
$$= 5\ 500/[(1\ 000/1)+(2\ 500/0.9)+(2\ 000/0.8)]=0.925\ （元/斤）$$

在工作实践中，根据将要平均的具体内容写出算术平均法的具体公式。这些具体公式只能靠平时所学专业知识的积累。如平均价格，其基本公式应为"总销售额/总销售量"；平均产量，其基本公式应为"总产量/总人数"；等等。观察"所缺的"是分子资料还是分母资料。如要计算平均价格，其基本公式应为"总销售额/总销售量"，看是缺"总销售额"（分子）还是缺"总销售量"（分母）。缺分子用算术平均数，缺分母用调和平均数。

（三）几何平均数

n 个标志值相乘之积开 n 次方所得的方根，称为几何平均数。

【例5】某银行在10年内几次调整贷款利率（按复利计息），各年利率为：第1年8%，第2年至第5年6.5%，第6年至第8年5%，第9年至第10年4%。求这10年中银行贷款的平均年利率。

计算平均年利率，首先将年利率加上100%，换算为各年的本利率，然后计算出平均本利率，再减去100%，得到平均年利率。其计算过程如下。

$$G = \sqrt[10]{(1+8\%)^1 \times (1+6.5\%)^4 \times (1+5\%)^3 \times (1+4\%)^2} = 1.056\ 9$$

平均年利率$=105.69\%-100\%=5.69\%$

（四）众数

一般来说，一组数据中，出现次数最多的数就叫这组数据的众数。例如：1，2，3，3，3，4的众数是3。另外当标志值没有明显次序（常发生于非数值性资料）时特别有用，由于可能无法计算算术平均数和中位数。例如：鸡、鸭、鱼、鱼、鸡、鱼的众数是鱼。众数是销售中最常用的一个指标。

但也有可能一组数据中的众数不止一个，如数据2、3、−1、2、1、3中，2、3都出现了两次，它们都是这组数据中的众数。但是，如果所有数据出现的次数都一样，那么这组数据没有众数。

（五）中位数

标志值从小到大依次排列，位于中间的那个观测值，称为中位数，记为 Me。当标志值的个数是偶数时，则以中间两个标志值的平均数作为中位数。当所获得的数据资料呈偏态分布时，中位数的代表性优于算术平均数。

对于未分组资料，先将各观测值由小到大依次排列。

1. 当观测值个数 n 为奇数时，$(n+1)\div2$ 位置的观测值，为中位数。

2. 当观测值个数为偶数时，$n\div2$ 和 $(n\div2+1)$ 位置的两个观测值之和的 1/2 为中位数。

【例6】观察得9只西农莎能奶山羊的妊娠天数为144、145、147、149、150、151、

153、156、157，求其中位数。

此例 $n=9$，为奇数，则：$Me=(9+1)\div2=5$

即西农莎能奶山羊妊娠天数的中位数为 150 天。

【例 7】观察得 10 只西农莎能奶山羊的妊娠天数为 144、145、147、149、150、151、153、156、157、158，求其中位数。

$Me=(150+151)\div2=150.5$ 天为中位数。

★ 任务实施

根据所给农业企业业务实例，能够通过计算算术平均数、调和平均数、几何平均数、众数、中位数来反映企业经济管理水平。

★ 任务实施评价

1. 能够正确识别平均指标；

2. 能够正确计算平均指标；

3. 能够正确计算方差与标准差及标准差系数。

★ 总结与反思

任务实施后，结合实施任务的体会，总结学到的知识与技能，学习的经验与不足，寻求改进方法，与大家共享。

★ 任务考核与训练

一、单项选择题

1. 编制资产负债表时，"应收账款"科目明细账中若有贷方余额，应将其计入该表中的（　　）项目。

    A. 应收账款　　　　B. 其他应收款　　　　C. 应付账款　　　　D. 预收账款

2. 下列资产负债表项目中，应根据多个总账科目余额计算填列的是（　　）。

    A. 短期借款　　　　B. 资本公积　　　　C. 实收资本　　　　D. 未分配利润

3. 下列项目中，不应在资产负债表"存货"项目中反映的是（　　）。

    A. 材料采购　　　　B. 库存商品　　　　C. 发出商品　　　　D. 工程物资

4. 下列资产负债表项目中，应直接根据总账科目余额填列的是（　　）。

    A. 应付账款　　　　B. 预收账款　　　　C. 短期借款　　　　D. 存货

5. 下列项目中，属于资产负债表中流动负债项目的是（　　）。

    A. 应付债券　　　　B. 应付票据　　　　C. 长期借款　　　　D. 长期应付款

6. 资产负债表中，"未分配利润"项目应根据（　　）填列。

    A. 本年利润科目余额　　　　　　　　B. 利润分配科目余额

    C. 盈余公积科目余额　　　　　　　　D. 本年利润和利润分配科目的余额计算后

7. 资产负债表中货币资金项目中包含的项目是（　　）。

    A. 商业承兑汇票　　　　　　　　　　B. 银行承兑汇票

    C. 银行汇票存款　　　　　　　　　　D. 交易性金融资产

8. 某企业 2015 年 12 月 31 日固定资产账户余额为 600 万元，累计折旧账户余额为 300 万元，固定资产减值准备账户余额为 100 万元。该企业 2015 年 12 月 31 日资产负债表中固定资产项目的金额为（　　）万元

    A. 600　　　　　　B. 300　　　　　　C. 200　　　　　　D. 400

9. 编制利润表的主要依据是（　　）。

    A. 资产、负债及所有者权益各账户的期末余额

B. 资产、负债及所有者权益各账户的本期发生额

C. 损益类各账户的期末余额

D. 损益类各账户的本期发生额

10. 不能引起现金流量净额变动的项目是（　　　）。

  A. 用固定资产抵偿债务   B. 用银行存款清偿 20 万元的债务

  C. 将现金存入银行   D. 用银行存款购买一个月到期的债券

11. 支付购入固定资产的价款属于（　　　　）产生的现金流量。

  A. 经营活动   B. 投资活动   C. 筹资活动   D. 汇率变动

12. 下列属于"经营活动产生的现金流量"的是（　　　）。

  A. 销售材料收到的现金   B. 出售固定资产收到的现金

  C. 取得现金股利收到的现金   D. 支付现金股利支付的现金

13. 下列项目中，应在所有者权益变动表中反映的是（　　　　）。

  A. 销售商品   B. 支付办公费

  C. 盈余公积转增资本   D. 支付广告费

14. 下列项目中，不会影响流动比率的业务是（　　　　）。

  A. 用现金购买固定资产   B. 用现金购买短期债券

  C. 用银行存款取得长期借款   D. 用存货进行对外长期投资

15. 如果企业速动比率很小，下列结论成立的是（　　　　）。

  A. 企业短期偿债能力很强   B. 企业流动资产占用过多

  C. 企业资产流动性很强   D. 企业短期偿债风险很大

16. 下列项目中，可能导致企业资产负债率变化的经济业务是（　　　　）。

  A. 用现金购买债券   B. 以固定资产对外投资（按账面价值作价）

  C. 收回应收账款   D. 接受投资者投资转入的固定资产

17. 某企业 2015 年营业收入净额为 360 万元，流动资产平均余额为 40 万元，固定资产平均余额为 80 万元。假定没有其他资产，则该企业 2011 年的总资产周转率为（　　　　）次。

  A. 3.5   B. 3.0   C. 3.2   D. 2.8

18. 下列各项中，不属于速动资产的是（　　　　）。

  A. 货币资金   B. 应收账款   C. 应收票据   D. 预付款项

19. 某企业应收账款周转次数为 4.5 次，假设一年按 360 天计算，则应收账款的周转天数为（　　　　）天。

  A. 80   B. 780   C. 340   D. 61.1

20. 调查某大学 2 000 名学生学习情况，则总体单位是（　　　　）。

  A. 2 000 名学生   B. 2 000 名学生的学习成绩

  C. 每一名学生   D. 每一名学生的学习成绩

21. 统计指标按其说明的总体现象的内容不同，可以分为（　　　　）。

  A. 基本指标和派生指标   B. 数量指标和质量指标

  C. 实物指标和价值指标   D. 绝对数指标，相对数指标和平均数指标

22. 下列属于品质标志的是（　　　　）。

  A. 工人年龄   B. 工人性别   C. 工人体重   D. 工人工资

23. 标志是说明（　　　　）。

  A. 总体单位特征名称   B. 总体单位量的特征的名称

  C. 总体质的特征的名称   D. 总体量的特征的名称

24. 2010年，我国人均粮食产量393.10公斤，人均棉花产量3.97公斤，人均国民生产总值为1 558元，它们是（   ）

    A. 结构相对指标   B. 比较相对指标

    C. 比例相对指标   D. 强度相对指标

25. 2011年我国国内生产总值为95 533亿元，这是（   ）。

    A. 时期指标   B. 时点指标   C. 总量指标   D. 平均指标

26. 一个企业产品销售收入计划增长8%，实际增长20%，则计划超额完成程度为（   ）。

    A. 12%   B. 150%   C. 111.11%   D. 11.11%

27. 权数对于算术平均数的影响，决定于（   ）。

    A. 权数的经济意义   B. 权数本身数值的大小

    C. 标志值的大小   D. 权数对应的各组单位数占总体单位数的比重

28. 某年收入变量数列，其分组依次为10万元以下，10万～20万元，20万～30万元，30万元以上，则有（   ）。

    A. 10万元应归入第一组   B. 20万元应归入第二组

    C. 20万元应归入第三组   D. 30万元应归入第三组

29. （   ）属于按品质标志分组。

    A. 雇员按受教育年限分组   B. 职工按就业领域分组

    C. 企业按资产存量分组   D. 住户按人口多寡分组

30. 平均数反映了（   ）。

    A. 总体分布的集中趋势   B. 总体中总体单位的集中趋势

    C. 总体分布的离中趋势   D. 总体变动的趋势

31. 加权算术平均数的大小（   ）。

    A. 受各组标志值的影响最大   B. 受各组次数的影响最大

    C. 受各组权数系数的影响最大   D. 受各组标志值和各组次数的共同影响

32. 在变量数列中，如果变量值较小的一组权数较大，则计算出来的算术平均数（   ）。

    A. 接近于变量值大的一方   B. 接近于变量值小的一方

    C. 不受权数的影响   D. 无法判断

33. 标准差是其各变量值对其算数平均数的（   ）。

    A. 离差平均数的平方根   B. 离差平方平均数的平方根

    C. 离差平方的平均数   D. 离差平均数平方的平方根

34. 计算离散系数是为了比较（   ）。

    A. 不同分布数列的相对集中程度   B. 不同水平的数列的标志变动度的大小

    C. 相同水平的数列的标志变动度的大小 D. 两个数列平均数的绝对离差

35. 两组工人加工同样的零件，甲组工人每人加工的零件分别为：25、26、28、29、32；乙组工人每人加工的零件分别为：22、25、27、30、36。哪组工人加工零件数的变异较大（   ）。

    A. 甲组   B. 乙组   C. 一样   D. 无法比较

36. 相关分析研究的是（   ）。

    A. 变量间相互关系的密切程度   B. 变量之间因果关系

    C. 变量之间严格的相依关系   D. 变量之间的线性关系

二、多项选择题

1. 下列项目中，影响企业营业利润的是（　　　　）。
   A. 营业外收入　　　B. 投资收益　　　C. 管理费用　　　D. 所得税费用

2. 下列资产负债表项目中，应根据明细科目余额分析填列的有（　　　　）。
   A. 应收账款　　　B. 应收票据　　　C. 预收账款　　　D. 应付账款

3. 资产负债表中的"应收账款"应根据（　　　）填列。
   A. 应收账款所属明细账借方余额合计　　　B. 预收账款所属明细账借方余额合计
   C. 应收账款总账科目借方余额　　　D. 按应收账款计提的坏账准备科目的贷方余额

4. 资产负债表的"存货"项目包括（　　　）。
   A. 发出商品　　　B. 低值易耗品　　　C. 存货跌价准备　　　D. 制造费用

5. 下列资产负债表项目中，根据总账余额直接填列的有（　　　　）。
   A. 资本公积　　　B. 盈余公积　　　C. 应收账款　　　D. 应收票据

6. 资产负债表的数据可以通过以下（　　　）方式获得。
   A. 总账科目的余额　　　　　　　　B. 明细科目的余额
   C. 几个总账科目的余额合计　　　　D. 有关科目的余额减去其备抵科目后的净额

7. 下列项目中，属于流动负债的有（　　　）。
   A. 预收账款　　　B. 应付股利　　　C. 预付款项
   D. 一年内到期的非流动负债

8. 下列项目中，属于现金流量表中现金的有（　　　　）。
   A. 库存现金　　　B. 银行存款　　　C. 应收票据　　　D. 现金等价物

9. 下列项目中，影响现金流量增减变动的是（　　　　）。
   A. 用银行存款偿还应付账款
   B. 从银行提取现金
   C. 用银行存款购买两个月到期的国债投资
   D. 收回期限为两个月到期的应收票据，款项存入银行

10. 下列项目中，应在所有者权益变动表中反映的是（　　　）。
    A. 净利润　　　　　　　　　　　B. 直接计入所有者权益变动表的利得
    C. 盈余公积转增资本　　　　　　D. 直接计入当期损益的损失

11. 下列项目中，应在财务报表附注中披露的有（　　　　）。
    A. 企业的基本情况　　　　　　　B. 财务报表的编制基础
    C. 报表重要项目的说明　　　　　D. 重要会计政策和会计估计

12. 计算下列各项指标时，其分母需要采用平均数的有（　　　　）。
    A. 应收账款周转次数　　　　　　B. 存货周转次数
    C. 应收账款周转天数　　　　　　D. 总资产报酬率

13. 影响速动比率的因素有（　　　）。
    A. 应收账款　　　B. 短期借款　　　C. 预付款项　　　D. 应付账款

14. 在其他情况不变的情况下，缩短应收账款周转天数，有利于（　　　）。
    A. 企业扩大销售规模　　　　　　B. 企业减少资金占用
    C. 缩短现金周转期　　　　　　　D. 提高短期偿债能力

15. 属于企业获利能力分析指标的有（　　　　）。
    A. 资产周转率　　　　　　　　　B. 应收账款周转天数
    C. 成本费用利润率　　　　　　　D. 总资产报酬率

16. 品质标志表示事物的质的特征，数量标志表示事物的量的特征，所以（   ）。
    A. 数量标志可以用数值表示　　　　　B. 品质标志可以用数值表示
    C. 数量标志不可以用数值表示　　　　D. 品质标志不可以用数值表示
    E. 两者都可以用数值表示
17. 某企业是总体单位，数量标志有（   ）。
    A. 所有制　　　B. 职工人数　　　　C. 月平均工资
    D. 年工资总额　　E. 产品合格率
18. 统计指标的构成要素有（   ）。
    A. 指标名称　　　B. 计量单位　　　　C. 计算方法
    D. 时间和空间　　E. 指标数值
19. 统计分组的作用在于（   ）。
    A. 保证统计整理的准确性　　　　　　B. 划分现象的类型
    C. 保证统计分析结果的真实性　　　　D. 揭示现象的内部结构
    E. 分析现象的依存关系
20. 统计表按分组情况不同，可分为（   ）。
    A. 简单表　　　B. 汇总表　　　　C. 分组表
    D. 分析表　　　E. 复合表
21. 在分配数列中，（   ）。
    A. 各组的频数之和应等于 100
    B. 各组的频率之和应等于 100%
    C. 某组频率越大，则该组标志值所起的相对作用就越大
    D. 某组频数越大，则该组标志值所起的绝对作用就越大
    E. 若总次数一定，则频数与频率成正比
22. 下列属于变量数列的有（   ）。
    A. 按大学生所学专业分配　　　　　　B. 按运动员年龄分配
    C. 按企业利润分配　　　　　　　　　D. 按工人的劳动生产率分配
    E. 按劳动者的职业分配
23. 相对指标的数值表现形式是（   ）。
    A. 绝对数　　　B. 无名数　　　　C. 有名数
    D. 平均数　　　E. 上述情况都存在
24. 下列统计指标为总量指标的有（   ）。
    A. 人口密度　　　B. 工资总额　　　　C. 物资库存量
    D. 人均国民生产总值　　　　　　　　E. 货物周转量
25. 下列统计指标属于时期指标的有（   ）。
    A. 职工人数　　　B. 工业总产值　　　C. 人口死亡数
    D. 粮食总产值　　E. 铁路货物周转量
26. 一个地区一定时期的商品零售额属于（   ）。
    A. 时点指标　　　B. 时期指标　　　　C. 总量指标
    D. 质量指标　　　E. 数量指标
27. 权数对平均数的影响作用表现在（   ）。
    A. 当标志值比较大而次数较多时，平均数接近于标志值大的一方
    B. 当标志值比较小而次数较少时，平均数接近于标志值较小的一方

C. 当标志值比较小而次数较多时，平均数接近标志值较小的一方

D. 当标志值比较大而次数较少时，平均数靠近标志值较大的一方

E. 当各组次数相同时，对平均数没有影响

28. 应用平均指标需要遵循的原则有（　　　　）。

A. 结合经济内容的原则　　　　　　　B. 平均数和典型事例相结合

C. 社会现象的同质性　　　　　　　　D. 用组平均数补充说明总平均数

E. 用分配数列补充说明平均数

29. 在各种平均指标中，不受极端值影响的平均指标是（　　　　）。

A. 算术平均数　　　B. 调和平均数　　　C. 几何平均数

D. 中位数　　　　　E. 众数

30. 标志变异指标可以反映（　　　　）。

A. 平均数代表性的大小　　　　　　　B. 总体单位标志值分布的集中趋势

C. 总体单位标志值的离中趋势　　　　D. 生产过程的均衡性

E. 产品质量的稳定性

三、判断题

（　　）1. 资产负债表中"应付账款"和"预付款项"应直接根据该科目的总账余额填列。

（　　）2. 应收票据项目应根据"应收票据"总账余额填列。

（　　）3. "长期股权投资"项目应根据"长期股权投资"科目的余额填列。

（　　）4. 短期借款项目应根据短期借款总账科目余额直接填列。

（　　）5. 利润表是反映企业在一定会计期间经营成果的报表。

（　　）6. 资产负债表是反映企业在某一时期财务状况的报表。

（　　）7. 所有者权益变动表只是反映企业在一定期间未分配利润的增加变动情况的报表。

（　　）8. 统计分组的关键在于划分各组的界限。

（　　）9. 对于连续型变量，其组限是按照"上限不包括在内"的原则进行汇总的。

（　　）10. 统计资料的整理不仅是对原始资料的整理，而且还包括对次级资料的整理。

（　　）11. 连续型变量的分组只能采取组距式形式。

（　　）12. 统计整理的关键步骤在于统计分组。

（　　）13. 在确定组限时，最大组上限必须大于最大变量值，最小组下限必须小于最小变量值。

（　　）14. 假设甲、乙、丙三个企业今年产量计划完成程度分别为95%、100%、105%，则这三个企业产量平均计划完成程度为100%。

（　　）15. 结构相对指标常用来提示总体各组成部分的构成及其变动，说明不同部分地位的变化，以认识事物的类型特征。

（　　）16. 比较相对指标是将不同空间条件下同类指标数值进行对比的结果。

（　　）17. 同一总体时期指标的大小，必然与时期的长短成正比；时点指标数值的大小，必然与时点间的间隔成反比。

（　　）18. 旅客运输量按人次计量，是一种双重单位。

（　　）19. 比较相对指标是将不同空间条件下同类指标数值进行对比的结果。

（　　）20. 各变量值与其平均数的离差之和为最小。

（　　）21. 中位数和众数数值的大小与分配数列的极端值无关。

（　　）22. 假如所有标志值的频数都减少一半，那么平均数也减少。

（　　）23. 标准差系数抽象化了标志变异程度的影响。

（　　）24. 某一变量的每一个数值都有另一变量的确定的值与之对应，这种关系叫相关关系。

（　　）25. 任何两个有相关关系的现象，计算其相关系数一定是在 −1～1 之间。

（　　）26. 计算相关系数时，首先要确定自变量和因变量。

四、技能训练题

1. 某农业企业 2015 年 12 月 31 日年末科目余额表见表 1-5-24，根据该科目余额表编制 12 月 31 日的资产负债表。

表 1-5-24　年末科目余额表　　　　　　　　　　　　　　　单位：元

账户名称	借方余额	账户名称	贷方余额
库存现金	8 000	短期借款	63 000
银行存款	8 940 034	应付票据	100 000
其他货币资金	35 000	应付账款	. 1 311 299
交易性金融资产	10 000	应付职工薪酬	180 000
应收票据	44 000	应交税费	36 600
应收账款	300 000	应付股利	60 000
坏账准备	−1 815	其他应付款	57 000
预付账款	100 000	长期借款	1 150 000
其他应收款	5 000	实收资本	10 000 000
原材料	395 000	资本公积	2 930 000
周转材料	600 000	盈余公积	229 660
材料采购	961 965	利润分配	456 325
材料成本差异	47 300	—	—
库存商品	1 082 400	—	—
存货跌价准备	−8 000	—	—
长期股权投资	460 000	—	—
长期股权投资减值准备	−8 000	—	—
固定资产	2 609 000	—	—
累计折旧	−390 000	—	—
固定资产减值准备	−25 000	—	—
在建工程	728 000	—	—
无形资产	800 000	—	—
无形资产减值准备	−9 000	—	—
累计摊销	−210 000	—	—
长期待摊费用	100 000	—	—
合计	16 573 884	合计	16 573 884

2. 某农业企业 2015 年 12 月 31 日损益类科目累计发生额见表 1-5-25，根据该表编制该企业 2015 年度的利润表。

表 1-5-25　年末损益类科目余额表　　　　　　　　　　　单位：元

科目名称	借方发生额	贷方发生额
主营业务收入	—	1 550 000
其他业务收入	—	500 000
投资收益	—	30 000
营业外收入	—	200 000
主营业务成本	780 000	—
其他业务成本	300 000	—
营业税金及附加	8 000	—
销售费用	30 000	—
管理费用	100 000	—
财务费用	42 000	—
资产减值损失	50 000	—
营业外支出	19 500	—
所得税费用	140 000	—

3. 根据第 1、第 2 题编制的资产负债表和利润表的资料计算该企业 2015 年年末相关的偿债能力指标、运营能力指标、盈利能力指标和发展能力指标。

4. 某农业企业 2015 年的有关资料如下：年初资产为 250 万元，年末资产为 200 万元，资产周转率为 0.6 次。2016 有关财务资料如下：年末流比率为 2，年末速动比率为 1.2，存货周转率为 5 次。年末流动负债为 35 万元，年末长期负债为 35 万元，年初存货 30 万元。2016 年营业净利率 21%，资产周转率 0.8 次，该企业流动资产中只有货币资金、应收账款和存货。

要求：（1）计算该企业 2016 年年末流动资产总额、年末资产负债率和净资产收益率。

（2）计算该企业 2016 年的存货、营业成本和销售收入。

5. 某农业企业 2005～2015 年的产品销售数据计算逐期增长量与累计增长量见表 1-5-26。

要求：填列表中空缺数据。

表 1-5-26　产品销售数据增长表　　　　　　　　　　　单位：万元

年　份	销售额	逐期增长量	累计增长量	环比发展速度/%	定基发展速度/%
2005	80				
2006	83				
2007	87				
2008	89				
2009	95				

年 份	销售额	逐期增长量	累计增长量	环比发展速度/%	定基发展速度/%
2010	101				
2011	107				
2012	115				
2013	125				
2014	134				
2015	146				

6. 某企业 2015 年上半年的产量和单位成本资料如下。

月 份	1	2	3	4	5	6
产量/件	2 000	3 000	4 000	3 000	4 000	5 000
单位成本/元	73	72	71	73	69	68

要求：试根据该企业 2015 年上半年产量与单位成本进行相关与回归分析。

7. 某农业集团公司所属的 40 个子公司 2015 年商品销售收入（单位：万元）数据如下。

98	109	106	105	8	108	120	128	124	137	96
116	121	117	93	121	138	88	105	160	105	104
103	114	111	119	118	147	108	144	130	114	109
129	125	129	115	122	120	109				

要求：根据上述资料编制分配数列。

8. 某一牧场主每年饲养 600 头牛。现在有人向他推荐一种个头较小的改良品种牛，每头牛吃草量较少，这样在原来同样面积的牧场上可以多养 150 头牛。饲养原品种牛和改良品种牛的利润如下。

净利润/(元/头)	原品种牛		改良品种牛
	频数	频率/%	频率/%
−200	36	6	1
0	12	2	2
200	185	31	57
400	367	61	40
合计	600	100	100

要求：(1) 牧场主应该选择哪一种品种？为什么？

(2) 改良品种牛的利润和频率可能与上表的计算值有差异。当饲养改良品种牛的利润有什么变化时，牧场主会改变他在 (1) 中所做的选择？

项目2 村集体经济组织经济核算

 **知识目标**

- 了解适用村集体经济组织会计制度的范围；
- 了解村集体经济组织资产、负债、所有者权益、成本与损益包括的内容；
- 熟悉村集体经济组织相关资产、负债、所有者权益、成本与损益的内部控制制度；
- 掌握村集体经济组织资产、负债、所有者权益、成本与损益的业务操作；
- 掌握村集体经济组织资产负债表、收益及收益分配表的填报。

 能力目标

- 能够比较熟练进行各项资产、负债、所有者权益、成本与损益的业务核算；
- 能够准确运用账簿记录正确编制村集体经济组织资产负债表、收益及收益分配表；
- 能够对村集体经济组织资产负债表、收益及收益分配表进行财务分析。

按村或村民小组设置的社区性集体经济组织称村集体经济组织。

农村集体经济组织以从事经济发展为主，同时兼有一定社区管理职能，应按村集体经济组织会计制度的规定，设置和使用会计科目，登记会计账簿，编制会计报表，全面核算、反映村集体经济组织经营活动和社区管理的财务收支，做好村务公开和民主管理，加强村集体经济组织的会计工作，规范村集体经济组织的会计核算。

村集体经济组织应配备必要的会计人员，也可以按照民主、自愿的原则，委托乡（镇）经营管理机构及代理记账机构代理记账、核算。

财政部门依照《中华人民共和国会计法》的规定对村集体经济组织的财务会计工作进行管理和监督。农村经营管理部门依照有关法律、行政法规等规定对村集体经济组织的财务会计工作进行指导和监督。

为适应双层经营的需要，村集体经济组织应实行统一核算和分散核算相结合的两级核算体制。凡是作为发包单位的村集体经济组织发生的收支、结算、分配等会计事项都必须按《村集体经济组织会计制度》的规定进行核算。村集体经济组织所属的各承包单位实行单独核算，所发生的经济业务不记入村集体经济组织的账内。村集体经济组织的会计记账采用借贷记账法。收入和支出的核算原则上采用权责发生制。

自公历1月1日起至12月31日止为一个会计年度。会计核算以人民币"元"为金额单位，"元"以下填至"分"。

子项目 2-1 资 产 核 算

★ **任务目标**

村集体经济组织货币资金的核算内容及核算方法；

村集体经济组织应收款及内部往来的核算内容及核算方法；

村集体经济组织存货的核算内容及核算方法；

村集体经济组织农业资产的核算内容及核算方法；

村集体经济组织固定资产的核算内容及核算方法；

能够设置相应的会计账簿、填制会计凭证、登记有关总账、日记账与明细账。

★ 知识引导

资产是指由村集体经济组织过去的交易或者事项形成的、由村集体经济组织拥有或者控制的、预期会给村集体经济组织带来经济利益的资源。

村集体经济组织的资产分为流动资产、农业资产、长期投资和固定资产。

村集体经济组织流动资产是指可以在一年或一个生产周期内变现或者耗用的资产。包括现金、银行存款、短期投资、应收款项、存货等。

一、货币资金核算

货币资金是指村集体经济组织的生产经营活动中，以货币形态存在的那部分资金。包括现金和银行存款，现金亦称库存现金，指存放于村集体经济组织财会部门，由出纳人员经管的货币，如硬币、纸币；银行存款是指村集体经济组织存入银行、信用社或其他金融机构的款项。

（一）货币资金的管理原则

① 村集体经济组织必须根据有关法律法规，结合实际情况，建立健全货币资金内部控制制度。

② 村集体经济组织应当建立货币资金业务的岗位责任制，明确相关部门和岗位的职责权限。明确审批人和经办人对货币资金业务的权限、程序、责任和相关控制措施。

③ 村集体经济组织向单位和农户收取现金时手续要完备，使用统一规定的收款凭证。村集体经济组织取得的所有现金均应及时入账，不准以白条抵库，不准坐支，不准挪用，不准公款私存。应严格遵守库存现金限额制度，库存现金不得超过规定限额，超过库存现金限额的部分应当及时交存银行。

库存现金限额是指为了保证村集体经济组织日常零星支出，按规定允许留存现金的最高限额。

库存现金限额由开户银行或信用社根据村集体经济组织的实际需要（一般按照村集体经济组织3～5天日常零星开支所需现金确定），和距离银行远近等情况核定。远离银行或交通不便的村集体经济组织，银行最多可以根据村集体经济组织15天的正常开支需要量来核定库存现金的限额。正常开支需要量不包括定期和不定期的大额现金支出。

库存现金限额一经核定，村集体经济组织必须严格遵守，不能任意超过，超过限额的现金应及时存入银行（信用社）；库存现金低于限额时，可以提现补足限额。

需要增加或减少库存现金限额的村集体经济组织，可以向开户银行（信用社）提出申请，由开户银行（信用社）重新核定。

④ 村集体经济组织必须建立健全现金开支审批制度，严格现金开支审批手续。对手续不完备的开支，不准付款；对不合理的开支，经办人有权向民主理财小组或上级主管部门反映。

⑤ 村集体经济组织要及时、准确地核算现金收入、支出和结存，做到账款相符。要组织专人定期或不定期清点核对现金。

⑥ 村集体经济组织要定期与银行、信用社或其他金融机构核对账目。支票和财务印鉴

不得由同一人保管。

⑦ 村集体经济组织应当定期或不定期对货币资金内部控制进行监督检查，对发现的薄弱环节，应当及时采取措施，加以纠正和完善。

⑧ 村集体经济组织应当严格按照国家有关支付结算办法，正确进行银行存款收支业务的结算，并按照制度规定核算银行存款的各项收支业务。

(二) 现金使用范围

根据国家《现金管理条例》规定，村集体经济组织可在下列范围内使用现金。

① 职工（包含村、组干部）工资、津贴；

② 个人劳务报酬；

③ 根据国家规定发给个人的科技、文艺、体育等各种奖金；

④ 各种劳保、福利费用及国家规定对个人的其他支出；

⑤ 向个人收购农副产品和其他物质的款项；

⑥ 出差人员必须随身携带的差旅费；

⑦ 结算起点（1 000 元人民币）以下的零星支出；

⑧ 中国人民银行确定需要支付现金的其他支出。

上述现金结算范围内的支出，村集体经济组织可根据实际情况及需要，从开户银行或信用社提取现金支付。不属于上述现金结算范围内的支出，村集体经济组必须通过银行或信用社转账结算。

(三) 现金收支及清查的核算

现金属于资产类账户，借方登记现金的增加数；贷方登记现金的减少；余额在借方反映村集体经济组织实际持有的库存现金。

1. 现金收入的核算

村集体经济组织收入现金时，借记"现金"账户，贷记"经营收入"、"一事一议资金"、"发包及上交收入"、"其他收入"、"农业税附加返还收入"等有关账户。

【例1】张三承包村水库养鱼，交来承包金 1 500 元，现金已收。

借：现金　　　　　　　　　　　　　　　　　　　　　　　　　　1 500

　　贷：发包及上交收入　　　　　　　　　　　　　　　　　　　　　1 500

【例2】A 村委会清理废旧报纸并卖得现金 350 元。

借：现金　　　　　　　　　　　　　　　　　　　　　　　　　　350

　　贷：其他收入　　　　　　　　　　　　　　　　　　　　　　　350

【例3】经村民代表大会讨论并经上级批准，村道路水泥硬化，由村民筹资 5 600 元。现款已收。

借：现金　　　　　　　　　　　　　　　　　　　　　　　　　　5 600

　　贷：一事一议资金——村道　　　　　　　　　　　　　　　　　5 600

2. 现金支出的核算

支出现金时，借记"内部往来"、"固定资产"、"经营支出"、"管理费用"等有关账户，贷记"现金"账户。

【例4】村干部李四出差借支现金 2 300 元。

（1）取现

借：现金　　　　　　　　　　　　　　　　　　　　　　　　　　2 300

　　贷：银行存款　　　　　　　　　　　　　　　　　　　　　　　2 300

（2）支付

借：内部往来——李四　　　　　　　　　　　　　　　　　　　　　　　　2 300
　　贷：现金　　　　　　　　　　　　　　　　　　　　　　　　　　　　　　2 300
【例5】村委会购买电脑一台，价款4 800元，取现金后支付。
取现金：借：现金　　　　　　　　　　　　　　　　　　　　　　　　　4 800
　　　　　贷：银行存款　　　　　　　　　　　　　　　　　　　　　　　　4 800
支付：借：固定资产——电脑　　　　　　　　　　　　　　　　　　　　4 800
　　　　贷：现金　　　　　　　　　　　　　　　　　　　　　　　　　　　4 800

3. 现金清查的核算

现金清查指对库存现金的盘点与核对，包括出纳人员每日终了进行的现金账实核对，和清查小组进行的定期或不定期的现金盘点、核对，达到账实相符的目的。

现金清查一般采用实地盘点法。

清查小组清查时，出纳人员必须在场，清查的主要内容包括是否有挪用现金、白条抵库、超限额留存现金的现象，以及账实是否相符等。

对于现金清查的结果，应编制现金盘点报告单（附后），注明现金溢缺的金额，由出纳人员和盘点人员签字（章）。库存现金盘点报告表见表2-1-1。

表 2-1-1　库存现金盘点报告表

乡（镇）、村：

	盘点日期　　　年　月　日			清点现钞记录		
				面值	张（枚）数	金额
应存数	盘查日账面余额		元			
	已收未入账	笔	元	壹佰元		
	合计		元	伍拾元		
银行核定限额		元		拾元		
盘点实存数	现金	元		伍元		
	已付未入账	元		贰元		
	白条	元		壹元		
				伍角		
				贰角		
	合计	元		壹角		
溢余或短缺				伍分		
出纳人员签章				贰分		
主管财务领导签章				壹分		
清查人员签章				合计		
清查意见：						

（1）如果发生现金溢余
审批前，借：现金
　　　　　贷：内部往来——现金长款或"应付款——现金长款"
待查明原因经批准后
借：内部往来——现金长款或"应付款——现金长款"
　　贷：其他收入
【例6】某村集体经济组织清查库存现金时，发现溢余300元，原因待查。根据库存现金盘点报告单，编制会计分录。

　　审批前，借：现金　　　　　　　　　　　　　　　　　　　　　　　300

　　　　　　　　贷：内部往来——现金长款或"应付款——现金长款"　　300

　　经查，溢余中100元为出纳员李静的私人款项，由李静收回，另外200元原因无法查明，作当期收入处理。

　　借：内部往来——现金长款或"应付款——现金长款"　　　　　　300

　　　　贷：其他收入　　　　　　　　　　　　　　　　　　　　　200

　　　　　　现金　　　　　　　　　　　　　　　　　　　　　　　100

　　（2）如果发生现金短缺

　　审批前，借：内部往来——现金短缺或"应收款——现金短缺"

　　　　　　　　贷：现金

　　待查明原因后，借：其他支出

　　　　　　　　内部往来——×××或"应收款——×××"（明确赔偿责任人）

　　　　　　　　贷：内部往来——现金短缺或"应收款——现金短缺"

　　收到赔偿款后，借：现金

　　　　　　　　贷：内部往来——×××或"应收款——×××"

　　【例7】某村集体经济组织清查库存现金时，发现短缺500元，原因待查。根据库存现金盘点报告单，编制会计分录。

　　借：内部往来——现金短缺或"应收款——现金短缺"　　　　　　500

　　　　贷：现金　　　　　　　　　　　　　　　　　　　　　　　500

　　【例8】查明上述现金短缺为零售农用材料时出纳员少收货款造成，经批准应由出纳员李静赔偿损失。

　　借：内部往来——李静或"应收款——李静"　　　　　　　　　　500

　　　　贷：内部往来——现金短缺或"应收款——现金短缺"　　　　500

　　收到赔偿款后

　　借：现金　　　　　　　　　　　　　　　　　　　　　　　　　500

　　　　贷：内部往来——李静或"应收款——李静"　　　　　　　　500

（四）银行存款的管理与核算

　　按照国家有关规定，凡是独立核算的单位都必须在当地银行开设账户。

　　1. 银行账户的管理

　　村集体经济组织在其所在地银行（信用社）开设结算账户时，必须凭中国人民银行当地分支机构核发的开户许可证，带好村集体经济组织财务公章、财务负责人和出纳员印章等印鉴，到当地银行（信用社）开立账户。开立账户必须注意以下几点。

　　（1）不得为还贷、还债和套取现金而多头开立基本存款账户；

　　（2）不得出租、出借账户；

　　（3）不得违反规定为在异地存款和贷款而开立账户；

　　（4）不得利用银行账户进行非法活动。

　　2. 银行结算方式

　　银行结算方式包括票据结算（主要有银行汇票、商业汇票、银行本票、支票等）、信用卡、汇兑、托收承付、委托收款、信用证等。根据村集体经济组织的实际情况，下面只就支票结算方式作具体规定。

　　（1）支票　是指出票人签发的，委托办理支票存款业务的银行或信用社或其他金融机构，在见票时无条件支付确定金额给收款人或者持票人的票据。

（2）支票的领用 村集体经济组织在开立基本存款账户后，向银行（信用社）申请购买支票。存款账户结清时，必须将剩余的空白支票全部交回银行（信用社）注销。平常工作中，作废的支票也必须妥善保存备查。

（3）支票的种类 支票分为现金支票（支票上印有"现金"字样）、转账支票（支票上印有"转账"字样）、普通支票（未印"现金"或"转账"字样，可以支现也可以转账，但划线普通支票〈支票左上角划两条平行线〉只能用于转账，不得支取现金）。

（4）支票的签发

① 转账支票的签发。指由支票存款人开出，委托金融机构见票后无条件从其账户中拨付一定金额给收款人的票据。

填写转账支票时，各栏项目必须使用碳素墨水笔填写齐全。

a. 出票日期必须大写；

b. 收款人要填写收款单位全称；

c. 付款行名称、出票人账号要填写正确；

d. 金额大、小写要一致，小写金额前加人民币符号"￥"，大写金额紧靠"人民币"字样之后，不能留有空白；

e. 用途如实填写；

f. 支票填妥后，加盖银行预留印鉴。

② 现金支票的签发。指由支票存款人开出，委托金融机构从其账户中支付一定金额现金给收款人或持票人的票据。

现金支票可以用于支取现金，也可以转账。

现金支票的填制与转账支票的填制方法基本相同，所不同的是，用现金支票支取现金时，收款人必须在支票背面签章。

（5）支票的背书 现金支票不能背书，转账支票可以背书转让，而且可以多次转让，背书方法如下。

限于个人转让给在银行开户的单位或个体经济户。背书转让时，应在"转账支票"背面的指定位置填明被背书人的名称，并由背书人签章，填明背书日期。

（6）支票的受理

① 收款人收到付款人开出的转账支票后，应认真审核。

一是审核支票票面是否整洁，有无涂改。出票日期、收款人、金额有更改的支票无效；

二是审核支票各项目填写是否齐全正确，支票是否在付款期内（自出票日起10日内），收款人是否为本收款人，金额填写是否正确；

三是审核付款人签章是否清晰，有背书的，背书是否连续。

支票审核无误后，方可受理，填制"银行进账单"连同转账支票一同交银行办理转账手续。

② 出票人开户银行收到支票后，按照前述方法进行审核，无误后受理。对于超过提示付款期限提示付款的，出票人开户行不予受理，付款人不予付款。

必须引起重视的是：签发支票前，村集体经济组织应查明银行（信用社）存款的实际余额，防止签发空头支票（签发空头支票的，银行除退票外，还按票面金额的5%但不低于1 000元处以罚款）。

（7）支票的挂失 支票是一种非常重要的票据，应妥善保管，严防丢失。

如果已签发的转账支票丢失，银行不办理挂失，可与收款人联系协助防范；如果已签发的现金支票丢失，可到银行办理挂失。挂失前已被冒领的，银行概不负责。

（8）支票结算的内部控制　支票和财务印鉴应由不同人员保管，相互监督，形成严密的内部牵制制度，减少提现舞弊的可能性。

银行存款属于资产类账户，借方登记银行存款的增加数；贷方登记银行存款的减少；按银行、信用社或其他金融机构的名称设置明细科目，进行明细核算。余额在借方，反映村集体经济组织实际存在银行、信用社或其他金融机构的款项。

3. 银行存款增加的核算

村集体经济组织将款项存入银行、信用社或其他金融机构时，借记"银行存款"账户，贷记"现金"、"经营收入"、"应收款"等有关账户。

【例9】村核桃加工厂上缴利润 2 000 元。

借：银行存款　　　　　　　　　　　　　　　　　　　　2 000
　　贷：经营收入——核桃加工厂　　　　　　　　　　　　　　　2 000

【例10】财政所通过信用社拨来 A 村财政转移支付资金 5 000 元。

借：银行存款　　　　　　　　　　　　　　　　　　　　5 000
　　贷：补助收入——村级转移支付资金收入　　　　　　　　　　5 000

4. 银行存款减少的核算

从银行提取现金和支出存款时，借记"现金"、"管理费用"、"其他支出"等有关账户，贷记"银行存款"账户。

【例11】乡会计委托代理服务中心计提备用金 500 元。

借：现金　　　　　　　　　　　　　　　　　　　　　　500
　　贷：银行存款　　　　　　　　　　　　　　　　　　　　　500

【例12】村委会抽水站维修，支付材料费 350 元，工时费 70 元。

借：管理费用　　　　　　　　　　　　　　　　　　　　420
　　贷：银行存款　　　　　　　　　　　　　　　　　　　　　420

5. 银行存款清查

银行存款清查指村集体经济组织"银行存款日记账"的账面余额与其开户行转来的银行对账单余额进行核对。

如果查明双方余额不一致的原因是属于记账错误，应立即加以更正。

如果查明双方余额不一致的原因不是记账错误，而是因为未达账项（指村集体经济组织与银行取得有关凭证的时间不同，取得的一方已经登记入账，未取得的尚未登记入账的款项）引起的，应编制银行存款余额调节表进行调节。

【例13】甲村 2015 年 10 月 31 日银行对账单余额为 122 800 元，村集体经济组织银行存款日记账余额为 123 700 元，经核对，发现有下列未达账项。

（1）10 月 28 日，托收的货款 12 758 元，银行已收款入账，村集体因尚未收到银行的收款通知而未收款入账；

（2）10 月 28 日，银行已扣收本季度村集体短期借款利息 5 816 元，村集体因未收到银行的付款通知而未付款入账；

（3）10 月 29 日，村集体销售农产品收到转账支票 30 768 元，企业已凭进账单回单收款入账，银行因尚未办妥转账手续而未收款入账；

（4）10 月 25 日，村集体开出转账支票 22 926 元支付购货款，付款入账，持票人未到银行办理转账，银行因此未付款入账。

根据上述资料，村集体编制"银行存款余额调节表"如表 2-1-2 所示。

表 2-1-2　银行存款余额调节表

项　目	金　额	项　目	金　额
银行对账单上的余额	122 800	村集体账面上的余额	123 700
加：村集体已收、银行未收款	30 768	加：银行已收、村集体未收款	12 758
减：村集体已付、银行未付款	22 926	减：银行已付、村集体未付款	5 816
调节后的对账单余额	130 642	调节后的存款日记账余额	130 642

单位：元　　　　　　　　　　　2015 年 10 月 31 日　　　　　　　　　账号：123456*******

二、应收款与内部往来核算

（一）应收款的核算

应收款是指村集体经济组织与外单位和外部个人发生的各种应收及暂付款项。村集体经济组织对拖欠的应收款项要采取切实可行的措施积极催收。

"应收款"属于资产类账户，借方登记增加数，贷方登记减少数，期末借方余额反映村集体经济组织应收而未收回和暂付的款项。按应收款的不同单位和个人设置明细科目，进行明细核算。

（1）村集体经济组织因销售商品、提供劳务等而发生应收及暂付款项时。

借：应收款

　　贷：经营收入（现金、银行存款）等

（2）收回款项时。

借：现金、银行存款等

　　贷：应收款

【例 14】卖给乡油厂库存大豆 1 000 公斤，每公斤 3.75 元，合计价款 3 750 元，年终付款。会计分录为：

借：应收款——乡油厂　　　　　　　　　　　　　　　　　　　　3 750

　　贷：经营收入　　　　　　　　　　　　　　　　　　　　　　　　3 750

年终收到油厂用转账支票交来货款：

借：银行存款　　　　　　　　　　　　　　　　　　　　　　　　3 750

　　贷：应收款——乡油厂　　　　　　　　　　　　　　　　　　　　3 750

（3）对债务单位撤销，确实无法追还，或债务人死亡，既无遗产可以清偿，又无义务承担人，确实无法收回的款项，按规定程序批准核销后，作如下账务处理。

借：其他支出

　　贷：应收款

由有关责任人造成的损失，应酌情由其赔偿。

【例 15】承接【例 14】如果乡油厂倒闭，货款未能收回，明确本单位李某有责任赔偿 1 100 元，其他部分按规定程序批准核销。会计分录如下。

借：应收款——李某　　　　　　　　　　　　　　　　　　　　1 100

　　其他支出　　　　　　　　　　　　　　　　　　　　　　　　2 650

　　贷：应收款——乡油厂　　　　　　　　　　　　　　　　　　　　3 750

（二）销售业务内部控制要求

① 村集体经济组织应当建立健全销售业务内部控制制度，明确审批人和经办人的权限、程序、责任和相关控制措施。

② 村集体经济组织应当按照规定的程序办理销售和发货业务。应当在销售与发货各环节设置相关的记录、填制相应的凭证，并加强有关单据和凭证的相互核对工作。

③ 村集体经济组织应当按照有关规定及时办理销售收款业务，应将销售收入及时入账，不得账外设账，不得坐支现金。

④ 村集体经济组织应当加强销售合同、发货凭证、销售发票等文件和凭证的管理。

⑤ 村集体经济组织应当定期或不定期对销售业务内部控制进行监督检查，对发现的薄弱环节，应当及时采取措施，加以纠正和完善。

(三) 内部往来的核算

内部往来是指村集体经济组织与所属单位和农户的经济往来业务。按村集体经济组织所属单位和农户设置明细科目，进行明细核算。

(1) 村集体经济组织与所属单位和农户发生应收款项和偿还应付款项时。

借：内部往来
　　贷：现金、银行存款

(2) 收回应收款项和发生应付款项时。

借：现金、银行存款
　　贷：内部往来

(3) 村集体经济组织因所属单位和农户承包集体耕地、林地、果园、鱼塘等而发生的应收承包金或村 (组) 办企业的应收利润等，年终按经过批准的方案结算出本期所属单位和农户应交未交的款项时。

借：内部往来
　　贷：发包及上交收入

实际收到款项时

借：现金、银行存款
　　贷：内部往来

(4) 村集体经济组织因筹集一事一议资金与农户发生的应收款项，在筹资方案经成员大会或成员代表大会通过时，按照筹资方案规定的金额入账。

借：内部往来
　　贷：一事一议资金

收到款项时

借：现金
　　贷：内部往来

【例16】国家修公路征用村土地3亩，拨来土地补偿费90 000元，青苗补偿共3 400元。

借：银行存款　　　　　　　　　　　　　　　　　　　　93 400
　　贷：内部往来　　　　　　　　　　　　　　　　　　93 400

【例17】经召开村民大会决定，将国家征用土地补偿费90 000元及青苗补偿费3 400元分配给相关农户。

借：内部往来　　　　　　　　　　　　　　　　　　　　93 400
　　贷：银行存款　　　　　　　　　　　　　　　　　　93 400

【例18】年终按经过批准的方案结算出，农户马五承包村果园应交的承包金为2 600元。

借：内部往来　　　　　　　　　　　　　　　　　　　　2 600
　　贷：发包及上交收入　　　　　　　　　　　　　　　2 600

【例19】某村一通往县城的小桥需要重修，经成员代表大会通过决定由村民筹资8 900元。

借：内部往来   8 900

    贷：一事一议资金——村桥   8 900

（5）内部往来科目各明细科目的期末借方余额合计数反映村集体经济组织所属单位和农户欠村集体经济组织的款项总额；期末贷方余额合计数反映村集体经济组织欠所属单位和农户的款项总额。

各明细科目年末借方余额合计数应在资产负债表的"应收款项"项目内反映，年末贷方余额合计数应在资产负债表的"应付款项"项目内反映。

三、存货核算

（一）存货的内涵

村集体经济组织的存货包括种子、化肥、燃料、农药、原材料、机械零配件、低值易耗品、在产品、农产品和工业产成品等。

（二）存货业务内部控制制度要求

① 村集体经济组织应当建立健全存货内部控制制度，建立保管人员岗位责任制。存货入库时，由会计填写入库单，保管员根据入库单清点验收，核对无误后入库；出库时，由会计填写出库单，主管负责人批准，领用人签名盖章，保管员根据出库单出库。

② 村集体经济组织应当定期或不定期对存货内部控制进行监督检查，对发现的薄弱环节，应当及时采取措施，加以纠正和完善。

（三）采购业务内部控制制度要求

① 村集体经济组织应当建立健全采购业务内部控制制度，明确审批人和经办人的权限、程序、责任和相关控制措施。对于审批人超越授权审批的采购与付款业务，经办人员有权拒绝办理，并及时向民主理财小组或上级主管部门反映。

② 村集体经济组织应当按照规定的程序办理采购与付款业务。应当在采购与付款各环节设置相关的记录、填制相应的凭证，并加强有关单据和凭证的相互核对工作。在办理付款业务时，应当对采购发票、结算凭证、验收证明等相关凭证进行严格审核。

③ 村集体经济组织应当加强对采购合同、验收证明、入库凭证、采购发票等文件和凭证的管理。

④ 村集体经济组织应当定期或不定期对采购业务内部控制进行监督检查，对发现的薄弱环节，应当及时采取措施，加以纠正和完善。

（四）库存物资的核算

库存物资是指村集体经济组织库存的各种原材料、农用材料、农产品、工业产成品等物资。按库存物资的品名设置明细科目进行明细核算。库存物资属于资产类账户，借方登记增加，贷方登记减少，期末借方余额反映村集体经济组织库存物资的实际成本。

（1）村集体经济组织在购买或其他单位及个人投资投入的原材料、农用材料等物资验收入库时，购入的物资按照买价加运输费、装卸费等费用、运输途中的合理损耗以及相关税金等计价。

借：库存物资

    贷：现金、银行存款、应付款、资本

【例20】在县种子公司购买玉米种子2 000公斤，每公斤10元，计20 000元，以信用社存款支付种子款，以现金支付运费180元，种子已验收入库。会计分录如下。

借：库存物资   20 180

    贷：银行存款——信用社   20 000

        现金   180

（2）会计期末，对已收到发票账单但尚未到达或尚未验收入库的购入物资作如下账务处理。

借：库存物资

    贷：应付款

（3）村集体经济组织生产的农产品收获入库或工业产成品完工入库时，按生产过程中发生的实际支出计价。

借：库存物资

    贷：生产（劳务）成本

【例21】村集体经济组织种植的1公顷玉米高产试验田，当年收获玉米15 000公斤，按生产过程中发生的实际支出计价每公斤1.20元。总价18 000元，已入库。

借：库存物资   18 000

    贷：生产（劳务）成本   18 000

（4）库存物资领用时。

借：生产（劳务）成本、应付福利费、在建工程

    贷：库存物资

【例22】领用玉米1 000公斤用于生产淀粉。

借：生产（劳务）成本   1 200

    贷：库存物资   1 200

（5）库存物资销售时，按实现的销售收入入账。

借：现金、银行存款等

    贷：经营收入

按照销售物资的实际成本

借：经营支出

    贷：库存物资

【例23】领用玉米2 000公斤用于销售，售价为1.7元/公斤。收到3 400元的转账支票。

借：银行存款   3 400

    贷：经营收入   3 400

按照销售物资的实际成本，1.2×2 000＝2 400（元）

借：经营支出   2 400

    贷：库存物资   2 400

生产入库的农产品和工业产成品，领用或出售的出库存货的核算，可在"先进先出法"、"加权平均法"、"个别计价法"等方法中任选一种，但是一经选定，不得随意变动。

① 先进先出法

该方法假定"先入库的存货先发出去"，根据这一前提，计入销售或耗用存货的成本应顺着收入存货批次的单位成本次序计算。当然，这仅是为了计价，与物品实际入库或发出的次序并无多大关系。

本案例采用先进先出法计价，库存物资明细分类账的登记结果见表2-1-3。

表 2-1-3　库存物资明细分类账　　　　　　　　　　　单位：元

| 2012年 | | 摘要 | 收入 | | | 发出 | | | 结存 | | |
月	日		数量	单价	金额	数量	单价	金额	数量	单价	金额
6	1	期初结存							150	60	9 000
	8	销售				100	60	6 000	50	60	3 000
	15	购进	100	62	6 200				50	60	3 000
									100	62	6 200
	20	销售				50	60	3 000	100	62	6 200
	24	销售				50	62	3 100	50	62	3 100
	28	购进	200	58	11 600				50	62	3 100
									200	58	11 600
	30	销售				50	62	3 100	100	58	5 800
						100	58	5 800			
		本期销售成本				350		21 000			

② 加权平均法

加权平均法，又分一次加权平均法和移动加权平均法两种。

采用一次加权平均法，本月销售或耗用的存货，平时只登记数量，不登记单价和金额，月末按一次计算的加权平均单价，计算期末存货成本和本期销售或耗用成本。存货的平均单位成本的计算公式如下。

$$加权平均成本 = \frac{月初库存存货的总成本 + 本月购入存货的总数成本}{月初库存存货的总数量 + 本月购入存货的总数量} \times 100\%$$

本案例按一次加权平均法计算期末库存物资成本和本期销售成本，以及库存物资明细账的登记结果，见表 2-1-4。

表 2-1-4　库存物资明细分类账　　　　　　　　　　　单位：元

| 2012年 | | 摘要 | 收入 | | | 发出 | | | 结存 | | |
月	日		数量	单价	金额	数量	单价	金额	数量	单价	金额
6	1	期初结存							150	60	9 000
	8	销售				100			50	60	3 000
	15	购进	100	62	6 200				150		
	20	销售				50			100		
	24	销售				50			50		
	28	购进	200	58	11 600				250		
	30	销售				150			100		
		本期销售成本				350	59.56	20 844	100	59.56	5 956

从表中可看出，采用一次加权平均法时，库存物资明细账的登记方法与先进先出法基本相同，只是期末库存商品的结存单价为 59.56 元，据此计算出存货成本为 5 956 元，本期销售成本为 20 844 元。

（6）村集体经济组织的库存物资应定期盘点清查，做到账实相符，年度终了前必须进行一次全面的盘点清查。

① 发现物资盘盈时，经审核批准后，按同类或类似存货的市场价格计入其他收入。

借：库存物资

    贷：其他收入

【例24】年末盘点时发现某农产品盘盈，同类农产品市场价格共计280元。经审核批准后，会计分录为：

    借：库存物资——某农产品   280

        贷：其他收入   280

② 出现盘亏和毁损时，经审核批准后，按照应由责任人或保险公司赔偿的金额作如下分录。

    借：应收款——某过失人或保险公司或内部往来——某过失人或保险公司

        其他支出（扣除过失人或保险公司应赔偿金额后的净损失）

        贷：库存物资

【例25】年末盘点时发现某农产品盘亏共计280元。确认应由保险公司赔偿金额为100元，经审核批准后，会计分录为：

    借：应收款——某保险公司   100

        其他支出   180

        贷：库存物资——某农产品   280

四、农业资产核算

村集体经济组织的农业资产包括牲畜（禽）资产和林木资产等。

（一）牲畜（禽）资产的核算

牲畜（禽）资产科目核算村集体经济组织购入或培育的牲畜（禽）的成本。按牲畜（禽）的种类设置"幼畜及育肥畜"和"产役畜"两个二级科目进行明细核算。

"牲畜（禽）资产"属于资产类账户，借方登记增加，贷方登记减少，期末借方余额反映村集体经济组织幼畜及育肥畜和产役畜的账面余额。

（1）村集体经济组织购入幼畜及育肥畜时，按购买价及相关税费入账。

    借：牲畜（禽）资产——幼畜及育肥畜

        贷：现金、银行存款

（2）发生幼畜及育肥畜饲养费用时应作如下账务处理。

    借：牲畜（禽）资产——幼畜及育肥畜

        贷：应付工资、库存物资

（3）幼畜成龄转作产役畜时，按实际成本入账。

    借：牲畜（禽）资产——产役畜

        贷：牲畜（禽）资产——幼畜及育肥畜

（4）产役畜的饲养费用。

    借：经营支出

        贷：应付工资、库存物资

（5）产役畜的成本扣除预计残值后的部分应在其正常生产周期内，按照直线法分期摊销，预计净残值率按照产役畜成本的5％确定。已提足折耗但未处理仍继续使用的产役畜不再摊销。

    借：经营支出

        贷：牲畜（禽）资产——产役畜

（6）幼畜及育肥畜和产役畜对外销售时，按照实现的销售收入入账。

借：现金、银行存款

  贷：经营收入

同时，按照销售牲畜的实际成本

借：经营支出

  贷：牲畜（禽）资产——产役畜（或幼畜及育肥畜）

（7）以幼畜及育肥畜和产役畜对外投资时，按照合同、协议确定的价值入账。

借：长期投资

  贷：牲畜（禽）资产——产役畜（或幼畜及育肥畜）

借或贷：公积公益金（合同或协议确定的价值与牲畜资产账面价值之间的差额）

（8）牲畜死亡毁损时，按规定程序批准后作如下分录。

借：应收款——某过失人或保险公司或内部往来——某过失人或保险公司

  其他支出（扣除过失人和保险公司应赔偿金额后的净损失）

   贷：牲畜（禽）资产——产役畜（或幼畜及育肥畜）（按照牲畜资产的账面价值）

   其他收入（按照过失人及保险公司应赔偿金额超过牲畜资产账面价值的金额，
即产生的净收益）

（9）接受外来投入牲畜（禽）资产和捐赠的牲畜（禽）资产，村集体一方面要反映牲畜（禽）资产的增加，另一方面要反映资本和公共积累的增加。

借：牲畜（禽）资产——产役畜（或幼畜及育肥畜）

  贷：资本（接受的投入）

   公积公益金（接受的捐赠）

例举荷花村账务实例如下。

【例26】荷花村 2015 年 3 月 6 日从大华集团购入奶牛 30 头，每头奶牛 3 500 元，通过银行支付。大华集团同荷花村协商达成协议，决定投入荷花村奶牛 20 头，每头奶牛 3 200 元，同日连同购买的奶牛运回村内养殖场。购入的奶牛和投入的奶牛预计可产奶 10 年。会计分录如下。

（1）购入的奶牛

借：牲畜（禽）资产——产役畜——产畜——奶牛   105 000

  贷：银行存款   105 000

（2）投入的奶牛

借：牲畜（禽）资产——产役畜——产畜——奶牛   64 000

  贷：资本——大华集团   64 000

【例27】2015 年 3 月 10 日，市农牧局向荷花村捐赠奶牛 10 头，每头 3 000 元，预计产奶 8 年。会计分录如下。

借：牲畜（禽）资产——产役畜——产畜——奶牛   30 000

  贷：公积公益金   30 000

【例28】荷花村通过对 60 头奶牛细心管理和科学喂养，到 3 月底已产鲜奶 6 000 公斤，出售给大华集团，每公斤鲜奶 2 元 1 角，通过银行结算。喂奶牛发生的费用是：饲料费支出 10 500 元，通过银行支付，饲养人员工资支付 2 000 元现金。会计分录如下。

（1）出售鲜奶

借：银行存款   12 600

  贷：经营收入   12 600

（2）发生的费用

借：经营支出　　　　　　　　　　　　　　　　　　　12 500

　　贷：现金　　　　　　　　　　　　　　　　　　　　　2 000

　　　　银行存款　　　　　　　　　　　　　　　　　　10 500

【例 29】产畜的成本在正常的生产周期内，要按直线法逐年摊销，预计奶牛净残值率按照成本的 5％计算，摊销 3 月份成本。会计分录如下。

（1）首先计算出奶牛每年的摊销成本，再计算出每月的摊销成本。

10 年期的年摊销成本＝（105 000＋64 000）×（1－5％）÷10＝16 055（元）

月摊销成本＝16 055÷12＝1 337.92（元）

8 年期的年摊销成本＝30 000×（1－5％）÷8＝3 562.5（元）

月摊销成本＝3 562.5÷12＝296.88（元）

（2）月摊销成本总计

借：经营支出　　　　　　　　　　　　1 634.8（1 337.92＋296.88）

　　贷：牲畜（禽）资产——产役畜——产畜——奶牛　　　1 634.8

【例 30】2015 年 8 月份，因饲养员王五、李六饲养不善，导致自己购买的奶牛死亡 10 头，报保险公司来调查后，保险公司决定赔偿 15 000 元，手续在办理中。经集体研究批准饲养员王五、李六要负担部分经济责任，二人共承担 8 000 元，用工资扣还。

（1）首先查看奶牛摊销情况

30 头 10 年期的年摊销成本＝105 000×（1－5％）÷10＝9 975（元）

月摊销成本＝9 975÷12＝831.25（元）

已摊销成本 5 个月＝831.25×5＝4 156.25÷30＝138.54×10＝1 385.4（元）

（2）保险公司和王五、李六的赔偿

借：内部往来——王五、李六　　　　　　　　　　　　　8 000

　　应收款——保险公司　　　　　　　　　　　　　　15 000

　　其他支出　　　　　　　　　　　　　　　　　　10 614.6

　　贷：牲畜（禽）资产——产役畜——产畜——奶牛　　33 614.6

【例 31】若保险公司赔偿 26 000 元，则应作会计分录如下。

借：内部往来——王五、李六　　　　　　　　　　　　　8 000

　　应收款——保险公司　　　　　　　　　　　　　　26 000

　　贷：牲畜（禽）资产——产役畜——产畜——奶牛　　33 614.6

　　　　其他收入　　　　　　　　　　　　　　　　　　385.4

【例 32】若保险公司赔偿 25 614.6 元，则应作会计分录如下。

借：内部往来——王五、李六　　　　　　　　　　　　　8 000

　　应收款——保险公司　　　　　　　　　　　　　25 614.6

　　贷：牲畜（禽）资产——产役畜——产畜——奶牛　　33 614.6

【例 33】飞跃村于 2015 年 1 月 10 日从大利集团购进育肥仔猪 100 头，每头 200 元，以现金支票支付。从顺发饲料厂购进饲料 10 吨，每吨 3 000 元，款暂欠。会计分录如下。

（1）借：牲畜（禽）资产——幼畜及育肥畜——育肥畜——猪　20 000

　　　　贷：银行存款　　　　　　　　　　　　　　　　　20 000

（2）借：库存物资——饲料　　　　　　　　　　　　　　30 000

　　　　贷：应付款——顺发饲料厂　　　　　　　　　　　30 000

【例 34】飞跃村通过饲养人员的喂养，在饲养过程中，发生的费用是：现金支付水电费 220 元，饲料用去 8.5 吨，应付饲养人员工资 6 000 元。育肥仔猪于 2015 年 4 月 25 日已育肥出栏，出售给得利肉品厂，每头育肥猪850元，通过银行结算60 000元，得利肉品厂暂欠飞跃村25 000元。会计分录如下。

(1) 发生的各项费用

借：牲畜（禽）资产——幼畜及育肥畜——育肥畜——猪   31 500

    贷：应付工资——张三、李四   6 000

        库存物资——饲料   25 500

借：牲畜（禽）资产——幼畜及育肥畜——育肥畜——猪   220

    贷：现金   220

(2) 出售时

借：银行存款   60 000

    贷：经营收入   60 000

借：应收款——得利肉品厂   25 000

    贷：经营收入   25 000

(3) 结转成本

出售时总成本＝购入成本20 000元＋饲养费用31 720(6 000＋25 500＋220)元

借：经营支出   51 720

    贷：牲畜（禽）资产——幼畜及育肥畜——育肥畜——猪   51 720

【例35】飞跃村2015年4月26日以银行存款支付饲养人员工资6 000元，支付欠顺发饲料厂饲料款30 000元。会计分录如下。

借：应付款——顺发饲料厂   30 000

    应付工资——张三、李四   6 000

    贷：银行存款   36 000

【例36】2015年5月6日，飞跃村通过银行收到得利肉品厂暂欠款25 000元。

借：银行存款   25 000

    贷：应收款——得利肉品厂   25 000

（二）林木资产的核算

林木资产科目核算村集体经济组织购入或营造的林木的成本。本科目按林木的种类设置"经济林木"和"非经济林木"两个二级科目进行明细核算。

林木资产属于资产类账户，借方登记增加，贷方登记减少，期末借方余额反映村集体经济组织购入或营造林木的账面余额。

1. 经济林木的核算

(1) 村集体经济组织购入经济林木时，按购买价及相关税费入账。

借：林木资产——经济林木

    贷：现金、银行存款

(2) 购入或营造的经济林木投产前发生的培植费用。

借：林木资产——经济林木

    贷：应付工资、库存物资

(3) 经济林木投产后发生的管护费用。

借：经营支出

    贷：应付工资、库存物资

(4) 经济林木投产后，其成本扣除预计残值后的部分应在其正常生产周期内，按照直线法摊销。预计净残值率按照经济林木成本的5%确定。已提足折耗但未处理仍继续使用的经济林木不再摊销。

借：经营支出

　　贷：林木资产——经济林木

2. 非经济林木的核算

(1) 村集体经济组织购入非经济林木时，按购买价及相关税费入账。

借：林木资产——非经济林木

　　贷：现金、银行存款

(2) 购入或营造的非经济林木在郁闭前发生的培植费用。

借：林木资产——非经济林木

　　贷：应付工资、库存物资

(3) 非经济林木郁闭后发生的管护费用。

借：其他支出

　　贷：应付工资、库存物资

3. 按规定程序批准后，林木采伐出售时实现的销售收入

借：现金、银行存款

　　贷：经营收入

同时，按照出售林木的实际成本

借：经营支出

　　贷：林木资产

4. 以林木对外投资时，按照合同、协议确定的价值计量

借：长期投资

　　贷：林木资产

借或贷：公积公益金（合同或协议确定的价值与林木资产账面价值之间的差额）

5. 林木死亡毁损时，按规定程序批准后作如下处理

借：应收款/内部往来——某过失人及保险公司

　　其他支出（按照扣除过失人和保险公司应赔偿金额后的净损失）

　　　　贷：林木资产（按照林木资产的账面价值）

　　　　　　其他收入（按照过失人及保险公司应赔偿金额超过林木资产账面价值的金额，
　　　　　　即产生净收益时）

【例37】寿山村 2015 年 3 月 10 日，为调整产业结构从外地购进红冠蜜桃树苗 2 000 株建经济园，价款 4 000 元；购入杨树苗 4 000 株，植入四条生产路两侧，价款 4 000 元；共支付运费 600 元。用现金支付了各项。树苗分别种植，桃树种植应付工钱 400 元，杨树种植应付工钱 800 元。会计分录如下。

(1) 购树的费用

借：林木资产——经济林木——红冠蜜桃树　　　　　　　　　　　　　　　　4 200

　　　　　　　——非经济林木——杨树　　　　　　　　　　　　　　　　　4 400

　　贷：现金　　　　　　　　　　　　　　　　　　　　　　　　　　　　　　8 600

(2) 植树的费用

借：林木资产——经济林木——红冠蜜桃树　　　　　　　　　　　　　　　　　400

　　　　　　　——非经济林木——杨树　　　　　　　　　　　　　　　　　　800

　　贷：内部往来——王五等李四等　　　　　　　　　　　　　　　　　　　1 200

【例38】寿山村建的桃树园和植入路两侧的杨树，通过浇水、施肥等管理发生费用的

是：桃树施用复合肥 3 000 斤，价款 3 600 元，用农药一箱，价款 400 元，仓库领用；用水电费 200 元，管理人员工资 400 元，支付现金。路边杨树浇水四遍开支 600 元，治虫开支 120 元，支付管理人员工资 300 元，支付现金。会计分录如下。

（1）管理桃树的费用计入成本

借：林木资产——经济林木——红冠蜜桃树   4 600

   贷：库存物资——复合肥   3 600

         ——农药   400

      现金   600

（2）管理杨树的费用计入成本

借：林木资产——非经济林木——杨树   1 020

   贷：现金   1 020

【例39】2015 年 2 月桐峪村村北一片成材的杨树，经研究决定更新换代，重新种植速生杨，办理了采伐证等手续，开支 120 元。这片杨树是前些年种植的，是从原固定资产账户调整出来的，其账面林木资产是 8 000 元，没任何费用和摊销。杨树采伐开支了费用 500 元，卖树收入 60 000 元存入银行。会计分录如下。

（1）办证伐树的费用

借：经营支出   620

   贷：现金   620

（2）出售的收入

借：银行存款   60 000

   贷：经营收入   60 000

（3）同时结转账面的杨树成本

借：经营支出   8 000

   贷：林木资产——非经济林木——杨树   8 000

【例40】寿山村建的桃树园于 2015 年 12 月承包给本村王五等 30 户，承包期是 15 年，合同规定每户每年上交承包费 800 元，在每年的 12 月 30 日前一次交清一年的承包费，在 2015 年 12 月预收桃园承包款 24 000 元。桃树园在 2015 年发生的各项费用全部支付了现金 4 800 元。会计分录如下。

（1）预收到的承包费

借：现金   24 000

   贷：未分配收益   24 000

（2）在 2016 年 1 月把预收桃园承包款结转

借：未分配收益   24 000

   贷：发包及上交收入   24 000

（3）桃树园在 2015 年发生的各项费用

借：林木资产——经济林木——红冠蜜桃树   4 800

   贷：现金   4 800

（4）由于桃树园发生了变化要结转其桃树的成本

桃树的成本＝4 200＋400＋4 600＋4 800＝14 000（元）

借：经营支出   14 000

   贷：林木资产——经济林木——红冠蜜桃树   14 000

五、固定资产核算

村集体经济组织的房屋、建筑物、机器、设备、工具、器具和农业基本建设设施等劳动资料，凡使用年限在一年以上，单位价值在 500 元以上的列为固定资产。有些主要生产工具和设备，单位价值虽低于规定标准，但使用年限在一年以上的，也可列为固定资产。

设置"固定资产"资产类账户核算村集体经济组织所有的固定资产的原值。按固定资产的类别或名称设置明细科目进行明细核算。期末借方余额反映村集体经济组织所有固定资产的原始价值。

设置"在建工程"科目核算村集体经济组织进行工程建设、设备安装、农业基本建设设施大修理等发生的实际支出。购入不需要安装的固定资产，不通过本科目核算。按工程项目设置明细科目，进行明细核算。期末借方余额，反映村集体经济组织尚未完工或虽已完工但尚未办理竣工决算的工程项目实际支出。

设置"累计折旧"账户核算村集体经济组织所有的固定资产计提的累计折旧。期末贷方余额，反映村集体经济组织提取的固定资产折旧累计数。

设置"固定资产清理"科目核算村集体经济组织因出售、报废和毁损等原因转入清理的固定资产净值及其在清理过程中所发生的清理费用和清理收入。按被清理的固定资产设置明细科目，进行明细核算。期末余额，反映村集体经济组织转入清理但尚未清理完毕的固定资产净值，以及固定资产清理过程中所发生的清理费用和变价收入等各项金额的差额。

(一) 固定资产增加的核算

1. 购入不需安装的固定资产

按原价加采购费、包装费、运杂费、保险费和相关税金等入账。

借：固定资产

　　贷：现金、银行存款

2. 购入需要安装的固定资产

(1) 按原价加采购费、包装费、运杂费、保险费和相关税金等入账。

借：在建工程

　　贷：现金、银行存款

村集体经济组织的在建工程指尚未完工或虽已完工但尚未办理竣工决算的工程项目。在建工程按实际消耗的支出或支付的工程价款计价。形成固定资产的在建工程完工交付使用后，计入固定资产。不形成固定资产的在建工程项目完成后，计入经营支出或其他支出。

(2) 发生购买待安装设备的原价及运输、保险、采购费用，为建筑和安装固定资产及兴建农业基本建设设施购买专用物资及支付各项工程费用时作以下分录。

借：在建工程

　　贷：现金、银行存款、应付款、库存物资等科目

(3) 安装完毕交付使用时，按照加上安装费或改装费后的实际成本作如下分录。

借：固定资产

　　贷：在建工程

(4) 自行新建的房屋及建筑物、农业基本建设设施等固定资产，建造完成交付使用时按竣工验收的决算价计价。

借：固定资产

　　贷：在建工程

在建工程部分发生报废或者毁损，按规定程序批准后，按照扣除残料价值和过失人及保险公司赔款后的净损失，计入工程成本。单项工程报废以及由于自然灾害等非常原因造成的

报废或者毁损，其净损失计入其他支出。

（5）工程完成未形成固定资产时。

借：经营支出、其他支出

　　贷：在建工程

（6）购建固定资产过程中发生的劳务投入，凡属于一事一议筹劳且不需支付劳务报酬的，按当地劳务价格标准作价。

借：在建工程

　　贷：公积公益金

支付劳务报酬的，按实际支付的款项入账。

借：在建工程

　　贷：应付工资、内部往来

收到以劳务形式投资时，按当地劳务价格标准作价。

借：在建工程

　　贷：资本

3. 收到捐赠的固定资产

（1）收到捐赠的全新固定资产，如果有发票，按照发票所列金额加上实际发生的运输费、保险费、安装调试费和应支付的相关税金等计价。

借：固定资产

　　贷：公积公益金

（2）收到捐赠的全新固定资产，无所附凭据的，按同类设备的市价加上应支付的相关税费计价。

（3）收到捐赠的旧固定资产，按照经过批准的评估价值计价。

借：固定资产

　　贷：公积公益金

【例41】县级联系单位赠送桌椅 30 套，经村两委参考市场价及原单位固定资产累计折旧情况讨论每套作价 210 元，合计 6 300 元。

借：固定资产——办公桌椅　　　　　　　　　　　　　　6 300

　　贷：公积公益金　　　　　　　　　　　　　　　　　　　　6 300

【例42】财政补助由县级有关单位实施的人畜饮水工程结算 12 368 元，完工结算交付村委会管理使用。

借：固定资产——人畜饮水　　　　　　　　　　　　　　12 368

　　贷：公积公益金　　　　　　　　　　　　　　　　　　　12 368

4. 在原有固定资产基础上进行改造、扩建的，按原有固定资产的价值，加上改造、扩建工程而增加的支出，减去改造、扩建工程中发生的变价收入计价

5. 投资者投入的固定资产

借：固定资产（按照投资各方确认的价值）

　　贷：资本（按照经过批准的投资者所拥有的资本金额）

　　　　公积公益金（借或贷，投资各方确认的价值与经过批准的投资者所拥有的资本金额的差额）

6. 盘盈的固定资产

借：固定资产（按同类设备的市价）

　　贷：其他收入

（二）固定资产折旧的核算

村集体经济组织当月增加的固定资产，当月不提折旧，从下月起计提折旧；当月减少的固定资产，当月照提折旧，从下月起不提折旧。

固定资产提足折旧后，不管能否继续使用，均不再提取折旧；提前报废的固定资产，也不再补提折旧。

村集体经济组织必须建立固定资产折旧制度，按年或按季、按月提取固定资产折旧。固定资产的折旧方法可在"年限平均法"、"工作量法"等方法中任选一种，但是一经选定，不得随意变动。

1. 年限平均法（直线法）

$$年折旧额 = （原值 - 净残值）/预计使用年限$$
$$或 = 原值 \times （1 - 预计净残值率）/预计使用年限$$
$$或 = 原值 \times 年折旧率$$
$$年折旧率 = （1 - 预计净残值率）/预计使用年限 \times 100\%$$

【例43】某村集体经济组织2012年12月购入一项固定资产，当月投入使用。固定资产的原价为12万元，预计使用年限为5年，预计净残值率为4%。计算该项固定资产的年折旧额。

$$年折旧额 = 原值 \times （1 - 预计净残值率）/预计使用年限$$
$$= 120\,000 \times （1 - 4\%）/5 = 23\,040（元）$$

2. 工作量法

$$单位工作量折旧额 = 原值 \times （1 - 预计净残值率）/预计总工作量$$
$$或 = （原值 - 净残值）/预计总工作量$$
$$某固定资产月折旧额 = 当月工作量 \times 单位工作量折旧额$$

【例44】某村集体经济组织2015年12月购入一台轿车，当月投入使用。固定资产的原价为90\,000元，预计行驶800\,000公里，预计净残值率为5%。计算轿车单位工作量的折旧额。

$$单位工作量折旧额 = 原值 \times （1 - 预计净残值率）/预计总工作量$$
$$= 90\,000 \times （1 - 5\%）/800\,000 = 0.106\,9（元/公里）$$

村集体经济组织的下列固定资产应当计提折旧：①房屋和建筑物；②在用的机械、机器设备、运输车辆、工具器具；③季节性停用、大修理停用的固定资产；④融资租入和以经营租赁方式租出的固定资产。

下列固定资产不计提折旧：①房屋、建筑物以外的未使用、不需用的固定资产；②以经营租赁方式租入的固定资产；③已提足折旧继续使用的固定资产；④国家规定不提折旧的其他固定资产。

计算提取固定资产折旧的会计分录如下。

借：生产（劳务）成本（生产经营用的固定资产计提的折旧）
　　管理费用（管理用的固定资产计提的折旧）
　　其他支出（用于公益性用途的固定资产计提的折旧）
　　贷：累计折旧

（三）固定资产减少的核算

1. 对外投资投出固定资产

借：长期投资（按照评估确认或者合同、协议约定的价值）
　　累计折旧
　　贷：固定资产

借或贷：公积公益金（评估价或协议价与固定资产账面净值之间的差额）

2．固定资产出售、报废和毁损

（1）转入清理

借：固定资产清理（按固定资产账面净值扣除责任人或保险公司赔偿的金额）

应收款或内部往来（责任人或保险公司赔偿的金额）

累计折旧

贷：固定资产

固定资产账面净值＝固定资产账面原值－累计折旧

（2）发生的清理费用

借：固定资产清理

贷：现金、银行存款

（3）按照出售固定资产的价款和残值收入

借：现金、银行存款

贷：固定资产清理

固定资产变卖和清理报废的变价净收入与其账面净值的差额计入其他收支。固定资产变价净收入是指变卖和清理报废固定资产所取得的价款减清理费用后的净额。

（4）清理完毕后发生的净收益

借：固定资产清理

贷：其他收入

（5）清理完毕后发生的净损失

借：其他支出

贷：固定资产清理

【例45】某村集体经济组织有一台收割机报废，累计折旧12 160元，固定资产账面原值16 000元，预计残值率为5％，报废过程中发生的清理费用600元以现金支付，残值收入800元存入银行。完成报废该项收割机的账务处理过程。

（1）转入清理

借：固定资产清理 3 840

累计折旧 12 160

贷：固定资产 16 000

（2）发生的清理费用

借：固定资产清理 600

贷：现金 600

（3）按照出售固定资产的残值收入

借：银行存款 800

贷：固定资产清理 800

（4）清理完毕后发生的净损失

借：其他支出 3 640

贷：固定资产清理 3 640

3．盘亏及毁损的固定资产

应查明原因，按规定程序批准后，按其原价扣除累计折旧、变价收入、过失人及保险公司赔款之后，计入其他支出。

借：其他支出

应收款——保险公司

内部往来——某过失人

累计折旧

贷：固定资产

固定资产的修理费用直接计入有关支出项目。

（四）固定资产内部控制管理的要求

村集体经济组织应当建立健全固定资产内部控制制度，建立人员岗位责任制。应当定期对固定资产盘点清查，做到账实相符，年度终了前必须进行一次全面的盘点清查。村集体经济组织应当定期或不定期对固定资产内部控制进行监督检查，对发现的薄弱环节，应当及时采取措施，加以纠正和完善。

【例 46】2015 年 6 月大河村经批准修建一条 2 000 米水泥路，工程预算 400 000 元。其中上级无偿提供水泥 300 吨，价值 90 000 元，村民一事一议筹劳款 30 000 元，建筑工程施工费用需 280 000 元（村积累 200 000 元）

（1）收到水泥

借：库存物资——水泥   90 000

    贷：公积公益金   90 000

如果是工程直接领用

借：在建工程——水泥路   90 000

    贷：公积公益金   90 000

（2）村民一事一议筹劳

借：库存物资——沙石等   30 000

    贷：公积公益金   30 000

（3）工程领用上述物资

借：在建工程——水泥路   120 000

    贷：库存物资——沙石等   30 000

            ——水泥   90 000

（4）工程开工预付工程款 150 000 元

借：在建工程——水泥路   150 000

    贷：银行存款   150 000

（5）2015 年 7 月工程完工，已经过验收，付工程款 50 000 元，欠工程款 80 000 元。

借：固定资产——水泥路   400 000

    贷：在建工程——水泥路   270 000

      银行存款   50 000

      应付款——××建筑公司   80 000

固定资产的改建，应在原有固定资产基础上进行改造扩建的，按原有固定资产的价值，加上改造扩建工程而增加的支出，减去改造扩建工程中发生的变价收入计价。

（6）假设上述新建水泥路设计使用年限 16 年，无残值

2015 年 8 月开始计提折旧：

年折旧额＝400 000 元÷16 年＝25 000（元）

年折旧率＝25 000÷400 000×100％＝6.25％

月折旧率＝6.25％÷12＝0.521％

如按月计提月折旧额为：月折旧额＝400 000×0.521％＝2 084（元）

借：其他支出　　　　　　　　　　　　　　　　　　　　　2 084

　　贷：累计折旧　　　　　　　　　　　　　　　　　　　　　　2 084

关于村经济组织固定资产折旧的核算是这样规定的：生产用固定资产的折旧计入经营支出，管理用固定资产的折旧计入管理费用，公益性固定资产的折旧计入其他支出。

折旧方法："年限平均法"和"工作量法"中任选一种，一经选定，不得随意变动。

固定资产清理，如果是经盘点盘亏的固定资产（未提折旧的）

借：固定资产清理

　　贷：固定资产

经批准后

借：相关科目（生产用的经营支出、管理用的记入管理费用、公益性列其他支出）

　　贷：固定资产清理

每年年度终了，村集体经济组织应当对短期投资、应收账款、存货、农业资产、长期投资、固定资产、在建工程等资产进行全面检查，对于已发生损失但尚未批准核销的各项资产，应在资产负债表补充资料中予以披露。

这些资产包括：①确实无法收回的应收款项；②无法收回的短期投资和长期投资；③盘亏、毁损或报废的存货；④死亡毁损的农业资产；⑤盘亏或毁损的固定资产；⑥毁损或报废的在建工程。

★ **任务实施**

完成现金、银行存款、应收款、内部往来、库存物资、牲畜（禽）资产、林木资产、固定资产的核算并能够填制相关的会计凭证、登记相关会计账簿。

★ **任务实施评价**

1. 现金核算要求能够对现金的增加、减少、清查结果进行准确处理；

2. 银行存款核算要求能够对银行存款的增加、减少进行准确处理，并且能够对银行存款日记账与银行对账单进行核对并且编制银行存款余额调节表；

3. 存货核算要求能够对库存物资的增减进行账务处理，并且能够登记明细账；

4. 农业资产核算能够对取得、拥有、销售时的业务进行准确处理；

5. 固定资产核算能够对取得、后续、处置时的业务进行准确账务处理。

★ **总结与反思**

实施各项资产核算任务之后有哪些收获，还有哪些任务的实施存在不足，哪些核算内容、方法的掌握程度还需要加以改进。

★ **项目考核与训练**

一、单项选择题

1.（　　　　）依照《中华人民共和国会计法》的规定对村集体经济组织的财务会计工作进行管理和监督。

　　A. 工商行政管理部门　　B. 财政部门　　C. 审计部门　　D. 县级政府部门

2.（　　　　）是村集体经济组织资产中流动性最强的资产。

　　A. 现金　　　　B. 货币资金　　　　C. 银行存款　　　　D. 应收款

3. 下列（　　　　）不属于村集体经济组织存货。

　　A. 种子　　　　B. 化肥　　　　C. 农药　　　　D. 林木

4. 某村集体经济组织采用先进先出法核算发出库存物资的成本。2015 年 5 月 1 日结存甲库存物资 200 吨，每吨实际成本为 200 元；5 月 4 日和 5 月 17 日分别购进甲库存物资 300 吨和 400 吨，每吨实际成本分别为 180 元和 210 元；5 月 10 日和 5 月 25 分别发出甲库存物资 400 吨和 350 吨。甲库存物资月末账面余额为（　　　）元。

    A. 30 000   B. 27 000   C. 32 040   D. 31 500

5. 村集体经济组织的农业资产主要包括（　　　）。

    A. 牲畜（禽）资产   B. 林木资产   C. 生产资料   D. A＋D

6. 非经济林木郁闭后发生的管理费用，计入（　　　）。

    A. 经营支出   B. 其他支出   C. 事业支出   D. 行政支出

7. 村集体经济组织的经济林木投产后，其成本和除预计残值后的部分应在其正常生产周期按直线法摊销，计入经营支出。预计净残值率按照经济林木成本的（　　　）确定。

    A. 3％   B. 4％   C. 5％   D. 10％

8. 2015 年 2 月，某村集体经济组织桃树开始投产，预计可以正常产果 5 年。共计支付买价 20 000 元，培植费用 8 000 元。2015 年 3 月，用银行存款支付桃树当月的管护费 500 元。则从 2015 年 2 月，村集体经济组织开始摊销桃树的成本，若预计净残值按照桃树的 5％确定，则每月应摊销的金额为（　　　）元。

    A. 5 320   B. 5 415   C. 443   D. 451

9. 短期投资是指村集体经济组织购入的能够随时变现、持有时间不超过（　　　）的有价证券等投资。

    A. 半年   B. 一年（含一年）   C. 一年（不含一年）   D. 二年

10. 村集体经济组织 2015 年 10 月 1 日购入某上市公司 2008 年 10 月 1 日发行的 5 年期债券 100 张，每张面值 100 元，年利率 10％，共支付买价 11 000 元，经纪人佣金及手续费 600 元。该项长期投资的入账价值为（　　　）元。

    A. 116 000   B. 1 000   C. 10 400   D. 10 000

11. 村集体经济组织产役畜的成本扣除预计残值后的部分，应在其正常生产周期内按（　　　）分期摊销。

    A. 工作量法   B. 直线法   C. 余额递减法   D. 年数总和法

12. 村集体经济组织的房屋、建筑物机器设备、工具和农业基本建设设施等劳动资料，凡使用年限在一年以上，单位价值在（　　　）元以上的列为固定资产。

    A. 300   B. 500   C. 800   D. 1 000

13. 村集体经济组织的下列固定资产中，（　　　）不计提折旧。

    A. 房屋和建筑物   B. 融资租入的固定资产

    C. 以经营租赁方式租出的固定资产   D. 以经营租赁方式租入的固定资产

14. 村集体经济组织的一辆货车原价 100 000 元，预计净残值 18 000 元，预计行驶 100 000 公里，本年行驶 25 000 公里。该货车采用工作量法计提折旧，年折旧额为（　　　）元。

    A. 25 000   B. 20 500   C. 43 000   D. 32 000

15. 村集体经济组织应付给临时员工的报酬，通过（　　　）账户核算。

    A. 应付工资   B. 应收款   C. 现金   D. 内部往来

16. 村集体经济组织对于使用一事一议资金而没有形成固定资产的项目，在项目支出发生时，借记（　　　）账户。

    A. 在建工程   B. 管理费用   C. 其他支出   D. 银行存款

17. 对债务单位撤销，确实无法追还，或债务人死亡，既无遗产可以清偿，又无义务承担人，确实无法收回的款项，按规定程序批准核销后，应记入借方的账户为（　　　）。

A. 营业外支出　　　B. 坏账准备　　　C. 其他支出　　　D. 应收款

18. 村集体经济组织因筹集一事一议资金与农户发生的应收款项，在筹资方案经成员大会或成员代表大会通过时，按照筹资方案规定的金额，借方记入（　　）账户。

　　A. 应收款　　　B. 内部往来　　　C. 一事一议资金　　　D. 其他支出

19. 内部往来科目各明细科目的期末借方余额合计数反映村集体经济组织所属单位和农户欠村集体经济组织的款项总额；应在资产负债表的（　　）项目内反映。

　　A. 应收款项　　　B. 其他应收款　　　C. 其他应付款　　　D. 应收账款

20. 村集体经济组织生产的农产品收获入库或工业产成品完工入库时，按生产过程中发生的实际支出计价。借方应当计入（　　）账户。

　　A. 库存商品　　　B. 原材料　　　C. 经营支出　　　D. 库存物资

21. 村集体经济组织与所属单位和农户发生应收款项和偿还应付款项时，借方应计入（　　）账户。

　　A. 其他应收款　　　B. 应收款　　　C. 内部往来　　　D. 应收账款

22. 村集体经济组织因所属单位和农户承包集体耕地、林地、果园、鱼塘等而发生的应收承包金或村（组）办企业的应收利润等，年终按经过批准的方案结算出本期所属单位和农户应交未交的款项时，贷方计入（　　）账户。

　　A. 内部往来　　　B. 其他收入　　　C. 发包及上交收入　　　D. 经营收入

23. 内部往来科目各明细科目的期末贷方余额合计数反映村集体经济组织欠所属单位和农户的款项总额。应在资产负债表的（　　）项目内反映。

　　A. 应收款项　　　B. 应付款项　　　C. 内部往来　　　D. 其他应收款

24. 村集体经济组织的房屋、建筑物、机器、设备、工具、器具和农业基本建设设施等劳动资料，凡使用年限在一年以上，单位价值在（　　）元以上的列为固定资产。有些主要生产工具和设备，单位价值虽低于规定标准，但使用年限在一年以上的，也可列为固定资产。

　　A. 1 000　　　B. 2 000　　　C. 500　　　D. 1 500

25. 在建工程部分发生报废或者毁损，按规定程序批准后，按照扣除残料价值和过失人及保险公司赔款后的净损失，计入（　　）。

　　A. 经营支出　　　B. 其他支出　　　C. 应收款项　　　D. 工程成本

26. 购建固定资产过程中发生的劳务投入，凡属于一事一议筹劳且不需支付劳务报酬的，按（　　）劳务价格标准作价。

　　A. 国家　　　B. 当地　　　C. 行业　　　D. 省级

27. 收到捐赠的旧固定资产，按照（　　）计价。

　　A. 发票所列金额　　　　　　　B. 经过批准的评估价值

　　C. 同类设备的市价　　　　　　D. 安装调试费和应支付的相关税金

二、多项选择题

1. 村集体经济组织的流动资产包括（　　）。

　　A. 现金　　B. 银行存款　　C. 存货　　D. 短期投资　　E. 应收款项

2. 下列各项属于村集体经济组织存货的是（　　）。

　　A. 农药　　B. 种子　　C. 农产品　　D. 机械零配件　　E. 燃料

3. 村集体经济组织领用或出售存货时，可选用的计价方法有（　　）。

　　A. 个别计价法　　　B. 先进先出法　　　C. 后进先出法　　　D. 加权平均法

4. 村集体经济组织的下列固定资产应当计提折旧的有（　　）。

A. 房屋和建筑物　　　　　　　　B. 季节性停用．大修理停用的固定资产

C. 以经营租赁方式租入的固定资产　D. 以经营租赁方式租出的固定资产

E. 融资租入的固定资产

5. 每年年度终了，村集体经济组织应当对短期投资、应收账款、存货、农业资产、长期投资、固定资产、在建工程等资产进行全面检查，对于已发生损失但尚未批准核销的各项资产，应在资产负债表补充资料中予以披露。这些资产包括（　　　）。

A. 确实无法收回的应收款项　　　B. 无法收回的短期投资和长期投资

C. 盘亏、毁损或报废的存货　　　D. 死亡毁损的农业资产

E. 盘亏或毁损的固定资产　　　　F. 毁损或报废的在建工程。

6. 村集体经济组织的下列固定资产应当计提折旧（　　　）。

A. 以经营租赁方式租入的固定资产

B. 房屋和建筑物

C. 房屋、建筑物以外的未使用、不需用的固定资产

D. 在用的机械、机器设备、运输车辆、工具器具

E. 季节性停用、大修理停用的固定资产

7. 村集体经济组织的下列固定资产不计提折旧（　　　）。

A. 以经营租赁方式租入的固定资产

B. 融资租入和以经营租赁方式租出的固定资产

C. 季节性停用、大修理停用的固定资产

D. 房屋、建筑物以外的未使用、不需用的固定资产

E. 已提足折旧继续使用的固定资产

8. 根据国家《现金管理条例》规定，村集体经济组织可在下列（　　　）范围内使用现金。

A. 职工（包含村、组干部）工资、津贴

B. 个人劳务报酬

C. 结算起点（1 500 元人民币）以下的零星支出

D. 根据国家规定发给个人的科技、文艺、体育等各种奖金

E. 出差人员必须随身携带的差旅费

9. 村集体经济组织在购买或其他单位及个人投资投入的原材料、农用材料等物资验收入库时，购入的物资按照（　　　）计价。

A. 买价　　　　　　B. 运输费　　　　　　C. 装卸费

D. 运输途中的所有损耗　　　　　　　　　E. 相关税金

10. 村集体经济组织的农业资产包括（　　　）。

A. 牲畜资产　　　B. 加工业资产　　　C. 林木资产　　　D. 禽资产

11. 不形成固定资产的在建工程项目完成后，计入（　　　）或（　　　）。

A. 经营支出　　　B. 其他支出　　　C. 内部往来　　　D. 应付款

12. 村集体经济组织必须建立固定资产折旧制度，按年或按季、按月提取固定资产折旧。固定资产的折旧方法可在（　　　）等方法中任选一种，但是一经选定，不得随意变动。

A. 年限平均法　　　B. 双倍余额递减法　　　C. 年数总和法　　　D. 工作量法

三、技能训练题

1. 某村集体经济组织清查库存现金时，发现溢余 260 元，原因待查。经查，溢余中 60

元为出纳员的私人款项，由其收回，另外 200 元原因无法查明，作当期收入处理。

2. 某村集体经济组织清查库存现金时，发现短缺 390 元，原因待查。经查明现金短缺为零售农用材料时出纳员少收货款造成，经批准应由出纳员赔偿损失。

3. 某村集体经济组织发生如下业务，作出各项业务的会计处理。

（1）某村民承包村荒山，交来承包金 2 000 元，现金已收。

（2）村委会清理废旧纸箱并卖得现金 120 元。

（3）经村民代表大会讨论并经上级批准，村路需要维修，由村民筹资 6 200 元。

（4）村干部张某出差借支现金 800 元。

（5）村委会购买音响设备一台，价款 1 600 元，取现金后支付。

（6）村食品加工厂上缴利润 1 900 元。

（7）财政所通过信用社拨来该村财政转移支付资金 3 000 元。

（8）乡会计委托代理服务中心计提备用金 600 元。

（9）村委会水站维修，支付材料费 320 元，工时费 70 元。

（10）销售给乡淀粉厂库存玉米合计价款 2 960 元，年终付款。

（11）年终收到上例淀粉厂用转账支票交来货款。

（12）国家修高速铁路征用村土地 5 亩，拨来土地补偿费 160 000 元，青苗补偿共 6 000 元。

（13）经召开村民大会决定，将国家征用土地补偿费 160 000 元及青苗补偿费 6 000 元分配给相关农户。

（14）年终按经过批准的方案结算出，农户李某承包村鱼塘应交的承包金为 6 200 元。

（15）某村一通往县城的小桥需要重修，经成员代表大会通过决定由村民筹资 9 200 元。

（16）在县种子公司购买水稻种子计 18 000 元，以信用社存款支付种子款，以现金支付运费 200 元，种子已验收入库。

（17）领用土豆 2 000 公斤共 1 500 元，用于生产淀粉。

（18）领用玉米 3 000 公斤用于销售，售价为 1.8 元/公斤。收到 5 400 元的转账支票。每公斤成本为 1.2 元。

（19）年末盘点时发现某农产品盘盈，同类农产品市场价格共计 190 元。

（20）年末盘点时发现某农产品盘亏共计 290 元。确认应由保险公司赔偿金额为 100 元。

（21）村委会维修村办公楼，以存款支付材料费 1 120 元，以现金支付劳务费 210 元。

（22）县级联系单位赠送给某村 1 台电脑，原价 4 600 元，现已使用 5 年，经参考市场价及计提折旧情况，折价 2 000 元。

（23）村委会修建村间道路，一事一议筹劳，村民合计投入石料 500 立方，作价每方 62 元，合计 31 000 元。

（24）12 月 23 日县级联系单位赠送桌椅 30 套，经村两委参考市场价及原单位固定资产累计折旧情况讨论每套作价 220 元，合计 6 600 元。

（25）12 月 23 日，财政补助由县级有关单位实施的人畜饮水工程结算 22 692 元，完工结算交付村委会管理使用。

4. 村集体经济组织 2015 年 1 月购入幼驴 100 头，每头幼驴 480 元，运输费 2 000 元，购入 50 头幼牛，价值 30 000 元，全部用银行存款支付，并发生下列业务。

（1）2015 年购买的幼畜发生的费用如下：应付养驴人员工资 10 000 元，喂驴用的饲料为 14 000 元；养牛人员工资 12 000 元，喂牛用的饲料为 18 000 元。

（2）2015 年 12 月 31 日，村集体经济组织当年购买的 100 头幼驴已经成龄，转为役畜。

（3）2016 年 1 月村集体经济组织饲养役畜驴发生费用 10 000 元，用银行存款支付。

（4）2016 年 1 月 3 日，村集体经济组织开始摊销役畜驴的成本。役畜驴预计使用 8 年，制度规定净残值率为成本的 5%。

要求：根据资料完成各项业务分录。

5. 大岭村 2015 年 3 月 12 日，为调整产业结构从外地购进油桃树苗 2 500 株建经济园，价款 5 000 元；购入桦树苗 5 000 株，植入道路两侧，价款 10 000 元；共支付运费 900 元，按数量分配运费。用现金支付了各项费用。树苗分别种植，桃树种植应付工钱 500 元，杨树种植应付工钱 1 000 元。

要求：编写会计分录。

6. 某集体经济组织甲库存物资本月收发资料如表 2-1-5 所示。

表 2-1-5　库存物资收发明细表

×年		摘　要	收　入		发出数量 /公斤	结存数量 /公斤
月	日		数量/公斤	单价/元		
8	1	期初结存				500
	5	购入	1 500	60		2 000
	8	领用			800	1 200
	14	购入	300	70		1 500
	20	购入	1 000	80		2 500
	26	领用			1 600	900

要求：

（1）运用先进先出法计算发出甲库存物资的成本和月末结存甲库存物资的成本，并登记甲库存物资的明细账。

（2）运用月末一次加权平均法计算发出甲库存物资的成本和月末结存甲库存物资的成本，并登记甲库存物资的明细账。

7. 某村 2015 年 11 月 30 日银行对账单余额为 83 200 元，村集体经济组织银行存款日记账余额为 78 600 元，经核对，发现有下列未达账项。

（1）11 月 26 日，托收的货款 9 627 元，银行已收款入账，村集体因尚未收到银行的收款通知而未收款入账；

（2）11 月 28 日，银行已扣收本季度村集体短期借款利息 6 829 元，村集体因未收到银行的付款通知而未付款入账；

（3）11 月 29 日，村集体销售农产品收到转账支票 15 018 元，企业已凭进账单回单收款入账，银行因尚未办妥转账手续而未收款入账；

（4）11 月 29 日，村集体开出转账支票 16 820 元支付购货款，付款入账，持票人未到银行办理转账，银行因此未付款入账。

根据上述资料，村集体编制"银行存款余额调节表"如表 2-1-6 所示。

表 2-1-6 银行存款余额调节表

单位：元		年 月 日	账号：**************	
项 目	金 额	项 目		金 额
银行对账单上的余额		村集体账面上的余额		
加：村集体已收、银行未收款		加：银行已收、村集体未收款		
减：村集体已付、银行未付款		减：银行已付、村集体未付款		
调节后的存款余额		调节后的存款余额		

子项目2-2 负 债 核 算

★ 任务目标

村集体经济组织负债的概念及范围；

村集体经济组织流动负债的内容及核算；

村集体经济组织长期负债的内容及核算；

能够设置相应的会计账簿、填制会计凭证、登记有关总账与明细账。

★ 知识引导

负债是指过去的交易、事项形成的现实义务，履行该义务会导致经济利益流出村集体经济组织。

村集体经济组织的负债分为流动负债和长期负债。

一、流动负债核算

流动负债指偿还期在一年以内（含一年）的债务，包括短期借款、应付款项、应付工资、应付福利费等。

（一）短期借款的核算

短期借款科目核算村集体经济组织从银行、信用社和有关单位、个人借入的期限在一年以下（含一年）的各种借款。按借款单位或个人名称设置明细科目进行明细核算。期末贷方余额反映村集体经济组织尚未归还的短期借款的本金。

村集体经济组织应当建立健全借款业务内部控制制度，明确审批人和经办人的权限、程序、责任和相关控制措施。不得由同一人办理借款业务的全过程。应当对借款业务实行集体决策和审批，并保留完整的书面记录。在借款各环节设置相关的记录、填制相应的凭证，并加强有关单据和凭证的相互核对工作。加强对借款合同等文件和凭证的管理。做到定期或不定期对借款业务内部控制进行监督检查，对发现的薄弱环节，应当及时采取措施，加以纠正和完善。

（1）村集体经济组织借入各种短期借款时

借：现金、银行存款

　　贷：短期借款

（2）归还借款时

借：短期借款

　　贷：现金、银行存款

（3）短期借款利息应按期支付

借：其他支出

　　贷：现金、银行存款

【例1】2015 年 12 月 1 日，从某公司借款 20 000 元用于某工程材料采购，期限 10 天，按月利率 15‰计息。

    借：银行存款   20 000
      贷：短期借款——某公司   20 000

【例2】承接例 1，2015 年 12 月 10 日，以银行存款归还某公司借款本息。

    借：短期借款   20 000
      其他支出   300
      贷：银行存款   20 300

（二）应付款的核算

"应付款"科目核算村集体经济组织与外单位和外部个人发生的偿还期在一年以下（含一年）的各种应付及暂收款项。按应付款的不同单位和个人设置明细科目进行明细核算。期末贷方余额反映村集体经济组织应付而未付及暂收的款项。

（1）村集体经济组织发生以上应付及暂收款项时。

    借：现金、银行存款、库存物资等
      贷：应付款

（2）偿付应付及暂收款项时。

    借：应付款
      贷：现金、银行存款

（3）发生确实无法支付的应付款项时。

    借：应付款
      贷：其他收入

【例3】某村集体经济组织从某经销种子商店购入种子，价款 1 220 元暂欠。

    借：库存物资   1 220
      贷：应付款——种子商店   1 220

【例4】承接例 3，货款在一个月后用转账支票支付。

    借：应付款——种子商店   1 220
      贷：银行存款   1 220

【例5】承接例 3，如果该商店无法经营倒闭，货款确实无法支付。

    借：应付款——种子商店   1 220
      贷：其他收入   1 220

（三）应付工资的核算

"应付工资"科目核算村集体经济组织应付给其管理人员及固定员工的报酬总额。上述人员的各种工资、奖金、津贴、福利补助等，不论是否在当月支付，都应通过本科目核算。应设置"应付工资明细账"，按照管理人员和员工的类别及应付工资的组成内容进行明细核算。期末贷方余额反映村集体经济组织已提取但尚未支付的工资额。

村集体经济组织应付给临时员工的报酬，不通过"应付工资"科目核算，在"应付款"或"内部往来"科目中核算。

（1）村集体经济组织按照经过批准的金额提取工资时，根据人员岗位作如下分录。

    借：管理费用
      生产（劳务）成本
      牲畜（禽）资产
      林木资产
      在建工程
      贷：应付工资

（2）按规定程序批准后，实际发放工资时。

借：应付工资

　　贷：现金

（四）应付福利费的核算

"应付福利费"科目核算村集体经济组织从收益中提取，用于集体福利、文教、卫生等方面的福利费（不包括兴建集体福利等公益设施支出），包括照顾烈军属、五保户、困难户的支出，计划生育支出，农民因公伤亡的医药费、生活补助及抚恤金等。按支出项目设置明细科目，进行明细核算。期末贷方余额反映村集体经济组织已提取但尚未使用的福利费金额。如为借方余额，反映本年福利费超支数；按规定程序批准后，应按规定转入"公积公益金"科目的借方，未经批准的超支数额，仍保留在本科目借方。

（1）村集体经济组织按照经批准的方案，从收益中提取福利费时。

借：收益分配

　　贷：应付福利费

【例6】村集体经济组织本年度收益总额 36 200 元，根据批准的分配方案，提取福利费 3 900 元。会计分录如下。

借：收益分配——各项分配　　　　　　　　　　　　　　　 3 900

　　贷：应付福利费　　　　　　　　　　　　　　　　　　　　　　 3 900

（2）发生福利费支出时。

借：应付福利费

　　贷：现金、银行存款

【例7】以现金 1 000 元支付五保户生活费。会计分录如下。

借：应付福利费　　　　　　　　　　　　　　　　　　　　 1 000

　　贷：现金、银行存款　　　　　　　　　　　　　　　　　　　　 1 000

【例8】年终，应付福利费账户余额为 3 200 元，超支 3 200；按规定程序批准转入公积公益金。会计分录如下。

借：公积公益金　　　　　　　　　　　　　　　　　　　　 3 200

　　贷：应付福利费　　　　　　　　　　　　　　　　　　　　　　 3 200

二、长期负债核算

长期负债指偿还期超过一年以上（不含一年）的债务，包括长期借款及应付款、一事一议资金等。

（一）长期借款及应付款的核算

"长期借款及应付款"科目核算村集体经济组织从银行、信用社和有关单位、个人借入的期限在一年以上（不含一年）的借款及偿还期在一年以上（不含一年）的应付款项。按借款及应付款单位和个人设置明细科目，进行明细核算。期末贷方余额，反映村集体经济组织尚未偿还的长期借款及各种应付款项。

（1）村集体经济组织发生长期借款及应付款项时。

借：现金

　　银行存款

　　库存物资

　　贷：长期借款及应付款

（2）归还和偿付长期借款及应付款项时。

借：长期借款及应付款

　　贷：现金、银行存款

（3）发生长期借款的利息支出。

借：其他支出

　　贷：现金、银行存款

（4）发生确实无法偿还的长期借款及应付款时。

借：长期借款及应付款

　　贷：其他收入

【例9】2014年12月1日，从某公司借款20 000元用于某工程材料采购，期限2年，按月利率18‰计息。

借：银行存款　　　　　　　　　　　　　　　　　　　　20 000

　　贷：长期借款及应付款　　　　　　　　　　　　　　　　　20 000

【例10】承接上例，2016年12月1日，以银行存款归还某公司借款本息。

借：长期借款及应付款　　　　　　　　　　　　　　　　20 000

　　其他支出　　　　　　　　　　　　　　　　　　　　　8 640

　　贷：银行存款　　　　　　　　　　　　　　　　　　　　28 640

（二）一事一议资金的核算

"一事一议资金"科目核算村集体经济组织兴办生产、公益事业，按一事一议的形式筹集的专项资金。按所议项目设置明细科目，进行明细核算。同时，必须另设备查账簿对一事一议资金的筹集和使用情况进行登记。

期末贷方余额，反映村集体经济组织应当用于一事一议专项工程建设的资金；期末借方余额，反映村集体经济组织一事一议专项工程建设的超支数。

（1）村集体经济组织应于一事一议筹资方案经成员大会或成员代表大会通过时。

借：内部往来

　　贷：一事一议资金

（2）收到农户交来的一事一议专项筹资时。

借：现金

　　贷：内部往来

（3）村集体经济组织使用一事一议资金购入不需要安装的固定资产。

借：固定资产

　　贷：现金、银行存款

同时

借：一事一议资金

　　贷：公积公益金

（4）村集体经济组织使用一事一议资金购入需要安装或建造固定资产。

借：在建工程

　　贷：现金、银行存款

固定资产完工后

借：固定资产

　　贷：在建工程

同时

借：一事一议资金

　　贷：公积公益金

（5）村集体经济组织对于使用一事一议资金而没有形成固定资产的项目，在项目支出发生时。

借：在建工程

　　贷：现金、银行存款

项目完成后按使用一事一议资金金额

借：管理费用、其他支出

　　贷：在建工程

同时

借：一事一议资金

　　贷：公积公益金

【例11】村集体经济组织通过一事一议筹资筹劳方式修水渠，按人均15元标准收取一事一议资金，全村共计4 000人，款项全部收齐，存入信用社。修水渠共发生50 000元费用，用银行存款支付，共投入劳务4 000个工，当地劳务价格标准为10元/工，现已完工结算，编制会计分录如下。

① 筹资方案通过时

借：内部往来——各村民　　　　　　　　　　　　　　60 000

　　贷：一事一议资金——修水渠　　　　　　　　　　　　　60 000

② 收到筹资款时

借：银行存款　　　　　　　　　　　　　　　　　　　60 000

　　贷：内部往来——各村民　　　　　　　　　　　　　　60 000

③ 支付工程建设费用时

借：在建工程——修水渠　　　　　　　　　　　　　　50 000

　　贷：银行存款　　　　　　　　　　　　　　　　　　50 000

④ 发生劳务投入时

借：在建工程——修水渠　　　　　　　　　　　　　　40 000

　　贷：公积公益金　　　　　　　　　　　　　　　　　40 000

⑤ 完工结算时

借：其他支出　　　　　　　　　　　　　　　　　　　90 000

　　贷：在建工程——修水渠　　　　　　　　　　　　　　90 000

同时将一事一议资金转入集体积累

借：一事一议资金——修水渠　　　　　　　　　　　　50 000

　　贷：公积公益金　　　　　　　　　　　　　　　　　50 000

⑥ 项目完工如一事一议资金余额较大应退还农户

借：一事一议资金

　　贷：银行存款

如余额较小，可征得村民同意或村民代表同意，转用于村内其他一事一议资金项目。

★ 任务实施

完成流动负债中短期借款、应付款、应付工资、应付福利费具体包含内容和核算方法；长期负债中长期借款及应付款的核算、一事一议资金的核算。

★ **任务实施评价**

    1. 短期借款的核算应当能够计算借款利息并进行账务处理；

    2. 明确应付款的核算内容都包括哪些具体往来对象，以什么名称设置明细科目；

    3. 应付工资具体包含的内容要明晰，核算方法能够熟练运用；

    4. 应付福利费具体包含的内容要明晰，核算方法能够熟练运用；

    5. 能够准确运用长期借款及应付款账户进行账务处理；

    6. 明确一事一议资金核算的内容，收到时、使用时的账务处理能够准确完成。

★ **总结与反思**

    实施各项流动负债和长期负债核算任务之后有哪些收获，还有哪些任务的实施存在不足，哪些核算内容、方法的掌握程度还需要提高。

★ **项目考核与训练**

一、单项选择题

    1. （   ）是指过去的交易、事项形成的现实义务，履行该义务会导致经济利益流出村集体经济组织。

    A. 资产   B. 负债   C. 收入   D. 费用

    2. （   ）科目期末贷方余额反映村集体经济组织应付而未付及暂收的款项。

    A. 暂收款   B. 应收款   C. 应付款   D. 往来款项

二、多项选择题

    1. 下列属于村集体经济组织流动负债的有（   ）。

    A. 长期借款   B. 一事一议资金   C. 短期借款

    D. 应付工资   E. 应付福利费

    2. "应付工资"科目核算村集体经济组织应付给（   ）等的报酬总额。

    A. 管理人员的各种津贴、福利补助

    B. 固定员工的各种工资、奖金

    C. 临时员工的各种工资、奖金、津贴、福利补助等

    D. 管理人员的各种工资、奖金

    E. 固定员工的各种津贴、福利补助

    3. "应付福利费"科目核算村集体经济组织从收益中提取，用于集体福利、文教、卫生等方面的福利费，包括（   ）。

    A. 照顾五保户、困难户的支出

    B. 计划生育支出

    C. 农民因公伤亡的医药费

    D. 兴建集体福利等公益设施支出

    E. 生活补助及抚恤金

    4. "应付款"科目核算村集体经济组织与（   ）发生的偿还期在一年以下（含一年）的各种应付及暂收款项等。

    A. 本单位正式职工   B. 本单位临时工   C. 外单位   D. 外部个人

    5. 短期借款科目核算村集体经济组织从（   ）借入的期限在一年以下（含一年）的各种借款。

    A. 银行   B. 有关单位   C. 有关个人   D. 信用社

三、技能训练题

1. 某村集体经济组织 2015 年 6 月 1 日，从某公司借款 30 000 元用于某工程材料采购，期限 10 天，按月利率 15‰ 计息。2015 年 6 月 10 日，以银行存款归还某公司借款本息。

2. 某村集体经济组织从某经销化肥农药商店购入农药，价款 920 元暂欠。货款在一个月后用转账支票支付。如果该商店无法经营倒闭，货款确实无法支付时的分录。

3. 村集体经济组织本年度收益总额 62 000 元，根据批准的分配方案，提取福利费 5 860 元。

4. 以现金 900 元支付计划生育支出。

5. 年终，应付福利费账户余额为 1 600 元，超支 1 600；按规定程序批准转入公积公益金。

6. 年终，应付福利费账户余额为 1 600 元，超支 1 600；超支数额未经批准。

子项目 2-3   所有者权益核算

★ 任务目标

村集体经济组织所有者权益的概念及范围；

村集体经济组织资本的核算内容及核算方法；

村集体经济组织公积公益金的核算内容及核算方法；

能够设置相应的会计账簿、填制会计凭证、登记有关总账与明细账。

★ 知识引导

所有者权益是指所有者在村集体组织中享有的经济利益。是资产减去负债后的余额。村集体经济组织的所有者权益包括资本、公积公益金、未分配收益等。

一、资本核算

村集体经济组织对投资者投入的资产要按有关规定进行评估。投入的劳务要合理计价。

"资本"科目核算村集体经济组织实际收到投入的资本。按投资的单位和个人设置明细科目，进行明细核算。期末贷方余额，反映村集体经济组织实有的资本数额。

(1) 村集体经济组织收到以固定资产作为投资时，按照投资各方确认的价值入账。

借：固定资产

　　贷：资本

【例 1】某村集体经济组织收到某单位以水稻插秧机作为投资时，投资双方确认的价值为 5 900 元。

借：固定资产——水稻插秧机　　　　　　　　　　　　　　　　　　　　　5 900

　　贷：资本——某单位　　　　　　　　　　　　　　　　　　　　　　　　　　5 900

(2) 收到以劳务形式投资时，按当地劳务价格入账。

借：在建工程

　　贷：资本

(3) 收到其他形式投资时。

借：银行存款、库存物资

　　贷：资本

【例 2】某村集体经济组织收到某单位以水稻种子作为投资，价值为 800 元。

借：库存物资   800
　　贷：资本   800
【例3】某村集体经济组织收到甲单位以银行存款 10 000 元作为投资，协议中规定一年后收回投资。
借：银行存款   10 000
　　贷：资本   10 000
（4）将公积公益金转增资本时。
借：公积公益金
　　贷：资本
【例4】某村集体经济组织将公积公益金 2 000 元转增资本。
借：公积公益金   2 000
　　贷：资本   2 000
（5）按照协议规定投资者收回投资时。
借：资本
　　贷：银行存款、固定资产
【例5】承接例3，按照协议规定投资者甲单位收回投资 10 000 元。
借：资本   10 000
　　贷：银行存款   10 000
（6）原生产队积累折股股金及农业合作化时期社员入社的股份基金，也在本科目中核算。

二、公积公益金核算

村集体经济组织接受捐赠的资产计入公积公益金；对外投资中，资产重估确认价值与原账面净值的差额计入公积公益金；收到的征用土地补偿费及拍卖荒山、荒地、荒水、荒滩等使用权收入，计入公积公益金。"公积公益金"科目核算村集体经济组织从收益中提取的和其他来源取得的公积公益金。期末贷方余额，反映村集体经济组织的公积公益金数额。

（1）从收益中提取公积公益金时。
借：收益分配
　　贷：公积公益金
【例6】村集体经济组织从收益中提取公积公益金 6 800 元。
借：收益分配   6 800
　　贷：公积公益金   6 800
（2）收到应计入公积公益金的征用土地补偿费及拍卖荒山、荒地、荒水、荒滩等"四荒"使用权价款，或者收到由其他来源取得的公积公益金时。
借：银行存款
　　贷：公积公益金
【例7】村集体经济组织收到应计入公积公益金的征用土地补偿费 10 600 元。
借：银行存款   10 600
　　贷：公积公益金   10 600
【例8】村集体经济组织收到拍卖荒山使用权价款 9 600 元。
借：银行存款   9 600
　　贷：公积公益金   9 600

（3）收到捐赠的资产时。

借：银行存款
    库存物资
    固定资产
    贷：公积公益金

【例9】村集体经济组织收到捐赠的电脑10台，价值39 000元。

借：固定资产　　　　　　　　　　　　　　　　　　　　　　　　39 000
    贷：公积公益金　　　　　　　　　　　　　　　　　　　　　　39 000

（4）按国家有关规定，并按规定程序批准后，公积公益金转增资本、弥补福利费不足或弥补亏损时。

借：公积公益金
    贷：资本
        应付福利费
        收益分配

【例10】按国家有关规定，并按规定程序批准后，公积公益金转增资本6 900元、弥补福利费不足660元。

借：公积公益金　　　　　　　　　　　　　　　　　　　　　　　7 560
    贷：资本　　　　　　　　　　　　　　　　　　　　　　　　　6 900
        应付福利费　　　　　　　　　　　　　　　　　　　　　　　660

【例11】按国家有关规定，并按规定程序批准后，公积公益金弥补亏损3 589元。

借：公积公益金　　　　　　　　　　　　　　　　　　　　　　　3 589
    贷：收益分配　　　　　　　　　　　　　　　　　　　　　　　3 589

★ 任务实施

完成村集体经济组织资本、公积公益金的具体业务核算。

★ 任务实施评价

1. 明确村集体经济组织资本增加的几个途径，具体核算方法；
2. 明确哪些经济业务涉及公积公益金科目进行核算，具体的核算方法。

★ 总结与反思

实施各项所有者权益核算任务之后有哪些收获，还有哪些任务的完成存在不足，哪些核算内容、方法的掌握程度还需要加以改进。

★ 项目考核与训练

一、单项选择题

1. 村集体经济组织对筹集的资本依法享有（　　　　）。
   A. 所有权　　　　　B. 经营权　　　　　C. 收益权　　　　　D. 处分权
2. 村集体经济组织接收到某大型机械厂捐赠的联合收割机一台，按规定应当计入（　　　　）。
   A. 固定资产　　　　B. 资本　　　　　　C. 公积公益金　　　D. 其他收入

二、多项选择题

1. 村集体经济组织的所有者权益包括（　　　　）。
   A. 资本　　　B. 公积公益金　　　C. 未分配收益　　　D. 已分配收益　　　E. 基金
2. 下列计入公积公益金的项目包括（　　　　）。
   A. 村集体经济组织接受捐赠的资产

  B. 资产重估确认价值与原账面净值的差额

  C. 拍卖荒山、荒地、荒水、荒滩等使用权收入

  D. 收到的征用土地补偿费

  E. 对外投资

三、技能训练题

1. 某村集体经济组织收到某单位以水稻插秧机作为投资时，投资双方确认的价值为5 900元。

2. 某村集体经济组织收到某人以劳务形式进行办公楼建造投资，按当地劳务价格确定计价金额为1 500元。

3. 某村集体经济组织收到某单位以化肥作为投资，价值为990元。

4. 某村集体经济组织收到某单位以银行存款8 000元作为投资，协议中规定半年后收回投资。

5. 某村集体经济组织将公积公益金1 600元转增资本。

6. 村集体经济组织从收益中提取公积公益金2 300元。

7. 村集体经济组织收到拍卖荒滩使用权价款2 180元。

8. 村集体经济组织收到捐赠的桌子，价值900元。

9. 按国家有关规定，并按规定程序批准后，公积公益金转增资本2 600元。

10. 按国家有关规定，并按规定程序批准后，公积公益金弥补福利费不足320元。

要求：根据以上业务编制会计分录。

子项目 2-4 成本与损益核算

★ 任务目标

村集体经济组织生产（劳务）成本的核算内容及核算方法；

村集体经济组织收入的核算内容及核算方法；

村集体经济组织费用的核算内容及核算方法；

村集体经济组织收益及其分配的核算内容及核算方法；

能够设置相应的会计账簿、填制会计凭证、登记有关总账与明细账。

★ 知识引导

一、生产（劳务）成本核算

村集体经济组织的生产（劳务）成本是指村集体经济组织直接组织生产或对外提供劳务等活动所发生的各项生产费用和劳务成本。

生产（劳务）成本科目核算村集体经济组织直接组织生产或对外提供劳务等活动所发生的各项生产费用和劳务成本。按生产费用和劳务成本的种类设置明细科目，进行明细核算。期末借方余额，反映村集体经济组织尚未完成的产品及尚未结转的劳务成本。

（1）发生的各项生产费用和劳务成本，应按成本核算对象归集。

  借：生产（劳务）成本

    贷：现金

      银行存款

      库存物资

      内部往来

      应付款

【例1】村集体经济组织直接组织生产某种产品，领用玉米1 000公斤，单位成本1.20元。用现金支付费用400元。

借：生产（劳务）成本   1 600

    贷：库存物资   1 200

        现金   400

（2）会计期间终了，对已生产完成并验收入库的工业产成品和农产品作如下会计分录。

借：库存物资

    贷：生产（劳务）成本

【例2】会计期间终了，已生产完成并验收入库的农产品800公斤，单位成本2.9元。

借：库存物资   2 320（800×2.9）

    贷：生产（劳务）成本   2 320

（3）对外提供劳务实现销售时。

借：经营支出

    贷：生产（劳务）成本

二、收入的核算

（一）经营收入的核算

村集体经济组织的经营收入是指村集体经济组织进行各项生产、服务等经营活动取得的收入。包括产品物资销售收入、出租收入、劳务收入等。村集体经济组织一般应于产品物资已经发出，劳务已经提供，同时收讫价款或取得收取价款的凭证时，确认经营收入的实现。通过"经营收入"科目核算村集体经济组织当年发生的各项经营收入。按经营项目设置明细科目进行明细核算。

（1）经营收入发生时。

借：现金、银行存款

    贷：经营收入

（2）年终，应将本科目的余额转入"本年收益"科目的贷方，结转后本科目应无余额。

借：经营收入

    贷：本年收益

【例3】村集体经济组织出租农机具给农户取得出租收入1 080元。

借：现金   1 080

    贷：经营收入   1 080

【例4】年终，经营收入科目的贷方余额28 000元。

借：经营收入   28 000

    贷：本年收益   28 000

（二）发包及上交收入的核算

村集体经济组织的发包及上交收入是指农户和其他单位因承包集体耕地、林地、果园、鱼塘等上交的承包金及村（组）办企业上缴的利润等。通过"发包及上交收入"账户进行核算，按项目设置"承包金"和"企业上缴利润"两个二级明细科目进行明细核算。

（1）村集体经济组织收到上交的承包金或利润时。

借：现金、银行存款

    贷：发包及上交收入

【例5】村民刘某承包村果园，交来承包金2 200元，现金已收。

借：现金　　　　　　　　　　　　　　　　　　　　　　　　　2 200
　　　贷：发包及上交收入　　　　　　　　　　　　　　　　　　　　　　　2 200
（2）年终，村集体经济组织结算本年应收未收的承包金和利润时。
借：内部往来或应收款
　　　贷：发包及上交收入
【例6】村民马某承包村林地，应交来承包金1 900元，款项还未交。
借：内部往来——马某　　　　　　　　　　　　　　　　　　　1 900
　　　贷：发包及上交收入　　　　　　　　　　　　　　　　　　　　　　　1 900
（3）村集体经济组织收到以前年度应收未收的承包金和利润时。
借：现金、银行存款
　　　贷：内部往来或应收款
【例7】村民赵某交来去年所欠承包耕地的承包金900元。
借：现金　　　　　　　　　　　　　　　　　　　　　　　　　900
　　　贷：内部往来——赵某　　　　　　　　　　　　　　　　　　　　　　900
（4）年终，应将本科目的余额转入"本年收益"科目的贷方，结转后本科目应无余额。
借：发包及上交收入
　　　贷：本年收益
【例8】年终，发包及上交收入科目贷方余额为36 800元。
借：发包及上交收入　　　　　　　　　　　　　　　　　　　36 800
　　　贷：本年收益　　　　　　　　　　　　　　　　　　　　　　　　　36 800

（三）农业税附加返还收入的核算

村集体经济组织的农业税附加返还收入是指村集体经济组织按有关规定收到的财税部门返还的农业税附加、牧业税附加等资金。通过"农业税附加返还收入"账户进行核算，已免征农业税和牧业税的地区，不使用该科目。

（1）村集体经济组织收到返还的农业税附加、牧业税附加等资金时。
借：现金、银行存款
　　　贷：农业税附加返还收入
【例9】村集体经济组织收到返还的农业税附加1 160元，返还的牧业税附加980元。
借：银行存款　　　　　　　　　　　　　　　2 140（1 160＋980）
　　　贷：农业税附加返还收入　　　　　　　　　　　　　　　　　　　2 140
（2）年终，应将本科目的余额转入"本年收益"科目的贷方，结转后本科目应无余额。
借：农业税附加返还收入
　　　贷：本年收益
【例10】农业税附加返还收入科目的贷方余额2 140元。
借：农业税附加返还收入　　　　　　　　　　　　　　　　　2 140
　　　贷：本年收益　　　　　　　　　　　　　　　　　　　　　　　　　2 140

（四）补助收入的核算

村集体经济组织的补助收入是指村集体经济组织获得的财政等有关部门的补助资金。通过"补助收入"账户进行核算，按补助项目设置明细科目进行明细核算。

（1）村集体经济组织收到补助资金时。
借：银行存款
　　　贷：补助收入

【例11】村集体经济组织收到财政部门支付的补助资金6 300元。

借：银行存款   6 300

  贷：补助收入   6 300

（2）年终，应将本科目的余额转入"本年收益"科目的贷方，结转后本科目应无余额。

借：补助收入

  贷：本年收益

【例12】年终补助收入科目贷方余额6 300元。

借：补助收入   6 300

  贷：本年收益   6 300

（五）其他收入的核算

村集体经济组织的其他收入是指除经营收入、发包及上交收入、农业税附加返还收入和补助收入以外的收入。如罚款收入、存款利息收入、固定资产及库存物资的盘盈收入等。通过"其他收入"账户进行核算。

（1）发生其他收入时。

借：现金、银行存款

  贷：其他收入

【例13】村集体经济组织存款利息收入89元。

借：银行存款   89

  贷：其他收入   89

【例14】村集体经济组织库存玉米盘盈20公斤，单位成本1.2元。

借：库存物资   24

  贷：其他收入   24

【例15】A村委会清理废旧报纸并卖得现金180元。

借：现金   180

  贷：其他收入   180

（2）年终，应将本科目的余额转入"本年收益"科目的贷方，结转后本科目应无余额。

借：其他收入

  贷：本年收益

【例16】年终，其他收入科目的贷方余额1 860元。

借：其他收入   1 860

  贷：本年收益   1 860

三、费用的核算

（一）经营支出的核算

村集体经济组织的经营支出是指村集体经济组织因销售商品、农产品、对外提供劳务等活动而发生的实际支出，包括销售商品或农产品的成本、销售牲畜或林木的成本、对外提供劳务的成本、维修费、运输费、保险费、产役畜的饲养费用及其成本摊销、经济林木投产后的管护费用及其成本摊销等。通过"经营支出"账户进行核算，按经营项目设置明细科目进行明细核算。

（1）村集体经济组织经营支出发生时。

借：经营支出

  贷：库存物资、生产（劳务）成本、应付工资、内部往来、应付款、牲畜（禽）资
    产、林木资产等

村集体经济组织应根据实际情况，采用先进先出法、加权平均法和个别计价法等方法，确定本期销售的商品、农产品等的实际成本。方法一经选定，不得随意变更。

【例17】村集体经济组织销售某种农产品 2 000 公斤，单位成本 2.8 元。

借：经营支出   5 600

  贷：库存物资   5 600

（2）年终，应将本科目的余额转入"本年收益"科目的借方，结转后本科目应无余额。

借：本年收益

  贷：经营支出

【例18】年终，经营支出科目的借方余额 9 600 元。

借：本年收益   9 600

  贷：经营支出   9 600

（二）管理费用的核算

管理费用是指村集体经济组织管理活动发生的各项支出，包括村集体经济组织管理人员及固定员工的工资、办公费、差旅费、管理用固定资产折旧费和维修费等。按费用项目设置明细科目，进行明细核算。

（1）发生上述各项费用时。

借：管理费用

  贷：应付工资、现金、银行存款、累计折旧等

（2）年终，应将本科目的余额转入"本年收益"科目的借方，结转后本科目应无余额。

借：本年收益

  贷：管理费用

【例19】12月8日，交村办公用电话费 108 元。

借：管理费用——办公费   108

  贷：银行存款   108

【例20】12月24日，购买信签纸、笔等办公用品支出 260 元。

借：管理费用——办公费   260

  贷：银行存款   260

【例21】12月24日，村委会交电费 289 元。

借：管理费用——办公费   289

  贷：银行存款   289

（三）其他支出的核算

其他支出是指村集体经济组织与经营管理活动无直接关系的支出。如公益性固定资产折旧费用、利息支出、农业资产的死亡毁损支出、固定资产及库存物资的盘亏、损失、防汛抢险支出、无法收回的应收款项损失、罚款支出等。通过"其他支出"账户进行核算。

（1）发生其他支出时。

借：其他支出

  贷：累计折旧、现金、银行存款、库存物资、应付款等

【例22】村集体经济组织支付防汛抢险支出 1 660 元。

借：其他支出   1 660

  贷：银行存款   1 660

（2）年终，应将本科目的余额转入"本年收益"科目的借方，结转后本科目应无余额。

借：本年收益

　　贷：其他支出

村集体经济组织要逐步建立健全支出的预算制度，量入为出，对非经营性开支要实行总量控制，不得超支。

【例23】年终，其他支出科目的借方余额3 900元。

借：本年收益　　　　　　　　　　　　　　　　　　　　　　　　　　　3 900

　　贷：其他支出　　　　　　　　　　　　　　　　　　　　　　　　　　　　3 900

四、收益及其分配核算

村集体经济组织的全年收益总额按照下列公式计算。

　　收益总额＝经营收益＋农业税附加返还收入＋补助收入＋其他收入－其他支出

其中：

　　经营收益＝经营收入＋发包及上交收入＋投资收益－经营支出－管理费用

村集体经济组织在收取农户、其他单位和个人上交的承包金或利润时，要执行国家的有关规定，坚持取之有度、用之合理、因地制宜、量力而行的原则，既不能超越农户和所属单位的承受能力，又要保证集体扩大再生产和发展公益事业的需要。

村集体经济组织在进行年终收益分配工作以前，要准确地核算全年的收入和支出；清理财产和债权、债务；搞好承包合同的结算和兑现。

（一）本年收益的核算

"本年收益"科目核算村集体经济组织本年度实现的收益。

（1）会计期末结转经营收益时。

借：经营收入

　　发包及上交收入

　　农业税附加返还收入

　　补助收入

　　其他收入

　　贷：本年收益

（2）会计期末结转支出时。

借：本年收益

　　贷：经营支出

　　　　其他支出

　　　　管理费用

"投资收益"账户余额无论为借方还是贷方，都要结转到"本年收益"账户。

【例24】某村集体经济组织2015年12初，"本年收益"账户贷方余额为12 600元。本月收益、支出余额见表2-4-1。

表 2-4-1　科目余额表　　　　　　　　　　　　　　　单位：元

科目名称	借方余额	贷方余额
经营收入		1 800
发包及上交收入		1 260
补助收入		3 000
其他收入		880
经营支出	1 870	
管理费用	6 210	

① 根据科目余额表结转各项收入

借：经营收入 1 800

发包及上交收入 1 260

补助收入 3 000

其他收入 880

贷：本年收益 6 940

② 结转支出及费用

借：本年收益 8 080

贷：经营支出 1 870

管理费用 6 210

(3) 年度终了，应将本年收入和支出相抵后结出的本年实现的收益，转入"收益分配"科目。

①"本年收益"科目余额表现为净收益时

借：本年收益

贷：收益分配——未分配收益

②"本年收益"科目余额表现为净损失时

借：收益分配——未分配收益

贷：本年收益

【例25】承接上例，年度终了，村集体经济组织2015年12初"本年收益"账户贷方余额12 600元＋本期贷方增加发生额6 940－本期借方减少发生额8 080＝"本年收益"账户贷方余额11 460元，结转至"收益分配——未分配收益"账户。

借：本年收益 11 460

贷：收益分配——未分配收益 11 460

（二）收益分配的核算

"收益分配"科目核算村集体经济组织当年收益的分配（或亏损的弥补）和历年分配后的结存余额。本科目设置"各项分配"和"未分配收益"两个二级科目。余额为历年积存的未分配收益（或未弥补亏损）。

(1) 村集体经济组织用公积公益金弥补亏损时。

借：公积公益金

贷：收益分配——未分配收益

(2) 按规定提取公积公益金，提取应付福利费，外来投资分利，进行农户分配等时。

借：收益分配——各项分配

贷：公积公益金（提取公积公益金）

应付福利费（提取应付福利费）

应付款（外来投资分利）

内部往来（进行农户分配）

(3) 年终，村集体经济组织应将全年实现的收益总额，自"本年收益"科目转入本科目。

①"本年收益"科目余额表现为净收益时

借：本年收益

贷：收益分配——未分配收益

②"本年收益"科目余额表现为净损失时

借：收益分配——未分配收益

贷：本年收益

③ 同时，将"收益分配——各项分配"明细科目的余额全部转入"收益分配——未分配收益"

借：收益分配——未分配收益

贷：收益分配——各项分配

（4）年终结账后，如发现以前年度收益计算不准确，或有未反映的会计业务，需要调整增加本年收益时，贷记"收益分配——未分配收益"；调整减少本年收益时，借记"收益分配——未分配收益"。

（三）投资收益

"投资收益"科目核算村集体经济组织对外投资取得的收益或发生的损失。按投资种类设置明细科目进行明细核算。年末应无余额。

（1）村集体经济组织取得投资收益时。

借：现金、银行存款

贷：投资收益

（2）转让、收回投资或出售有价证券时，按实际取得的价款入账。

借：现金、银行存款及有关资产科目

贷：短期投资或长期投资（按原账面价值）

借或贷：投资收益（按实际取得价款和原账面价值的差额）

（3）年终，"投资收益"科目余额的转入本年收益。

① "投资收益"科目余额表现为净收益时

借：投资收益

贷：本年收益

② "投资收益"科目余额表现为净损失时

借：本年收益

贷：投资收益

★ **任务实施**

经营收入的核算、发包及上交收入的核算、农业税附加返还收入的核算、补助收入的核算、其他收入的核算、经营支出的核算、管理费用的核算、其他支出的核算、本年收益的核算、收益分配的核算、投资收益的核算。

★ **任务实施评价**

1. 五项收入核算的归类科目必须清晰，并能够进行核算；

2. 三项支出的归类科目必须清晰，并能够进行核算；

3. 全年收益总额计算公式能够写出；

4. 能够结转收入、支出类账户的年末余额，并能够按照规定进行收益分配的核算；涉及投资收益能够进行准确核算。

★ **总结与反思**

实施各项成本与损益核算任务之后有哪些收获，还有哪些任务的完成存在不足，哪些核算内容、方法的掌握程度还需要加以提高。

★ **项目考核与训练**

一、单项选择题

1. 村集体经济组织"发包及上交收入"科目核算的内容不包括（　　　）。

A. 村办企业上交的利润

B. 农户承包集体荒地上交的承包金

C. 农户承包林地上交的承包

D. 农户上交的罚款

2. 下列（　　　　）不属于村集体经济组织的经营支出。

A. 销售商品或农产品的成本

B. 对外提供劳务的成本

C. 经济林木投产后的管理费用

D. 育肥畜的饲养费用

3. 村集体经济组织的管理费用不包括（　　　　）。

A. 管理人员的工资　　　B. 办公费　　　C. 保险费　　　D. 差旅费

4. 年终，应将"经营收入"科目的余额转入（　　　　）科目的贷方。

A. 本年利润　　　　　B. 本年收益　　　　　C. 收益分配

D. 经营收益　　　　　E. 可分配收益

5. 村集体经济组织的全年收益总额按照下列（　　　　）公式计算。

A. 收益总额＝经营收入＋发包及上交收入＋经营收益＋投资收益－经营支出－管理
费用＋农业税附加返还收入＋补助收入＋其他收入－其他支出

B. 收益总额＝经营收益＋投资收益－经营支出－管理费用＋农业税附加返还收入＋
补助收入＋其他收入－其他支出

C. 收益总额＝经营收入＋发包及上交收入＋投资收益－经营支出－管理费用＋农业
税附加返还收入＋补助收入＋其他收入－其他支出

D. 收益总额＝经营收益＋投资收益＋农业税附加返还收入＋补助收入＋其他收入－
其他支出

6. 年度终了，应将本年收入和支出相抵后结出的本年实现的收益，转入（　　　　）
科目。

A. 收益分配　　　B. 本年收益　　　C. 经营收益　　　D. 投资收益

二、多项选择题

1. 具体来说，村集体经济组织的收入主要有（　　　　）。

A. 经营收入　　　B. 发包及上交收入　　　C. 财政补助　　　D. 其他收入

2. 村集体经济组织的收益分配顺序包括（　　　　）。

A. 提取公积公益金　　　B. 提取福利费　　　C. 向投资者分利

D. 农户分配　　　　　　E. 其他分配

3. 通过"经营收入"科目核算村集体经济组织当年发生的各项经营收入项目包括
（　　　　）。

A. 发包及上交收入　　　B. 产品物资销售收入　　　C. 出租收入

D. 农业税附加返还收入　　　E. 劳务收入

4. 其他支出是指村集体经济组织与经营管理活动无直接关系的支出，包括（　　　　），
如利息支出、农业资产的死亡毁损支出、损失、罚款支出等，通过"其他支出"账户进行
核算。

A. 公益性固定资产折旧费用　　　　　B. 生产性固定资产折旧费用

C. 固定资产及库存物资的盘亏　　　　D. 防汛抢险支出

E. 无法收回的应收款项损失

三、技能训练题

1. 村集体经济组织直接组织生产某种工业产品，领用小麦共计 890 元。用现金支付费用 200 元。

2. 会计期间终了，已生产完成并验收入库的农产品 300 公斤，单位成本 4.9 元。

3. 村集体经济组织出租农具给其他村集体经济组织取得出租收入 980 元。

4. 村民承包村鱼塘，交来承包金 1 300 元，现金已收。

5. 村民李某承包村果园，应交来承包金 960 元，款项还未交。

6. 村民刘某交来去年所欠承包耕地的承包金 1 100 元。

7. 村集体经济组织收到返还的农业税附加 1 360 元。

8. 村集体经济组织收到财政部门支付的补助资金 2 960 元。

9. 村集体经济组织收到罚款收入 90 元。

10. 村集体经济组织库存盘盈大豆 20 公斤，单位成本 3.2 元。

11. 村委会清理废铁并卖得现金 120 元。

12. 村委会食堂结算本月伙食费收支情况，村委会干部应交伙食费合计 260 元，其中：A. 70 元；B. 90 元；C. 65 元；D. 35 元。下乡干部交来伙食费合计：490 元（名单略）。买菜及油、米、柴、盐等支出 1 350 元。差额 600 元用公用经费支出。

13. 用现金支付 12 月份村委会请小工煮饭的工时费 550 元。

14. 某工程项目验收，村委会安排集中就餐，共支出 1 206 元，其中：羊 830 元，鸡 120 元，猪肉 70 元，各类小菜 46 元，酒 80 元，清油 30 元，米 30 元。

15. 上级领导来检查工作。到餐馆就餐支出 260 元，以现金支付。

16. 接待下乡工作组伙食费支出 118 元，其中：买鸡 85 元，酒 15 元，白菜 5 元，土豆 2.5 元，清油 2 元，食盐 1.5 元，米 5 元。

17. 村委会资产清查，财产物资变价收入 300 元，款存银行。

18. 以现金支付年终总结座谈会支出 160 元。

19. 购买打印纸、笔等办公用品支出 290 元。

20. 村委会交电费 186 元。

21. 用公积公益金购体育用品一套，价款 610 元，取现金支付。

22. 某村集体经济组织 2015 年 12 初，"本年收益"账户贷方余额为 9 600 元。本月收益、支出余额见表 2-4-2。

表 2-4-2　科目余额表　　　　　　　　　　　　单位：元

科目名称	借方余额	贷方余额
经营收入		2 890
发包及上交收入		2 600
补助收入		1 200
其他收入		630
经营支出	1 980	
管理费用	2 210	

要求：根据上述业务作出会计处理。

子项目 2-5 　财 务 分 析

★ 任务目标

村集体经济组织资产负债表的结构及编制方法；

村集体经济组织收益及收益分配表的结构及编制方法；

根据村集体经济组织资产负债表进行简单的财务分析；

村集体经济组织统计资料的搜集方式；

运用总量指标对村集体经济组织基本情况、收益分配情况进行统计分析；

运用相对指标对村集体经济组织基本情况、经济效益、农民收入进行统计分析；

运用平均指标对村集体经济组织经济情况进行统计分析。

★ 知识引导

一、财务报表编制与规定

会计报表是反映村集体经济组织一定时期内经济活动情况的书面报告。村集体经济组织应按规定准确、及时、完整地编制会计报表，定期向财政部门或农村经营管理部门上报，并向全体成员公布。

(1) 村集体经济组织应编制以下会计报表。

① 月份报表或季度报表：包括科目余额表和收支明细表。

② 年度报表：包括资产负债表和收益及收益分配表。

各级农村经营管理部门，应对所辖地区报送的村集体经济组织的会计报表进行审查，然后逐级汇总上报。

各省、自治区、直辖市农村经营管理部门年终应汇总年度的资产负债表和收益及收益分配表，同时附送财务状况说明书，按规定时间报农业部。

(2) 月份或季度会计报表的格式由各省、自治区、直辖市的财政部门或农村经营管理部门根据本制度进行规定。

二、资产负债表的格式及编制说明

(一) 资产负债表的格式

村集体经济组织资产负债表的结构见表 2-5-1。

表 2-5-1 　资产负债表　　　　　　　　　　　　　村会 01 表

编制单位：　　　　　　　　　　　　　年　月　日　　　　　　　　　　　　单位：元

资　产	年初数	年末数	负债及所有者权益	年初数	年末数
流动资产：			流动负债：		
货币资金			短期借款		
短期投资			应付款项		
应收款项			应付工资		
存货			应付福利费		
流动资产合计			流动负债合计		

资　产	年初数	年末数	负债及所有者权益	年初数	年末数
农业资产：			长期负债：		
牲畜(禽)资产			长期借款及应付款		
林木资产			一事一议资金		
农业资产合计			长期负债合计		
长期资产：			负债合计		
长期投资			所有者权益：		
固定资产：			资本		
固定资产原价			公积公益金		
减：累计折旧			未分配收益		
固定资产净值			所有者权益合计		
固定资产清理					
在建工程					
固定资产合计					
资产总计			负债和所有者权益总计		

补充资料：

项　目	金　额
无法收回、尚未批准核销的短期投资	
确实无法收回、尚未批准核销的应收款项	
盘亏、毁损和报废、尚未批准核销的存货	
死亡、毁损、尚未批准核销的农业资产	
无法收回、尚未批准核销的长期投资	
盘亏和毁损、尚未批准核销的固定资产	
毁损和报废、尚未批准核销的在建工程	

(二) 资产负债表编制说明

(1) 本表反映村集体经济组织年末全部资产、负债和所有者权益状况。

(2) 本表"年初数"应按上年末资产负债表"年末数"栏内所列数字填列。如果本年度资产负债表规定的各个项目的名称和内容同上年度不相一致，应对上年末资产负债表各项目的名称和数字按照本年度的规定进行调整，填入本表"年初数"栏内，并加以书面说明。

(3) 本表"年末数"各项目的内容和填列方法如下。

①"货币资金"项目，反映村集体经济组织库存现金、银行存款等货币资金的合计数。本项目应根据"现金"、"银行存款"科目的年末余额合计填列。

②"短期投资"项目，反映村集体经济组织购入的各种能随时变现并且持有时间不超过一年（含一年）的有价证券等投资。本项目应根据"短期投资"科目的年末余额填列。

③"应收款项"项目，反映村集体经济组织应收而未收回和暂付的各种款项。本项目应根据"应收款"科目年末余额和"内部往来"各明细科目年末借方余额合计数合计填列。

④"存货"项目，反映村集体经济组织年末在库、在途和在加工中的各项存货的价值，包括各种原材料、农用材料、农产品、工业产成品等物资、在产品等。本项目应根据"库存

物资"、"生产（劳务）成本"科目年末余额合计填列。

⑤"牲畜（禽）资产"项目，反映村集体经济组织购入或培育的幼畜及育肥畜和产役畜的账面余额。本项目应根据"牲畜（禽）资产"科目的年末余额填列。

⑥"林木资产"项目，反映村集体经济组织购入或营造的林木的账面余额。本项目应根据"林木资产"科目的年末余额填列。

⑦"长期投资"项目，反映村集体经济组织不准备在一年内（不含一年）变现的投资。本项目应根据"长期投资"科目的年末余额填列。

⑧"固定资产原价"项目和"累计折旧"项目，反映村集体经济组织各种固定资产原价及累计折旧。这两个项目应根据"固定资产"科目和"累计折旧"科目的年末余额填列。

⑨"固定资产清理"项目，反映村集体经济组织因出售、报废、毁损等原因转入清理但尚未清理完毕的固定资产的账面净值，以及固定资产清理过程中所发生的清理费用和变价收入等各项金额的差额。本项目应根据"固定资产清理"科目的年末借方余额填列；如为贷方余额，本项目数字应以"－"号表示。

⑩"在建工程"项目，反映村集体经济组织各项尚未完工或虽已完工但尚未办理竣工决算的工程项目实际成本。本项目应根据"在建工程"科目的年末余额填列。

⑪"短期借款"项目，反映村集体经济组织借入尚未归还的一年期以下（含一年）的借款。本项目应根据"短期借款"科目的年末余额填列。

⑫"应付款项"项目，反映村集体经济组织应付而未付及暂收的各种款项。本项目应根据"应付款"科目年末余额和"内部往来"各明细科目年末贷方余额合计数合计填列。

⑬"应付工资"项目，反映村集体经济组织已提取但尚未支付的职工工资。本项目应根据"应付工资"科目年末余额填列。

⑭"应付福利费"项目，反映村集体经济组织已提取但尚未使用的福利费金额。本项目应根据"应付福利费"科目年末贷方余额填列；如为借方余额，本项目数字应以"－"号表示。

⑮"长期借款及应付款"项目，反映村集体经济组织借入尚未归还的一年期以上（不含一年）的借款以及偿还期在一年以上（不含一年）的应付未付款项。本项目应根据"长期借款及应付款"科目年末余额填列。

⑯"一事一议资金"项目，反映村集体经济组织应当用于一事一议专项工程建设的资金数额。本项目应根据"一事一议资金"科目年末贷方余额填列；如为借方余额，本项目数字应以"－"号表示。

⑰"资本"项目，反映村集体经济组织实际收到投入的资本总额。本项目应根据"资本"科目的年末余额填列。

⑱"公积公益金"项目，反映村集体经济组织公积公益金的年末余额。本项目应根据"公积公益金"科目的年末贷方余额填列。

⑲"未分配收益"项目，反映村集体经济组织尚未分配的收益。本项目应根据"本年收益"科目和"收益分配"科目的余额计算填列；未弥补的亏损，在本项目内数字以"－"号表示。

资产负债表可反映村集体经济组织在一年内所掌握的经济资源及这些经济资源的分布情况、年末负债总额及其结构情况、净资产情况、财务实力、短期偿还能力和支付能力。

目前从村级资产负债表反映的情况来看，大多数村集体经济组织的所有者权益均为正数，并且有的数字较大，但事实并非如此，相关会计信息数据并不符合客观性原则的要求，其原因主要有以下几个方面。

1. 资产负债表中的有些项目有名无实

一是应收款项目。从资产负债表上我们发现，应收款项目数额巨大，一般要占到村集体经济组织资产总额的 30％左右，其中绝大多数是村民历年下欠村集体的"三提五统"等税费往来款项。农村税费改革后，根据国家有关农村税费改革政策，村民欠村集体的往来款项一律暂停征收，所以这部分债权资产基本无法变现，这对于村集体来说已没有什么实际意义。二是短期投资和长期投资项目。村集体经济组织的短期投资和长期投资一般是以前的信用社和农村合作基金会的股金及其对村集体开办的集体企业的投资。目前，这些相关单位大多已撤并或关闭或破产，兑现无门，长期也不见投资收益。对于村集体来说，这样的资产只能作为坏账处理。

2. 资产负债表中的有些项目名实不符

一是固定资产项目。首先是固定资产长期不提折旧。根据《村集体经济组织会计制度》的规定，村集体经济组织必须建立固定资产折旧制度，按年或按季或按月提取固定资产折旧。绝大多数的农村会计服务中心对代理的村集体财务进行核算时，并没有严格遵守这一规定，长期不提折旧，当初入账是多少，现在仍然是多少，数据严重失真。其次是部分固定资产有账无物。对于村集体出售、变卖和毁损的固定资产，账务处理不规范，没有及时从账面注销已出售、变卖和毁损的固定资产的账面价值。再次是固定资产虚增现象严重。按照《村集体经济组织会计制度》的规定，村集体的各项公益设施的工程项目完工交付使用后，对于不形成固定资产的，记入经营支出或其他支出。随着社会主义新农村建设的深入，村集体经济组织的各项公益设施不断完善，这些公益设施大都不形成固定资产。但在进行账务处理时，大多都将国家拨款建成的公益设施直接作为固定资产登记入账，无形中虚增了资产。

二是在建工程项目。村集体进行工程建设、设备安装、农业基本建设、设施大修理等发生的实际支出，反映在"在建工程"项目中，在建工程项目完工后，不按规定及时进行结转。有的已经增加了"固定资产"或"经营支出"或"其他支出"等项目，而不注销"在建工程"项目，导致资产虚增。

三是村级负债项目。相比应收款项目，债务是一个刚性数据，不能打丝毫的折扣。对于一般的农业型的村集体经济组织，发展村级经济无路，集体实力无法壮大，没有国家政策的倾斜，没有区位优势，在短期内难以化解债务。不仅如此，沉重的债务每年还要派生利息，由于国家规定村集体不能新增债务，客观上派生的利息债务也就没有入账，导致实际债务额大于账内债务额。

3. 农业资产有实无名

2005 年 1 月 1 日起在村集体经济组织中执行的《村集体经济组织会计制度》将"产畜"、"役畜"、"经济林木"等内容作为"农业资产"单列。其价值在正常生产周期内按照直线法摊销。但绝大多数的农村会计服务中心在进行会计核算时，没有启用"农业资产"项目，而将发生的"产畜"、"役畜"、"经济林木"等内容的支出直接计入"其他支出"或"公积公益金"项目，人为虚减了资产。

已经发生损失但尚未批准核销的各项资产，应在资产负债表补充资料中予以披露，实质是将村集体经济组织没有实际意义的或已经根本不存在的资产予以披露，进一步明确集体的资产状况。

三、收益及收益分配表的格式及编制说明

（一）收益及收益分配表的格式

收益及收益分配表的格式见表 2-5-2。

表 2-5-2　收益及收益分配表　　　　　村会 02 表

编制单位：　　　　　　　　　　　　　　年度　　　　　　　　　　　　单位：元

项目	行次	金额	项目	行次	金额
本年收益			收益分配		
一、经营收入	1		四、本年收益	21	
加：发包及上交收入	2		加：年初未分配收益	22	
投资收益	3		其他转入	23	
减：经营支出	6		五、可分配收益	26	
管理费用	7		减：1. 提取公积公益金	27	
二、经营收益	10		2. 提取应付福利费	28	
加：农业税附加返还收入	11		3. 外来投资分利	29	
补助收入	12		4. 农户分配	30	
其他收入	13		5. 其他	31	
减：其他支出	16		六、年末未分配收益	35	
三、本年收益	20				

（二）收益及收益分配表编制说明

（1）本表反映村集体经济组织年度内收益实现及其分配的实际情况。村（组）办企业和承包农户的数字不在此列。

（2）本表主要项目的内容及其填列方法如下。

①"经营收入"项目，反映村集体经济组织进行各项生产、服务等经营活动取得的收入。本项目应根据"经营收入"科目的本年发生额分析填列。

②"发包及上交收入"项目，反映村集体经济组织取得的农户和其他单位上交的承包金及村（组）办企业上交的利润等。本项目应根据"发包及上交收入"科目的本年发生额分析填列。

③"投资收益"项目，反映村集体经济组织对外投资取得的收益。本项目应根据"投资收益"科目的本年发生额分析填列；如为投资损失，以"—"号填列。

④"经营支出"项目，反映村集体经济组织因销售商品、农产品、对外提供劳务等活动而发生的支出。本项目应根据"经营支出"科目的本年发生额分析填列。

⑤"管理费用"项目，反映村集体经济组织管理活动发生的各项支出。本项目应根据"管理费用"科目的本年发生额分析填列。

⑥"经营收益"项目，反映村集体经济组织本年通过生产经营活动实现的收益。如为净亏损，本项目数字以"—"号填列。

⑦"农业税附加返还收入"项目，反映村集体经济组织按有关规定收到的财税部门返还的农业税附加、牧业税附加等资金。本项目应根据"农业税附加返还收入"科目的本年发生额分析填列。

⑧"补助收入"项目，反映村集体经济组织获得的财政等有关部门的补助资金。本项目应根据"补助收入"科目的本年发生额分析填列。

⑨"其他收入"项目和"其他支出"项目，反映村集体经济组织与经营管理活动无直接关系的各项收入和支出。这两个项目应分别根据"其他收入"科目和"其他支出"科目的本年发生额分析填列。

⑩"本年收益"项目，反映村集体经济组织本年实现的收益总额。如为亏损总额，本项目数字以"—"号填列。

⑪"年初未分配收益"项目，反映村集体经济组织上年度未分配的收益。本项目应根据上年度收益及收益分配表中的"年末未分配收益"数额填列。如为未弥补的亏损，本项目数字以"—"号填列。

⑫"其他转入"项目，反映村集体经济组织按规定用公积公益金弥补亏损等转入的数额。

⑬"可分配收益"项目，反映村集体经济组织年末可分配的收益总额。本项目应根据"本年收益"项目、"年初未分配收益"项目和"其他转入"项目的合计数填列。

⑭"年末未分配收益"项目，反映村集体经济组织年末累计未分配的收益。本项目应根据"可分配收益"项目扣除各项分配数额的差额填列。如为未弥补的亏损，本项目数字以"—"号填列。

四、财务分析

参照项目1中的财务分析方法，结合村集体经济组织的资产负债表和收益及收益分配表的资料分析村的偿债能力、盈利能力、发展能力等指标，从而对加强村集体经济组织的管理提供信息。

资产负债表可反映村集体经济组织在一年内所掌握的经济资源及这些经济资源的分布情况、年末负债总额及其结构情况、净资产情况、财务实力、短期偿还能力和支付能力。

目前从村级资产负债表反映的情况来看，大多数村集体经济组织的所有者权益均为正数，有的并且数字较大，但事实并非如此，相关会计信息数据并不符合客观性原则的要求，其原因主要有以下几个方面。

1. 资产负债表中的有些项目有名无实

一是应收款项目。从资产负债表上可发现，应收款项目数额巨大，一般要占到村集体经济组织资产总额的30%左右，其中绝大多数是村民历年下欠村集体的"三提五统"等税费往来款项。农村税费改革后，根据国家有关农村税费改革政策，村民欠村集体的往来款项一律暂停征收，所以这部分债权资产基本无法变现，这对于村集体来说已没有什么实际意义。二是短期投资和长期投资项目。村集体经济组织的短期投资和长期投资一般是以前的信用社和农村合作基金会的股金及其对村集体开办的集体企业的投资。目前，这些相关单位大多已撤并或关闭或破产，兑现无门，长期也不见投资收益。对于村集体来说，这样的资产只能作为坏账处理。

2. 资产负债表中的有些项目名实不符

一是固定资产项目。首先是固定资产长期不提折旧。根据《村集体经济组织会计制度》的规定，村集体经济组织必须建立固定资产折旧制度，按年或按季或按月提取固定资产折旧。绝大多数的农村会计服务中心对代理的村集体财务进行核算时，并没有严格遵守这一规定，长期不提折旧，当初入账是多少，现在仍然是多少，数据严重失真。其次是部分固定资产有账无物。对于村集体出售、变卖和毁损的固定资产，账务处理不规范，没有及时从账面注销已出售、变卖和毁损的固定资产的账面价值。再次是固定资产虚增现象严重。按照《村集体经济组织会计制度》的规定，村集体的各项公益设施的工程项目完工交付使用后，对于不形成固定资产的，记入经营支出或其他支出。随着社会主义新农村建设的深入，村集体经济组织的各项公益设施不断完善，这些公益设施大都不形成固定资产。但在进行账务处理时，大多都将国家拨款建成的公益设施直接作为固定资产登记入账，无形中虚增了资产。

二是在建工程项目。村集体进行工程建设、设备安装、农业基本建设、设施大修理等发生的实际支出，反映在"在建工程"项目中，在建工程项目完工后，而不按规定及时进行结转。有的已经增加了"固定资产"或"经营支出"或"其他支出"等项目，而不注销"在建工程"项目，导致资产虚增。

三是村级负债项目。相比应收款项目，债务是一个刚性数据，不能打丝毫的折扣。对于一般的农业型的村集体经济组织，发展村级经济无路，集体实力无法壮大，没有国家政策的倾斜，没有区位优势，在短期内难以化解债务。不仅如此，沉重的债务每年还要派生利息，由于国家规定村集体不能新增债务，客观上派生的利息债务也就没有入账，导致实际债务额大于账内债务额。

3. 农业资产有实无名

2005年1月1日起在村集体经济组织中执行的《村集体经济组织会计制度》将"产畜"、"役畜"、"经济林木"等内容作为"农业资产"单列。其价值在正常生产周期内按照直线法摊销。但绝大多数的农村会计服务中心在进行会计核算时，没有启用"农业资产"项目，而将发生的"产畜"、"役畜"、"经济林木"等内容的支出直接计入"其他支出"或"公积公益金"项目，人为虚减了资产。

已经发生损失但尚未批准核销的各项资产，应在资产负债表补充资料中予以披露，实质是将村集体经济组织没有实际意义的或已经根本不存在的资产予以披露，进一步明确集体的资产状况。

收益及收益分配表：通过分析，可以判断经营成果，评价业绩，预测未来发展趋向。

五、总量指标分析

农村集体经济统计核算是以农村集体经济现象总体的数量特征为研究对象的社会经济统计，它通过对农村集体经济组织及其所辖（或所属）经营单位经济活动在数量方面的表现进行收集、整理和分析，以研究和认识农村集体经济发展状况和运行规律。

农村集体经济统计核算的研究对象是农村集体经济现象总体的数量特征和数量关系，其调查对象包括构成农村集体经济的各类经营单位，主要内容有：农村经济基本情况统计、农村经济收益分配统计等。

农村集体经济统计资料的搜集方法包括以下几种。

（1）统计报表 是指按照国家有关法规规定，按统一规定的表格形式，统一的指标项目，统一的报送时间，自上而下逐级部署，自下而上逐级定期提供基本资料的一种调查制度。按报送单位的多少不同，统计报表分为全面统计报表和非全面统计报表。农村集体经济统计报表属于全面统计报表。

（2）普查 是为了某种特定的目的而专门组织的一次性的全面调查，普查的组织方式一般有两种：一种是建立专门的普查机构，配备大量的普查人员，对调查单位进行直接的登记，如人口普查等；另一种是利用调查单位的原始记录和核算资料，颁发调查表，由登记单位填报，如物资库存普查等。这种方式比第一种简便，适用于内容比较单一、涉及范围较小的情况，特别是为了满足某种紧迫需要而进行的"快速普查"，就可以采用这种方式，它由登记单位将填报的表格越过中间一些环节直接报送到最高一级机构集中汇总。

（3）抽样调查 抽样调查是实际中应用最广泛的一种调查方法，它是从调查对象的总体中随机抽取一部分单位作为样本进行调查，并根据样本调查结果来推断总体数量特征的一种非全面调查方法。农村集体经济统计除村农户家庭经营收支资料外，其他调查对象的数据信息主要通过全面调查获得，农民家庭经营收入支出资料采用抽样调查方法取得。

（4）重点调查 是专门组织的一种非全面调查，它是在总体中选择个别的或部分重点单位进行调查，以了解总体的基本情况。所谓重点单位，是指在总体中具有举足轻重地位的单位。这些单位虽然少，但它们调查的标志值在总体标志总量中占有绝大比重，通过对这些单位的调查，就能掌握总体的基本情况。

（5）典型调查 也是专门组织的一种非全面调查，它是根据调查研究的目的和要求，在对总体进行全面分析的基础上，有意识地选择其中有代表性的典型单位进行深入细致的调查，借以认识事物的本质特征、因果关系和发展变化的趋势。所谓有代表性的典型单位，是指那些最充分、最集中地体现总体某方面共性的单位。

（一）农村经济基本情况统计

农村经济基本情况统计是农经统计报表体系中的基础。它是通过对农村基层组织及生产要素的统计，掌握农村基层组织和基本生产要素的数量和构成。农村基本情况统计一般采取全面调查的统计方法，以村为起报单位，农村经济基本情况包括下列总量指标。

（1）汇总农户数 农户是指户口在农村的常住户。汇总农户数是指参加乡村集体经济组织，并具有明确权利、义务的家庭户数。不包括在乡村地区内的国家所有的机关、团体、学校、企业、事业单位的集体户。

（2）集体所有农用地总面积 指农村集体所有的农用地面积，即农林牧渔用地面积。包括耕地面积、园地面积、草地面积、林地面积、水面（面积）、其他（农用地面积）。

（3）耕地面积 指经过开垦用以种植农作物并经常进行耕种的田地。包括种有作物的土地面积、休闲地、新开荒地和抛荒未满三年的土地面积。

（4）汇总劳动力数 指汇总人口中在劳动年龄内（男 16～59 岁、女 16～54 岁）的人口总数。在劳动年龄以外，能经常参加生产劳动，并能顶劳动力使用的成员，也应统计在内；在劳动年龄之内，不能经常参加劳动的，则不应统计在内。

（5）从事家庭经营的劳动力 指年内 6 个月以上的时间在本乡镇内从事家庭经营的劳动力。包括从事农业和非农产业的劳动力。

（6）外出务工劳动力 指年度内离开本乡镇到外地从业全年累计达 3 个月以上的农村劳动力。

（7）常年外出务工劳动力 指在外出劳动力中，全年累计在外劳动时间超过 6 个月的劳动力数量。

（8）有组织输出劳动力 是指通过政府或其他部门的组织介绍而输出的劳动力数量。不含能人带动、自发流动的外出劳动力。

（9）村组集体所有年末生产性固定资产原值 指村组集体经济组织年度结束时仍存在的直接用于生产经营或生产服务的各种固定资产的原值。凡使用年限在一年以上，单位价值在 500 元以上的生产经营用房屋及建筑物、机器、设备等劳动资料列为生产性固定资产。某些主要生产工具和设备，单位价值虽低于规定标准，但使用年限在一年以上的也可列为生产性固定资产。

（二）农村经济收益分配情况统计核算

农村集体经济收益分配统计是全面统计乡村集体经济组织及其所属（或所辖）经营单位全年从事各产业生产经营活动所取得的总收益，以及总收益在国家、集体和农民个人以及有关单位之间的分配情况。

农村经济收益分配统计指标体系主要包括以下几种。

收入方面指标包括总收入、农村集体经济各经营层次收入、各产业收入、出售产品收入；

支出方面指标包括总费用、生产费用和管理费用支出；

分配方面指标包括分配的来源和去向，反映分配来源的指标包括净收入（总收入－总费用）、投资收益、农民外出劳务收入，三者之和构成可分配净收入；分配的去向包括提取公积公益金、提取福利费、投资分利、进行农户分配等。

1. 总收入核算

总收入指统计范围内的各生产经营单位当年的农、林、牧、渔、工业、建筑业、交通运输业、商业、饮食业、服务业等各项经营收入和利息、租金等非生产性收入。不包括用来分配、属于借贷性质或暂收性质的收入，如贷款收入、预购定金、国家投资、农民投资、救灾救济等。

总收入＝各经营层次收入之和＝各行业收入之和。

农村经济总收入＝乡（镇）办企业收入＋村组集体经营收入＋农民家庭经营收入＋其他经营收入＝农业收入＋林业收入＋牧业收入＋渔业收入＋工业收入＋建筑业收入＋运输业收入＋商饮业收入＋服务业收入＋其他收入＝总费用＋净收入

其中，乡镇集体企业收入按各行业的全部收入计算，包括经营收入、产品销售收入、劳务收入和其他收入等；家庭经营中的种植业、林业、牧业和渔业等，按当年收获到手的主副产品计算收入，包括已出售、自食自用和储存的主副产品在内。农民外出打工所获得劳务收入不计入家庭经营收入中，而是作为净要素收入单独统计并计入可分配净收入中。

收入的价格应按当年价格核算，也就是按当年经济活动发生时的现行价格进行核算。具体核算方法是：各种主产品、副产品出售部分按实际出售价格计算；自食自用和储存的农副产品，按出售全部该产品（包括出售给国家和在市场上出售的）综合平均价格计算。

2. 总费用核算

总费用包括生产费、管理费用和其他费用三项。但不包括乡、村两级企业中农村务工人员的工资，只包括非农村人员的工资。外来农民工的工资计入"外来人员带走劳务收入"指标中，本地农民工工资加到"农民经营所得"中。

生产费用，是指为实现当年生产经营收入应由当年负担的生产费用。凡利用不计收入的自产产品（原料）进行再生产时，不应作为生产费用支出。如自积自用畜禽厩肥和其他土杂肥、绿肥、青饲料，以及自采野生手工业原料等因不计算生产收入，故也不计入生产费用支出。生产费用必须同生产收入一致，即获得了当年某项收入而支出的费用，才能计算为当年该项收入的生产费用，包括上年预付结转应由本年负担的费用。不包括本年预付下年度的各项费用支出。

3. 净收入核算

净收入指从总收入中扣除当年经营中发生的各种费用后的余额，也就是当年的生产经营收益，公式为：净收入＝总收入－总费用。

可分配净收入，指净收入、投资收益、农民外出劳务收入三个指标的合计数。可分配净收入按分配的去向划分为国家税金、上缴国家有关部门、外来投资分利、外来人员带走劳务收入、企业各项留利、乡村集体所得、农民经营所得。

可分配净收入总额＝净收入＋投资收益＋农民外出务工收入＝国家税金＋上缴国家有关部门＋外来投资分利＋外来人员带走劳务收入＋企业各项留利＋乡村集体所得＋农民经营所得

（三）村集体经济组织收益分配统计核算

村集体经济组织收益分配统计核算的范围包括按村或村民小组设置的社区性集体经济组织，主要包括下面的内容。

1. 经营收益核算

经营收益＝经营收入＋发包及上交收入＋投资收益－经营支出－管理费用

2. 本年收益核算

本年收益＝经营收益＋补助收入＋其他收入－其他支出

3. 可支配收益核算

可分配收益＝本年收益＋年初未分配收益＋其他转入

4. 年末未分配收益核算

年末未分配收益＝可分配收益－提取公积公益金－提取应付福利费－外来投资分利－农户分配－其他

5. 集体经营收益核算

集体经营收益＝经营收入＋发包及上交收入＋投资收益－经营支出－管理费用

其中：

（1）经营收入　是指村集体经济组织进行各项生产、服务等经营活动取得的收入。

（2）发包及上交收入　指村集体经济组织取得的农户和其他单位上交的承包金及村（组）办企业上交的利润等。

（3）投资收益　包括对外投资分得的利润、股利和债券利息，以及投资到期收回或者中途转让取得款项高于账面价值的差额。

（4）经营支出　村集体经济组织直接从事各项经营活动所耗费的各项支出。包括生产资料费以及折旧费、运输费、修理费和保险费。

（5）管理费用　指村集体经济组织管理活动发生的各项支出，包括干部报酬、办公费、差旅费、管理用固定资产折旧和维修费等。

（6）经营收益　指村集体经济组织本年通过生产经营活动实现的收益。

（7）年初未分配收益　指村集体经济组织上年度未分配的收益。本指标应根据上年度收益及收益分配表中的"年末未分配收益"数额填列。

六、相对指标分析

（一）村集体经济基本情况分析

根据农村经济基本情况总量指标，并结合其他报表中的有关指标，可做一系列分析。文中仅介绍以下几种。

（1）每个劳动力平均负荷人口＝汇总人口数÷汇总劳动力数（上式中"汇总劳动力数"包括外出劳动力）

（2）每个劳动力创造的总（净）收入＝总（净）收入÷汇总劳动力数

（3）外出务工农民所占比重＝外出务工劳动力数÷汇总劳动力数

（4）某类型农用地比重＝该类型农用地面积÷农用地总面积

（二）村集体经济效益分析

农村经济效益分析通常有以下两个指标。

农村经济净收益率＝（农村经济净收入/农村经济总收入）×100％

农村经济投入产出率＝（农村经济净收入/农村经济总费用）×100％

（三）农民收入分析

农民人均纯收入＝家庭全年纯收入÷家庭常住人口

农民家庭纯收入是从农民家庭总收入中扣除费用性支出后可以直接用于进行生产和非生产性建设，改善生活的那部分收入。

具体分析可参见以下例文。

××县 2013 年农村经济收益统计情况分析

根据州转发省农业厅办公室《转发农业部办公厅关于做好 2013 年农村经营管理情况统计工作的通知》的通知精神，我县严格按照《统计法》的规定，经过一个月的调查、统计、审核和录入汇总，现已全面完成我县 2013 年农村经济收益分配统计报表工作，现将××县 2013 年农村经济收益分配情况分析如下。

一、基本情况

全县 2015 年农村经济统计汇总单位共 9 个乡（镇）、77 个村民委员会、1 205 个村民小组，49 097 户农户，汇总农业人口 190 400 人，劳动力 131 887 人，其中外出务工劳动力 37 530 人。全县粮食分配总量为 8 522 万公斤，其中当年生产的粮食 8 448 万公斤，人均有粮 355 公斤。2013 年农村经济总收入 153 601 万元，较上年 137 708 万元增加 18 302 万元，增长 12%，农民人均所得 2 595 元，较上年 2 401 元增加 194 元，增长 8%。

二、2013 年农村经济运行和发展情况

（一）农村经济总收入持续增长，农村经济全面发展

2013 年全县农村经济总收入 153 601 万元，比上年的 137 708 万元增加 18 302 万元，增长 12%。从收入来源看，农村一、二、三产业全面发展。

（1）第一产业收入 73 129 万元，占总收入的 48%，比上年 65 448 万元增加 7 681 万元，增长 12%。增长的主要原因是：①今年我县在扩大良种种植面积的基础上，加大农业科技投入，促进了农业产业增产增收。据统计，全县 2013 年农业收入为 45 223 万元，占第一产业的 61%，比上年的 40 873 万元增加 4 350 万元，增长 11%，农业收入增长主要是由于我县大力发展优质粮、优质烟、优质菜（重点是高山反季和烟田套种蔬菜）等经济作物种植。据统计，全县 2013 年烤烟收购量为 814 万公斤，较上年 757 万公斤增加 57 万公斤，2013 年收购金额为 12 518 万元，较上年 10 666 万元增加 1 852 万元，增长 17%；其次，我县今年因地制宜，积极发展订单高山反季蔬菜及烟田套种蔬菜和积极扶持姚安鑫盛实业有限公司、云南玉牌食品有限公司、姚安绿兴公司等一批关联度大、科技含量高、拉动力强、附加值高的龙头企业，通过它们的带动作用，使全县蔬菜质量、产量逐年提升。②林业产业收入 2 715 万元，占第一产业收入的 4%，较上年 2 681 万元增加 34 万元，增长 1.3%。它在总收入中所占比例虽然不高，但随着林权制度改革政策的贯彻落实，对于山区已是一个发展潜力比较大的产业。③畜牧产业是我县的又一支柱产业。2013 年畜牧业收入 23 815 万元，占第一产业收入的 33%，比上年 20 529 万元增加 3 286 万元，增长 16%。主要原因是我县在畜牧业发展上，抓商品猪、商品牛、商品羊和蚕桑基地建设，发展畜牧业养殖协会，大力引进优良品种，科学种草养殖，依靠科技示范户、规范化养殖带动和促进了畜牧业的发展，使规模化养殖户数和畜产品出栏数量增加。同时由于市场价格上涨等原因及我县认真贯彻落实中央各项惠农政策，农民的畜牧业收入大幅度增加。其次 2013 年全县蚕茧产量达 52.2 万公斤，产值达 1 196.68 万元，均价达 22.93 元，2013 年产值较上年增加 13.3 万元。④渔业收入 1 376 万元，占第一产业收入的 2%，比上年 1 365 万元增加 11 万元，增长 1%。增长的主要原因是由于我县特殊的地理条件，全县养殖水面得到较快发展，从而带动了养殖户对渔业科技加大投入，从而使渔业收入增加。

（2）第二产业收入 40 531 万元，占总收入的 26%，较上年 36 404 万元增加 4 127 万元，增长 11%。主要是由于县委政府以产业结构调整为主导，实施兴工强县战略，积极应对国际金融危机的影响，贯彻落实促进工业经济防滑保增长的一系列措施，加快推进与大企业、大集团的合作，壮大企业发展实力。其次，我县恢复重建工作的顺利推进，带动了我县建筑相关产业的发展。

（3）第三产业收入 37 232 万元，占总收入的 24%，较上年的 34 043 万元增加 3 189 万元，增长 9%。主要原因是由于近年来我县认真落实中央、省、州关于发展非公有制经济的政策和措施，积极为非公有制经济争取各种扶持资金，牢固树立大项目促进大发展的理念，

为企业营造良好的投资环境。

（4）其他收入 2 709 万元，占总收入的 2%，较上年的 1 813 元增加 896 万元，增长 49%。主要是由于今年物价水平上涨等因素影响，从而导致房屋租金等财产性收入大幅增加。

（二）生产经营支出增加

由于农民科技意识的提高和二、三产业的发展及农业、工业等生产资料价格上涨因素影响，使各种生产经营支出增加。据统计，全县 2013 年农村经济总费用 111 336 万元，占总收入的 72%，较上年的 97 174 万元增加 14 162 万元，增长 15%。

（三）各级加大对农民外出务工的服务和组织，使"打工经济"成为我县农民增收的一大来源

据我县农村经济基本情况统计资料显示，2013 年全县外出务工人数 37 530 人，占全县农业人口的 20%。其中，在县内的农民外出务工人数达 6 040 人，占外出务工人数的 16%，其原因是我县恢复重建工作的开展，大量农民工流入地震灾区从事务工。2013 年外出务工人数较上年的 31 801 人增加 5 729 人，外出劳务收入达 7 685 万元，较上年的 5 862 万元增加 1 823 万元，增长 31%。主要是近年来县委政府在继续抓好"阳光工程"落实的同时，把开发利用农村富余劳动力纳入县域经济和社会发展规划，切实做好农村劳动力转移的基础性服务工作。主要是提供劳务输出信息，加强劳务输出前的技能培训和提高劳务输出的含金量，扩大农民就业空间。其次，由于我县恢复重建工作的需要，在县内务工的外出务工人数明显增加。

（四）农民人均所得稳步增加

2013 年全县农民所得总额 49 406 万元，较上年的 45 618 万元增加 3 788 万元，增长 8.3%。全县农民人均所得 2 595 元，较上年的 2 401 元增加 194 元，增长 8%（不包含转移性收入的 149 元/人）……

七、平均指标分析

（1）黑龙江省宁安市江西村，全村共有农户 111 户，人口 382 人，全村区域面积 2.53 平方公里，其中耕地面积 408 亩。

① 户均人口＝382÷111＝3.44 人/户

② 户均耕地＝408/111＝3.68 亩/户

③ 人均耕地＝408/382＝1.07 亩/人

（2）黑龙江省宁安市东京城镇杏山村发展旅游业，40 天接待人数如下。

410	250	290	470	380	340	300	380	430	400
460	360	450	370	370	360	450	430	330	440
350	280	460	340	300	370	440	260	380	440
420	36	37	370	490	39	420	32	360	350

则有平均每天接待 378.5 人，众数为 370 人，中位数为 370 人。

（3）兴旺村 2004～2015 年户均收入数据如下。

年　份	户均收入/元	年　份	户均收入/元
2004	18 548	2010	67 884
2005	21 618	2011	74 463
2006	26 638	2012	79 553
2007	34 634	2013	81 911
2008	46 759	2014	89 404
2009	58 478	2015	95 533

2004～2015 年平均发展速度为：

$$G = \sqrt[x]{x_1 \cdot x_2 \cdot x_3 \cdots x_n} = \sqrt[n]{\prod_{i=1}^{n} x_i}$$

$$= \sqrt[11]{\frac{21\,618}{18\,548} \times \frac{26\,638}{21\,618} \times \frac{34\,634}{26\,638} \times \frac{46\,759}{34\,634} \times \frac{58\,478}{46\,759} \times \frac{67\,884}{58\,478} \times \frac{74\,463}{67\,884} \times \frac{79\,953}{74\,463} \times \frac{81\,911}{79\,553} \times \frac{89\,404}{81\,911} \times \frac{95\,533}{89\,404}}$$

$$= 1.1606$$

即平均发展速度为 116.06%。

★ 任务实施

根据报表说明，准确及时完成资产负债表、收益及收益分配表的编制；根据村集体经济组织资产负债表进行简单的财务分析；正确运用总量指标对村集体经济组织基本情况、收益分配情况进行统计分析；正确运用相对指标对村集体经济组织基本情况、经济效益、农民收入进行统计分析；正确运用平均指标对村集体经济组织经济情况进行统计分析。

★ 任务实施评价

1. 报表各项目的填写内容是否清晰准确，是否能够进行简单财务分析；
2. 村集体经济组织基本情况、收益分配情况、经济效益统计分配是否准确。

★ 总结与反思

实施两大报表编制、统计分析的任务之后有哪些收获，还有哪些任务的实施存在不足，哪些项目填写的掌握程度还需要加以改进。

★ 项目考核与训练

一、单项选择题

1. 村集体经济组织编制资产负债表时，"生产（劳务）成本"科目的余额应填列在（　　）项目。

　　A. 在建工程　　　　B. 经营支出　　　　C. 存货　　　　D. 库存物资

2. 村集体经济组织编制资产负债表时，"应收款项"项目应根据（　　　　）合计填列。

　　A. "应收款"科目年末余额和"内部往来"各明细科目年末贷方余额合计数

　　B. "应收款"科目年末余额和"内部往来"各明细科目年末借方余额合计数

　　C. "应收款"科目年末余额和"应付款"各明细科目年末贷方余额合计数

　　D. "应收款"科目年末余额和"应付款"各明细科目年末借方余额合计数

3. 村集体经济组织资产负债表补充资料中，不需要进行披露的项目是（　　　）。

　　A. 盘点短缺、尚未批准核销的库存现金

　　B. 无法收回、尚未批准核销的短期投资

　　C. 确实无法收回、尚未批准核销的应收款项

　　D. 盘亏、毁损和报废、尚未批准核销的存货

4. 收益及收益分配表反映村集体经济组织年度内收益实现及其分配的实际情况，不在此列的内容包括（　　　）。

　　A. 村集体经济组织按有关规定收到的财税部门返还的农业税附加、牧业税附加等资金

　　B. 村集体经济组织对外投资取得的收益

　　C. 村（组）办企业和承包农户的数字

D. 村集体经济组织本年通过生产经营活动实现的收益

5. 村集体经济组织月份或季度应编制以下会计报表（   ）。

    A. 现金流量表   B. 收支明细表   C. 收益及收益分配表

    D. 资产负债表   E. 利润表

6. 村集体经济组织年度应编制以下会计报表（   ）。

    A. 现金流量表   B. 收支明细表   C. 资产负债表   D. 利润表

7. "年初未分配收益"项目，反映村集体经济组织上年度未分配的收益。本项目应根据上年度收益及收益分配表中的（   ）数额填列。如为未弥补的亏损，本项目数字以"一"号填列。

    A. 经营收益   B. 本年收益   C. 外来投资分利

    D. 年末未分配收益   E. 年初未分配收益

8. 与集体经济组织经营收益有关的项目有（   ）。

    A. 农业税附加返还收入   B. 发包及上交收入   C. 补助收入

    D. 其他转入   E. 外来投资分利

9. 某村有劳动年龄内的人口1 200人，其中长期患病失去劳动能力的50人。另外，还有200人虽然不在劳动年龄内，但能经常参加劳动，并能顶劳动力使用。则该村的汇总劳动力为（   ）人。

    A. 1 150   B. 1 200   C. 1 350   D. 1 400

10. 农村集体经济统计制度规定的男女劳动力的年龄上限分别是（   ）。

    A. 男60岁、女55岁   B. 男60岁、女54岁

    C. 男59岁、女55岁   D. 男59岁、女54岁

11. 农村集体经济统计中，"常年外出务工劳动力"指标是指年度内离开本乡镇到外地从业全年累计达（   ）个月以上的农村劳动力。

    A. 3   B. 6   C. 9   D. 10

12. 某村汇总人口数为2 500人，汇总劳动力数为2 000人，外出务工劳动力数为500人，则该村每个劳动力平均负荷人口为（   ）人。

    A. 0.2   B. 1.25   C. 4   D. 5

13. 农村基本情况统计一般采取全面调查的统计方法，以（   ）为起报单位。

    A. 户   B. 村   C. 乡   D. 县

14. 反映社会经济现象总体内部数量关系或总体各单位一般平均水平的统计指标是（   ）。

    A. 质量指标   B. 价值指标   C. 实物指标   D. 劳动指标

15. 下列统计指标中，通过相对数或平均数形式表现的是（   ）。

    A. 实物指标   B. 数量指标   C. 价值指标   D. 质量指标

16. 某村集体经济组织当年资产总额为200万元，负债总额为80万元，收益总额为50万元，则该村集体经济组织当年资产收益率为（   ）。

    A. 25%   B. 40%   C. 45%   D. 50%

二、多项选择题

1. 下列会计报表中，（   ）属于村集体经济组织年度报表。

    A. 收益及收益分配表   B. 现金流量表   C. 收支明细表

    D. 资产负债表   E. 科目余额表

2. 村集体经济组织下列收入项目中，不构成经营收益的是（   ）。

A. 经营收入　　　　　　　　　B. 发包及上交收入　　C. 投资收益

D. 补助收入　　　　　　　　　E. 农业税附加返还收入

3. 通过收益及收益分配的分析，可以判断（　　　　）。

A. 财务实力　　　　　　　　　　　　　B. 经营成果

C. 短期偿还能力和支付能力　　　　　　D. 评价业绩

E. 预测未来发展趋向净资产情况

4. 收益及收益分配表反映村集体经济组织年度内收益实现及其分配的实际情况，在其中所列的内容包括（　　　　）。

A. 村集体经济组织取得的农户和其他单位上交的承包金及村（组）办企业上交的利润

B. 村（组）办企业和承包农户的数字

C. 村集体经济组织对外投资取得的收益

D. 村集体经济组织本年通过生产经营活动实现的收益

5. 收益及收益分配表中"可分配收益"项目，反映村集体经济组织年末可分配的收益总额。本项目应根据以下（　　　　）项目的合计数填列。

A. 本年收益　　　　　B. 其他转入　　　　C. 补助收入

D. 年初未分配收益　　E. 经营收入

6. 收益及收益分配表反映村集体经济组织年度内收益实现及其分配的实际情况，在其中所列的内容包括（　　　　）。

A. 村集体经济组织按有关规定收到的财税部门返还的农业税附加、牧业税附加等资金

B. 村集体经济组织获得的财政等有关部门的补助资金

C. 村集体经济组织对外投资取得的收益

D. 村（组）办企业和承包农户的数字

E. 村集体经济组织本年通过生产经营活动实现的收益

7. 资产负债表可反映村集体经济组织在一年内所掌握的经济资源及这些经济资源的分布情况，还有（　　　　）。

A. 年末负债总额及其结构情况　　B. 评价业绩　　　C. 净资产情况

D. 预测未来发展趋向　　　　　　E. 财务实力

8. 资产负债表中的"存货"项目，反映村集体经济组织年末在库．在途和在加工中的各项存货的价值，包括（　　　　）。

A. 林木资产　　　　　　B. 各种原材料　　　　C. 农用材料

D. 牲畜（禽）资产　　　E. 农产品、工业产成品等物资

9. 资产负债表中的"存货"项目，根据（　　　　）科目年末余额合计填列。

A. 库存物资　　　　　　B. 生产成本　　　　　C. 牲畜（禽）资产

D. 劳务成本　　　　　　E. 在建工程

10. "未分配收益"项目，反映村集体经济组织尚未分配的收益。本项目应根据（　　　　）科目的余额计算填列；未弥补的亏损，在本项目内数字以"－"号表示。

A. 本年收益　　　　　　B. 本年利润　　　　　C. 收益分配

D. 利润分配　　　　　　E. 所有者权益

11. 村集体经济组织应编制以下会计报表（　　　　）。

A. 科目余额表　　　　　B. 现金流量表　　　　C. 收支明细表

D. 资产负债表   E. 利润表   F. 收益及收益分配表

12. "应付款项"项目，反映村集体经济组织应付而未付及暂收的各种款项。本项目应根据（　　）合计数合计填列。

    A. "内部往来"各明细科目年末贷方余额

    B. "应付工资"各明细科目年末贷方余额

    C. "应付款"科目年末余额

    D. "应付福利费"年末余额

    E. "内部往来"各明细科目年末借方余额

13. "应收款项"项目，反映村集体经济组织应收而未收回和暂付的各种款项。本项目应根据（　　）合计数合计填列。

    A. "资本"科目的年末余额

    B. "应收款"科目年末余额

    C. "内部往来"各明细科目年末贷方余额

    D. "一事一议资金"科目年末贷方余额

    E. "内部往来"各明细科目年末借方余额

14. "货币资金"项目，反映村集体经济组织库存现金、银行存款等货币资金的合计数。本项目应根据（　　）合计填列。

    A. "现金"科目的年末余额

    B. "短期投资"科目的年末余额

    C. "银行存款"科目的年末余额

    D. "长期借款"科目的年末余额

    E. "短期借款"科目的年末余额

15. 资产负债表可反映村集体经济组织在一年内所掌握的经济资源及这些经济资源的分布情况，还有（　　）。

    A. 短期偿还能力和支付能力   B. 净资产情况   C. 评价业绩

    D. 财务实力   E. 预测未来发展趋向

16. 搜集统计资料可采用的调查方法包括（　　）。

    A. 审计报表   B. 全面调查   C. 抽样调查   D. 重点调查   E. 典型调查

17. 农村经济总收入指标的统计范围包括（　　）。

    A. 生产经营收入   B. 银行贷款收入   C. 银行存款利息收入

    D. 房屋出租收入   E. 预购定金收入

18. 依据统计指标所反映的现象总体的内容可以划分为（　　）。

    A. 数量指标   B. 价值指标   C. 实物指标

    D. 劳动指标   E. 质量指标

19. 耕地（面积）是指经过开垦用以种植农作物并经常进行耕种的田地，具体包括（　　）。

    A. 草地面积   B. 林地面积   C. 水面面积

    D. 抛荒未满三年的土地面积   E. 种有作物的土地面积

20. 下列不能包括在农村经济总收入中的是（　　）。

    A. 贷款收入   B. 预购定金   C. 经营收入

    D. 劳动收入   E. 国家投资

三、技能训练题

1. 资料见下表。

××乡（村组）集体财务情况月报表 单位：万元

项 目		荣合村	增强村	跃进村	靠山村	合 计
收入合计		96.56	187.68	83.72	185.94	553.9
其中	经营收入	0.43	4.35	10.39	13.9	29.07
	发包及上交收入	0	0	0	0	0
	上级补助收入	0	46.3	19.8	78.45	144.55
	其他收入	96.13	137.03	53.53	93.59	380.28
支出合计		73	33.22	46.93	79.6	232.75
其中	经营支出	6.14	1.9	6.89	20.84	35.77
	管理费用	15.74	2.82	9.93	14.6	43.09
	其他支出	51.12	28.5	30.11	44.16	153.89
资产总额		1 846.08	850.87	820.14	1 139.09	4 656.18
其中	固定资产净值	174.67	350.15	55.74	92.25	672.81
	在建工程	996.27	81.17	416.72	658.21	2 152.37
	流动资产	87.59	248.31	241.52	335.24	912.66
	长期投资	251.73	9	74.68	38.03	373.44
	其他资产	335.82	162.24	31.48	15.36	544.9
负债总额		420.72	−39.15	165.47	25.56	572.6
其中	专项应付款	0	0	0	0	0
	其他负债	420.72	−39.15	165.47	25.56	572.6
所有者权益		1 425.36	890.02	654.67	1 113.53	4 083.58
负债及所有者权益总额		1 846.08	850.87	820.14	1 139.09	4 656.18

要求：试根据财务报表分析中介绍的相对指标，对四个村进行分析。

2. 某村集体经济组织当年有关费用项目如下：村干部报酬 1.5 万元，差旅费 2 万元，村委会办公用房维修费 1.2 万元，机耕设备折旧 6 000 元，办公用电脑折旧 2 000 元。该村集体经济组织当年的管理费支出是多少万元？

项目3 农民专业合作社经济核算

知识目标

- 认知农民专业合作社的概念、服务对象及核算内容；
- 掌握农民专业合作社资产、负债、所有者权益的核算方法；
- 掌握农民专业合作社成本与损益的核算方法；
- 农民专业合作社财务报表编制与分析方法；
- 农民专业合作社总量指标、相对指标、平均指标的分析方法。

能力目标

- 对经济业务涉及的会计要素能够正确分类；
- 能够正确处理农民专业合作社的相关经济业务；
- 能够正确核算农民专业合作社的成本与损益；
- 能够根据农民专业合作社的会计资料，设置会计账簿、填制会计凭证、编制财务报表；
- 能够利用财务与统计数据进行各项指标分析。

子项目3-1 资产核算

★ 任务目标

农民专业合作社的概念及服务对象；

农民专业合作社货币资金、应收款项的内容及核算方法；

农民专业合作社存货的内容及核算方法；

农民专业合作社农业资产、固定资产的内容及核算方法；

能够设置相应的会计账簿、填制会计凭证、登记有关总账与明细账。

★ 知识引导

农民专业合作社是在农村家庭承包经营基础上，同类农产品的生产经营者或者同类农业生产经营服务的提供者、利用者，自愿联合、民主管理的互助性经济组织。

农民专业合作社以其成员为主要服务对象，提供农业生产资料的购买，农产品的销售、加工、运输、贮藏以及与农业生产经营有关的技术、信息等服务。

农民专业合作社的资产分为流动资产、农业资产、对外投资、固定资产和无形资产等。农民专业合作社的流动资产包括现金、银行存款、应收款项、存货等。

一、货币资金核算

（一）货币资金的范围及内部控制制度

1. 货币资金的性质与范围

货币资金是指农民专业合作社所拥有的处于货币形态上的资金。它是农民专业合作社流动资产的重要组成部分。货币是充当一般等价物的特殊商品，在经济活动中，有关资金的筹集、对外投资、购销货款结算、债权债务清偿、工资发放、费用开支、税金解缴和支付利润等经济业务，都要以货币为媒介，通过货币资金的收付来实现。为了保证生产经营活动的正常进行，合作社必须拥有一定数额的货币资金。货币资金主要包括现金、银行存款和其他货币资金。

2. 货币资金的内部控制制度

由于货币资金具有流动性强、流动量大、普遍可接受性以及易于散失、挪用和被盗等特点，为此，农民专业合作社必须根据有关法律法规，结合实际情况，建立健全货币资金内部控制制度。

农民专业合作社应当建立货币资金业务的岗位责任制，明确相关岗位的职责权限。明确审批人和经办人对货币资金业务的权限、程序、责任和相关控制措施。

农民专业合作社收取现金时手续要完备，使用统一规定的收款凭证。农民专业合作社取得的所有现金均应及时入账，不准以白条抵库，不准挪用，不准公款私存。

农民专业合作社要及时、准确地核算现金收入、支出和结存，做到账款相符。要组织专人定期或不定期清点核对现金。

农民专业合作社要定期与银行、信用社或其他金融机构核对账目。支票和财务印鉴不得由同一人保管。

（二）货币资金的核算

1. 库存现金的核算

（1）库存现金的管理

库存现金的流动性最强，最易被挪用或侵占，因此，农民专业合作社应特别重视库存现金的管理与控制，以保护其安全与完整。库存现金管理的主要内容包括以下几点。

① 农民专业合作社必须严格按照国家有关现金管理的规定在现金结算的范围内使用现金，不属于现金开支范围的业务一律通过银行办理转账结算。

② 农民专业合作社应当加强现金库存限额的管理，在银行核定的库存限额内支付现金，不得任意超过库存现金的限额，超过库存现金限额的部分应当及时交存银行。

③ 农民专业合作社现金收入应及时存入银行，不得用于直接支付单位自身的支出，因特殊情况需要坐支现金的，应事先报开户银行审查批准，由开户银行确定坐支的数额等，未经银行批准的，严禁坐支现金。

④ 农民专业合作社应当定期和不定期地进行现金盘点，确保现金账面余额与实际库存相符。不得白条抵库和挪用现金。

（2）库存现金收付的核算

库存现金属于资产类账户，收到现金时，借记本科目，贷记有关科目；支出现金时，借记有关科目，贷记本科目。本科目期末借方余额，反映合作社实际持有的库存现金。

【例1】某农民专业合作社购买办公用品支付现金450元。编制会计分录如下。

借：管理费用 450
　　贷：库存现金 450

2. 银行存款的核算

（1）银行存款的管理

① 银行转账结算

根据国家关于现金开支范围的规定，农民专业合作社的一切货币资金收支，除了按规定可以用现金结算方式直接用现金收付外，其余一律通过银行划拨转账的方式办理结算。其目的在于加强企业经济核算，加速资金的周转，维护农民专业合作社正常的生产经营活动，减少现金的流通，节约人力和物力以及能够有效地利用闲置资金。

② 银行开户的规定

农民专业合作社的银行存款是合作社存入银行、信用社或其他金融机构的款项。根据国家有关支付结算办法的规定，农民专业合作社要在当地的银行开立账户。

银行存款账户分为基本存款账户、一般存款账户、临时存款账户和专用存款账户。

基本存款账户是农民专业合作社办理日常结算和现金收付的账户。农民专业合作社的工资、奖金等现金的支取，只能通过基本存款账户办理。

一般存款账户是农民专业合作社在基本存款账户以外的银行借款转存，与基本存款账户不在同一地点的账户，可通过本账户办理转账结算和现金缴存，但不能办理现金支取。

临时存款账户是农民专业合作社因临时经营活动需要开立的账户。

专用存款账户是农民专业合作社因特定用途需要开立的账户。

③ 银行结算纪律

农民专业合作社通过银行办理转账结算时，不准签发没有资金保证的票据和远期支票，套取银行信用；不准签发、取得和转让没有真实交易和债权债务的票据，套取银行和他人资金；不准无理拒绝付款，任意占用他人资金；不准违反规定开立和使用账户。

（2）银行存款的核算

农民专业合作社应当严格按照国家有关支付结算办法，办理银行存款收支业务的结算，按规定核算银行存款的各项收支业务，并按银行、信用社或其他金融机构的名称设置明细科目，进行明细核算。

农民专业合作社将款项存入银行、信用社或其他金融机构时，借记本科目，贷记有关科目；提取和支出存款时，借记有关科目，贷记本科目。本科目期末借方余额，反映农民专业合作社实际存在银行、信用社或其他金融机构的款项。

【例2】某农民专业合作社从银行提取现金300元，备作零星开支。

借：库存现金   300

 贷：银行存款   300

二、应收款项核算

应收款项是指农民专业合作社与非成员之间发生的各种应收以及暂付款项，包括因销售产品物资、提供劳务应收取的款项以及应收的各种赔款、罚款、利息等。

为了总括地核算和监督应收款的增减变动和结余情况，农民专业合作社应设置"应收款"科目，它属于资产类科目，合作社发生各种应收及暂付款项时，借记"应收款"，贷记"经营收入"、"库存现金"、"银行存款"等科目；收回款项时，借记"库存现金"、"银行存款"等科目，贷记"应收款"。取得用暂付款购得的产品物资、劳务时，借记"产品物资"等科目，贷记"应收款"，"应收款"期末借方余额，反映合作社尚未收回的应收及暂付款项。"应收款"科目应按应收及暂付款项的单位和个人设置明细科目，进行明细核算。

【例3】某农民专业合作社向乙公司销售一批农产品，金额为20 000元，货款尚未收回。

借：应收款——乙公司   20 000

 贷：经营收入   20 000

【例4】某农民专业合作社向乙公司销售一批农产品，收到承兑的期限为三个月的不带息商业汇票一张，票面金额为20 000元，会计分录如下。

借：应收款——乙公司   20 000

  贷：经营收入   20 000

【例5】承例4收到银行收账通知，到期收回票款20 000元，会计分录如下。

借：银行存款   20 000

  贷：应收款——乙公司   20 000

【例6】某农民专业合作社按合同规定向甲公司预付购货款50 000元，已从银行存款账户支付，会计分录如下。

借：应收款——甲公司   50 000

  贷：银行存款   50 000

【例7】承例6收到甲公司货物，金额50 000元，会计分录如下。

借：产品物资   50 000

  贷：应收款——甲公司   50 000

【例8】某农民专业合作社向大华公司购买材料一批，以银行存款支付材料纸袋押金2 000元。会计分录如下。

借：应收款——大华公司   2 000

  贷：银行存款   2 000

【例9】承例8合作社将材料纸袋退回给大华公司，收回纸袋押金2 000元，会计分录如下。

借：银行存款   2 000

  贷：应收款——大华公司   2 000

农民专业合作社的应收款项包括本社成员和非本社成员的各项应收及暂付款项。合作社对拖欠的应收款项要采取切实可行的措施积极催收。

对确实无法收回的应收及暂付款项，按规定程序批准核销时，借记"其他支出"科目，贷记"应收款"科目。

三、存货核算

（一）存货的概述

存货是指正常生产经营过程中持有以备出售的产成品或商品，或者为了出售仍然处在生产经营过程中的在产品，或将在生产过程或提供劳务过程中耗用的材料、物料等。农民专业合作社的存货包括种子、化肥、燃料、农药、原材料、机械零配件、低值易耗品、在产品、农产品、工业产成品、受托代销商品、受托代购商品、委托代销商品和委托加工物资等。

（二）存货的计价

1. 存货入账价值的确定

（1）购入的物资按照买价加运输费、装卸费等费用、运输途中的合理损耗等计价；

（2）受托代购商品视同购入的物资计价；

（3）生产入库的农产品和工业产成品，按生产过程中发生的实际支出计价；

（4）委托加工物资验收入库时，按照委托加工物资的成本加上实际支付的全部费用计价；

（5）受托代销商品按合同或协议约定的价格计价，出售受托代销商品时，实际收到的价款大于合同或协议约定价格的差额计入经营收入，实际收到的价款小于合同或协议约定价格的差额计入经营支出；

（6）委托代销商品按委托代销商品的实际成本计价。

2. 存货发出的计价方法

领用或出售的出库存货成本的确定，可在先进先出法、加权平均法、个别计价法等方法中任选一种，但是一经选定，不得随意变动。

(三) 存货的核算

1. "产品物资"的核算

(1) 本科目核算农民专业合作社库存的各种产品和物资。

(2) 农民专业合作社购入并已验收入库的产品物资，按实际支付或应支付的价款，借记本科目，贷记"库存现金"、"银行存款"、"成员往来"、"应付款"等科目。

(3) 农民专业合作社生产完工以及委托外单位加工完成并已验收入库的产品物资，按实际成本，借记本科目，贷记"生产成本"、"委托加工物资"等科目。

(4) 产品物资销售时，按实现的销售收入，借记"库存现金"、"银行存款"、"应收款"等科目，贷记"经营收入"科目；按销售产品物资的实际成本，借记"经营支出"科目，贷记本科目。

(5) 产品物资领用时，借记"生产成本"、"在建工程"、"管理费用"等科目，贷记本科目。

(6) 农民专业合作社的产品物资应当定期清查盘点。盘亏和毁损产品物资，经审核批准后，按照责任人和保险公司赔偿的金额，借记"成员往来"、"应收款"等科目，按责任人或保险公司赔偿金额后的净损失，借记"其他支出"科目，按盘亏和毁损产品物资的账面余额，贷记本科目。

(7) 本科目应按产品物资品名设置明细科目，进行明细核算。

(8) 本科目期末借方余额，反映合作社库存产品物资的实际成本。

2. "委托加工物资"的核算

(1) 本科目核算农民专业合作社委托外单位加工的各种物资的实际成本。

(2) 发给外单位加工的物资，按委托加工物资的实际成本，借记本科目，贷记"产品物资"等科目。

按农民专业合作社支付该项委托加工的全部费用（加工费、运杂费等），借记本科目，贷记"库存现金"、"银行存款"等科目。

(3) 加工完成验收入库的物资，按加工收回物资的实际成本和剩余物资的实际成本，借记"产品物资"等科目，贷记本科目。

(4) 本科目应按加工合同和受托加工单位等设置明细账，进行明细核算。

(5) 本科目期末借方余额，反映合作社委托外单位加工但尚未加工完成物资的实际成本。

3. "委托代销商品"的核算

(1) 本科目核算农民专业合作社委托外单位销售的各种商品的实际成本。

(2) 发给外单位销售的商品，按委托代销商品的实际成本，借记本科目，贷记"产品物资"等科目。

(3) 收到代销单位报来的代销清单时，按应收金额，借记"应收款"科目，按应确认的收入，贷记"经营收入"科目；按应支付的手续费等，借记"经营支出"科目，贷记"应收款"科目；同时，按代销商品的实际成本（或售价），借记"经营支出"等科目，贷记本科目；收到代销款时，借记"银行存款"等科目，贷记"应收款"科目。

(4) 本科目应按代销商品或委托单位等设置明细账，进行明细核算。

(5) 本科目期末借方余额，反映合作社委托外单位销售但尚未收到代销商品款的商品的实际成本。

4. "受托代购商品"的核算

(1) 本科目核算农民专业合作社接受委托代为采购商品的实际成本。

(2) 合作社收到代购商品款时，借记"库存现金"、"银行存款"等科目，贷记"成员往来"等科目。

(3) 合作社受托采购商品时，按采购商品的价款，借记本科目，贷记"库存现金"、"银行存款"、"应付款"等科目。

(4) 合作社将受托代购商品交付给委托方时，按代购商品的实际成本，借记"成员往来"、"应付款"等科目，贷记本科目；如果受托代购商品收取手续费，按应收取的手续费，借记"成员往来"等科目，贷记"经营收入"科目。收到手续费时，借记"库存现金"、"银行存款"等科目，贷记"成员往来"等科目。

(5) 本科目应按受托方设置明细账，进行明细核算。

(6) 本科目期末借方余额，反映合作社受托采购尚未交付商品的实际成本。

5. "受托代销商品"的核算

(1) 本科目核算合作社接受委托代销商品的实际成本。

(2) 合作社收到委托代销商品时，按合同或协议约定的价格，借记本科目，贷记"成员往来"等科目。

(3) 合作社售出受托代销商品时，按实际收到的价款，借记"库存现金"、"银行存款"等科目，按合同或协议约定的价格，贷记本科目，如果实际收到的价款大于合同或协议约定的价格，按其差额，贷记"经营收入"等科目；如果实际收到的价款小于合同或协议约定的价格，按其差额，借记"经营支出"等科目。

(4) 合作社给付委托方代销商品款时，借记"成员往来"等科目，贷记"库存现金"、"银行存款"等科目。

(5) 本科目应按委托代销方设置明细账，进行明细核算。

(6) 本科目期末借方余额，反映合作社尚未售出的受托代销商品的实际成本。

【例10】某合作社本月购入农产品一批，买价3 000元，运杂费500元，用银行存款支付。

借：产品物资 3 500
　　贷：银行存款 3 500

【例11】某合作社销售自产农产品一批，取得收入8 000元，货款尚未收到，农产品的成本为6 500元。

借：应收款 8 000
　　贷：营业收入 8 000
借：营业支出 6 500
　　贷：产品物资 6 500

【例12】某合作社将一批农产品委托外单位加工，发出原材料成本为6 000元，支付加工费1 000元，加工完毕验收入库。

借：委托加工物资 6 000
　　贷：产品物资 6 000
借：委托加工物资 1 000
　　贷：银行存款 1 000
借：产品物资 7 000
　　贷：委托加工物资 7 000

（四）存货的盘点与管理

1. 存货的盘点

合作社对存货要定期盘点核对，做到账实相符，年末必须进行一次全面的盘点清查。盘亏、毁损和报废的存货，按规定程序批准后，按实际成本扣除应由责任人或者保险公司赔偿的金额和残料价值后的余额，计入其他支出。

2. 存货的管理

合作社应当建立健全存货内部控制制度，建立保管人员岗位责任制。存货入库时，保管员清点验收入库，填写入库单；出库时，由保管员填写出库单，主管负责人批准，领用人签名盖章，保管员根据批准后的出库单出库。

四、农业资产核算

（一）农业资产的内容及计价原则

（1）农业资产的内容：合作社的农业资产包括牲畜（禽）资产和林木资产等。

（2）农业资产按下列原则计价。

① 购入的农业资产按照购买价及相关税费等计价；

② 幼畜及育肥畜的饲养费用、经济林木投产前的培植费用、非经济林木郁闭前的培植费用按实际成本计入相关资产成本；

③ 产役畜、经济林木投产后，应将其成本扣除预计残值后的部分在其正常生产周期内按直线法分期摊销，预计净残值率按照产役畜、经济林木成本的5%确定，已提足折耗但未处理仍继续使用的产役畜、经济林木不再摊销；

④ 农业资产死亡毁损时，按规定程序批准后，按实际成本扣除应由责任人或者保险公司赔偿的金额后的差额，计入其他收支；

⑤ 合作社其他农业资产，可比照牲畜（禽）资产和林木资产的计价原则处理。

（二）农业资产的核算

1. "牲畜（禽）资产"的核算

（1）本科目核算合作社购入或培育的牲畜（禽）的成本。牲畜（禽）资产分幼畜及育肥畜和产役畜两类。

（2）合作社购入幼畜及育肥畜时，按购买价及相关税费，借记本科目（幼畜及育肥畜），贷记"库存现金"、"银行存款"、"应付款"等科目；发生的饲养费用，借记本科目（幼畜及育肥畜），贷记"应付工资"、"产品物资"等科目。

（3）幼畜成龄转作产役畜时，按实际成本，借记本科目（产役畜），贷记本科目（幼畜及育肥畜）。

（4）产役畜的饲养费用不再记入本科目，借记"经营支出"科目，贷记"应付工资"、"产品物资"等科目。

（5）产役畜的成本扣除预计残值后的部分应在其正常生产周期内，按照直线法分期摊销，借记"经营支出"科目，贷记本科目（产役畜）。

（6）幼畜及育肥畜和产役畜对外销售时，按照实现的销售收入，借记"库存现金"、"银行存款"、"应收款"等科目，贷记"经营收入"科目；同时，按照销售牲畜的实际成本，借记"经营支出"科目，贷记本科目。

（7）以幼畜及育肥畜和产役畜对外投资时，按照合同、协议确定的价值，借记"对外投资"科目，贷记本科目，合同或协议确定的价值与牲畜资产账面余额之间的差额，借记"其他支出"或贷记"其他收入"。

（8）牲畜死亡毁损时，按规定程序批准后，按照过失人及保险公司应赔偿的金额，借记"成员往来"、"应收款"科目，如发生净损失，则按照扣除过失人和保险公司应赔偿金额后的净损失，借记"其他支出"科目，按照牲畜资产的账面余额，贷记本科目；如产生净收益，则按照牲畜资产的账面余额，贷记本科目，同时按照过失人及保险公司应赔偿金额超过牲畜资产账面余额的金额，贷记"其他收入"科目。

（9）本科目应设置"幼畜及育肥畜"和"产役畜"两个二级科目，按牲畜（禽）的种类设置三级明细科目，进行明细核算。

（10）本科目期末借方余额，反映合作社幼畜及育肥畜和产役畜的账面余额。

【例13】某合作社购入一批幼畜，银行存款支付购买价款及相关税费为5 000元，饲养3个月后转作产役畜，3个月内共发生的饲养费用2 000元。该产役畜对外销售，实现的销售收入10 000元，结转销售牲畜的实际成本。（销售牲畜的实际成本，借记"经营支出"科目，贷记本科目）。

```
借：牲畜（禽）资产——幼畜                        5 000
    贷：银行存款                                         5 000
借：牲畜（禽）资产——幼畜                        2 000
    贷：应付工资（产品物资等）                           2 000
借：牲畜（禽）资产——产役畜                      7 000
    贷：牲畜（禽）资产——幼畜                            7 000
借：银行存款                                    10 000
    贷：经营收入                                        10 000
借：经营支出                                      7 000
    贷：牲畜（禽）资产——产役畜                          7 000
```

2. "林木资产"的核算

（1）本科目核算合作社购入或营造的林木成本。林木资产分经济林木和非经济林木两类。

（2）合作社购入经济林木时，按购买价及相关税费，借记本科目（经济林木），贷记"库存现金"、"银行存款"、"应付款"等科目；购入或营造的经济林木投产前发生的培植费用，借记本科目（经济林木），贷记"应付工资"、"产品物资"等科目。

（3）经济林木投产后发生的管护费用，不再记入本科目，借记"经营支出"科目，贷记"应付工资"、"产品物资"等科目。

（4）经济林木投产后，其成本扣除预计残值后的部分应在其正常生产周期内，按照直线法摊销，借记"经营支出"科目，贷记本科目（经济林木）。

（5）合作社购入非经济林木时，按购买价及相关税费，借记本科目（非经济林木），贷记"库存现金"、"银行存款"、"应付款"等科目；购入或营造的非经济林木在郁闭前发生的培植费用，借记本科目（非经济林木），贷记"应付工资"、"产品物资"等科目。

（6）非经济林木郁闭后发生的管护费用，不再记入本科目，借记"其他支出"科目，贷记"应付工资"、"产品物资"等科目。

（7）按规定程序批准后，林木采伐出售时，按照实现的销售收入，借记"库存现金"、"银行存款"、"应收款"等科目，贷记"经营收入"科目；同时，按照出售林木的实际成本，借记"经营支出"科目，贷记本科目。

（8）以林木对外投资时，按照合同、协议确定的价值，借记"对外投资"科目，贷记本科目，合同或协议确定的价值与林木资产账面余额之间的差额，借记"其他支出"或贷记"其他收入"。

（9）林木死亡毁损时，按规定程序批准后，按照过失人及保险公司应赔偿的金额，借记"成员往来"、"应收款"科目，如发生净损失，则按照扣除过失人和保险公司应赔偿金额后的净损失，借记"其他支出"科目，按照林木资产的账面余额，贷记本科目；如产生净收益，则按照林木资产的账面余额，贷记本科目，同时按照过失人及保险公司应赔偿金额超过林木资产账面余额的金额，贷记"其他收入"科目。

（10）本科目应设置"经济林木"和"非经济林木"两个二级科目，按林木的种类设置三级科目，进行明细核算。

（11）本科目期末借方余额，反映合作社购入或营造林木的账面余额。

【例14】 某合作社购入一批经济林木，银行存款支付购买价款及相关税费为60 000元，经济林木投产前发生的培植费用20 000元。经济林木投产后发生的管护费用5 000元，该批经济林木预计正常生产周期为10年，预计残值2 000元。两年后，出售部分该批经济林木，售价20 000元，实际成本为14 000元。

（1）购入经济林木　借：林木资产——经济林木　　　　　　　　60 000
　　　　　　　　　　　　贷：银行存款　　　　　　　　　　　　　　　　60 000
（2）经济林木投产前培植费用　借：林木资产——经济林木　　　20 000
　　　　　　　　　　　　　　　　贷：应付工资（产品物资等）　　　　　20 000
（3）经济林木投产后管护费用　借：经营支出　　　　　　　　　5 000
　　　　　　　　　　　　　　　　贷：应付工资（产品物资等）　　　　　5 000
（4）正常生产周期内摊销
每年摊销额：（80 000－2 000）÷10＝7 800(元)
借：经营支出　　　　　　　　　　　　　　　　　　　　　　　7 000
　　贷：林木资产——经济林木　　　　　　　　　　　　　　　　　7 000
（5）出售经济林木，结转成本
借：银行存款　　　　　　　　　　　　　　　　　　　　　　　20 000
　　贷：经营收入　　　　　　　　　　　　　　　　　　　　　　　20 000
借：经营支出　　　　　　　　　　　　　　　　　　　　　　　14 000
　　贷：林木资产——经济林木　　　　　　　　　　　　　　　　　14 000

五、固定资产核算

（一）固定资产的含义及范围

合作社的房屋、建筑物、机器、设备、工具、器具和农业基本建设设施等，凡使用年限在一年以上，单位价值在500元以上的列为固定资产。有些主要生产工具和设备，单位价值虽低于规定标准，但使用年限在一年以上的，也可列为固定资产。

合作社以经营租赁方式租入和以融资租赁方式租出的固定资产，不应列作合作社的固定资产。

（二）固定资产的核算

为了核算固定资产，企业一般需要设置"固定资产"、"累计折旧"、"在建工程"、"固定资产清理"等科目，核算固定资产取得、计提折旧、处置等情况。

"固定资产"科目核算合作社所有固定资产原价的增减变动及结存情况。其借方登记从不同渠道增加的固定资产的原价；贷方登记因各种原因而减少的固定资产的原价。期末借方余额，反映合作社期末固定资产的账面原价。合作社应当设置"固定资产登记簿"和"固定资产卡片"，按固定资产类别、使用部门和每项固定资产进行明细核算。

"累计折旧"是资产类科目，用于核算合作社固定资产的累计折旧。属于"固定资产"的备抵调整科目，与"固定资产"科目的登记方向相反，贷方登记合作社计提的固定资产折旧，借方登记因减少固定资产转出的累计折旧，期末贷方余额反映合作社固定资产的累计折旧额。

"在建工程"科目为资产类科目，用于核算合作社进行工程建设、设备安装、农业基本建设设施建造等发生的实际支出。购入不需要安装的固定资产，不通过本科目核算。借方登记合作社各项在建工程发生的实际支出；贷方登记完工工程转出的成本；期末借方余额，反映合作社尚未交付使用的工程项目的实际支出。本科目应按工程项目设置明细科目，进行明细核算。

"固定资产清理"科目是资产类科目，核算合作社因出售、捐赠、报废和毁损等原因转入清理的固定资产净值及其在清理过程中所发生的清理费用和清理收入。出售、捐赠、报废和毁损的固定资产转入清理时，按固定资产账面净值，借记"固定资产清理"，按已提折旧，借记"累计折旧"科目，按固定资产原值，贷记"固定资产"科目。清理过程中发生的费用，借记"固定资产清理"，贷记"库存现金"、"银行存款"等科目；收回出售固定资产的价款、残料价值和变价收入等，借记"银行存款"、"产品物资"等科目，贷记"固定资产清理"；应当由保险公司或过失人赔偿的损失，借记"应收款"、"成员往来"等科目，贷记"固定资产清理"。清理完毕后发生的净收益，借记"固定资产清理"，贷记"其他收入"科目；清理完毕后发生的净损失，借记"其他支出"科目，贷记"固定资产清理"。期末余额，反映合作社转入清理但尚未清理完毕的固定资产净值，以及固定资产清理过程中所发生的清理费用和变价收入等各项金额的差额。本科目应按被清理的固定资产设置明细科目，进行明细核算。

1. 取得固定资产的核算

（1）购入固定资产的核算

① 购入不需要安装的固定资产，按原价加采购费、包装费、运杂费、保险费和相关税金等，借记本科目，贷记"银行存款"等科目。

【例15】甲合作社购入一台不需要安装即可投入使用的生产设备，取得的增值税专用发票上注明的设备价款为 50 000 元，增值税额为 8 500 元，另支付运输费 500 元，包装费 300 元，款项均以银行存款支付。假设不考虑其他相关税费。

甲合作社购置该设备的成本＝50 000＋8 500＋500＋300＝59 300（元）

借：固定资产   59 300

    贷：银行存款   59 300

② 购入需要安装的固定资产，是指需要经过安装才能交付使用的固定资产。合作社按其原价加上运输、保险、采购、安装等费用，借记"在建工程"，贷记"库存现金"、"银行存款"、"应付款"等科目，待安装完毕达到预定可使用状态时，再由"在建工程"科目转入"固定资产"科目，借记"固定资产"，贷记"在建工程"科目。

【例16】某合作社用银行存款购入一台需要安装的生产线，增值税专用发票上注明的设备买价为 500 000 元；增值税额为 85 000 元，支付运输费 20 000 元。以银行存款支付安装费 50 000 元。合作社对此项业务作如下会计处理。

支付生产线价款、增值税及运费合计 605 000 元

借：在建工程   605 000

    贷：银行存款   605 000

支付安装费 50 000 元

借：在建工程   50 000

    贷：银行存款   50 000

生产线安装完毕达到预定可使用状态，确定的总成本为 605 000＋50 000＝655 000（元）

借：固定资产   655 000

  贷：在建工程   655 000

（2）建造固定资产的核算

建造固定资产和兴建农业基本建设设施而购买专用物资以及发生工程费用，按实际支出作为固定资产的成本，借记"在建工程"，贷记"库存现金"、"银行存款"、"产品物资"等科目。购建和安装工程完成并交付使用时，借记"固定资产"科目，贷记"在建工程"。工程完成未形成固定资产时，借记"其他支出"等科目，贷记"在建工程"。

建造固定资产可以采自营方式，也可以采用出包方式，不同的方式有不同的会计核算方法。

① 自营方式建造固定资产。自营的工程，领用物资或产品时，应按领用物资或产品的实际成本，借记"在建工程"，贷记"产品物资"等科目。工程应负担的员工工资等人员费用，借记"在建工程"，贷记"应付工资"、"成员往来"等科目。自营方式建造完成交付使用的固定资产，按建造该固定资产的实际成本，借记"固定资产"，贷记"在建工程"科目。

【例17】甲合作社自建厂房一幢，购入工程用的各种物资800 000元，支付的增值税额为136 000元，工程人员应计工资100 000元，支付的其他费用30 000元。工程完工并交付使用。甲合作社会计处理如下。

购入工程物资

借：产品物资   936 000

  贷：银行存款   936 000

工程领用工程物资

借：在建工程   936 000

  贷：产品物资   936 000

分配工程人员工资

借：在建工程   100 000

  贷：应付职工薪酬   100 000

支付其他费用

借：在建工程   30 000

  贷：银行存款等   30 000

工程交付使用

固定资产成本为＝936 000＋100 000＋30 000＝1 066 000（元）

借：固定资产   1 066 000

  贷：在建工程   1 066 000

② 出包方式建造固定资产。发包工程建设，根据合同规定向承包企业预付工程款，按实际预付的价款，借记"在建工程"，贷记"银行存款"等科目；以拨付材料抵作工程款的，应按材料的实际成本，借记"在建工程"，贷记"产品物资"等科目；将需要安装的设备交付承包企业进行安装时，应按该设备的成本，借记"在建工程"，贷记"产品物资"等科目。与承包企业办理工程价款结算，补付的工程款，借记"在建工程"，贷记"银行存款"、"应付款"等科目。出包方式建造的新建的房屋及建筑物、农业基本建设设施等固定资产，按竣工验收的决算价计价，交付使用时，借记"固定资产"，贷记"在建工程"科目。

【例18】甲合作社将一幢厂房的建造工程出包给乙公司承建，按规定先向承包单位乙公司预付工程款600 000元；半年后，工程交付使用，补付剩余的工程款400 000元。

以银行存款预付工程款600 000元

| 借：在建工程 | 600 000 | |
| 　　贷：银行存款 | | 600 000 |

以银行存款补付工程款 400 000 元

| 借：在建工程 | 400 000 | |
| 　　贷：银行存款 | | 400 000 |

工程交付使用，结转工程成本 1 000 000 元

| 借：固定资产 | 1 000 000 | |
| 　　贷：在建工程 | | 1 000 000 |

（3）投资者投入固定资产的核算

投资者投入的固定资产，按照投资各方确认的价值，借记"固定资产"，按照经过批准的投资者所应拥有以合作社注册资本份额计算的资本金额，贷记"股金"科目，按照两者之间的差额，借记或贷记"资本公积"科目。

（4）改建、扩建增加固定资产的核算

在原有固定资产基础上进行改造、扩建的，按原有固定资产的价值，加上改造、扩建工程而增加的支出，减去改造、扩建工程中发生的变价收入计价。

（5）接受捐赠固定资产的核算

收到捐赠的全新固定资产，按照所附发票所列金额加上应支付的相关税费，借记"固定资产"，贷记"专项基金"科目；如果捐赠方未提供有关凭据，则按其市价或同类、类似固定资产的市场价格估计的金额，加上由合作社负担的运输费、保险费、安装调试费等作为固定资产成本，借记"固定资产"，贷记"专项基金"科目。收到捐赠的旧固定资产，按照经过批准的评估价值或双方确认的价值，借记"固定资产"，贷记"专项基金"科目。

2. 固定资产的折旧

（1）固定资产折旧的概念及范围

固定资产的折旧是指在固定资产使用寿命内，按照确定的方法对应计折旧额进行系统分摊。

合作社当月或当季度增加的固定资产，当月或当季度不提折旧，从下月或下季度起计提折旧；当月或当季度减少的固定资产，当月或当季度照提折旧，从下月或下季度起不提折旧。

合作社应当对所有的固定资产计提折旧，但是，已提足折旧仍继续使用的固定资产除外。

（2）固定资产折旧的核算

合作社必须建立固定资产折旧制度，按年或按季、按月提取固定资产折旧。固定资产的折旧方法可在"年限平均法"、"工作量法"等方法中任选一种，但是一经选定，不得随意变动。固定资产提足折旧后，不管能否继续使用，均不再提取折旧；提前报废的固定资产，也不再补提折旧。

当月计提的生产经营用固定资产折旧，借记"生产成本"科目，贷记"累计折旧"；计提的管理用固定资产折旧，借记"管理费用"科目，贷记"累计折旧"；计提的用于公益性用途的固定资产折旧，借记"其他支出"科目，贷记"累计折旧"。"累计折旧"科目期末贷方余额，反映合作社提取的固定资产折旧累计数。"累计折旧"科目只进行总分类核算，不进行明细分类核算。

【例19】甲合作社 2015 年 6 月份固定资产计提折旧情况如下：生产车间厂房计提折旧

25 000 元，机器设备计提折旧 50 000 元；管理部门房屋建筑物计提折旧 55 000 元，运输工具计提折旧 18 000 元。分计分录如下。

借：生产成本   75 000

  管理费用   73 000

  贷：累计折旧   148 000

（3）固定资产折旧的管理

合作社至少应当于每年年度终了，对固定资产使用寿命、预计净残值以及折旧方法进行复核。如果使用寿命预计数与原估计数有差异，应当调整固定资产使用寿命；如果预计净残值的预计数与原估计数有差异，应当调整预计净残值；如果固定资产给合作社带来经济利益的方式发生重大变化，应相应改变固定资产的折旧方法。

3.固定资产的处置

合作社在生产经营过程中，将不需用的固定资产对外出售转让，或因磨损、技术进步等原因对固定资产进行报废、毁损等处理。对于上述事项在进行会计核算时，应按规定程序办理有关手续，结转固定资产的账面价值，计算有关的清理收入、清理费用及残料价值等。

（1）固定资产出售、报废和毁损等时，按固定资产账面净值，借记"固定资产清理"科目，按照应由责任人或保险公司赔偿的金额，借记"应收款"、"成员往来"等科目，按已提折旧，借记"累计折旧"科目，按固定资产原价，贷记本科目。

在建工程部分发生报废或者毁损，按规定程序批准后，按照扣除残料价值和过失人及保险公司赔款后的净损失，计入工程成本。单项工程报废以及由于自然灾害等非常原因造成的报废或者毁损，其净损失计入其他支出。

（2）对外投资投出固定资产时，按照投资各方确认的价值或者合同、协议约定的价值，借记"对外投资"科目，按已提折旧，借记"累计折旧"科目，按固定资产原价，贷记本科目，投资各方确认或协议价与固定资产账面净值之间的差额，借记"其他支出"或贷记"其他收入"。

（3）捐赠转出固定资产时，按固定资产净值，转入"固定资产清理"科目，应支付的相关税费，也通过"固定资产清理"科目进行归集，捐赠项目完成后，按"固定资产清理"科目的余额，借记"其他支出"科目，贷记"固定资产清理"科目。

固定资产变卖和清理报废的变价净收入与其账面净值的差额计入其他收支。固定资产变价净收入是指变卖和清理报废固定资产所取得的价款减清理费用后的净额。固定资产净值是指固定资产原值减累计折旧后的净额。

4.固定资产的管理

合作社应当建立健全固定资产内部控制制度，建立人员岗位责任制。应当定期对固定资产盘点清查，做到账实相符，年度终了前必须进行一次全面的盘点清查。盘亏及毁损的固定资产，应查明原因，按规定程序批准后，按其原价扣除累计折旧、变价收入、过失人及保险公司赔款之后，计入其他支出。

每年年度终了，合作社应当对应收款项、存货、对外投资、农业资产、固定资产、在建工程、无形资产等资产进行全面检查，对于已发生损失但尚未批准核销的各项资产，应在资产负债表补充资料中予以披露。这些资产包括：①确实无法收回的应收款项；②盘亏、毁损和报废的存货；③无法收回的对外投资；④死亡毁损的农业资产；⑤盘亏、毁损和报废的固定资产；⑥毁损和报废的在建工程；⑦注销和无效的无形资产。

★ **任务实施**

根据农民专业合作社资产的业务案例，完成农民专业合作社货币资金的核算、应收款项的核算、存货的核算、农业资产的核算、固定资产的核算，并能对农民专业合作社设置会计账簿、填制会计凭证、登记会计账簿。

★ **任务实施评价**

1. 能够正确识别农民专业合作社的各项资产；
2. 货币资金、应收款项、存货、农业资产的增减变动业务编写会计分录正确；
3. 固定资产的增减变动业务编写会计分录正确，固定资产折旧计算正确；
4. 会计账簿设置正确；
5. 会计凭证中会计科目、借贷方向、金额正确，项目填写齐全；
6. 会计账簿中的日期、凭证号数、摘要、方向、金额登记正确。

★ **总结与反思**

任务实施后，结合自己在实施任务中的体会，谈一谈自己的收获，与大家共享。

（1）实施任务的收获。
（2）实施任务的不足与改进。

★ **项目考核与训练**

一、单项选择题

1. 下列各项可交存现金但不能支取现金的账户是（　　）。
   A. 基本存款账户　　B. 一般存款账户　　C. 临时存款账户　　D. 专项存款账户

2. 下列各项物品中不属于合作社的存货的有（　　）。
   A. 在产品　　B. 农产品　　C. 在途物资　　D. 受托代销商品

3. 合作社购入需要安装的固定资产的增值税进项税额应计入（　　）科目。
   A. 应交税费　　B. 在建工程　　C. 固定资产　　D. 营业外支出

4. 合作社有设备一台，原价 80 000 元，预计净残值 4 000 元，预计可使用 5 年，按双倍余额递减法计提折旧，则第 2 年的折旧额为（　　）元。
   A. 32 000　　B. 19 200　　C. 26 667　　D. 25 600

5. 合作社有设备一台，原价 80 000 元，预计净残值 5 000 元，预计可使用 5 年，按年数总和法计提折旧。若该项资产在使用的第 3 年末，因技术陈旧等原因首次计提减值准备，金额为其账面价值的 10%，则该项固定资产在第 3 年末的净额为（　　）元。
   A. 18 000　　B. 16 000　　C. 14 400　　D. 15 000

6. 合作社以一条生产线进行更新改造，该生产线的原价为 100 万元，已提折旧为 60 万元，已提减值准备 10 万元。改造过程中发生支出 30 万元，被替换部分的账面价值为 5 万元。该生产线更新改造后的成本为（　　）万元。
   A. 65　　B. 55　　C. 130　　D. 125

二、多项选择题

1. 按照《银行账户管理办法》的规定，农业企业可以开立和使用的账户有（　　）。
   A. 基本存款账户　　B. 一般存款账户　　C. 临时存款账户　　D. 专项存款账户

2. 下列项目中，属于农业企业存货的有（　　）。
   A. 在产品　　B. 原材料　　C. 工程物资　　D. 包装物

3. 下列属于发出存货计价方法的是（　　）。

A. 先进先出法　　　　B. 后进先出法　　　　C. 加权平均法　　　　D. 个别计价法

4. 农业资产核算，合作社的农业资产包括（　　　　）。

A. 固定资产　　　　B. 林木资产　　　　C. 流动资产　　　　D. 牲畜（禽）资产

5. 下列方法中属于加速折旧的有（　　　　）。

A. 工作量法　　　　B. 平均法　　　　C. 年数总和法　　　　D. 双倍余额递减法

三、判断题

（　　　　）1. 一般情况下，农业企业发生的少量零星开支可直接从本单位的现金收入中支付。

（　　　　）2. 合作社应当定期地进行现金盘点，确保现金账面余额与实际库存相符。不得白条抵库和挪用现金。

（　　　　）3. 农业企业的一般存款账户可以办理转账结算手续和现金交存，但不能办理现金支取。

（　　　　）4. 购入材料在运输途中发生的合理损耗不需单独进行账务处理。

（　　　　）5. 合作社当月或当季度增加的固定资产，当月或当季度不提折旧，从下月或下季度起计提折旧；当月或当季度减少的固定资产，当月或当季度照提折旧，从下月或下季度起不提折旧。

（　　　　）6. 合作社应当对所有的固定资产计提折旧，包括已提足折旧仍继续使用的固定资产。

四、技能训练题

1. 练习现金、银行存款和应收款的核算。

（1）合作社从银行提取现金500元，备作零星开支。

（2）合作社人员李晶出差预借款项800元，凭有效的借款单支付现金。

（3）合作社人员李晶出差回来凭差旅费票据报销差旅费752元，退回余款。

（4）接到银行收账通知，收到上月出售给其光企业农产品的货款3 800元。

（5）填制现金缴库单，将库存多余的现金1 000元，送存银行。

（6）合作社购买库存商品一批，支付预付款2 000元。

要求：根据上述经济业务作出账务处理。

2. 练习实际成本法下购入材料的核算。

2015年8月5日，某合作社购入材料一批，根据通知办理提货手续，并验收入库。该批材料实际支付买价50 000元，运费1 000元，不考虑增值税进行账务处理。

要求：根据以上资料编制相关的会计分录。

3. 练习固定资产折旧的核算

甲企业购入一台机器设备，原价200 000元，预计净残值率为4%，预计可使用8年。

要求：

（1）用年限平均法计算年、月的折旧率和折旧额；

（2）用双倍余额递减法计算年折旧率和每年的折旧额；

（3）用年数总和法计算每年的折旧率和折旧额。

子项目3-2　负债核算

★ 任务目标

农民专业合作社负债的概念及内容；

农民专业合作社流动负债的内容及核算方法；

农民专业合作社长期负债的内容及核算方法；

能够设置相应的会计账簿、填制会计凭证、登记有关总账与明细账。

★ 知识引导

农民专业合作社的负债分为流动负债和长期负债。

一、流动负债核算

（一）流动负债的概念及计价

流动负债是指偿还期在一年以内（含一年）的债务，包括短期借款、应付款项、应付工资、应付盈余返还、应付剩余盈余等。

合作社的流动负债按实际发生的数额计价，利息支出计入其他支出。对发生因债权人特殊原因确实无法支付的应付款项，计入其他收入。

（二）短期借款

1. 短期借款的概念

短期借款是合作社从银行、信用社或其他金融机构，以及外部单位和个人借入的期限在1年以下（含1年）的各种借款。

2. 短期借款的核算

合作社借入各种短期借款时，借记"库存现金"、"银行存款"科目，贷记"短期借款"科目。

合作社发生的短期借款利息支出，直接计入当期损益，借记"其他支出"科目，贷记"库存现金"、"银行存款"等科目。

归还短期借款时，借记"短期借款"，贷记"库存现金"、"银行存款"科目。

"短期借款"期末贷方余额，反映合作社尚未归还的短期借款本金。

"短期借款"科目按借款单位和个人设置明细科目，进行明细核算。

【例1】华兴合作社于2015年3月1日向银行借入款项300 000元，期限为3个月，年利率5％。按月计提利息费用，到期一次还本付息。

① 取得借款时

借：银行存款   300 000

    贷：短期借款   300 000

② 按月计息时

每月利息费用＝300 000×5％÷12＝1 250（元）

借：其他支出   1 250

    贷：应付利息   1 250

③ 还本付息时

借：应付利息   2 500

    其他支出   1 250

    短期借款   300 000

    贷：银行存款   303 750

3. 短期借款的管理

合作社应当建立健全借款业务内部控制制度，明确审批人和经办人的权限、程序、责任和相关控制措施。不得由同一人办理借款业务的全过程。

合作社应当对借款业务按章程规定进行决策和审批，并保留完整的书面记录。

合作社应当在借款各环节设置相关的记录、填制相应的凭证，并加强有关单据和凭证的相互核对工作。合作社应当加强对借款合同等文件和凭证的管理。

合作社应当定期或不定期对借款业务内部控制进行监督检查，对发现的薄弱环节，应当及时采取措施，加以纠正和完善。

（三）应付款

应付款是指合作社与非成员之间发生的各种应付以及暂收款项，包括因购买产品物资和接受劳务、服务等应付的款项以及应付的赔款、利息等。

为了总括反映合作社在结算形成应付款负债的增减变化及其变动的结果，在会计核算中应设置"应付款"科目，合作社发生各种应付以及暂收款项时，借记"库存现金"、"银行存款"、"产品物资"等科目，贷记"应付款"；合作社偿还应付及暂收款项时，借记"应付款"，贷记"库存现金"、"银行存款"等科目；"应付款"科目期末贷方余额，反映合作社应付但尚未付给非成员的应付及暂收款项。"应付款"科目应按发生应付款的非成员单位和个人设置明细账，进行明细核算。

【例2】华兴合作社从A公司购原材料一批，发票账单注明材料价款10 000元，增值税1 700元，材料验收入库，发票账单已到达，但货款尚未支付，该企业采用实际成本核算原材料。

① 原材料验收入库时，编制会计分录

借：产品物资　　　　　　　　　　　　　　　　　　　　　　　11 700
　　贷：应付款——A公司　　　　　　　　　　　　　　　　　　　11 700

② 偿还应付账款时，编制会计分录

借：应付款——A公司　　　　　　　　　　　　　　　　　　　　11 700
　　贷：银行存款　　　　　　　　　　　　　　　　　　　　　　　11 700

合作社的负债按实际发生的数额计价，利息支出计入其他支出。对发生因债权人特殊原因确实无法支付的应付款项，按规定程序审批后，借记"应付款"科目，贷记"其他收入"科目。

合作社应当建立健全采购业务内部控制制度，明确审批人和经办人的权限、程序、责任和相关控制措施。

合作社应当按照规定的程序办理采购与付款业务。应当在采购与付款各环节设置相关的记录、填制相应的凭证，并加强有关单据和凭证的相互核对工作。在办理付款业务时，应当对采购发票、结算凭证、验收证明等相关凭证进行严格审核。

合作社应当加强对采购合同、验收证明、入库凭证、采购发票等文件和凭证的管理。

（四）应付工资

"应付工资"科目核算合作社应支付给管理人员及固定员工的工资总额。包括在工资总额内的各种工资、奖金、津贴、补助等，不论是否在当月支付，都应通过"应付工资"科目核算。

合作社应按劳动工资制度规定，编制"工资表"，计算各种工资。再由合作社财务会计人员将"工资表"进行汇总，编制"工资汇总表"。

提取工资时，根据人员岗位进行工资分配，借记"生产成本"、"管理费用"、"在建工程"等科目，贷记"应付工资"科目。

实际支付工资时，借记"应付工资"科目，贷记"库存现金"等科目。

"应付工资"科目期末一般应无余额，如有贷方余额，反映合作社已提取但尚未支付的工资额。

合作社应当设置"应付工资明细账"，按照管理人员和固定员工的姓名、类别以及应付工资的组成内容进行明细核算。

【例3】华兴合作社本月应付工资总额为 430 000 元，工资费用分配表中列示的产品生产工人工资为 300 000 元，企业行政管理人员工资为 50 000 元，工程人员工资为 20 000 元。应编制如下会计分录。

① 确认应付职工薪酬时

借：生产成本　　　　　　　　　　　　　　　　　　　　　　300 000

　　管理费用　　　　　　　　　　　　　　　　　　　　　　 50 000

　　在建工程　　　　　　　　　　　　　　　　　　　　　　 20 000

　　贷：应付工资　　　　　　　　　　　　　　　　　　　　　　370 000

② 实际发放工资时

借：应付工资　　　　　　　　　　　　　　　　　　　　　　370 000

　　贷：库存现金　　　　　　　　　　　　　　　　　　　　　　370 000

（五）应付盈余返还

"应付盈余返还"科目核算合作社按成员与本社交易量（额）比例返还给成员的盈余，返还给成员的盈余不得低于可分配盈余的百分之六十。

合作社根据章程规定的盈余分配方案，按成员与本社交易量（额）提取返还盈余时，借记"盈余分配"科目，贷记"应付盈余返还"。实际支付时，借记"应付盈余返还"，贷记"库存现金"、"银行存款"等科目。

"应付盈余返还"科目期末贷方余额，反映合作社尚未支付的盈余返还。

"应付盈余返还"科目应按成员设置明细账，进行明细核算。

（六）应付剩余盈余

"应付剩余盈余"科目核算合作社以成员账户中记载的出资额和公积金份额，以及本社接受国家财政直接补助和他人捐赠形成的财产平均量化到本社成员的份额，按比例分配给本社成员的剩余可分配盈余。

合作社按交易量（额）返还盈余后，根据章程规定或者成员大会决定分配剩余盈余时，借记"盈余分配"科目，贷记"应付剩余盈余"。实际支付时，借记"应付剩余盈余"，贷记"库存现金"、"银行存款"等科目。

"应付剩余盈余"科目期末贷方余额，反映合作社尚未支付给成员的剩余盈余。

"应付剩余盈余"科目应按成员设置明细账，进行明细核算。

二、长期负债核算

长期负债是指偿还期超过一年（不含一年）的债务，包括长期借款、专项应付款等。

（一）长期借款

1. 长期借款的概念

长期借款是指合作社从银行等金融机构及外部单位和个人借入的期限在 1 年以上（不含 1 年）的各项借款。借款期限一般以借款合同规定的期限为准。

2. 长期借款的核算

为了反映长期借款的增减变动情况，应设置"长期借款"科目，并按贷款单位和贷款种类，分别进行明细核算。合作社借入长期借款时，借记"库存现金"、"银行存款"科目，贷记"长期借款"；合作社长期借款利息应按期计提，借记"其他支出"科目，贷记"应付款"科目；合作社偿还长期借款时，借记"长期借款"，贷记"库存现金"、"银行存款"科目。支付长期借款利息时，借记"应付款"科目，贷记"库存现金"、"银行存款"科目；"长期借款"科目期末贷方余额，反映合作社尚未偿还的长期借款本金。"长期借款"科目应按借款单位和个人设置明细账，进行明细核算。

【例4】华兴合作社为购置一台设备，于2015年1月1日从建设银行取得三年期借款1 000 000元，年利率8％，合同规定到期一次还本，每年年末支付利息，款项已存入银行。借款到期时，合作社以银行存款归还本息。

编制有关会计分录如下。

① 2015年1月1日取得借款时，编制如下会计分录。

借：银行存款   1 000 000
  贷：长期借款   1 000 000

② 年末计提利息，编制如下会计分录。

应付利息＝1 000 000×8％×1＝80 000（元）

借：其他支出   80 000
  贷：应付款   80 000

③ 支付利息，编制如下会计分录。

借：应付款   80 000
  贷：银行存款   80 000

④ 偿还本金，编制如下会计分录。

借：长期借款   1 000 000
  贷：银行存款   1 000 000

（二）专项应付款

专项应付款是指合作社接受国家财政直接补助的资金。

为了反映专项应付款的增减变动情况，应设置"专项应付款"科目进行核算。合作社收到国家财政补助的资金时，借记"库存现金"、"银行存款"等科目，贷记"专项应付款"；合作社按照国家财政补助资金的项目用途，取得固定资产、农业资产、无形资产等时，按实际支出，借记"固定资产"、"牲畜（禽）资产"、"林木资产"、"无形资产"等科目，贷记"库存现金"、"银行存款"等科目，同时借记"专项应付款"科目，贷记"专项基金"科目；用于开展信息、培训、农产品质量标准与认证、农业生产基础设施建设、市场营销和技术推广等项目支出时，借记"专项应付款"，贷记"库存现金"、"银行存款"等科目。"专项应付款"科目期末贷方余额，反映合作社尚未使用和结转的国家财政补助资金数额。

"专项应付款"科目应按国家财政补助资金项目设置明细科目，进行明细核算。

★ 任务实施

根据农民专业合作社负债业务案例，结合任务目标与知识引导，完成流动负债中短期借款的核算、应付款的核算、应付工资的核算、应付盈余返还的核算、应付剩余盈余的核算，完成长期负债中长期借款的核算、专项应付款的核算，能够填制会计凭证、登记相关的会计账簿。

★ 任务实施评价

1. 能够正确区分农民专业合作社的流动负债与长期负债，具体到每一项目的名称；

2. 各项流动负债增减变动业务编写会计分录正确；

3. 各项长期负债增减变动业务编写会计分录正确；

4. 会计凭证中会计科目、借贷方向、金额正确，项目填写齐全；

5. 账簿中的日期、凭证号数、摘要、方向、金额登记正确。

★ 总结与反思

任务实施后，结合自己在实施任务中的体会，谈一谈自己的收获，与大家共享。

（1）完成工作任务的收获。

（2）完成任务的不足与改进。

★ 项目考核与训练

一、单项选择题

1. 合作社将应付职工的薪酬确认为成本或费用的时点为（　　　　）。

　A. 实际支付给职工时　　　　　　　B. 职工为农业企业提供服务的会计期间

　C. 职工在职和退休期间　　　　　　D. 每一会计期末

2. 长期借款的利息，在固定资产达到预定可使用状态后，应计入（　　　　）。

　A. 财务费用　　　　　　　　　　　B. 其他支出

　C. 管理费用　　　　　　　　　　　D. 固定资产购建成本

3. 如果债券发行时票面利率低于实际利率，则应按（　　　　）。

　A. 面值发行　　　B. 折价发行　　　C. 溢价发行　　　　D. 不作反映

二、多项选择题

1. "应付工资"科目核算合作社应支付给管理人员及固定员工的工资总额，工资总额包括（　　　　）。

　A. 各种工资　　　　B. 奖金　　　　C. 津贴　　　　　D. 补助

2. 流动负债是指偿还期在一年以内（含一年）的债务，包括（　　　　）。

　A. 短期借款　　　B. 应付款项　　　C. 应付盈余返还　　　D. 应付剩余盈余

三、判断题

（　　）1. "应付盈余返还"科目核算合作社按成员与本社交易量（额）比例返还给成员的盈余，返还给成员的盈余不得低于可分配盈余的百分之八十。

（　　）2. "应付剩余盈余"科目核算合作社以成员账户中记载的出资额和公积金份额，以及本社接受国家财政直接补助和他人捐赠形成的财产平均量化到本社成员的份额，按比例分配给本社成员的剩余可分配盈余。

四、技能训练题

1. 练习应付款、应付职工薪酬的核算

华兴合作社 6 月份发生如下经济业务。

（1）向银行借入短期借款 2 000 000 元、期限 6 个月，款项已存入银行。

（2）购买原材料一批，增值税专用发票上注明价款 50 000 元，增值税额 8 500 元，货款及增值税尚未支付。

（3）购买原材料一批，增值税专用发票上注明价款 30 000 元，增值税额 51 000 元，开出一张 6 个月期的商业承兑汇票。

（4）月末分配工资费用，其中生产工人工资 150 000 元，车间管理人员工资 70 000 元，管理人员工资 32 000 元，销售部门人员工资 10 000 元。

（5）偿还短期借款 50 000 元。

要求：根据上述资料，作出账务处理。

2. 练习短期借款及计提利息的核算

华兴合作社于 2012 年 7 月 1 日向银行借入一笔生产经营用短期借款，共计 200 000 元，期限为 6 个月，年利率为 8%。根据与银行签署的借款协议，该项借款的本金到期后一次归还，利息分月预提，按季支付。

要求：

（1）编制该合作社借入借款时的会计分录；

（2）编制利息分月预提，按季支付的会计分录；

（3）编制到期归还本金的会计分录。

3．练习长期借款的核算

华兴合作社为购置一台设备，于 2013 年 1 月 1 日从建设银行取得三年期借款 1 000 000 元，年利率 10％，合同规定到期一次还本，每年年末支付利息，款项已存入银行。借款到期时，合作社以银行存款归还本息。

要求：

（1）编制该企业借款时的会计分录；

（2）编制 2013 年、2014 年和 2015 年年末的会计分录。

子项目 3-3　所有者权益核算

★ 任务目标

农民专业合作社所有者权益的概念及内容；

合作社股金、专项基金的内涵及核算方法；

资本公积及盈余公积的内涵及核算方法；

能够设置相应的会计账簿、填制会计凭证、登记有关总账与明细账。

★ 知识引导

所有者权益是指合作社资产扣除负债后，由合作社社员享有的剩余权益。

合作社的所有者权益包括股金、专项基金、资本公积、盈余公积、未分配盈余等。

一、股金核算

（一）股金的概念

股金是指合作社通过成员入社出资、投资入股、公积金转增等所形成的资本。

（二）股金的核算

合作社对成员入社投入的资产要按有关规定确认和计量。合作社收到成员入社投入的资产，应按双方确认的价值计入相关资产，按享有合作社注册资本的份额计入股金，双方确认的价值与按享有合作社注册资本的份额计算的金额的差额，计入资本公积。

（1）合作社收到成员以货币资金投入的股金，按实际收到的金额，借记"库存现金"、"银行存款"科目，按成员应享有合作社注册资本的份额计算的金额，贷记"股金"，按两者之间的差额，贷记"资本公积"科目。

【例 1】华兴合作社收到甲社员投入货币资金 860 000 元，款项已收妥入账，编制会计分录如下。

借：银行存款　　　　　　　　　　　　　　　　　　　　　　　860 000
　　贷：股金——甲社员　　　　　　　　　　　　　　　　　　　860 000

（2）合作社收到成员投资入股的非货币资产，按投资各方确认的价值，借记"产品物资"、"固定资产"、"无形资产"等科目，按成员应享有合作社注册资本的份额计算的金额，贷记"股金"，按两者之间的差额，贷记或借记"资本公积"科目。

【例 2】华兴合作社收到甲社员作为资本投入的不需要安装的机器设备一台。该设备经双方确认的价值为 100 000 元。设备确认的价值和甲社员在注册资本中应拥有的份额一致。

编制会计分录如下。

借：固定资产　　　　　　　　　　　　　　　　　　　　100 000

　　贷：股金——甲社员　　　　　　　　　　　　　　　　　　　100 000

【例3】华兴合作社收到乙社员作为资本投入的专利权一项，该专利权经评估确认的价值为30 000元。编制会计分录如下。

借：无形资产　　　　　　　　　　　　　　　　　　　　30 000

　　贷：股金——乙社员　　　　　　　　　　　　　　　　　　　30 000

（3）合作社按照法定程序减少注册资本或成员退股时，借记"股金"，贷记"库存现金"、"银行存款"、"固定资产"、"产品物资"等科目，并在有关明细账及备查簿中详细记录股金发生的变动情况。同时，成员按规定转让出资的，应在成员账户和有关明细账及备查簿中记录受让方。

"股金"科目期末贷方余额，反映合作社实有的股金数额。"股金"科目应按成员设置明细科目，进行明细核算。

二、专项基金核算

（一）专项基金的概念

专项基金是指合作社接受国家财政直接补助形成的固定资产、农业资产和无形资产，以及接受他人捐赠、用途不受限制或已按约定使用的资产。

（二）专项基金的核算

（1）合作社使用国家财政直接补助资金取得固定资产、农业资产和无形资产等时，按实际使用国家财政直接补助资金的数额，借记"专项应付款"科目，贷记"专项基金"。

（2）合作社实际收到他人捐赠的货币资金时，借记"库存现金"、"银行存款"科目，贷记"专项基金"。

（3）合作社收到他人捐赠的非货币资产时，按照所附发票记载金额加上应支付的相关税费，借记"固定资产"、"产品物资"等科目，贷记"专项基金"；无所附发票的，按照经过批准的评估价值，借记"固定资产"、"产品物资"等科目，贷记"专项基金"。

"专项基金"科目期末贷方余额，反映合作社实有的专项基金数额。"专项基金"科目应按专项基金的来源设置明细科目，进行明细核算。

三、资本公积核算

（一）资本公积的概念

资本公积是合作社收到投资者超出其在合作社注册资本（或股本）中所占份额的投资，以及直接计入所有者权益的利得和损失等。在我国，资本公积主要用来转增资本（或股本）。

（二）资本公积的核算

为了核算资本公积的增减变动情况，合作社应设置"资本公积"科目，该科目贷方核算合作社资本公积增加数额，借方核算合作社资本公积减少数额，期末贷方余额，反映合作社实有的资本公积数额。"资本公积"科目应按资本公积的来源设置明细科目，进行明细核算。

（1）成员入社投入货币资金和实物资产时，按实际收到的金额和投资各方确认的价值，借记"库存现金"、"银行存款"、"固定资产"、"产品物资"等科目，按其应享有合作社注册资本的份额计算的金额，贷记"股金"科目，按两者之间的差额，贷记或借记"资本公积"。

【例4】华兴合作社由甲、乙两社员各投资3 000 000元而设立，经过三年的经营，累计有留存收益5 000 000元。这时有丙社员愿出资4 000 000元，获得1/3与原投资者相同投资比例的股份。

华兴合作社收到出资额时

借：银行存款   4 000 000

    贷：股金——丙社员   3 000 000

    资本公积——股本溢价   1 000 000

（2）合作社以实物资产方式进行对外投资时，按照投资各方确认的价值，借记"对外投资"科目，按投出实物资产的账面余额，贷记"固定资产"、"产品物资"等科目，按两者之间的差额，借记或贷记"资本公积"。

（3）合作社用资本公积转增股金时，借记"资本公积"，贷记"股金"科目。

【例5】华兴合作社将资本公积 600 000 元转增资本。

借：资本公积   600 000

    贷：股金   600 000

四、盈余公积核算

（一）盈余公积的概念

盈余公积指合作社从当年盈余中提取的公积金，计入盈余公积。盈余公积包括法定盈余公积和任意盈余公积。按照《公司法》的有关规定，公司制企业应当按照净利润（减弥补以前年度亏损）的 10％提取法定盈余公积。非公司制企业法定盈余公积的提取比例可超过净利润的 10％。

（二）盈余公积的核算

合作社为核算盈余公积，应设置"盈余公积"科目，总括地反映盈余公积的提取、使用和结存的情况。同时，要按用途设置"盈余公积——法定盈余公积"、"盈余公积——任意盈余公积"等明细科目，进行明细核算，详细地记录盈余公积的增减变化及其结果。

（1）合作社提取盈余公积时，借记"盈余分配"科目，贷记"盈余公积"。

【例6】华兴合作社当年实现净利润 2 000 000 元，按 10％提取法定盈余公积。

借：盈余分配——提取法定盈余公积   200 000

    贷：盈余公积——法定盈余公积   200 000

（2）合作社用盈余公积转增股金或弥补亏损等时，借记"盈余公积"，贷记"股金"、"盈余分配"等科目。

【例7】经批准，华兴合作社用法定盈余公积 500 000 元转增股金。

转增股金时，编制会计分录

借：盈余公积——法定盈余公积   500 000

    贷：股金   500 000

"盈余公积"科目期末贷方余额，反映合作社实有的盈余公积数额。

★ 任务实施

根据农民专业合作社所有者权益业务案例，结合任务目标与知识引导，完成股金的核算、专项基金的核算、资本公积的核算、盈余公积的核算，能够填制会计凭证、登记相关的会计账簿。

★ 任务实施评价

能够正确区分股金、专项基金、资本公积与盈余公积；

股金、专项基金、资本公积与盈余公积增减变动业务编写会计分录正确；

会计凭证中会计科目、借贷方向、金额正确，项目填写齐全；

账簿中的日期、摘要、方向、金额登记正确。

★ 总结与反思

工作任务完成后，结合自己在完成任务中的体会，谈一谈自己的收获，与大家共享。

(1) 完成工作任务的收获。

(2) 完成任务的不足与改进。

★ 项目考核与训练

一、单项选择题

1. 以下哪一项不属于所有者权益所包含的内容（   ）。

    A. 实收资本   B. 资本公积   C. 短期借款   D. 留存收益

2. 按照《企业法》的有关规定，企业制农业企业应当按照净利润（减弥补以前年度亏损）的（   ）提取法定盈余公积。

    A. 20%   B. 10%   C. 15%   D. 30%

3. 有限责任合作社注册资本的最低限额为人民币（   ）。

    A. 3万元   B. 5万元   C. 6万元   D. 10万元

4. 我国企业法等法律规定，资本公积的用途主要是用于（   ）。

    A. 分配给投资者   B. 弥补亏损   C. 转增资本（股本）   D. 以上三项都不是

5. 盈余公积是指农业企业按规定从（   ）中提取的农业企业积累资金。

    A. 营业利润   B. 净利润   C. 利润总额   D. 营业收入

6. 下列各项中，不属于所有者权益的是（   ）。

    A. 资本溢价   B. 计提的盈余公积

    C. 投资者投入的资本   D. 应付高管人员基本薪酬

7. 某公司2014年初所有者权益总额为1 360万元，当年实现净利润450万元，提取盈余公积45万元，向投资者分配现金股利200万元，本年内以资本公积转增资本50万元，投资者追加现金投资30万元。该公司年末所有者权益总额为（   ）万元。

    A. 1 565   B. 1 595   C. 1 640   D. 1 795

8. 某企业2015年1月1日所有者权益构成情况如下：实收资本1 500万元，资本公积100万元，盈余公积300万元，未分配利润200万元。2015年度实现利润总额为600万元，企业所得税税率为25%。假定不存在纳税调整事项及其他因素，该企业2015年12月31日可供分配利润为（   ）万元。

    A. 600   B. 650   C. 800   D. 1 100

9. 某企业盈余公积年初余额为50万元，本年利润总额为600万元，所得税费用为150万元，按净利润的10%提取法定盈余公积，并将盈余公积10万元转增资本。该企业盈余公积年末余额为（   ）万元。

    A. 40   B. 85   C. 95   D. 110

10. 下列各项，能够引起企业所有者权益减少的是（   ）。

    A. 股东大会宣告派发现金股利   B. 以盈余公积转增资本

    C. 提取法定盈余公积   D. 提取任意盈余公积

11. 企业增资扩股时，投资者实际缴纳的出资额大于其按约定比例计算的其在注册资本中所占的份额部分，应计入（   ）。

    A. 资本溢价   B. 实收资本   C. 盈余公积   D. 营业外收入

二、多项选择题

1. 下列各项中，不会引起留存收益总额发生增减变动的有（   ）。

A. 资本公积转增资本 　　　　　　　　B. 盈余公积转增资本

C. 盈余公积弥补亏损 　　　　　　　　D. 税后利润弥补亏损

2. 下列各项中，年度终了需要转入"利润分配——未分配利润"科目的有（　　　　）。

A. 本年利润 　　　　　　　　　　　　B. 利润分配——应付现金股利

C. 利润分配——盈余公积补亏 　　　　D. 利润分配——提取法定盈余公积

3. 下列项目中，属于资本公积核算的内容有（　　　　）。

A. 企业收到投资者出资额超出其在注册资本或股本中所占份额的部分

B. 直接计入所有者权益的利得

C. 对外捐赠

D. 企业接受的现金捐赠

4. 有限责任公司吸收投资者出资时，下列会计科目的余额可能发生变化的有（　　　　）。

A. 盈余公积　　　　B. 资本公积　　　　C. 实收资本　　　　D. 利润分配

5. 下列事项中，可能引起资本公积变动的有（　　　　）。

A. 经批准将资本公积转增资本

B. 宣告分配现金股利

C. 投资者投入的资金大于其按约定比例在注册资本中享有的份额

D. 直接计入所有者权益的利得

6. 盈余公积可用于（　　　　）。

A. 分配现金股利　　　B. 转增资本　　　C. 弥补亏损　　　D. 发放工资

7. 影响可供分配利润项目的因素有（　　　　）。

A. 年初盈余公积 　　　　　　　　　　B. 提取法定盈余公积

C. 其他转入 　　　　　　　　　　　　D. 当年实现的净利润

8. 下列各项，不会引起所有者权益总额发生增减变动的有（　　　　）。

A. 宣告发放现金股利 　　　　　　　　B. 资本公积转增资本

C. 盈余公积转增资本 　　　　　　　　D. 接受投资者追加投资

三、技能训练题

1. A、B共同投资设立合作社C，注册资本为1 000 000元，A、B持股比例分别为60%、40%。C合作社已如期收到各投资者一次缴足的款项。

要求：编制C合作社的会计分录。

2. 甲农业合作社收到A农业合作社作为资本投入的原材料一批，双方协议约定的价值为200 000元。

要求：编制甲农业合作社的会计分录。

3. D农业合作社本年实现净利润为500万元，本年提取法定盈余公积50万元，分配投资者利润60万元，假定该农业合作社没有年初未分配利润。

要求：编制D农业合作社的有关会计分录。

子项目 3-4　成本与损益核算

★ 任务目标

农民专业合作社生产成本核算；

农民专业合作社收入核算；

农民专业合作社费用核算；

农民专业合作社本年盈余及盈余分配的核算；

能够设置相应的会计账簿、填制会计凭证、登记有关会计账簿。

★ 知识引导

一、生产成本核算

（一）生产成本概念

合作社的生产成本是指合作社直接组织生产或对非成员提供劳务等活动所发生的各项生产费用和劳务成本。

（二）生产成本的核算

合作社发生各项生产费用和劳务服务成本时，应按成本核算对象和成本项目分别归集，借记"生产成本"，贷记"库存现金"、"银行存款"、"产品物资"、"应付工资"、"成员往来"、"应付款"等科目。

会计期间终了，合作社已经生产完成并已验收入库的产成品，按实际成本，借记"产品物资"科目，贷记"生产成本"。

合作社提供劳务服务实现销售时，借记"经营支出"科目，贷记"生产成本"。

"生产成本"科目期末借方余额，反映合作社尚未生产完成的各项在产品和尚未完成的劳务服务成本。

"生产成本"科目应按生产费用和劳务服务成本种类设置明细科目，进行明细核算。

（三）经营支出的核算

合作社的经营支出是指合作社为成员提供农业生产资料的购买，农产品的销售、加工、运输、贮藏以及与农业生产经营有关的技术、信息等服务发生的实际支出，以及因销售合作社自己生产的产品、对非成员提供劳务等活动发生的实际成本。

合作社发生经营支出时，借记"经营支出"科目，贷记"产品物资"、"生产成本"、"应付工资"、"成员往来"、"应付款"等科目。

年终，应将"经营支出"科目的余额转入"本年盈余"科目的借方，结转后"经营支出"科目应无余额。

"经营支出"科目应按经营项目设置明细科目，进行明细核算。

（四）其他支出的核算

其他支出是指合作社发生的除"经营支出"、"管理费用"以外的其他各项支出，如农业资产死亡毁损支出、损失、固定资产及产品物资的盘亏、损失、罚款支出、利息支出、捐赠支出、无法收回的应收款项损失等。

合作社发生其他支出时，借记"其他支出"科目，贷记"库存现金"、"银行存款"、"产品物资"、"累计折旧"、"应付款"、"固定资产清理"等科目。

年终，应将"其他支出"科目的余额转入"本年盈余"科目的借方，结转后"其他支出"科目应无余额。

"其他支出"科目应按其他支出的项目设置明细科目，进行明细核算。

二、收入的核算

（一）收入的概念

收入是指合作社在日常活动中形成的，会导致所有者权益增加的、与所有者投入资本无关的经济利益的总流入。合作社的收入通常包括经营收入、其他收入等。

（二）经营收入的核算

合作社的经营收入是指合作社为成员提供农业生产资料的购买，农产品的销售、加工、运输、贮藏以及与农业生产经营有关的技术、信息等服务取得的收入，以及销售合作社自己生产的产品、对非成员提供劳务等取得的收入。合作社一般应于产品物资已经发出，服务已经提供，同时收讫价款或取得收取价款的凭据时，确认经营收入的实现。

合作社实现经营收入时，应按实际收到或应收的价款，借记"库存现金"、"银行存款"、"应收款"、"成员往来"等科目，贷记"经营收入"。

年终，应将"经营收入"科目的余额转入"本年盈余"科目的贷方，结转后本科目应无余额。

"经营收入"科目应按经营项目设置明细科目，进行明细核算。

（三）其他收入的核算

合作社的其他收入是指除经营收入以外的收入。

合作社发生其他收入时，借记"库存现金"、"银行存款"等科目，贷记"其他收入"。

年终，应将"其他收入"科目的余额转入"本年盈余"科目的贷方，结转后本科目应无余额。

"其他收入"科目应按其他收入的来源设置明细科目，进行明细核算。

（四）收入的管理

合作社应当建立健全销售业务内部控制制度，明确审批人和经办人的权限、程序、责任和相关控制措施。

合作社应当按照规定的程序办理销售和发货业务。应当在销售与发货各环节设置相关的记录、填制相应的凭证，并加强有关单据和凭证的相互核对工作。

合作社应当按照有关规定及时办理销售收款业务，应将销售收入及时入账，不得账外设账。

合作社应当加强销售合同、发货凭证、销售发票等文件和凭证的管理。

三、费用的核算

（一）费用的概念

费用是指合作社在日常活动中发生的，会导致所有者权益减少的、与向所有者分配利润无关的经济利益的总流出。合作社的费用主要包括管理费用。

（二）管理费用的核算

管理费用是指合作社为组织和管理生产经营活动发生的各项支出，包括管理人员的工资、办公费、差旅费、管理用固定资产的折旧、业务招待费、无形资产摊销等。

合作社发生管理费用时，借记"管理费用"，贷记"应付工资"、"库存现金"、"银行存款"、"累计折旧"、"无形资产"等科目。

年终，应将"管理费用"科目的余额转入"本年盈余"科目的借方，结转后本科目应无余额。

"管理费用"科目应按管理费用的项目设置明细科目，进行明细核算。

四、本年盈余及盈余分配核算

（一）本年盈余

1. 本年盈余的概念及形成

本年盈余是指合作社本年度实现的盈余。合作社的本年盈余按照下列公式计算。

$$本年盈余＝经营收益＋其他收入－其他支出$$

其中：

$$经营收益＝经营收入＋投资收益－经营支出－管理费用$$

2. 本年盈余的核算

会计期末结转盈余时，应将"经营收入"、"其他收入"科目的余额转入"本年盈余"科目的贷方，借记"经营收入"、"其他收入"科目，贷记"本年盈余"；同时将"经营支出"、"管理费用"、"其他支出"科目的余额转入"本年盈余"科目的借方，借记"本年盈余"，贷记"经营支出"、"管理费用"、"其他支出"科目。"投资收益"科目的净收益转入"本年盈余"科目的贷方，借记"投资收益"科目，贷记"本年盈余"；如为投资净损失，转入"本年盈余"科目的借方，借记"本年盈余"，贷记"投资收益"科目。

年度终了，应将本年收入和支出相抵后结出的本年实现的净盈余，转入"盈余分配"科目，借记"本年盈余"科目，贷记"盈余分配—未分配盈余"科目；如为净亏损，作相反会计分录，结转后"本年盈余"科目应无余额。

3. 投资收益的核算

投资收益是指投资所取得的收益扣除发生的投资损失后的数额。

投资收益包括对外投资分得的利润、现金股利和债券利息，以及投资到期收回或者中途转让取得款项高于账面余额的差额等。投资损失包括投资到期收回或者中途转让取得款项低于账面余额的差额。

合作社取得投资收益时，借记"库存现金"、"银行存款"等科目，贷记"投资收益"；到期收回或转让对外投资时，按实际取得的价款，借记"库存现金"、"银行存款"等科目，按原账面余额，贷记"对外投资"科目，按实际取得价款和原账面余额的差额，借记或贷记"投资收益"科目。

年终，应将"投资收益"科目的余额转入"本年盈余"科目的贷方；如为净损失，转入"本年盈余"科目的借方，结转后"投资收益"科目应无余额。

"投资收益"科目应按投资项目设置明细科目，进行明细核算。

合作社在进行年终盈余分配工作以前，要准确地核算全年的收入和支出；清理财产和债权、债务，真实完整地登记成员个人账户。

（二）盈余分配

1. 盈余分配的概念

盈余分配是指合作社当年盈余的分配（或亏损的弥补）和历年分配后的结存余额。本科目设置"各项分配"和"未分配盈余"两个二级科目。

2. 盈余分配的核算

在一般情况下，合作社实现的盈余，首先用于弥补合作社以前年度亏损，然后再进行分配。合作社分配盈余时，应按法律规定提取盈余公积，然后向投资者分配盈余，剩余的部分形成合作社未分配盈余。

（1）合作社用盈余公积弥补亏损时，借记"盈余公积"科目，贷记"盈余分配"（未分配盈余）。

（2）按规定提取盈余公积时，借记"盈余分配"（各项分配），贷记"盈余公积"等科目。

（3）按交易量（额）向成员返还盈余时，借记"盈余分配"（各项分配），贷记"应付盈余返还"科目。

（4）以合作社成员账户中记载的出资额和公积金份额，以及本社接受国家财政直接补助和他人捐赠形成的财产平均量化到成员的份额，按比例分配剩余盈余时，借记"盈余分配"（各项分配），贷记"应付剩余盈余"科目。

（5）年终，合作社应将全年实现的盈余总额，自"本年盈余"科目转入"盈余分配"科目，借记"本年盈余"科目，贷记"盈余分配"（未分配盈余），如为净亏损，作相反会计分录。同时，将"盈余分配"科目下的"各项分配"明细科目的余额转入"盈余分配"科目"未分配盈余"明细科目，借记"盈余分配"（未分配盈余），贷记"盈余分配"（各项分配）。年度终了，"盈余分配"科目的"各项分配"明细科目应无余额，"未分配盈余"明细科目的贷方余额表示未分配的盈余，借方余额表示未弥补的亏损。

"盈余分配"科目余额为合作社历年积存的未分配盈余（或未弥补亏损）。

"盈余分配"科目应按盈余的用途设置明细科目，进行明细核算。

【例】某合作社本年实现盈余1 500 000元，按10％提取法定盈余公积金，并分配给投资者盈余200 000万元。编制会计分录如下。

（1）提取法定盈余公积

提取法定盈余公积金＝1 500 000×10％＝150 000（元）

借：盈余分配——各项分配　　　　　　　　　　　　　　150 000

　　贷：盈余公积　　　　　　　　　　　　　　　　　　　　150 000

（2）向投资者分配盈余

借：盈余分配——各项分配　　　　　　　　　　　　　　200 000

　　贷：应付剩余盈余　　　　　　　　　　　　　　　　　　200 000

（3）进行盈余的年终结转

① 当年实现的盈余转账

借：本年盈余　　　　　　　　　　　　　　　　　　　　150 000

　　贷：盈余分配——未分配盈余　　　　　　　　　　　　　150 000

② 盈余分配中的各个明细账（除未分配盈余外）结转

借：盈余分配——未分配盈余　　　　　　　　　　　　　350 000

　　贷：盈余分配——各项分配　　　　　　　　　　　　　　350 000

★ 任务实施

根据农民专业合作社成本与损益业务案例，结合任务目标与知识引导，完成成本中生产成本、经营支出、其他支出的核算，完成收入中经营收入、其他收入的核算，完成费用中管理费用的核算，完成本年盈余及盈余分配的核算，能够填制会计凭证、登记相关的会计账簿。

★ 任务实施评价

1. 能够正确区分生产成本、经营支出与其他支出；

2. 对生产成本、经营支出与其他支出业务编写的会计分录正确；

3. 能够正确区分经营收入与其他收入；

4. 对经营收入、其他收入业务编写的会计分录正确；

5. 明确管理费用的具体内容，正确编写会计分录；

6. 能够说出本年盈余的形成、盈余分配的去向；

7. 本年盈余形成、盈余分配去向业务编写的会计分录正确；

8. 会计凭证中会计科目、借贷方向、金额正确，项目填写齐全；

9. 账簿中的日期、凭证号数、摘要、方向、金额登记正确。

★ 总结与反思

任务实施后，结合自己在任务实施中的体会，谈一谈自己的收获，与大家共享。

（1）实施任务的收获。

（2）实施任务的不足与改进。

★ 项目考核与训练

一、单项选择题

1. 以下不属于期间费用的是（　　　　）。
   A. 管理费用　　　　B. 财务费用　　　　C. 生产成本　　　　D. 销售费用

2. 销售费用不包括（　　　　）。
   A. 包装费　　　　　B. 企业经费　　　　C. 广告费　　　　　D. 保险费

3. 下列不影响合作社营业利润的项目是（　　　　）。
   A. 经营收入　　　　B. 劳务收入　　　　C. 其他收入　　　　D. 营业外收入

4. 合作社生产车间发生的固定资产的修理费应计入（　　　　）科目。
   A. 制造费用　　　　B. 生产成本　　　　C. 长期待摊费用　　　　D. 管理费用

二、多项选择题

1. 以下属于其他业务收入的是（　　　　）。
   A. 销售库存商品　　　　　　　　　B. 转让生产用材料的收入
   C. 出租包装物的租金收入　　　　　D. 取得的捐赠收入

2. 费用的基本特点是（　　　　）。
   A. 费用是在农业合作社的日常生产经营活动中产生的
   B. 费用可能引起资产减少或负债增加
   C. 费用会引起所有者权益减少
   D. 费用的发生必然引起收入增加

3. 管理费用包括（　　　　）。
   A. 技术转让费　　　　B. 诉讼费　　　　C. 劳动保险费　　　　D. 消防费

三、技能训练题

某合作社 10 月份发生下列业务。

（1）以银行存款支付借款利息 30 000 元。

（2）以银行存款支付咨询费 1 000 元；支付业务招待费 5 000 元，其中销售部门 3 000 元，管理部门 2 000 元；支付专设销售部门的办公费 5 000 元。

（3）发生固定资产修理费 3 000 元，其中专设销售部门 1 000 元，生产车间 2 000 元。

要求：根据上述业务作出账务处理。

子项目 3-5　财务分析

★ 任务目标

了解农民专业合作社财务报表的概念及种类；

掌握合作社财务报表的编制与分析；

运用总量指标对农民专业合作社基本情况进行分析；

运用相对指标对农民专业合作社基本情况进行分析；

运用平均指标对农民专业合作社基本情况进行分析。

★ 知识引导

一、财务报表编制与分析

（一）财务报表的概念及种类

1. 财务报表的概念

财务报表是反映合作社某一特定日期财务状况和某一会计期间经营成果的书面报告。合作社应按照规定准确、及时、完整地编制会计报表，向登记机关、农村经营管理部门和有关单位报送，并按时置备于办公地点，供成员查阅。

2. 财务报表的种类

合作社应编制资产负债表、盈余及盈余分配表、成员权益变动表、科目余额表和收支明细表、财务状况说明书等。

合作社应按登记机关规定的时限和要求，及时报送资产负债表、盈余及盈余分配表和成员权益变动表。

各级农村经营管理部门，应对所辖地区报送的合作社资产负债表、盈余及盈余分配表和成员权益变动表进行审查，然后逐级汇总上报，同时附送财务状况说明书，按规定时间报农业部。

（二）财务报表的编制与分析

科目余额表和收支明细表的格式及编制说明由各省、自治区、直辖市财政部门和农村经营管理部门根据本制度进行规定。

1. 根据《农民专业合作社财务会计制度》制定的会计科目

农民专业合作社的会计科目表见表 3-5-1。

表 3-5-1　会计科目表

顺序号	科目编号	科目名称	顺序号	科目编号	科目名称
		一、资产类	20	212	应付工资
1	101	库存现金	21	221	应付盈余返还
2	102	银行存款	22	222	应付剩余盈余
3	113	应收款	23	231	长期借款
4	114	成员往来	24	235	专项应付款
5	121	产品物资			三、所有者权益类
6	124	委托加工物资	25	301	股金
7	125	委托代销商品	26	311	专项基金
8	127	受托代购商品	27	321	资本公积
9	128	受托代销商品	28	322	盈余公积
10	131	对外投资	29	331	本年盈余
11	141	牲畜（禽）资产	30	332	盈余分配
12	142	林木资产			四、成本类
13	151	固定资产	31	401	生产成本
14	152	累计折旧			五、损益类
15	153	在建工程	32	501	经营收入
16	154	固定资产清理	33	502	其他收入
17	161	无形资产	34	511	投资收益
		二、负债类	35	521	经营支出
18	201	短期借款	36	522	管理费用
19	211	应付款	37	529	其他支出

合作社在经营中涉及使用外埠存款、银行汇票存款、银行本票存款、信用卡存款、信用证保证金存款等各种其他货币资金的，可增设"其他货币资金"科目（科目编号109）；合作社在经营中大量使用包装物，需要单独对其进行核算的，可增设"包装物"科目（科目编号122）；合作社生产经营过程中，有牲畜（禽）资产、林木资产以外的其他农业资产，需要单独对其进行核算的，可增设"其他农业资产"科目（科目编号149），参照"牲畜（禽）资产"、"林木资产"进行核算；合作社需要分年摊销相关长期费用的，可增设"长期待摊费用"科目（科目编号171）。

　　2. 资产负债表的格式及编制说明

　　资产负债表格式见表3-5-2。

表 3-5-2　资产负债表　　　　会农社 01 表

编制单位：　　　　　　　　　　　　　____年_月_日　　　　　　　　　　　　　单位：元

资产	行次	年末数	年初数	负债及所有者权益	行次	年末数	年初数
流动资产：				流动负债：			
货币资金	1			短期借款	30		
应收款项	5			应付款项	31		
存货	6			应付工资	32		
流动资产合计	10			应付盈余返还	33		
长期资产：				应付剩余盈余	35		
对外投资	11			流动负债合计	36		
农业资产：				长期负债：			
牲畜(禽)资产	12			长期借款	40		
林木资产	13			专项应付款	41		
农业资产合计	15			长期负债合计	42		
固定资产：				负债合计	43		
固定资产原值	16			所有者权益：			
减：累计折旧	17			股金	44		
固定资产净值	20			专项基金	45		
固定资产清理	21			资本公积	46		
在建工程	22			盈余公积	47		
固定资产合计	25			未分配盈余	50		
其他资产：				所有者权益合计	51		
无形资产	27			负债和所有者权益总计	54		
长期资产合计	28						
资产总计	29			总计			

补充资料：

项　　　目	金　额
无法收回、尚未批准核销的应收款项	
盘亏、毁损和报废、尚未批准核销的存货	
无法收回、尚未批准核销的对外投资	
死亡毁损、尚未批准核销的农业资产	
盘亏、毁损和报废、尚未批准核销的固定资产	
毁损和报废、尚未批准核销的在建工程	
注销和无效、尚未批准核销的无形资产	

　　资产负债表编制说明如下。

（1）本表反映合作社一定日期全部资产、负债和所有者权益状况。

（2）本表"年初数"栏内各项数字，应根据上年末资产负债表"年末数"栏内所列数字填列。如果本年度资产负债表规定的各个项目的名称和内容同上年度不相一致，应对上年末资产负债表各项目的名称和数字按照本年度的规定进行调整，填入本表"年初数"栏内，并加以书面说明。

（3）本表"年末数"各项目的内容及其填列方法。

"货币资金"项目，反映合作社库存现金、银行结算账户存款等货币资金的合计数。本项目应根据"库存现金"、"银行存款"科目的年末余额合计填列。

"应收款项"项目，反映合作社应收而未收回和暂付的各种款项。本项目应根据"应收款"和"成员往来"各明细科目年末借方余额合计数合计填列。

"存货"项目，反映合作社年末在库、在途和在加工中的各项存货的价值，包括各种材料、燃料、机械零配件、包装物、种子、化肥、农药、农产品、在产品、半成品、产成品等。本项目应根据"产品物资"、"受托代销商品"、"受托代购商品"、"委托加工物资"、"委托代销商品"、"生产成本"科目年末余额合计填列。

"对外投资"项目，反映合作社的各种投资的账面余额。本项目应根据"对外投资"科目的年末余额填列。

"牲畜（禽）资产"项目，反映合作社购入或培育的幼畜及育肥畜和产役畜的账面余额。本项目应根据"牲畜（禽）资产"科目的年末余额填列。

"林木资产"项目，反映合作社购入或营造的林木的账面余额。本项目应根据"林木资产"科目的年末余额填列。

"固定资产原值"项目和"累计折旧"项目，反映合作社各种固定资产原值及累计折旧。这两个项目应根据"固定资产"科目和"累计折旧"科目的年末余额填列。

"固定资产清理"项目，反映合作社因出售、报废、毁损等原因转入清理但尚未清理完毕的固定资产的账面净值，以及固定资产清理过程中所发生的清理费用和变价收入等各项金额的差额。本项目应根据"固定资产清理"科目的年末借方余额填列；如为贷方余额，本项目数字应以"一"号表示。

"在建工程"项目，反映合作社各项尚未完工或虽已完工但尚未办理竣工决算和交付使用的工程项目实际成本。本项目应根据"在建工程"科目的年末余额填列。

"无形资产"项目，反映合作社持有的各项无形资产的账面余额。本项目应根据"无形资产"科目的年末余额填列。

"短期借款"项目，反映合作社借入尚未归还的一年期以下（含一年）的借款。本项目应根据"短期借款"科目的年末余额填列。

"应付款项"项目，反映合作社应付而未付及暂收的各种款项。本项目应根据"应付款"科目年末余额和"成员往来"各明细科目年末贷方余额合计数合计填列。

"应付工资"项目，反映合作社已提取但尚未支付的人员工资。本项目应根据"应付工资"科目的年末余额填列。

"应付盈余返还"项目，反映合作社按交易量（额）应支付但尚未支付给成员的可分配盈余返还。本项目应根据"应付盈余返还"科目的年末余额填列。

"应付剩余盈余"项目，反映合作社以成员账户中记载的出资额和公积金份额，以及本社接受国家财政直接补助和他人捐赠形成的财产平均量化到本社成员的、应支付但尚未支付给成员的剩余盈余。本项目应根据"应付剩余盈余"科目的年末余额填列。

"长期借款"项目，反映合作社借入尚未归还的一年期以上（不含一年）的借款。本项目应根据"长期借款"科目的年末余额填列。

"专项应付款"项目，反映合作社实际收到国家财政直接补助而尚未使用和结转的资金数额。本项目应根据"专项应付款"科目的年末余额填列。

"股金"项目，反映合作社实际收到成员投入的股金总额。本项目应根据"股金"科目的年末余额填列。

"专项基金"项目，反映合作社通过国家财政直接补助转入和他人捐赠形成的专项基金总额。本项目应根据"专项基金"科目年末余额填列。

"资本公积"项目，反映合作社资本公积的账面余额。本项目应根据"资本公积"科目的年末余额填列。

"盈余公积"项目，反映合作社盈余公积的账面余额。本项目应根据"盈余公积"科目的年末余额填列。

"未分配盈余"项目，反映合作社尚未分配的盈余。本项目应根据"本年盈余"科目和"盈余分配"科目的年末余额计算填列；未弥补的亏损，在本项目内数字以"－"号表示。

3. 盈余及盈余分配表格式及编制说明

盈余及盈余分配表的格式见表3-5-3。

表 3-5-3　盈余及盈余分配表

编制单位：　　　　　　　　　　　　　＿＿＿年　　　　　　　　　　　　　会农社 02 表
　　　　　　　　　　　　　　　　　　　　　　　　　　　　　　　　　　　单位：元

项　　目	行次	金额	项　　目	行次	金额
本年盈余			盈余分配		
一、经营收入	1		四、本年盈余	16	
加：投资收益	2		加：年初未分配盈余	17	
减：经营支出	5		其他转入	18	
管理费用	6		五、可分配盈余	21	
二、经营收益	10		减：提取盈余公积	22	
加：其他收入	11		盈余返还	23	
减：其他支出	12		剩余盈余分配	24	
三、本年盈余	15		六、年末未分配盈余	28	

盈余及盈余分配表编制说明如下。

（1）本表反映合作社一定期间内实现盈余及其分配的实际情况。

（2）本表主要项目的内容及填列方法如下。

"经营收入"项目，反映合作社进行生产、销售、服务、劳务等活动取得的收入总额。本项目应根据"经营收入"科目的发生额分析填列。

"投资收益"项目，反映合作社以各种方式对外投资所取得的收益。本项目应根据"投资收益"科目的发生额分析填列；如为投资损失，以"－"号填列。

"经营支出"项目，反映合作社进行生产、销售、服务、劳务等活动发生的支出。本项目应根据"经营支出"科目的发生额分析填列。

"管理费用"项目，反映合作社为组织和管理生产经营服务活动而发生的费用。本项目应根据"管理费用"科目的发生额分析填列。

"其他收入"项目和"其他支出"项目，反映合作社除从事主要生产经营活动以外而取得的收入和支出，本项目应根据"其他收入"和"其他支出"科目的发生额分析填列。

"本年盈余"项目，反映合作社本年实现的盈余总额。如为亏损总额，本项目数字以"－"号填列。

"年初未分配盈余"项目，反映合作社上年度未分配的盈余。本项目应根据上年度盈余及盈余分配表中的"年末未分配盈余"数额填列。

"其他转入"项目，反映合作社按规定用公积金弥补亏损等转入的数额。本项目应根据实际转入的公积金数额填列。

"可分配盈余"项目，反映合作社年末可供分配的盈余总额。本项目应根据"本年盈余"项目、"年初未分配盈余"项目和"其他转入"项目的合计数填列。

"提取盈余公积"项目，反映合作社按规定提取的盈余公积数额。本项目应根据实际提取的盈余公积数额填列。

"盈余返还"项目，反映按交易量（额）应返还给成员的盈余。本项目应根据"盈余分配"科目的发生额分析填列。

"剩余盈余分配"项目，反映按规定应分配给成员的剩余可分配盈余。本项目应根据"盈余分配"科目的发生额分析填列。

"年末未分配盈余"项目，反映合作社年末累计未分配的盈余。如为未弥补的亏损，本项目数字以"－"号填列。本项目应根据"可分配盈余"项目扣除各项分配数额的差额填列。

4. 成员权益变动表格式及编制说明

成员权益变动表的格式见表 3-5-4。

成员权益变动表编制说明。

（1）本表反映合作社报告年度成员权益增减变动的情况。

（2）本表各项目应根据"股金"、"专项基金"、"资本公积"、"盈余公积"、"盈余分配"科目的发生额分析填列。

（3）未分配盈余的本年增加数是指本年实现盈余数（净亏损以"－"号填列）。

表 3-5-4　成员权益变动表　　　　　　　　　　会农社 03 表

编制单位：　　　　　　　　　　＿＿＿＿＿年　　　　　　　　　　单位：元

项目	股金		专项基金		资本公积		盈余公积		未分配盈余		合计
年初余额											
本年增加数											
	其中：		其中：		其中：		其中：				
	资本公积转增		国家财政直接补助		股金溢价		从盈余中提取				
	盈余公积转增		接受捐赠转入		资产评估增值						
	成员增加出资										
本年减少数											
									其中：		
									按交易量（额）分配的盈余：		
									剩余盈余分配		
年末余额											

5. 成员账户格式及编制说明

成员账户的格式见表 3-5-5。

成员账户编制说明如下。

（1）本表反映合作社成员入社的出资额、量化到成员的公积金份额、成员与本社的交易量（额）以及返还给成员的盈余和剩余盈余金额。

（2）年初将上年各项公积金数额转入，本年发生公积金份额变化时，按实际发生变化数填列调整。"形成财产的财政补助资金量化份额"、"捐赠财产量化份额"在年度终了，或合作社进行剩余盈余分配时，根据实际发生情况或变化情况计算填列调整。

（3）成员与合作社发生经济业务往来时，"交易量（额）"按实际发生数填列。

（4）年度终了，以"成员出资"、"公积金份额"、"形成财产的财政补助资金量化份额"、"捐赠财产量化份额"合计数汇总成员应享有的合作社公积金份额，以"盈余返还金额"和"剩余盈余返还金额"合计数汇总成员全年盈余返还总额。

表 3-5-5 成员账户

成员姓名：　　　　　　　　　　　联系地址：　　　　　　　　　　　第　　页

编号	年		摘要	成员出资	公积金份额	形成财产的财政补助资金量化份额	捐赠财产量化份额	交易量		交易额		盈余返还金额	剩余盈余返还金额
	月	日						产品1	产品2	产品1	产品2		
1													
2													
3													
4													
5													
年终合计				公积金总额：					盈余返还总额：				

6. 财务状况说明书

财务状况说明书是对合作社一定会计期间生产经营、提供劳务服务以及财务、成本情况进行分析说明的书面文字报告。合作社应于年末编制财务状况说明书，对年度内财务状况作出书面分析报告，进行全面系统的分析说明。财务状况说明书没有统一的格式，但其内容至少应涵盖以下几个方面。

（1）合作社生产经营服务的基本情况

包括：合作社的股金总额、成员总数、农民成员数及所占的比例、主要服务对象、主要经营项目等情况。

（2）成员权益结构

① 理事长、理事、执行监事、监事会成员名单及变动情况；

② 各成员的出资额，量化为各成员的公积金份额，以及成员入社和退社情况；

③ 企事业单位或社会团体成员个数及所占的比例；

④ 成员权益变动情况。

（3）其他重要事项

① 变更主要经营项目；

② 从事的进出口贸易；

③ 重大财产处理、大额举债、对外投资和担保；

④ 接受捐赠；

⑤ 国家财政支持和税收优惠；

⑥ 与成员的交易量（额）和与利用其提供的服务的非成员的交易量（额）；

⑦ 提取盈余公积的比例；

⑧ 盈余分配方案、亏损处理方案；

⑨ 未决诉讼、仲裁。

二、总量指标分析

对农民专业合作社的基本情况分析，可以按农民专业合作社的组织情况统计表一、二中的数据选择。

农民专业合作组织情况统计表一

填报单位：　　　　　　　　　　二〇〇六年　　　　　　　　　　单位：个、吨

项　目	代号	数量	项　目	代号	数量
一、基本情况	×	×	(2)加工服务为主(以深加工为主)	25	
(一)农民专业合作组织总数	1		(3)仓储服务为主	26	
1. 基层专业合作组织总数	2		(4)运销服务为主(生产＋运输＋营销)	27	
(1)专业合作社	3		(5)技术、信息服务为主(以生产为主)	28	
①按销售额划分	×	×	(6)其他	29	
a. 200 万元以下的	4		5. 按登记注册划分	×	×
b. 200 万～500 万元的	5		(1)已登记注册	30	
c. 500 万～1 000 万元的	6		其中:工商部门	31	
d. 1 000 万～3 000 万元的	7		农业部门	32	
e. 3 000 万～5 000 万元的	8		民政部门	33	
f. 5 000 万～1 亿元的	9		(2)未登记注册	34	
g. 1 亿元以上的	10		6. 按设立人身份划分	×	×
②按统一销售社员产品比例分	×	×	(1)农民	35	
a. 30％以下	11		(2)企业	36	
b. 30％～50％	12		(3)农技服务组织及农技人员	37	
c. 50％～80％	13		(4)基层供销社及其职工	38	
d. 80％～100％	14		(5)基层科学技术协会	39	
其中:100％的	15		(6)其他	40	
(2)专业协会	16		(二)农民专业合作组织成员总数(个)	41	
2. 专业联合组织总数	17		其中:农民成员数	42	
3. 按行业划分	×	×	专业合作社社员数	43	
(1)种植业	18		(三)农民专业合作组织带动农户数(户)	44	
(2)林业	19		其中:专业合作社带动农户数	45	
(3)畜牧业	20		(四)联结基地面积(亩)	46	
(4)渔业	21		其中:专业合作社联结基地面积	47	
(5)农机	22		二、经营服务情况	×	×
(6)其他	23		(一)合作销售农产品总量(吨)	48	
4. 按服务内容划分	×	×	(1)粮食	49	
(1)产加销综合服务(生产＋深加工＋营销)	24		(2)蔬菜、瓜类	50	

项 目	代号	数量	项 目	代号	数量
(3)干鲜果类	51		(2)收购非社员产品销售总额	58	
(4)肉类	52		(三)合作购买农用资料总额(万元)	59	
(5)奶	53		1. 化肥	60	
(6)水产品	54		2. 农膜	61	
(7)其他	55		3. 饲料	62	
(二)合作销售农产品总额(万元)	56		4. 农药、兽药	63	
(1)接收社员产品销售总额	57		5. 其他	64	

注:本表发至乡镇;为避免重复计算,专业合作经济组织按组织机构所在地确认、填报

平衡关系:①1=2+17=18+19+20+21+22+23=24+25+26+27+28+29=30+34=35+36+37+38+39+40

②2=3+16 ③3=4+5+6+7+8+9+10=11+12+13+14 ④14≥15 ⑤30=31+32+33

⑥48=49+50+51+52+53+54+55 ⑦56=57+58 ⑧59=60+61+62+63+64

农民专业合作组织情况统计表二

填报单位: 　　　　　　　　　　二〇〇六年　　　　　　　　　单位:个、万元

项 目	代号	数量	项 目	代号	数量
(四)合作社活动情况	×	×	(二)总支出	93	
1. 召开社员(代表)大会次数	65		其中:上缴税金	94	
2. 召开理事会议数	66		(三)盈余	95	
3. 召开监事会议数	67		其中:按惠顾额返还成员盈余总额	96	
4. 组织培训社员人次数	68		按股金返还成员总额	97	
5. 向社员发送服务信息数	69		提留公积金、公益金、风险金总额	98	
(五)统一服务合作社数情况	×	×	五、附报指标	×	×
1. 统一供种供苗的	70		1. 农民专业合作社注册资金总额	99	
2. 统一技术服务和培训的	71		2. 实行盈余返还的专业合作社数量	100	
3. 统一生产标准和规程的	72		3. 成员因参加专业合作经济组织增收额	101	
4. 统一供应农资的	73		4. 提留公积金、公益金、风险金的专业合作社数	102	
5. 统一供应饲料的	74				
6. 统一品牌和包装的	75		5. 农民成员所在家庭年纯收入总额	103	
7. 统一产品销售的	76		六、农产品行业协会情况	×	×
(六)合作社认定情况	×	×	(一)行业协会数	104	
1. 注册商标数量	77		其中:经民政登记的协会数	105	
2. 认定为省无公害农产品产地数	78		1. 按层次分	×	×
3. 认定为国家无公害农产品数量	79		①市级	106	
4. 认定为绿色食品数	80		②县级	107	
5. 认定为有机食品数	81		2. 按依托组建分	×	×
6. 获得浙江名牌产品数	82		①依托企业组建	108	
7. 获得市级名牌产品数	83		②依托部门组建	109	
三、资产状况	×	×	③其他	110	
(一)资产	84		3. 按行业划分	×	×
其中:固定资产净值	85		①农业	111	
(二)负债	86		②林业	112	
其中:1. 借款	87		③牧业	113	
2. 应付款	88		④渔业	114	
(三)所有者权益	89		⑤其他	115	
其中:生产者成员股金	90		(二)行业协会会员数	116	
股金总额	91		1. 团体会员数	117	
四、收益状况	×	×	2. 个人会员数	118	
(一)总收入	92		(三)行业协会固定资产总值	119	

平衡关系:①95=92−93 　②104=106+107=108+109+110=111+112+113+114+115

③116=117+118

总量指标可以按以下方法进行分组分析。

1. 基本情况

【例1】

永丰渔业专业合作社经营水面情况（2012年）

种　类	面积/亩	种　类	面积/亩
养鱼面积	204	其他种养面积	114
养蛙面积	34	合计：	352

【例2】

丰达种植业合作社社员按销售额分组

按销售额划分	社员数量	按销售额划分	社员数量
20万元以下	15	100万～300万元	6
20万～50万元	10	300万元以上	2
50万～100万元	8	合计：	41

2. 总量指标动态比较

（1）社员数变化

【例3】

茌平县富民獭兔养殖合作社成员2007～2012年社员数量变化

年份	社员数量	年份	社员数量
2007	8	2010	14
2008	11	2011	16
2009	9	2012	20

（2）销售额变化

【例4】

鲜惠蔬菜农民专业合作社2005～2012年社员数量变化

年份	社员数量	年份	社员数量
2005	81	2009	170
2006	110	2010	200
2007	92	2011	265
2008	143	2012	300

三、相对指标分析

针对农专业合作社，结合相对指标和财务报表分析的理论知识，可以做多方面的分析，现仅举两例。

【例5】

瑞丰农民专业合作社三年若干财务指标比较

财务指标	单位	2012-12-31	2010-12-31	2009-12-31
资产总额	万元	139.432	119.707	112.356
负债总额	万元	87.37	72.087	69.012

财务指标	单位	2012-12-31	2010-12-31	2009-12-31
所有者权益	万元	52.062	47.62	43.344
资产负债率	%	62.66	60.22	61.42
所有者权益比率	%	37.34	39.78	38.58

上表中资产负债率＝负债总额÷资产总额，所有者权益比率＝所有者权益÷资产总额

【例6】

永祥农业专业合作社 2012 年度经营情况

项目名称	经营收入/千元	本年盈余/千元	毛利率/%	占收入比例/%
饲料（产品）	392 171.51	33 817.96	8.62	89.54
肉类（产品）	41 601.31	6 967.98	16.75	9.50
动物保健品（产品）	1 489.59	693.44	46.55	0.34
牲畜（产品）	2 104.19	1 011.34	48.06	0.48
合计（产品）	437 366.60	42 490.72	9.72	99.86

上表中毛利率＝本年盈余÷经营收入，占收入比例＝不同产品经营收入÷合计

四、平均指标分析

利用平均指标，可以对农民专业合作社各方面情况进行分析与比较，在此仅举一例。

【例7】达旺农民专业合作社两个成员，60 天内每天供货量（斤）如下所示。

张兴旺：

76	76	77	74	76	74	74	77	72	78	73
78	75	80	79	72	69	79	72	70	70	81
76	78	72	82	72	73	71	70	77	78	73
79	82	65	77	79	76	76	81	69	75	75
77	79	76	78	76	76	73	77	84	74	74
69	79	66	70	74						

李有才：

74	75	77	78	45	80	73	73	78	76	76
74	77	69	76	75	72	75	72	76	72	77
73	77	69	77	75	76	74	77	75	78	72
79	78	64	63	75	74	66	75	76	80	70
76	50	73	77	77	77	79	75	80	72	82
76	76	74	72	78						

这两成员 60 天平均每天供货量分别计算如下。

张兴旺：

平均每天供货量＝4 507÷60＝75.12（斤/天）

标准差＝3.92

离散系数＝3.92÷75.12×100%＝5.2%

李有才：

平均每天供货量＝4 453÷60＝74.21(斤/天)

标准差＝5.97

离散系数＝5.97÷74.21×100％＝8.04％

由于8.04％大于5.2％，所以张兴旺供货量比李有才稳定。

★ 任务实施

根据农民专业合作社业务案例，结合任务目标与知识引导，完成资产负债表的编制、盈余分配表的编制、成员权益变动表的编制、科目余额表的编制、收支明细表的编制及财务状况说明书的编写，并能根据各报表的资料进行相关指标的分析，为专业合作社的管理提供服务。

★ 任务实施评价

1. 能够正确识读农民专业合作社的各个报表及其作用；

2. 上述财务报表中各个项目的填列方法熟练、填列正确；

3. 能够用总量指标、相对指标和平均指标的计算与分析方法计算农民专业合作社需要的管理指标，提高合作社的管理水平。

★ 总结与反思

任务实施后，结合自己在实施任务中的体会，谈一谈自己的收获，与大家共享。

(1) 完成工作任务的收获。

(2) 完成任务的不足与改进。

★ 项目考核与训练

一、单项选择题

1. 对农民专业合作社500名农户的生产支出状况进行调查，则总体是（   ）。

　　A. 500名农户　　　　　　　　　　B. 每一个农户的生产支出

　　C. 每一个农户　　　　　　　　　　D. 500名农户的生产支出总额

2. 对某地区10家生产相同产品的企业的产品进行质量检查，则总体单位是（   ）。

　　A. 每一个企业　　　　　　　　　　B. 每一件产品

　　C. 所有10家企业每一件产品　　　　D. 每一个企业产品

3. 某班学生数学考试成绩分别为65分、71分、80分、87分，这四个数字是（   ）。

　　A. 指标　　　　B. 标志　　　　C. 变量　　　　D. 标志值

4. 某一离散型的统计资料，变量值少、变化幅度小，适于作（   ）。

　　A. 单项式分组　　　　　　　　　　B. 组距式分组

　　C. 相邻的组限重叠式分组　　　　　D. 异距式分组

5. 某厂的劳动生产率，计划比去年提高5％，执行结果提高10％，则劳动生产率的计划完成程度为（   ）。

　　A. 104.76％　　　B. 95.45％　　　C. 200％　　　D. 4.76％

6. 两个总体的平均数相等，则（   ）。

　　A. 两个总体的平均数代表性相同　　B. 标准差大的平均数代表性大

　　C. 标准差系数大的平均数代表性大　D. 标准差小的平均数代表性大

7. 若变量 x 的值增加，y 的值也增加，那么 x 与 y 之间存在（   ）。

　　A. 正相关关系　　　B. 负相关关系　　　C. 线性相关关系　　　D. 曲线相关关系

8. 若物价上涨，商品的需求量减少，则物价与商品的需求量之间（　　　）。

    A. 无相关关系　　　　B. 正相关关系　　　　C. 负相关关系　　　　D. 无法判别

9. 动态数列中，每项指标数值可以相加的是（　　　）。

    A. 时期数列　　　　　　　　　　　　B. 时点数列

    C. 相对指标时间数列　　　　　　　　D. 平均指标时间数列

10. 累积增长量与相应的各逐期增长量之间的关系表现为（　　　）。

    A. 相加关系　　　　B. 相减关系　　　　C. 相乘关系　　　　D. 以上都不对

二、多项选择题

1. 下列等式中，正确的有（　　　）。

    A. 增长速度＝发展速度－1

    B. 环比发展速度＝环比增长速度－1

    C. 定基发展速度＝定基增长速度＋1

    D. 平均增长速度＝平均发展速度－1

    E. 平均发展速度＝平均增长速度－1

2. 相关关系按程度分为（　　　）。

    A. 正相关　　B. 完全相关　　C. 不相关　　D. 负相关　　E. 不完全相关

3. 标志变异指标中的标准差和变异系数的区别是（　　　）。

    A. 两者作用不同　　　　　　　　　　B. 两者计算方法不同

    C. 两者适用条件不同　　　　　　　　D. 指标表现形式不同

    E. 与平均数的关系不同

4. 次数分配数列（　　　）。

    A. 既包括品质数列，也包括变量数列

    B. 只包括品质数列或只包括变量数列

    C. 由总体分成的各组和各组相应的频数组成

    D. 由组距、组数、组限组成

    E. 在等距次数分配数列中，相邻组间的组中值之差等于组距

5. 下列标志，是数量标志的有（　　　）。

    A. 性别　　B. 工种　　C. 工资　　D. 民族　　E. 年龄

三、技能训练题

1. 某产品在三个集贸市场的销售情况如下。

市场	平均价格/(元/千克)	销售额/元	市场	平均价格/(元/千克)	销售额/元
甲	2.00	60 000	丙	2.40	60 000
乙	2.50	50 000	合计	—	170 000

要求：计算总平均价格。

2. 某一农民专业合作社 30 户在 3 月份的销售额（千元）如下。

        30　26　42　41　36　44　40　37　37　25

        45　29　43　31　36　36　49　34　47　33

        43　38　42　32　34　38　46　43　39　35

(1) 根据以上资料分成如下几组：25～30，30～35，35～40，40～45，45～50，计算出

各组的频数和频率，编制次数分布表；

（2）计算 3 月份平均每户的销售额。

3. 某农民专业合作社上半年产品产量与单位成本资料如下。

月份	产量/千件	单位成本/元	月份	产量/千件	单位成本/元
1	2	73	4	3	73
2	3	72	5	4	69
3	4	71	6	5	68

要求：

（1）建立直线回归方程（单位成本为因变量），指出产量每增加 1000 件时，单位成本下降多少？

（2）假定产量为 6 000 件，单位成本为多少元？

参 考 文 献

[1] 中华人民共和国财政部．企业会计准则．北京：经济科学出版社，2006．

[2] 财政部办公厅．村集体经济组织会计制度．2004．

[3] 中华人民共和国财政部．农民专业合作社财务制度（试行）．2007．

[4] 财政部会计资格评价中心．初级会计实务．北京：中国财政经济出版社，2011．

[5] 李海波．财务会计．北京：立信会计出版社，2008．

[6] 朱莲美．财务会计及其报告分析．北京：清华大学出版社，2008．

[7] 盖地．财务会计．北京：经济科学出版社，2008．

[8] 徐文丽．财务会计．北京：立信会计出版社，2007．

[9] 赵宝芳．财务会计．北京：中国农业出版社，2007．

[10] 赵宝芳．财务会计技能训练．北京：中国农业出版社，2007．

[11] 褚颖．财务会计．北京：化学工业出版社，2012．

[12] 李桂芹．财务会计．北京：化学工业出版社，2008．

[13] 毛波军，张复宏．财务报表与分析会计．上海：上海交通大学出版社，2008．

[14] 马红光．财务管理．北京：人民邮电出版社，2010．

[15] 张志凤，闫华红．2011年会计资格考试应试指导及全真模拟测试．北京：北京大学出版社，2010．

[16] 陈德萍．财务会计习题集．北京：经济科学出版社，2008．

[17] 张炜．统计学．北京：机械工业出版社，2010．

[18] 刘玉梅．统计基础．北京：机械工业出版社，2011．

[19] 冯志平．财务会计实务．北京：化学工业出版社，2014．

[20] http://www.hsqdj.gov.cn/xinxi/110601040454.html.

[21] http://www.ynagri.gov.cn/news23/20100220/288389.shtml.